FREUD

JEROME NEU (ORG.)

FREUD

DIREÇÃO EDITORIAL:
Marlos Aurélio

CONSELHO EDITORIAL:
Fábio E. R. Silva
Márcio Fabri dos Anjos
Mauro Vilela
Ronaldo S. de Pádua

TRADUÇÃO:
Saulo Krieger

COPIDESQUE E REVISÃO:
Luiz Filipe Armani
Pedro Paulo Rolim Assunção

CAPA E DIAGRAMAÇÃO:
Tatiana A. Crivellari

Coleção Companions & Companions

Título original: *The Cambridge companion to Freud*
© Cambridge University Press, 1991
32 Avenue of the Americas, New York, NY 10013-2473, USA
ISBN: 978-0-521-37779-9 (Paperback) / 978-0-521-37424-8 (Hardback)

Todos os direitos em língua portuguesa, para o Brasil,
reservados à Editora Ideias & Letras, 2018

1ª impressão

Rua Barão de Itapetininga, 274
República – São Paulo/SP
Cep: 01042-000 – (11) 3862-4831
Televendas: 0800 777 6004
vendas@ideiaseletras.com.br
www.ideiaseletras.com.br

Dados Internacionais de Catalogação na Publicação (CIP)
(Câmara Brasileira do Livro, SP, Brasil)

Freud/Jerome Neu (Org.)
(Tradução: Saulo Krieger)
São Paulo: Ideias & Letras, 2018
(Companions & Companions)
Vários autores.
Bibliografia.
ISBN 978-85-5580-043-6
1. Freud, Sigmund, 1856-1939 - Psicologia
2. Psicanálise I. Neu, Jerome. II. Série.

18-15674   CDD-150.1952092

Índice para catálogo sistemático:
1. Psicanálise freudiana: Psicologia 150.1952092

Sumário

Sobre os autores – 7

Nota de reconhecimento – 11

Introdução – 13
Jerome Neu

1. Freud: a psicoarqueologia das civilizações – 21
    Carl E. Schorske

2. Seduzida e abandonada: ascensão e queda da teoria da sedução de Freud – 39
    Gerald N. Izenberg

3. Os androides de Freud – 61
    Clark Glymour

4. A intepretação dos sonhos – 109
    James Hopkins

5. O inconsciente – 163
    Sebastian Gardner

6. O desenvolvimento e as vicissitudes das ideias de Freud sobre o complexo de Édipo – 191
    Bennett Simon e Rachel B. Blass

7. Freud e a perversão – 207
   JEROME NEU

8. Moralidade e o outro internalizado – 245
   JENNIFER CHURCH

9. Freud sobre as mulheres – 263
   NANCY J. CHODOROW

10. Freud e a compreensão da arte – 293
    RICHARD WOLLHEIM

11. A antropologia de Freud: uma leitura dos "livros culturais" – 313
    ROBERT A. PAUL

12. A teoria tardia de Freud sobre a civilização: mudanças e implicações – 335
    JOHN DEIGH

13. Em justiça a Freud: apontamento crítico a *Fundamentos da Psicanálise*, de Adolf Grünbaum – 361
    DAVID SACHS

Referências – 395

Índice remissivo – 407

Sobre os autores

RACHEL B. BLASS é graduada em psicologia clínica pela Universidade Hebraica de Jerusalém. Atualmente trabalha no Sigmund Freud Center numa série de artigos dedicados a reexaminar e a reconceitualizar as teorias psicanalíticas tradicionais do desenvolvimento.

NANCY J. CHODOROW é professora de sociologia da Universidade da Califórnia, Berkeley. É membro do San Francisco Psychoanalytical Institute e autora dos livros *The Reproduction of Mothering: Psychoanalysis and the Sociology of Gender* e *Feminism and Psychoanalytic Theory*.

JENNIFER CHURCH ensina filosofia no Vassar College. Tem escrito diversos artigos sobre consciência e irracionalidade.

JOHN DEIGH ensina filosofia moral e política na Northwestern University. É editor associado do periódico acadêmico *Ethics*.

SEBASTIAN GARDNER é docente de filosofia no Birbeck College, Universidade de Londres.

CLARK GLYMOUR é catedrático de filosofia na Carnegie Mellon University e professor adjunto de história e filosofia da ciência na Universidade de Pittsburgh. Está concluindo um livro sobre Freud e os fundamentos da ciência cognitiva.

JAMES HOPKINS é docente de filosofia no King's College de Londres e editor assistente da revista *Mind*. Juntamente com Richard Wollheim, é coeditor dos *Philosophical Essays on Freud*, e, com

Anthony Savile, do *Psychoanalysis, Mind and Art: Essays for Richard Wollheim* (no prelo).

GERALD N. IZENBERG ensina história intelectual da Europa moderna na Universidade de Washington. É também membro e instrutor do St. Louis Psychoanalytic Institute.

JEROME NEU ensina filosofia na Universidade da Califórnia, em Santa Cruz. Por dois anos foi Guest Student [Estudante Convidado] no Boston Psychoanalytic Institute, e é autor de *Emotion, Thought and Therapy*.

ROBERT A. PAUL é professor de antropologia do Instituto de Artes Liberais da Emory University. É membro do Emory University Psychoanalytic Institute. É editor do periódico *Ethos: Journal of the Society of Psychological Anthropology*.

DAVID SACHS publicou ensaios sobre Platão, Aristóteles, Wittgenstein e Freud, e também sobre psicologia moral. É professor de filosofia na The Johns Hopkins University.

CARL E. SCHORSKE, professor aposentado de história, foi diretor do programa European Cultural Studies na Universidade Princeton. É autor de *Fin-de-siècle Vienna: Politics and Culture*.

BENNETT SIMON é analista de treinamento e supervisão na Boston Psychoanalytic Society and Institute e é professor-associado clínico de psiquiatria da Escola de Medicina de Harvard. Em 1989-1990, foi Professor Sigmund Freud de psicanálise na Universidade Hebraica de Jerusalém. Tem escrito sobre problemas relacionados ao complexo de Édipo e é autor de *Mind and Madness in Ancient Greece* e de *Tragic Drama and the Family: Psychoanalytic Studies from Aeschylus to Beckett*.

RICHARD WOLLHEIM ensina filosofia e humanidades na Universidade da Califórnia, em Berkeley, e na Universidade da Califórnia, em Davis. Além de autor de *Sigmund Freud*, são de sua autoria também diversos livros psicanaliticamente influentes, como *The Thread of Life* e *Painting as an Art*. É associado honorário da British Psycho-Analytic Society.

Nota de reconhecimento

Versões anteriores dos seguintes ensaios apareceram conforme o indicado. Os ensaios estão aqui publicados com a permissão dos detentores dos direitos autorais.

Jerome Neu, "Freud and Perversion". *In: Sexuality and Medicine*, vol. I, E. E. Schelp (Org.). Dordrecht, Holanda: D. Reidel, 1987. Direitos autorais: Jerome Neu.

David Sachs, "In Fairness to Freud", *The Philosophical Review* 98 (1989). Direitos autorais: David Sachs.

Carl Schorske, "Freud: The Psycho-archeology of Civilizations", *The Proceedings of the Massachusetts Historical Society* 92 (1980). Direitos autorais: Massachusetts Historical Society.

Richard Wollheim, "Freud and the Understanding of Art", *British Journal of Aesthetics* 10 (1970); e Wollheim, On Art and the Mind. Cambridge, Massachusetts: Allen Lane and Harvard University Press, 1973. Direitos autorais: Oxford University Press.

Introdução

JEROME NEU

> *se* não raro se mostrou errado, outras vezes absurdo
> *para* nós ele já não é uma pessoa
> *mas um inteiro ambiente de concepções*
> *sob o qual levamos diferentes vidas...*
> (W. H. Auden, *In Memory of Sigmund Freud*)

Apesar das compreensões distorcidas das concepções de Freud, e apesar das ondas periódicas de ataques cerrados, a avaliação de Auden continua essencialmente correta. A influência de Freud continua a ser enorme e disseminada. Ele nos conferiu um modo novo e poderoso de pensar e investigar o pensamento, a ação e a interação humana. Deu sentido a gamas de experiência em geral negligenciadas ou incompreendidas. E se se pode querer rejeitar ou argumentar contra algumas das interpretações e teorias particulares de Freud, seus escritos e suas profundas compreensões são por demais influentes para serem rejeitados de modo puro e simples.

Os ensaios aqui reunidos focalizam algumas das obras-primas de Freud e alguns de seus conceitos centrais, procurando trazer à luz a estrutura de seus argumentos e contribuições à nossa autocompreensão.

Freud nasceu em 1856 em Freiberg, na Morávia, mas após sua família se mudar, quando ele tinha 4 anos, passou quase toda a sua longa vida em Viena. A história de sua vida é a história de seu pensamento. Os grandes acontecimentos foram, na maioria das vezes, ensejos para suas descobertas e especulações. Após a mudança para Viena, durante sua infância, os desdobramentos de sua vida puderam ser vistos como um conto de quatro cidades, e a psicogeografia destas será aqui explorada por Carl E. Schorske. Viena, tomada pelo antissemitismo, foi o cenário ambivalente dos avanços e derrotas profissionais de Freud, bem como o lar para a sua vida familiar feliz. Londres, desde o início de sua chegada ali, já nos últimos meses de vida, sofrendo perseguição de Hitler, foi terra de esperança e de ordem, lugar ideal para o ego liberal. Paris, por outro lado, sede de seus primeiros estudos sobre a histeria, com Charcot, proporcionou o centro romântico de sua imaginação, oferecendo os atrativos do id, perigoso e sedutoramente irracional. E Roma, por fim, contendo em si camadas de história que o arqueólogo pode escavar, assim como o psicólogo das profundezas pôde escavar o passado sepultado, foi a irrepreensível cidade de suas ambições de juventude e de sonhos adultos, e se tornou o local para uma entrecortada reconciliação de polaridades.

Alguns dos episódios da infância de Freud serão mais tarde relembrados em *A Interpretação dos Sonhos*, amplo registro da análise de seus próprios sonhos. Os sonhos vieram a ser vistos por Freud como a "estrada real para um conhecimento do inconsciente" (1900a, V, 608), e o modo como eles serviram tanto como fonte de compreensão quanto como uma espécie de confirmação de suas teorias será abordado por James Hopkins. A principal preocupação de Hopkins, contudo, é o modo como a interpretação realizada por Freud de seus próprios sonhos pode ser vista como extensão de modelos do senso comum de explicação (por motivo). Uma defesa adicional da abordagem de Freud pode ser encontrada no debate entabulado por David Sachs, sobre o *Foundations of Psychoanalysis*, de Adolf Grünbaum, a mais influente crítica filosófica recente de Freud. Se o ensaio de Sachs assume a forma de resenha, ele na verdade se constitui numa discussão, de caráter autônomo, sobre questões de evidência em Freud, com análise em pormenor de detalhes particulares de *A Psicopatologia da Vida Cotidiana*. Esse livro, juntamente com *A Interpretação dos Sonhos*, é uma das muitas incursões de Freud que, indo além da psicologia da neurose, adentram o terreno da psicologia geral. Mas foi com a neurose que a psicanálise recebeu seu impulso.

As primeiras teorizações de Freud diziam respeito a casos de histeria, uma desordem a envolver sintomas orgânicos sem nenhuma causa orgânica aparente. Freud rejeitou as explicações em voga em seu tempo, as quais alegavam fingimento, hereditariedade e peculiaridades da mulher (ele demonstrou de fato a existência de casos de histeria masculina), e, em vez disso, propôs uma "teoria da sedução", que procurava relacionar sintomas histéricos a ataques sexuais pré-puberais traumáticos (geralmente por pais). Enquanto as concepções de Freud progrediam, de início ele acreditava que os ataques seriam vivenciados como neutros no período em que ocorriam, foi somente depois, após a intervenção da puberdade com o acúmulo de nova energia e de nova compreensão, que a experiência original seria retroativamente traumatizada, passando então a haver defesa contra ela. Assim, não foi por acidente que a sexualidade se revelou crucial na compreensão da defesa patológica: foi somente na esfera da sexualidade (com seu presumido início tardio) que uma memória poderia ter mais força do que uma experiência original, de modo que o ego pode ser tomado pela surpresa e tornar-se incapaz de uma defesa normal. Mas em última instância, para explicar o caráter da experiência original e a repetição de sintomas (se a energia de um trauma externo era o que se fazia crucial, por que motivo o sintoma não usaria de forma bem-sucedida aquela energia, dissipando-se assim?), Freud tinha de postular energia sexual na criança. E ele veio a abandonar sua teoria da sedução em favor de uma teoria que desse mais importância a um conflito interno que a um trauma externo. Isso se tornou tema de controvérsia em anos recentes, com alguns chegando mesmo a sugerir que Freud teria abandonado a sua teoria da sedução em razão da impopularidade de se fazer atentar para o abuso sexual infantil. A sugestão é absurda, mesmo porque Freud substituiu a teoria com ideias ainda mais impopulares (em particular envolvendo a postulação da sexualidade infantil e, com isso, a negação da presumida inocência da infância). A sugestão tampouco compreende o movimento: Freud não chegou a acreditar que as crianças nunca eram molestadas, que todas as suas acusações seriam resultado da fantasia (seus próprios casos o levaram a pensar o oposto); sua descoberta não foi a de que crianças nunca seriam de fato abusadas, mas a de que elas poderiam desenvolver sintomas histéricos no decorrer da vida mesmo que não tivessem sido. A realidade psíquica seria tão importante quanto a realidade material. E havia razões teóricas suficientes para a mudança, razões que apontam para Gerald N. Izenberg.

Izenberg também argumenta em favor da importância da experiência clínica e da compreensão teórica na produção de hipóteses para cuja testagem Freud usava a sua autoanálise, incluindo a hipótese da sexualidade infantil e do complexo de Édipo. A autoanálise de Freud, iniciada no verão de 1897 (pouco depois da morte de seu pai), pode ser considerada um dos pontos de inflexão na história de sua compreensão de si. Contudo, o modo como seu papel no desenvolvimento do pensamento de Freud deve ser entendido já é controverso. Em contraste com o papel confirmatório proposto por Izenberg, Simon e Blass sugerem que a autoanálise de Freud na verdade esteve na origem das ideias centrais envolvidas no complexo de Édipo. E eles fazem a advertência de que tal autodescoberta demanda justificação antes que seus resultados possam ser generalizados. Mas isso pode ir no sentido contrário ao da situação de confirmação. O próprio Freud insistia em que "eu posso analisar a mim mesmo somente com o auxílio de conhecimento obtido objetivamente (como uma pessoa de fora)" (1985 [1887-1904], 281). Isso sugere que a sua compreensão do conflito de Édipo começou com a descoberta em seus pacientes. Assim, sua autoanálise teria sido usada para confirmar a existência do complexo de Édipo (afinal de contas, se ela fosse realmente universal, deveria estar presente também nele), e não ser a fonte de sua descoberta. Isso explicaria por que ele escreveu a Fliess "eu descobri, *também* em meu próprio caso [o fenômeno de] estar apaixonado por minha mãe e com ciúme de meu pai, e agora eu o tenho por um fenômeno universal da tenra infância" (p. 272, itálico nosso). Novamente a questão, a exemplo de muitas que serão discutidas pelos autores neste volume, é controversa, sendo mesmo o que está no centro no debate. A tensão particular suscitada pela relação das condições de descoberta com as condições de confirmação surge repetidas vezes. Nancy J. Chodorow, por exemplo, chama a atenção para isso no processo em que ela divide, investiga e expõe a visão de Freud sobre as mulheres.

É também uma tensão relevante num problema por vezes observado como em conexão com o contraste (já mencionado de passagem) entre a psicologia da neurose e a psicologia normal. Mas essa generalização de modo algum é peculiar à psicanálise. Por certo que é um aspecto padrão de muitos argumentos médicos (foi o estudo do escorbuto entre marinheiros em navios desprovidos de frutas frescas que em última instância conduziu à compreensão da necessidade normal de vitamina C na dieta). É preciso que não haja um problema real, contanto que se mantenha a percepção da diferença entre as condições de descoberta e as condições de confirmação. Na verdade, como Freud argumenta, usando a analogia de um cristal que, em se quebrando, revela uma estrutura que de outro modo estaria oculta, "a patologia, ao tornar as coisas maiores e mais grosseiras, pode atrair nossa atenção para as condições normais que de outro modo nos escapariam" (1933a, XXII, 58-59). Na verdade, acredito (e argumento em meu texto "Freud e a Perversão") que a teoria da sexualidade infantil que emergiu dos embates de Freud com a teoria da sedução só é plenamente inteligível à luz da compreensão por Freud da perversão adulta tal como apresentada em seus *Três Ensaios Sobre a Teoria da Sexualidade*. Freud não foi o primeiro a observar que as crianças chupam o polegar, mas foi sua nova compreensão conceitual do instinto (como composto de componentes analisáveis em termos de fonte, objeto e objetivo) que o capacitou a argumentar de modo convincente para que tal atividade devesse ser vista como manifestação primeva daquele instinto, como forma de sexualidade infantil. Esses complexos entretecimentos de teoria e observação (de si e do outro, do normal e do anormal), e sua relação com evidência e confirmação, vai sempre tornar a aparecer neste volume.

Há ainda muito a ser aprendido acerca de Freud em relação a questões da filosofia da mente, moral e teoria social contemporâneas. A discussão de Hopkins sobre a interpretação dos sonhos atrela a obra em questão aos modernos modelos de explicação por motivos contemplados na recente filosofia da ação. As características especiais dos estados mentais inconscientes, incluindo sua relação com os estados atribuídos à psicologia do senso comum, são exploradas em mais de seus desdobramentos por Sebastian Gardner. Seu debate sobre o inconsciente também se conecta a questões recentes acerca do *self* dividido ou múltiplo. Clark Glymour traz o modo como a primeira teorização de Freud vicejou com base em seu aprendizado em medicina, sobretudo a neurológica. Ele então propõe que o modelo da mente no *Projeto para uma Psicologia Científica* de Freud antecipa aspectos significativos dos recentes modelos computacionais em psicologia cognitiva, ressaltando que essa abordagem ainda tem muito a nos ensinar. Por exemplo, se as explicações de Freud – a exemplo de muitas explicações modernas – são não raro homunculares (abordando ações de um agente mediante ações de agentes internos menores), as unidades básicas hipotéticas de Freud devem ser vistas como dispondo de capacidades muito complexas, e não como equivalentes simplórios de comutações de chave *on-off*. O modelo, como sugere Glymour, vem mais da política do que de computadores e tem implicações úteis para enigmas acerca da relação entre razão e vontade: formas de irracionalidade que emergem de autoengano, ambivalência, fraqueza da vontade e congêneres, bem como aparecem em sintomas neuróticos.

O abalo da imagem cartesiana de uma consciência unitária traz consigo questões metafísicas e epistemológicas; também promete esclarecer o funcionamento de nossa experiência moral que é geralmente conflitual. Jennifer Church enfatiza aspectos distintivos do pensamento de processos primários e de aspectos de internalização em relação ao desenvolvimento moral. Como ela o apresenta, a força e o apelo da abordagem por Freud do superego podem ser encontrados em sua capacidade de conferir um sentido naturalista à duvidosa ausência de *self* que Kant e outros consideram como características da moralidade. Mantém-se a questão sobre se tal abordagem pode ser separada das concepções de Freud sobre o caráter especificamente sexual de nossas relações com nossos pais. Pode a ansiedade com a castração ser ignorada, e a desejabilidade de poder ser substituída ao se explicar a motivação para internalização? As visões de Freud sobre o caráter das relações com os pais são investigadas em "O desenvolvimento e as vicissitudes das ideias de Freud sobre o complexo de Édipo", de Bennett Simon e Rachel Blass; e os aspectos distintivos do desenvolvimento das mulheres segundo Freud e os problemas atrelados a essas concepções são explorados por Nancy J. Chodorow. A importância da ambivalência na formação da consciência é debatida por John Deigh.

Algumas das aplicações e implicações mais amplas das teorias de Freud são consideradas nos últimos ensaios do livro. Com o tratamento conferido por Richard Wollheim, podemos ver como em seu texto sobre Leonardo, e em alguns outros, Freud faz uso da biografia psicanalítica para iluminar o lugar do infantil, em especial da sexualidade infantil, na aquisição da maturidade. Em alguns desses estudos sobre arte podemos ver a abrangência (de forma transformada, sublimada) das forças que Freud desvelou ao explicar sintomas neuróticos, bem como sonhos, chistes e outras manifestações. Mas as motivações das artes são complexas, e em outros de seus estudos Freud aborda o caráter do sujeito numa obra de arte, no modo como as camadas mentais mais profundas numa representação se dão a revelar. As transições do teorizar clínico de Freud para outros campos são consideradas mais detidamente na leitura por Robert A. Paul da antropologia de Freud, que enfatiza os análogos culturais da neurose obsessiva no contexto do pensamento desenvolvido por Freud sobre a natureza dos instintos. Esses análogos, ele sugere, podem nos ajudar a entender o fato intercultural, mas enigmático, da desigualdade de gênero. Os esquemas de fantasia da psicologia individual ajudam a iluminar o modo como nós e nossas sociedades nos fazem do modo como somos. O lugar psicológico da religião, em particular, é abordado por John Deigh, que observa as mudanças na teoria dos instintos de Freud para se compreender o profundo pessimismo de seu pensamento social entre *O Futuro de uma Ilusão* e *A Civilização e seus Descontentes*.

O que se apresenta aqui é, inevitavelmente, uma seleção. Tópicos inteiros foram relegados – por exemplo, o papel da transferência (os sentimentos do paciente para com o analista, distorcidos no *setting* analítico pela projeção baseada em figuras de convívio anteriores) na teoria e na terapia psicanalíticas, a natureza problemática das teorias do prazer de Freud e do instinto de morte, além da elaboração e reconstrução das concepções de Freud por Klein, Lacan e outros. Mesmo quanto aos tópicos aqui trabalhados, é óbvio que há mais a ser dito. E em última instância, seria o caso de sempre retornar aos textos do próprio Freud. Se Freud evidentemente não esteve certo em tudo o que disse, ele pensou – provocativamente – sobre todas as esferas.

1 Freud: a psicoarqueologia das civilizações

CARL E. SCHORSKE

Em sua última década de vida, Sigmund Freud debruçou-se uma vez mais sobre a questão que o incomodava desde que publicara sua primeira concepção da psique em *A Interpretação dos Sonhos*, em 1900: quais seriam as implicações da psicodinâmica individual para a civilização como um todo? Suas reflexões maduras acerca desse tema foram por ele dispostas em *A Civilização e seus Descontentes* (1930a). É evidente que suas sombrias conclusões se tornaram parte de nossa autocompreensão: o progresso de nossa maestria técnica sobre a natureza e a perfeição de nosso autocontrole ético foram alcançados à custa da repressão instintual do homem "civilizado" – um custo alto a ponto de provocar não apenas a neurose de indivíduos, mas de civilizações inteiras. Um excesso de civilização pode produzir seu próprio desfazimento nas mãos do instinto vingando-se da natureza que o refreara tão bem. Pode-se esperar que, ao fazer uma observação essencialmente tão histórica, Freud teria chegado a propor um esquema da marcha da civilização rumo à organização da natureza e do desenvolvimento coletivo do superego. Mas tal não foi a via de Freud. Ele abordou seu problema não historicamente, mas analogamente, procedendo mediante uma análise da psique individual, sua estrutura e experiência, indo até o funcionamento e o futuro da sociedade. Contudo, para introduzir seu leitor à diferença entre psique e história, Freud recorreu a uma engenhosa metáfora histórica. "Vamos tomar como exemplo", diz, "a história da Cidade Eterna" para representar a natureza da vida mental. Freud pede ao leitor que considere Roma uma entidade psíquica, desde seus primórdios como assentamento cercado no Palatino, passando por suas muitas transformações, até os dias atuais. Imagine que todas edificações conhecidas pelo arqueólogo e pelo historiador se erguessem simultaneamente no mesmo espaço urbano com os sobreviventes ou sucessores modernos: "Na Piazza do Panteão", Freud explica, "encontraríamos não apenas o Panteão de hoje tal como nos foi legado por Adriano, mas no mesmo lugar também o edifício original de Agripa; na verdade, o mesmo terreno conteria a Santa Maria sopra Minerva e o antigo templo sobre o qual ela foi construída". Freud nos quer num embate com essa visão multifacetada da simultaneidade do não contemporâneo, como a Cidade Eterna que é a totalidade de seus passados intactos (com olhos treinados por Picasso e pelos cubistas, nos é mais fácil visualizá-la assim do que o foi para ele). Mas isso, ele reconhece, não é possível nem no espaço nem no tempo. "[...] Influências destrutivas... jamais faltam na história de uma cidade", reconhece, "ainda que tenha tido um passado menos atribulado do que Roma, e ainda que, como Londres, raras vezes tenha sofrido a visita de um inimigo". Só mesmo na mente pode sobreviver o que é passado, depois de, no nível da consciência, ter sido deslocado ou substituído; e ali, para ele é "mais regra do que exceção" fazê-lo dessa maneira (1930a, XXI, 69-72).

Aqui Freud deixa a metáfora da cidade como total queda histórica, voltando nossa atenção para o psiquismo individual, a psique. Na mente de cada um de nós, é a própria civilização – não o inimigo saqueador – que destrói os traços da experiência passada, sepultando a vida pessoal dos instintos sob o peso de suas negações e demandas censurativas. Mas o psicanalista pode, como o arqueólogo, recuperar o que estava sepultado e, mediante restauração de uma história pessoal para a consciência, ser capaz de nos reconciliar com os traumas dessa consciência, fazendo-a mesmo se reconstruir.

Se Freud está sugerindo que, se pudéssemos reconstruir a Cidade Eterna em pensamento, tal como ele nos solicitou que a imaginássemos, com todo o seu passado posto a nu, nós a redimiríamos? Ele não poderia fazer tal reinvindicação – ele apenas aponta a necessidade de reconhecer que aqueles "adversários imortais" que habitam as profundezas de cada um de nós, Eros e Tanatos, são ativos e/ou reprimidos também na vida coletiva, e que a cidade terrena tem de lidar com eles. O modelo da psique individual auxilia Freud a diagnosticar a vida coletiva, mas não a formular uma terapia social.

O uso por Freud de Roma em *A Civilização e seus Descontentes* é altamente abstrato e literário, como imagem de uma suma inatingível, condensada da vida histórica ocidental. Quarenta anos antes, quando ele estava *nel mezzo del camin* e trabalhando em *A Interpretação dos Sonhos,* Freud teve de evocar Roma de um modo bem diferente, como um problema central de sua autoanálise, que ele chamou de sua "neurose de Roma". Em seus sonhos com Roma à época, ele cavou em seu sítio psicoarqueológico uma Roma antiga que pertencera aos dias de sua infância. A via regia para a sua descoberta da vida inconsciente o conduziu pela Cidade Eterna. Uma vez tendo conquistado Roma, Freud retornou a ela diversas vezes. Na mente de Freud, era a cidade mais fortemente relacionada com a psicanálise e a que mais plenamente ressoava com seus valores e desejos contraditórios, compactados como a totalidade simultânea de Romas históricas que ele sugerira aos leitores de *A Civilização e seus Descontentes.*

I

Antes que houvesse psicanálise, antes que Freud tivesse confrontado Roma e a exumado, ele se atraiu por duas civilizações modernas – a dos ingleses e a dos franceses. Ele via cada qual pelas lentes estereotipadas de seu tempo e classe social. A exemplo de muitos outros liberais austríacos, Freud foi um anglófilo apaixonado desde a sua juventude. Sua experiência familiar confirmava seu preconceito social. Quando a fortuna da família Freud passou por reveses em fins da década de 1850, a porção mais velha dos irmãos de Sigmund emigrou para construir carreiras de sucesso em Manchester, enquanto o pai Jacob se mudou com o restante da família de Freiberg, na Morávia, para uma vida de atribuição econômica em Viena. Após a graduação no ginásio, em 1875, Freud fez sua primeira visita a seus parentes na Inglaterra, visita esta que lhe deixou impressões indeléveis. Em 1882, tendo recém ingressado na carreira, mas estando já profundamente frustrado com ela, a Inglaterra lhe vinha à mente com uma espécie de terra da esperança. Numa carta à noiva, Marta Bernays, Freud emprestou uma voz apaixonada a um anseio de escapar de Viena e das sombras "daquela abominável torre de Santo Estêvão", símbolo da reação católica. "Estou aflito por independência", escreveu, "querendo seguir meus próprios desejos. A ideia da Inglaterra apareceu diante de mim, da Inglaterra com sua industriosidade sóbria, sua devoção generosa à riqueza pública, com a obstinação e com o sensato sentimento de justiça de seus habitantes, com a efervescência de seu interesse geral capaz de mobilizar colunas nos jornais; todas as impressões indeléveis de minha viagem de há sete anos, que exerceu influência decisiva sobre toda a minha vida, têm despertado em sua mais plena vivacidade".[1]

A "influência decisiva" de sua primeira visita à Inglaterra, se é o caso de acreditar em carta que Freud escreveu a seu amigo mais íntimo imediatamente após seu retorno, em 1875, abraçou valores tanto profissionais quanto intelectuais. A Inglaterra, como terra das "atividades práticas" inclinava-o a se afastar da ciência pura em direção à prática médica. "Se eu quisesse influenciar muitas pessoas e não um pequeno número de leitores e cocientistas, a Inglaterra seria o país certo". Ao mesmo tempo, o jovem homem foi testemunha do impacto do pensamento científico inglês: "Em meus estudos, o conhecimento que tenho travado com os livros científicos ingleses vão sempre me manter do lado dos ingleses, por quem nutro um preconceito extremamente favorável: Tyndall, Huxley, Lyle, Darwin, Thomson, Lockyer e outros".[2]

Em 1882, desanimado, Freud atiçou as brasas mais quentes do anglofilismo que remanesciam de sua vista com uma leitura de escopo mais amplo. "Estou retomando novamente", relatou à sua Martha, "a história da ilha, as obras dos homens que foram meus reais professores – todos eles ingleses ou escoceses; e de novo estou rememorando o que é para mim o período histórico mais interessante, o reinado dos puritanos e de Oliver Cromwell". Poder-se-ia ter esperado que o futuro libertador da sexualidade tivesse definido negativamente o seu interesse pelos puritanos. De modo algum, pois seus olhos viam ali uma virtude cívica.

---

[1] Citado em Ernst Jones, *The Life and Work of Sigmund Freud*, 3 vols. Nova Iorque 1953-1957, vol. 1, p. 178-179.
[2] Ronald M. Clark, Freud: The Man and His Cause. Nova Iorque, 1980, p. 38-40.

"Temos mesmo de ficar aqui, Martha?", escreveu Freud de Viena. "Quando nos for possível, vamos buscar um lugar onde o valor humano é mais respeitado. Um túmulo no Centralfriedhof é a ideia mais angustiante que posso imaginar".[3] Embora frequentes vezes ele parecesse ter alimentado a ideia de emigrar para a Inglaterra na década de 1880, Freud não conseguiu se desprender de seu apego à adorada Viena como cena de sua autorrealização profissional. Só mesmo Hitler, finalmente, fez com que ele partisse para Londres, ao final, para ser enterrado lá em vez de no Centralfriedhof.

Em sua devoção à Inglaterra como sociedade ideal, Freud apenas partilhava de uma atitude disseminada entre a burguesia liberal austríaca antes da Primeira Guerra Mundial. Na verdade, quando irrompeu a Grande Guerra, Freud, logo daria "toda a minha libido... para a Áustria-Hungria", hesitou em lealdade. Conforme escreveu a Carl Abraham, "Eu estaria com a Áustria-Hungria de todo o coração, se apenas eu pudesse achar que a Inglaterra não estivesse no lado errado".[4]

No âmbito de um todo mais amplo, contudo, houve diferentes tipos de anglofilismo. A maior parte dos contemporâneos de Freud entre os intelectuais admiravam a Inglaterra por produzir um tipo humano que operava a fusão do espírito prático burguês com a elegância aristocrática, negócios e alto estilo. Em uma de suas novelas, o escritor Arthur Schnitzler retratou um judeu austríaco que, tendo ido fazer vida nova na Inglaterra, incorporou o típico inglês que os austríacos do *fin-de-siècle* viam nele: calmo e de olhos acinzentados, gentil e contido. O poeta Hugo von Hofmannsthal e seus amigos da alta burocracia queriam estabelecer uma escola pública seguindo o modelo inglês na Áustria para produzir tais personalidades. O Estado judeu de Theodor Herzl também cultivaria tais realistas aristocráticos *a l'anglais*. Adolf Loos, arquiteto e crítico da cultura visual da Áustria, quando fundou um jornal chamado *Das Andere* [O outro] "para introduzir a cultura ocidental na Áustria", exaltou os valores cavalheirescos de sobriedade e espírito prático refletidos no vestuário inglês, em sua decoração de interiores e no uso de objetos.

---

3   Jones, *Freud*, vol. I, p. 179.
4   *Ibid.*, vol. 2, p. 171.

Em seu anglofilismo, Freud não revelou nenhum desses aspectos estético-aristocráticos. Ele extraía sua imagem da Inglaterra de um liberalismo mais antigo, mais militante, de meados do século, hostil à aristocracia e ao catolicismo, associados à Áustria. O parlamentarismo era o que louvavam na política inglesa; o radicalismo filosófico era a sua estrela polar na cultura. Freud estudou filosofia com Franz Brentano, um protagonista de primeira grandeza do positivismo inglês na Áustria. Sob a orientação editorial de Theodor Gomperz, um classicista que, seguindo George Grote, abraçou sofistas e democratas radicais como as mais finas flores de Atenas, Freud trabalhou na edição alemã das obras completas de John Stuart Mill. (Traduziu "Da sujeição das mulheres", "Socialismo", "O movimento trabalhista" e "Platão"). Muito embora não falasse de uma dívida para com Bentham, a primeira teoria dos instintos de Freud, com sua dualidade de princípio do prazer e princípio da realidade, tem ecos do sistema hedonista de Bentham. Do século XVII ao século XIX, aqueles que Freud considerou seus "reais mestres – todos eles ingleses ou escoceses", foram os protagonistas da repressão libidinal e advogaram a gratificação adiada – fosse como adversários puritanos de esbanjamentos aristocráticos, e da Igreja de Roma ou como moralistas utilitaristas secularizados. Austeros e racionais, eram construtores do ego liberal que, para Freud, fez da Inglaterra o país por excelência da retidão ética, do autocontrole masculino e do direito.

Freud deu nome em todos os filhos segundo professores ou as esposas destes – à exceção de um. Oliver, o segundo filho, em lembrança a Cromwell. Com isso, o grande teórico do sexo rendeu homenagem às virtudes públicas da repressão privada e da realização privada da cultura política inglesa.

II

Tornou-se um lugar-comum entre os estudiosos de Freud identificar Paris com o impacto de Jean-Martin Charcot, o grande teórico e clínico da histeria, no desenvolvimento intelectual de Freud. A identificação restringia-se a isso. Freud iniciou um trabalho no Hospitral Sapetrière para mulheres em 1885 como neurólogo, para explorar as bases orgânicas das desordens nervosas. Charcot fez ele se voltar para uma nova direção, rumo ao estudo da histeria, em especial a paralisia histérica, como doença que fazia o paciente se comportar "como se não houvesse anatomia no cérebro".[5] Ele também abriu a mente de Freud, ainda que apenas no discurso informal, para *"la chose genitale"*, o componente sexual na etiologia da histeria. Quando Freud voltou a Viena para abrir seu próprio consultório, ainda era neurólogo, mas com especial interesse em "casos do sistema nervoso" que outros achavam enfadonhos: pacientes que *não* sofriam de lesões orgânicas do sistema nervoso.[6] Assim, retornando de Paris com uma pronunciada predileção para o que nós hoje chamamos de neuróticos, Freud pôs-se pela primeira vez, de forma ousada ainda que não de todo consciente, na *via regia* para o inconsciente.

As cartas de Freud para a noiva durante seu meio ano em Paris deixavam claro que a cidade em si mesma, ou mais precisamente, seu encontro com ela, ambos preparavam e reforçavam o impacto de Charcot.

A Inglaterra era a boa ordem, a moralidade e a racionalidade liberal, a acenar a Freud como um possível refúgio das iniquidades sociais e frustrações profissionais da Áustria. Paris era bem o oposto: uma cidade de perigos, do questionável, do irracional. Freud aceitou, mas elaborando abundantemente, Paris como o arbitrário, como a tentação feminina: ele a abordou com um espírito de aventura a um só tempo assustador e aterrorizador.

Quando foi a Paris, em 1885, até onde pude ver não há referências à cidade em suas notas, nem ao fato em si nem de maneira simbólica. Mais de uma década depois, contudo, em *A Interpretação dos Sonhos*, de maneira cifrada ele conta ao leitor que "Paris... por muitos longos anos foi o objeto de meus anseios; e os sentimentos bem-aventurados com que pela primeira vez pisei em seu solo pareciam-me uma garantia de que outros desejos meus seriam igualmente satisfeitos" (1900a, IV, 195). Quais desejos? Freud não

---

5 *Ibid.*, vol. 1, p. 233. Para uma interessante discussão da relação de Freud com Paris e com Charcot que em certo sentido difere da minha, ver Leon Chertok, "Freud in Paris (1885/1886)", *Psyche* 5 (1973), p. 431-448.
6 Marthe Robert, *The Psychoanalytic Revolution,* tradução de Kenneth Morgan, edição em brochura (Nova Iorque, 1968), p. 72.

diz. Nas belas cartas que ele escreveu à noiva e à irmã durante seu *Lehrjahr* em Paris, contudo, um Freud jovem e impressionável parece ter se aberto a um inteiro mundo de *fleurs du mal* proibido que o Freud judeu anglófilo e liberal até então rejeitava ou evitava: a Igreja Católica Romana, o poder enfeitiçador da mulher e o poder das massas. Como Londres fosse a cidade do ego, onde a inteira cultura apoiava a independência e o controle do indivíduo, Paris era a cidade do id, onde imperavam os instintos eróticos e o tanatos. Dois meses após a chegada em Paris, Freud ainda escrevia a respeito, "estou sob o pleno impacto de Paris, e estaria eu sendo já muito poético se a comparasse com uma esfinge por demais bem vestida, a engolir cada estrangeiro incapaz de solucionar seus enigmas?". Freud escolheu bem a imagem, pois a esfinge unia beleza e o bestial, desafiando a lei natural com seu ser composto e a racionalidade com seu enigma fatídico que apenas o brilhante e perverso Édipo seria capaz de resolver.

Ciente do desgosto e da desconfiança amargos que Freud alimentou contra o catolicismo por toda a vida, lembrando sua ânsia de escapar das sombras "da abominável torre de Santo Estêvão" para a Inglaterra em 1882, causará espanto ver sua reação à Notre Dame. "Minha primeira impressão foi uma sensação que nunca tinha tido antes: "Isto é uma igreja.[7] [...] Eu jamais vira algo tão tocantemente sério e sombrio, algo tão sem adornos e tão próximo". O que ele contou da companhia com a qual fez sua primeira visita à Notre Dame deve valer para ele próprio: "Ali estávamos nós, profundamente imersos em maravilhamento".[8] O próprio Freud tecia associações não apenas sobre a beleza da catedral, mas também sobre seu lado bestial. Mais tarde relembraria que a plataforma da Igreja fora seu "reduto preferido" em Paris. "A cada tarde livre, eu costumava subir entre as torres da igreja e ficar entre os monstros e demônios". E quando, num sonho de onipotência, identificou-se com Hércules, descobriu Rabelais atrás do sonho o Gargântua de Rabelais, vingando-se dos parisienses com uma torrente de urina sobre eles do topo da Notre Dame (1900a, V, 469).

---

7   Sigmund Freud para Minna Bernays, Paris, 3 dez. 1885, *The Letters of Sigmund Freud*, Ernst L. Freud (Org.), tradução de Tania e James Stern, edição em brochura (Nova Iorque, Toronto, Londres, 1964), p. 187.
8   Freud para Martha Bernays, Paris, 19 nov. 1885, *Letters*, p. 183.

Quanto às pessoas de Paris, elas simplesmente amedrontavam Freud. Impressionavam-no como "desconcertantes". A bem da verdade, turbulências políticas marcaram os meses da estada de Freud, um período de instabilidade governamental (a chamada *valse de ministères*) cuja sequência foi a queda de Jules Ferry, eleições tumultuadas e a ascensão do Boulangisme. Freud raras vezes identificava os objetivos dos manifestantes políticos; o que ele via era o comportamento de mobilização enquanto tal, algo com o que ele logo viria a se familiarizar também em Viena na década seguinte: "As pessoas me pareciam de uma espécie diferente da nossa; eu as sentia como possuídas por mil demônios... Eu as ouvia gritando 'A la lanterne' e 'à bas' esse homem' e coisas assim. Não acho que eles conheciam o sentido da vergonha ou do medo... Eram pessoas entregues à epidemia psíquica, a convulsões de massa históricas, e não mudaram desde que Victor Hugo escreveu *Notre Dame*".[9]

Ao temor admirado na igreja e ao medo da multidão febril pode-se acrescentar ainda outra perspectiva para triangular a Paris de Freud: o teatro, em especial suas mulheres. Freud ia ao teatro primeiramente com esperança de melhorar seu francês, descobriu que entendia pouco, mas sempre retornava por outras razões. Dedicou uma de suas longas cartas a uma abordagem cena a cena da atuação de Sarah Bernhardt na peça de Victorien Sardou, *Theodora*.[10] Ele se viu completamente enfeitiçado pelo retrato que ela fazia da heroína bizantina, uma prostituta tornada imperatriz: "... Suas carícias e suas súplicas, as posturas que assumia, o modo como se envolvia em torno de um homem, o modo como atua com cada membro, com cada articulação – é incrível. Uma criatura notável, e imagino que ela não seja diferente na vida do que é no palco".

"A bem da verdade histórica", continua Freud, "devo acrescentar que de novo tive de pagar por esse prazer com um ataque de enxaqueca". As tensões da experiência de Paris, sua nova receptividade, sensual bem como intelectual, o reino do instinto sem dúvida estava relacionado à sua longa separação de Martha. Admitiu alegremente a ela o uso frequente da cocaína para

---

9 Freud para Minna Bernays, Paris, 3 dez. 1885, *Letters*, p. 187-188.
10 Freud para Martha Bernays, Paris, 8 nov. 1885, *Letters*, p. 178-182.

aliviar suas tensões ou para elevar o ânimo. Se ele certamente não escondia dela nada do que fazia, revelou uma fantasia – a de casar com a atraente filha do Dr. Charcot e assim, de um só golpe, resolver seus problemas de poder – profissional, social e sexual – que evidentemente suscitaram uma irritada resposta de Martha, que não poderia cogitar a ideia com a leveza que Freud tentava apresentá-la.[11] Suspeita-se que o decoroso Freud não podia revelar e não revelaria a plena extensão dos sentimentos recém-descobertos. Talvez fossem mais bem expressos numa anedota que ele se comprazeria em relatar algum tempo depois, quando descobriu que anedotas contêm a expressão de desejos reprimidos: um casal está discutindo sobre o futuro. O homem diz à mulher: "Se algum de nós morrer, vou me mudar para Paris" (1900a, V, 485).

Em uma das notáveis cartas de Paris da autoria de Freud, o próprio imaginário de que ele se valia parece trazer todas as dimensões de sua experiência naquela cidade em relação com o impacto de Jean-Martin Charcot: "Acho que estou mudando bastante... Charcot, que é um dos melhores médicos, um homem cujo senso comum alça às raias da condição de gênio, está simplesmente destruindo todos os meus objetivos e opiniões. Por vezes saio de suas aulas como da Notre Dame", continua nosso militante anticatólico, "com uma ideia inteiramente nova de perfeição...". Já são três dias inteiros em que eu não faço trabalho algum, e estou sem nenhuma sensação de culpa", acrescenta o antigo puritano. "Meu cérebro encontra-se saciado como numa noite após o teatro. Se a semente vai render fruto, eu não sei; mas sei que nenhum outro ser humano jamais me afetou da mesma forma... Ou estarei sob a influência desta cidade magicamente atraente e repulsiva?".[12]

Por certo que ambos estavam em ação. Paris, e sua percepção por Freud, um tanto estereotipada, proporcionaram o cenário ideal para receber de Charcot uma doutrina que abria caminho para a província questionável da psique onde nem corpo nem mente consciente pareciam sob controle.

---

11 "Agora vamos supor que eu ainda não estivesse apaixonado e fosse algo como um aventureiro; eu ficaria fortemente tentado a cortejá-la [Mle. Charcot], pois nada é mais perigoso que uma jovem garota trazendo os traços de um homem a quem se admira". *Ibid.*, 20 jan. 1886, p. 196-197; 27 jan. 1886, p. 197-198; 2 fev. 1886, p. 201; 10 fev. 1886, p. 206-207.
12 *Ibid.*, 24 nov. 1885, p. 184-185.

Antes que Freud deixasse Paris ele cimentou relações com Charcot voluntariando-se como tradutor de um volume de suas *Leçons sur les Maladies du Systeme Nerveux,* incluindo suas lições sobre histeria. Com isso, o tributo de Freud ao pensamento inglês em sua tradução do ensaio de John Stuart Mill sobre a sujeição das mulheres encontrou um apropriado equivalente francês. Freud também estabeleceu a simetria com sua família: a seu primeiro filho deu o nome de Jean Martin, em razão de Charcot, como em seguida, em tributo à Inglaterra puritana, daria o nome de Oliver a seu segundo filho, por Cromwell. Assim, os exemplares pessoais de Freud do ego inglês e do id parisiense cada qual tiveram homônimos entre seus filhos.

Quando Freud retornou a Viena, começou a clinicar como médio de doenças nervosas. Escolheu o Domingo de Páscoa para publicar essa boa notícia no *Neue Freie Presse.* Assim, o admirador judeu da Notre Dame combinava um anúncio de sua própria ressurreição e uma vida nova, desafiando sensibilidades católicas merecedoras de um profeta puritano. Tais eram as polaridades extremas que adentraram a gênese da psicanálise.

III

A esta altura, você deve estar se perguntando se as imagens que esbocei da Londres e da Paris de Freud justificam meu subtítulo "A psicoarqueologia de civilizações". Uma vez que precedem os interesses de Freud seja nas profundezas da psique, seja em arqueologia, nosso material até aqui tem lidado com ideias e valores conscientes, não com os sepultados; com o mundo do dia, não com o mundo da noite. O que é notável é a nitidez do contraste entre as imagens de Freud das culturas. Ele não apenas manteve suas identidades separadas e antitéticas, mas não buscou quaisquer traços em uma que tivesse visto na outra. Os espetáculos puritano-racionalistas que ele avistou ao olhar para a Inglaterra não lhe permitiram ver ali nada das catedrais, multidões ou mulheres que cativaram seu olhar na França – tampouco observou o lado elegante, aristocrático da vida e das maneiras inglesas. Na França, por outro lado, a imagem da mulher e da esfinge de tal modo dominaram sua percepção, que o lado positivista racionalista, masculino da sociedade francesa burguesa raramente entraram em seu campo de visão. Freud não fez nenhuma tentativa de estabelecer qualquer relação entre os valores contrastantes que o atraíram nas culturas inglesa e francesa. Isso ele teve de realizar de forma apenas indireta em seu encontro com Roma, onde homens e mulheres, ética e estética – em suma, o ego-mundo de Londres e o id-ego de Paris – convergiam em desconcertante conflagração.

Roma entrou na imaginação de Freud na infância para então lhe cair no esquecimento. Apenas nos anos 1890 é que, ele com seus 40 e poucos anos, enquanto trabalhava em *A Interpretação dos Sonhos*, veio a conceber um interesse apaixonado pela Cidade Eterna. Se no início da década de 1880, ele tinha cogitado escapar para seu refúgio na Inglaterra, já na segunda metade da década de 1890 entrou em outra crise profissional, mais profunda. Se o impasse da década de 1880 se aplicava apenas a oportunidades de carreira, o novo envolvia, em virtude da própria profundidade de sua frustração, a identidade pessoal de Freud, bem como seu direcionamento intelectual.

Alhures tentei mostrar como Freud foi afetado pela crise em ebulição da sociedade austríaca, onde o liberalismo carecia de poder para se sustentar contra a maré ascendente de movimentos católicos e nacionalistas de cunho antissemita.[13] Isso o impeliu a uma retração social como judeu, a um isolamento intelectual como cientista e a uma introspecção como pensador. Quanto mais a sua vida exterior se fazia atolada, contudo, mais asas ganhavam suas ideias. Em sua obra fundamental, *A Interpretação dos Sonhos*, Freud transformou o veneno da frustração social como judeu e como cientista no elixir da iluminação psicológica. Essencial a esse procedimento foi examinar a sua própria história pessoal e com isso encontrar uma estrutura psicológica universal, uma chave para o destino humano que transcenderia a história coletava que até então parecia dar forma ao destino humano. Freud divisava a psicanálise como uma teoria contrapolítica numa situação de desespero político. Se outrora ele tinha ficado tentado a se refugiar na Inglaterra, agora se voltava para dentro de si mesmo, a fim de enfrentar e

---

13 Carl E. Schorske, *Fin-de-siecle Vienna, Politics and Culture*. Nova Iorque, 1980, cap. 4. A não ser em caso de indicação em contrário, tudo o que segue é baseado nos materiais aqui apresentados.

sobrepujar os conflitos entre seus desejos e o ambiente hostil, por meio da psicanálise como *teoria*. À medida que o fazia, também resolvia, por meio da psicanálise como *terapia*, os conflitos entre seus desejos e seus valores.

Foi trabalhando em sua crise intelectual e pessoal que surgiu o interesse de Freud pela antiguidade e por Roma. Ele estabeleceu a analogia entre seu próprio procedimento de cavar em seu próprio passado sepultado como psicólogo das profundezas e o trabalho do arqueólogo. Logo o seu tênue interesse se desenvolveu, convertendo-se em paixão insaciável. Leu avidamente a biografia de Heinrich Schliemann, que realizou um desejo de criança com a descoberta de Troia. Começou a colecionar artefatos antigos que logo vieram a decorar seu consultório na Berggasse. E, naqueles dias de retraimento social e raras amizades, Freud fez um novo amigo: Emanuel Löwy, um professor de arqueologia. "Ele me mantém acordado até as 3 da manhã", escreveu Freud a seu mais caro amigo; "ele me conta sobre Roma".[14]

O que seria mais natural que Freud, viajante inveterado, fosse ir atrás de seu interesse recém-descoberto em visitar a Cidade Eterna? Mas achou que não podia. Cinco vezes Freud viajou a Itália entre 1895 e 1898, sem sequer chegar à altura de Roma. Alguma inibição o segurava. Ao mesmo tempo, a vontade de visitar a cidade crescia de forma tanto mais torturante. Roma se tornava literalmente a cidade de seus sonhos, e Freud começava a falar de seu anseio por Roma como "profundamente neurótico".[15] Desse modo, ele a incorporou em sua autoanálise e em *A Interpretação dos Sonhos*.

Freud explorou plenamente apenas uma dimensão de sua neurose de Roma em *A Interpretação*, e esta remeteu a suas relações com seu pai. Mas nela ele revelou também a centralidade do problema judeu e da política austríaca em sua vida. Recordou que em seus dias de escola seu herói era Aníbal.

Como tantos garotos daquela idade, nas Guerras Púnicas eu simpatizava não com os romanos, mas com os cartagineses. E quando

---

14 Freud to Wilhelm Fliess, Viena, 5 nov. 1897, Sigmund Freud, *The Origins of Psycho-analysis: Letters, Drafts and Notes to Wilhelm Fliess,1887-1902*, Marie Bonaparte, Anna Freud, Ernst Kris (Orgs.), tradução de Eric Mosbacher e James Strachey. Garden City, Nova Iorque, edição em brochura, 1957, p. 232.
15   *Ibid.*, 3 dez. 1897, p. 129.

nas classes mais avançadas eu comecei a entender pela primeira vez o que significava pertencer a uma raça alienígena, sentimentos antissemitas entre os garotos advertiam-me de que eu tinha de assumir uma posição definida, a figura da do general semítico ainda fulgurava elevada em minha estima. Para a minha mente jovem, Aníbal e Roma simbolizavam o conflito entre a tenacidade judaica e a organização da Igreja católica.

Freud então relembrou um episódio de sua infância, no qual o pai lhe contara ter sido insultado por cristãos, sem revidar. Freud se ressentia da conduta "não heroica" do pai. Ele recordava ter desejado que seu pai o acompanhasse, como Aníbal tinha feito, "vingando-se dos romanos". Desde aquele tempo, Freud reportava, Aníbal tinha tido um lugar em suas fantasias. Diante dos poderes recém-ameaçadores do antissemitismo na década de 1890, Freud interpretava seu anseio por Roma como "na verdade um seguir dos passos de Aníbal. Como ele, eu estava predestinado a não ver Roma" (1900a, IV, 196-197).

Dois aspectos da interpretação por Freud de sua identificação com Aníbal são dignos de nota: em primeiro lugar, que para com a Roma cristã ele tinha a mesma atitude que os puritanos ingleses, que nutriam ódio pelo centro do poder católico; em segundo lugar, que ele havia assumido o fardo parental de defender a dignidade judaica, que, apesar de sua raiva pela impotência do pai, ele próprio agora não tinha o poder de realizar. Dessa perspectiva, a neurose de Freud por Roma, sua incapacidade de chegar à cidade, foi consequência da culpa, de uma obrigação não apurada e a um só tempo filial e política.

Ainda assim, os sonhos reais de Roma com Freud nos anos de 1896 e 1897 falavam uma linguagem diferente, uma linguagem mais afinada ao visual sedutor de sua Paris do que a probidade puritana da Inglaterra. Todas sugeriam uma satisfação mais do que uma conquista. Todas associavam imagens da Roma católica com ideias e situações judias (1900a, IV, 193-198).[16] Num sonho, Roma aparece como "a terra prometida vista de

---

16 Um sonho posterior com Roma, no qual a cidade é o cenário de aflições, não está incluído aqui. Essa relação do sonho com o problema da ambivalência de Freud como judeu foi de-

longe", a implicar que Freud estabelecia a mesma relação com Roma como Moisés com Israel. A visão, muito embora Freud não o diga dessa maneira, parece expressar um desejo proibido: um anseio por uma assimilação ao mundo gentio que sua consciência fortemente desperta – e mesmo seu censor onírico – lhe negava. Ele também identifica Roma a Carsbad, o equivalente da Boêmia a nossa Palm Springs, uma cidade de prazer, repouso e cura; em suma, uma cidade terrena de recriação (re-criação), de ressurreição. Na análise do sonho, Freud se compara a um personagem judeu pobre e frágil de uma das histórias iídiches de que ele tanto gostava. Uma vez que o pequeno judeu não tinha a passagem de trem para Carlsbad, o condutor o batia a cada estação; mas ele, destemido, continuava em sua *via dolorosa* (a expressão é de Freud). Assim, a visão altiva de Moisés-Freud vendo Israel-Roma "de longe" tem seu análogo na imagem modesta do pequeno judeu-Cristo-Freud chegando a Carlsbad-Roma numa *via dolorosa*. Um terceiro sonho reforça o tema cristão, teletransportando-o, porém, para a Roma antiga, pagã. De uma janela de trem, Freud vê através do Tibre o Castelo de Sant'Angelo, a um só tempo castelo papel e tumba imperial romana. Provocativamente, o trem se afasta antes que ele possa atravessar a ponte de Santo Ângelo para chegar ao castelo – lar tanto do paganismo como da salvação cristã.

Quão diferente é a Roma da juventude de Freud, nos anos 1860 e 1870 – proibitiva, hostil e burocrática – dessa Roma do homem que sonhava na década de 1890: a primeira um objeto de ódio, a ser destruída, a segunda um objeto de desejo, a ser adentrada num ato de amor! Por certo na segunda dessas Romas podemos descrever os aspectos positivos da Paris de Freud: o espírito feminino católico assombroso, mas também glorioso da Notre Dame, a fisionomia de cidade do prazer (Carlsbad-Paris-Roma); em suma, Mãe e tentadora a um só tempo. Na verdade, Freud proporcionava os materiais para atrelar o aspecto de Roma a sua mãe postiça, uma babá checa a quem muito amava em sua infância. Ela o ensinava sobre sua fé católica e o levou à Igreja no domingo de Páscoa. Contrastando com o

---

monstrada de modo bastante interessante por Peter Loewenberg em "A Hidden Zionist Theme in Freud's 'My Son, the Myops... 'Dreams'", *Journal of the History of Ideas* 31 (1970), p. 129-132.

pai dele, ela lhe proporcionara "uma opinião elevada de minhas próprias capacidades". Como a Roma de Aníbal era masculina, associada por Freud com sua dúvida social e seu conflito edípico, a Roma da babá era feminina, a da Mãe Igreja, do amor edípico tabuizado.¹⁷

Enquanto Freud, em seu relato psicoarqueológico analisa somente a primeira Roma, pagã, identificando-se a Aníbal e ao desejo deste de "se vingar dos romanos", ele nos dá uma chave para abrir ainda a via que conduz, como a da babá, para uma Roma mais em conformidade com os desejos oníricos de entrar nela num ato de amor e satisfação. A chave reside numa citação de um autor alemão que ocorreu a Freud enquanto este se havia com sua neurose de Roma: "Qual destes...dois [homens] conduziu seus estudos de maneira mais excitante após formular seu plano de ir a Roma: Winckelmann ou Aníbal?". Sem titubear, Freud respondeu a si mesmo, "Aníbal", pois estava "predestinado a não ver Roma". Mas Winckelman corresponderia ao outro lado do sonho-verdade de Freud, o que ele deixou de analisar para nós. Pois Winckelmann, o grande arqueólogo e historiador da arte, tinha muito em comum com Freud: sua pobreza; um acurado sentido de origem de um baixo estrato social; fracasso em encontrar, por muitos anos, uma posição confortável ou reconhecimento profissional; uma série de intensas amizades masculinas, com sobretons homossexuais; ódio à tirania política; hostilidade à religião organizada; e uma crise de criatividade aos quarenta que resultou, como em Freud, numa "primeira obra" de um tipo novo e revolucionário. Acima de tudo, Winckelmann, um protestante, venceu seus escrúpulos e abraçou o catolicismo a fim de entrar em Roma, fazendo-se capaz de perseguir sua paixão pela antiguidade clássica. Conquistou sua consciência em função de sua ciência, seu *amor intellectualis* por Roma.

Não seria Freud mais cientista do que general – e um cientista "suave" quanto a isso? Em sua viagem a Roma, não estaria seguindo os passos mais de Winckelmann do que os de Aníbal? A inclinação apaixonada de

---

17 Freud para Fliess, Viena, 3-4 out. 1897; Viena, 15 out. 1897, *Origins*, p. 221-228. O tratamento mais abrangente da babá e da neurose de Roma de Freud é o de Kenneth A. Grigg, "All Roads Lead to Rome, The Role of the Nursemaid in Freud's Dreams", *Journal of the American Psychoanalytic Association* 21 (1973), p. 108-126.

Freud na amizade com Wilhelm Fliess como único confidente intelectual durante os anos de crise teve sobretons homoeróticos que falavam também por Winckelmann. Fliess estava ainda mais radicalmente comprometido do que Freud com a primazia da sexualidade na vida psíquica. Introduziu uma teoria radical da bissexualidade à qual Freud atentou seriamente (Paris, onde Freud esposou a teoria de Charcot de que também homens podem sofrer da doença das mulheres, a histeria, igualmente o havia preparado para isso). Freud chamou a suas séries de encontros de "congressos" *a deux*; ele, particularmente, ansiava por um congresso em solo clássico. Quando Fliess em 1901 lhe propôs seu congresso a dois na Páscoa, Freud respondeu que estava "altamente dominado pela ideia (*mächtig gepackt*)"; mas uma vez que a amizade então estava chegando ao fim, Freud declinou.[18] Ele não podia admitir a Fliess a atração por Roma como objetivo, como cena de ressurreição: "Em meio a esta depressão mental e material, sou assombrado pela ideia de passar a semana de Páscoa deste ano em Jerusalém. Não que haja para tal qualquer justificação – ainda não decidi nada". Ou de novo: "Não vou mais a Roma nesta Páscoa, como era seu desejo".[19]

É claro que Freud não estava pronto para seguir a senda de Winckelmann, de fazer parte da Igreja de Roma. O Aníbal e o Cromwell que nele havia – os valores judeus, liberais e anglófilos que povoavam sua consciência de dia e lhe censuravam os sonhos à noite – garantiam sua capacidade de resistir a qualquer apostasia. Mas a tentação que Winckelmann abraçara em Roma, assim como a que Freud encontrara em Paris – o poder afetivo de Eros com o qual a Roma católica estava associada – Freud reconhecia como uma realidade mais profunda em sua própria psique. Após Freud haver concluído a sua autoanálise em *A Intepretação dos Sonhos* em 1900, os portões de Roma finalmente se abriram para ele. Entrou na cidade não "para se vingar dos romanos", nem para ceder à tentação da Sagrada Mãe Igreja, mas como peregrino intelectual. "Foi uma experiência extraordinária para mim, a realização de um desejo por muito tempo acalentado", escreveu a Fliess. "Foi também", acrescentou, "algo levemente desapontador". Muito embora

---

18 Freud para Fliess, Viena, 23 mar. 1901, *Origins*, p. 315-316.
19 *Ibid.*, 30 jan., 15 fev. 1901, p. 328-329.

ele não encontrasse todos os estratos do sentido simbólico de Roma para a sua vida psíquica ali simultaneamente presentes, como na metáfora com que este ensaio se inicia, Freud pôde distinguir três Romas claramente, por período histórico. Tomando-as em ordem inversa, a terceira Roma, a Roma moderna foi "esperançosa e agradável". A segunda, a Roma católica, com sua "mentira da salvação" foi perturbadora, tornando-o "incapaz de fazer sair de meu pensamento a minha própria miséria e toda outra miséria que eu sabia existir". Não foi a sua miséria o resultado da atração poderosa do mundo católico da Notre Dame, e a tentação de salvação profissional mediante a conversão seguindo o exemplo de Winckelmann – todas elas em conflito com sua consciência do Antigo Testamento e sua fidelidade étnica? Mas subjazendo a isso, havia a primeira Roma, a Roma da antiguidade. Esta por si só o levava a um profundo entusiasmo: "Eu podia ter adorado os humildes e mutilados remanescentes do Templo de Minerva".[20]

Minerva? Verdadeira criação de seu pai Júpiter, ela era a um só tempo a deusa da adoração e protetora da pólis. Justamente naquela ocasião (1902) estava sendo posta na frente do edifício do Parlamento de Viena, como símbolo tardio da entidade política racionalista-liberal. Minerva era também a mulher fálica a deusa antierótica que repelia seus inimigos com sua lança, com sua égide envolta em serpentes, e seu escudo cravejado de górgonas. Em sua bissexualidade ascética e frieza racional, ela unificara o espírito cívico que tanto atraíra Freud à masculina Inglaterra com a beleza feminina e o poder irracional que tão pungido ele deixara por Paris. Na camada mais profunda e pagã da Cidade Eterna, onde ele encontrou os restos humildes e mutilados de Minerva, o psicoarqueólogo Freud podia celebrar a sua própria realização: reconciliar em pensamento as polaridades do masculino e do feminino, consciência e instinto, ego e id, o patriarcado judeu e o maternalismo católico, Londres e Paris – tudo em nome da ciência. A solução de Freud para seu próprio problema com a Roma de muitas camadas o levou à restauração de seu próprio ego, munindo-o da capacidade de compreender uma realidade contraditória e não homogênea e, assim, encontrar um modo de viver com ela.

---

20   *Ibid.*, [Viena], 19 set. 1901, p. 336.

2 Seduzida e abandonada: ascensão e queda da teoria da sedução de Freud

GERALD N. IZENBERG

Durante muitos anos, a "teoria da sedução" da neurose segundo Freud foi vista como um passo equivocado ainda que inicialmente plausível para a teoria madura da psicanálise, e sua abordagem dessa rejeição da teoria da sedução foi tomada essencialmente como valor de face. Mais recentemente, com o enfoque cada vez maior no abuso sexual infantil, a psicanálise clássica tem sido criticada por desmerecer a realidade da infância como fantasia infantil, o interesse pela teoria da sedução tem se renovado, e os motivos para Freud a ter abandonado têm sido intensamente questionados. A história da ascensão e queda da teoria da sedução assim adquire novo interesse e significado. Talvez a sua lição mais crucial esteja na importância da teoria na psicanálise. Pressupostos teóricos desempenham um papel importante na criação da teoria, nas causas de seu abandono por Freud, e auxiliam-no a produzir um deslocamento. Considerações teóricas também dão conta do motivo pelo qual, muito embora Freud jamais tivesse deixado de acreditar na realidade do abuso sexual na infância, ele não conseguiu encontrar um papel causal para ela uma vez tendo adotado sua nova teoria.

O clímax da história é bem conhecido. Em sua carta de 21 de setembro de 1897, Freud anunciou a Wilhelm Fliess, "Não acredito mais nas minhas *neuróticas*" (1985 [1887-1904], 264), a teoria da sedução que ele tenazmente defendera durante os dois anos precedentes. Sua reação a esse acontecimento pareceu paradoxal até mesmo para ele. Escreveu que foi "o colapso de tudo o que fosse válido" em seus esforços teóricos recentes", ainda que ele tivesse "mais a sensação de vitória do que de derrota (que certamente não seria o caso)". Mas era. A famosa carta foi tanto um anúncio de nascimento quanto um obituário. Menos de dois meses depois, Freud enviou a

Fliess, com simulada fanfarra o primeiro esboço de sua teoria da sexualidade infantil e seu papel na formação de sintomas neuróticos na fase adulta.

Freud ofereceu a Fliess quatro razões para rejeitar a teoria de que todas as neuroses eram causadas por incidentes traumáticos de sedução, ou, como ele chamava frequentes vezes, abuso sexual na primeira infância. (i) Ele não trouxera nem uma única terapia a uma conclusão bem-sucedida usando essa hipótese. Os pacientes que pareciam mais comprometidos com a análise deixavam a terapia prematuramente, e seus êxitos parciais pareciam explicáveis de outras maneiras. (ii) Os relatos de abusos por pacientes cada vez mais vinham a implicar atos perversos pelos pais. A frequência da histeria – que implicava uma frequência ainda maior de assédios perversos, uma vez que nem todos produziam histeria – ocasionava a existência de um número improvavelmente grande de pais sexualmente abusivos. (iii) Foi difícil apresentar a diferença entre verdade e ficção nas histórias de abuso emocionalmente carregadas dos pacientes. (iv) Mesmo nos delírios espontâneos de psicóticos, experiências infantis ocultadas não irromperam à consciência; seria improvável que isso acontecesse no tratamento de pacientes menos doentes (e presumivelmente mais bem defendidos).

A força e a sinceridade dessas razões têm sido alvo de ataques por uma série de autores. Ocorre que as críticas mais sérias são elas próprias afetadas por pressuposições *a priori* e por problema de lógica: sem maiores argumentações, inferem que a teoria do abuso seria basicamente correta e que a teoria posterior de Freud estaria equivocada, de modo que as razões que ele deu a Fliess para rejeitá-la não poderiam ter sido suas verdadeiras razões.[1] Ainda assim, os críticos levantam uma questão real. O próprio Freud ao que tudo indica fez frente a suas objeções a Fliess em artigos publicados em 1896. Com relação à inconclusão e ao fracasso terapêutico, por exemplo, Freud afirmava ter realizado "uma psicanálise completa em treze casos de histeria. [...] Em nenhum desses casos deixou de existir um evento [de abuso sexual na primeira infância]" (1896a, III, 152). Chegou a

---

1 Ver em particular J. M. Masson, *The Assault on Truth: Freud's Suppression of the Seduction Theory*. Nova Iorque: 1985, p. 11ss., p. 144; M. Krull, Freud and His Father (1979, tradução de A. J. Pomerans, Nova Iorque: 1986), p. 69-70.

afirmar que em alguns desses casos não se obteve êxito algum até a análise ter chegado seu fim "natural", com a descoberta dos traumas mais primevos (1896c, III, 206). Contra possíveis críticas de que as histéricas fabricavam suas abordagens de sedução, Freud alegou que as pacientes só os produziam com enorme relutância e com sinais visíveis de violenta angústia. Além disso, suas histórias tinham em comum tantos aspectos e detalhes cruciais que seria preciso hipotetizar algum tipo de conspiração de pacientes se fosse para tomá-las como ficcionais (*Ibid.*, 204, 205). E quanto à questão da frequência, Freud foi enfático ao insistir em que "nossas crianças são bem mais expostas a assédios do que as poucas precauções tomadas pelos pais a esse respeito podem nos fazer pensar", citando, em apoio – confessadamente de segunda mão – publicações contemporâneas de pediatras sobre a frequência de abuso sexual de crianças por enfermeiras e encarregadas de berçário (207). Na verdade, Freud sentiu que tinha de responder ao argumento de que assédios sexuais acontecem com crianças com frequência demasiada para que tenham importância etiológica, em razão justamente de sua incidência muito maior que a da histeria (1896b, III, 164; 1896c, III, 207) – o próprio argumento foi por ele descartado na carta de setembro de 1897 como altamente improvável. Por fim, a sinceridade de sua convicção da realidade do abuso parece ressaltada pela retórica de genuíno ultraje moral, não apenas quanto à crueldade física de ataques sexuais perversos, mas quanto à crueldade psicológica inerente à violação pelo adulto da responsabilidade de força superior: "[O adulto] armado de plena autoridade e direito de punir [...] pode trocar um papel pelo outro tendo em vista a satisfação desinibida de seus humores [...] [enquanto] a criança [...] em seu desamparo está à mercê dessa vontade arbitrária, [...] é perversamente despertado a todo tipo de sensibilidade e exposto a todo tipo de decepção" (1896c, III, 210).

É improvável que Freud tivesse esquecido o que disse nesses artigos ou que estivesse tentando enganar Fliess, que, afinal, lia-os mesmo antes da publicação, devendo ter mudado de opinião contra a persuasão de seus argumentos anteriores. Os fatos são um pouco mais complicados. Freud não estava simplesmente repudiando as afirmações dos artigos de 1896;

mudanças importantes tinham se dado na teoria clínica desde a sua publicação. Foi apenas em dezembro de 1896, por exemplo, que Freud se fixou no pai como abusador universal em casos de histeria. Mas de um modo geral se pode dizer que em setembro de 1897 a crença de Freud nos passos intermediários de sua teoria – a credibilidade das abordagens de seus pacientes de abuso e, portanto, sua ocorrência universal na neurose – tinha sido solapada. Ele estava apenas condensando uma história mais longa quando ofereceu suas conclusões revisadas sobre os estremecimentos dos blocos construtores da teoria como razão para rejeitar todo o construto. Não é necessário recorrer a fatores externos ao trabalho clínico e teórico de Freud para explicar por que ele mudou seu modo de ver. O que precisa ser entendido é o processo pelo qual ele veio a fazê-lo.

Na verdade, Freud parecera muito mais seguro e enfático sobre a teoria da sedução em seus artigos publicados do que em conversas particulares. A correspondência com Fliess revela dúvida quase desde o início. Em 29 de novembro de 1895, por exemplo, apenas um mês depois de ter anunciado a teoria a Fliess pela primeira vez, expressou ceticismo sobre a sua psicologia teórica e desconforto quanto à teoria clínica: "A solução clínica das duas neuroses [histeria e neurose obsessiva] provavelmente vão ficar de pé após alguma modificação" (1985 [1887-1904], 152). A severidade dessa dúvida aumentou após ele ter estreitado a relação entre o abusador e o pai: "até agora", escreveu em 3 de janeiro de 1897, "nem um único caso se concluiu [...]. Enquanto nenhum caso tiver sido esclarecido e acompanhado até o fim, não me sinto seguro e não posso ficar satisfeito" (218). Um mês depois, com as notícias de que seu próprio pai seria responsável pela histeria de seu irmão e de várias irmãs mais novas, acrescentou, "a frequência dessas circunstâncias muitas vezes me deixa admirado" (231). E em maio do mesmo ano ele relatou um sonho de "sentimentos exagerados" para com sua filha Mathilde, que ele interpretou como "é clara [...] a satisfação de meu desejo de detectar um *Pater* como originador da neurose e isso pôr um fim a minhas dúvidas sempre recorrentes" (31 de maio, 249). Essas passagens na verdade subestimam o grau de incerteza de Freud no período anterior ao momento em que veio a se fixar no pai como abusador. Pois durante aquele período, Freud estava constantemente levantando questões acerca da correção do que ele chamava de sua "metapsicologia", e isso dizia respeito diretamente também à sua teoria clínica. O fato é que a teoria da sedução clínica em si mesma baseava-se em grande medida em pressupostos metapsicológicos, tendo entrado em colapso diante de novas evidências clínicas igualmente carregadas de teoria.

Freud iniciou com dois postulados centrais para se entender o seu modo de teorizar. Em primeiro lugar, de início concedeu (como à época em geral faziam a medicina e a psiquiatria) que os sintomas comportamentais da neurose não eram respostas ou ações providas de sentido emocional. Seu caráter ininteligível e irracional significava que, *a priori*, ele tinha de ser explicado por fatores não psicológicos.[2] Assim, numa primeira definição de histeria, Freud escreveu, "a histeria se baseia inteiramente em modificações fisiológicas do sistema nervoso, e sua essência deve ser expressa numa fórmula que leva em conta as condições de excitabilidade nas diferentes partes do sistema nervoso" (1888b, I, 41). Essa abordagem fisicalista, contudo, também refletida uma pressuposição muito mais fundamental acerca da relação entre fenômenos físicos e mentais. Freud mantinha uma versão da doutrina do "paralelismo psicofísico", que definia o psicológico ou mental como um "dependente concomitante" do físico.[3] Enquanto fenômenos psicológicos podiam legitimamente ser caracterizados nos termos descritivos autônomos de desejo, intenção e crença, a explicação última dos eventos psíquicos, de acordo com essa doutrina, sempre puderam ser encontradas no reino físico. Para Freud, a distinção final entre processos psíquicos e fisiológicos – isto é, entre ação motivada e comportamento reflexo, estava em sua localização diferente no cérebro: os primeiros eram processos no córtex cerebral e os segundos, na substância subcortical (1888-1889, I, 84).

---

2   Ver G. N. Izenberg, *The Existentialist Critique of Freud: The Crisis of Autonomy* (Princeton, Nova Jersey, 1976), cap. 1, "Freud's Theory of Meaning" esp. p. 22-32, para uma discussão ampliada da conceitualização por Freud do comportamento sintomático. O presente ensaio desenvolve uma série de temas presentes no trabalho anterior, com particular atenção ao problema da ascensão e queda da teoria da sedução. O livro de 1976 foi escrito antes que a versão completa estivesse disponível.

3   *Ibid.*, p. 62. Ver também F. J. Sulloway, *Freud: Biologist of the Mind: Beyond the Psychoanalytic Legend* (Nova Iorque, 1979, 1983), cap. 2.

A tendência à explicação física foi poderosamente reforçada pela negação de estatuto psicológico a sintomas – foi a combinação de ambos que levou Freud a buscar uma "fórmula fisiopatológica" para a histeria.[4]

É verdade que certas descobertas clínicas sobre a histeria possibilitaram a Freud produzir um primeiro nível de teorização puramente psicológica. Ele tinha aprendido com o caso de Breuer "Anna O." que os sintomas histéricos poderiam ser aliviados ao se desvelar ideias inconscientes, e foi com base em Charcot que eles puderam ser induzidos (ou seja, por sugestão sob estado de hipnose); e dessas descobertas ele concluiu que era necessário "buscar" pelas causas da histeria na vida ideacional inconsciente" (1888b, I, 56). Mas essa prescrição ainda não significava que Freud pensava nos sintomas histéricos como ações expressivas se agidos de maneira inconsciente – isto é, se os sintomas fossem produzidos por desejos inconscientes. A função de ideias inconscientes tinha de ser buscada numa forma de causalidade fora da esfera da intenção. E em muitos casos, a hipótese de ideias inconscientes provia Freud somente de uma rudimentar teoria de primeiro nível, que tinha de ser posteriormente fundamentada numa teoria do sistema nervoso. Isso significava que ele estaria buscando uma solução em três vias: clínica, causal psicológica e "metapsicológica" ou física.

A primeira teoria da neurose proposta por Freud mostra de maneira clara a operação de todos os três níveis de teorização. Nos *Estudos de Histeria*, os sintomas histéricos eram vistos como "resíduos" de acontecimentos traumáticos que haviam sido suprimidos. A repressão inicial do trauma foi descrita em termos puramente intencionais como um esforço consciente de afastar acontecimentos desagradáveis: "Era uma questão de coisas que o paciente desejava esquecer, razão pela qual eram intencionalmente reprimidas de seu pensamento consciente" (1893a, II, 10). Mas o efeito da repressão foi formulado em termos psicológico-causais. "As histéricas", escreveram Breuer e Freud em sua famosa fórmula, "sofrem sobretudo de reminiscências" (*Ibid.*, 7). "Sofrer de reminiscências" não era algo como se envolver em ação psicológica, – não havia motivo para tal, era algo que acontecia para o *self*. A explicação adequada para tal estava referida na teoria da abreação,

---

4 Izenberg, *Existencialist Critique of Freud*, p. 32.

que se baseava num conjunto de postulados mecanicistas sobre o funcionamento do sistema nervoso. Acontecimentos psíquicos representavam um constructo de energia no sistema nervoso que tinha de ser descarregado em reações apropriadas para se manter a soma de excitação constante (1940d [1892], I, 153-154). Os sintomas histéricos não eram ações providas de sentido, mas descargas bloqueadas, resultados de "aumentos de excitação no sistema nervoso, que este se mostrou incapaz de dispor adequadamente por meio de reação motora" (1892-4, I, 137). Esse tipo de explicação também se estendeu às elaborações de defesa, pois, enquanto Freud entendeu a finalidade de defesa contra o trauma como um motivo consciente, não conseguiu conceber o processo de defesa neurótica em termos psicológicos em razão das formas bizarras de seu funcionamento, isto é, em razão dos sintomas que ele produzia. Na tentativa de explicar o "deslocamento" de sensações de culpa a objetos pouco apropriados em "As Neuropsicoses de Defesa", Freud escreveu:

> A cisão do conteúdo de consciência é o resultado de um ato da vontade da parte do paciente; isso quer dizer, é iniciado por um esforço da vontade cujo motivo pode ser especificado... [Mas] entre os esforços de vontade do paciente, que consegue reprimir a ideia ... inaceitável, e o surgimento da ideia obsessiva... surge [uma] lacuna... A separação da... ideia de seu afeto e a fixação deste a outra... ideia – são processos... [cuja] existência só pode ser presumida, sem poder ser provada por nenhuma análise psicológico-clínica. *Talvez fosse mais correto dizer que esses processos de modo algum são de natureza psíquica, que são processos físicos cujas consequências psíquicas apresentam-se como se o que se expressa ao modo de "separação da ideia de seu afeto" e "falsa conexão" do último tivesse realmente acontecido.* (1894a, III, 46, 53; itálicos nossos)

É claro que eu omiti um elemento central da teoria clínica dos *Estudos sobre Histeria*. Freud chegou à conclusão de que os traumas que produziam a histeria eram de natureza exclusivamente sexual. A hipótese era em parte derivada de achados clínicos – as memórias descobertas no processo de terapia – mas a questão é mais complicada. Possivelmente, nem todos os casos em *Estudos sobre Histeria* tratavam explicitamente de traumas sexuais; "Lucy R.", por exemplo, reprimira a ideia de que estava apaixonada pelo patrão. Além disso, Breuer, que ao contrário do que Freud por vezes dizia, acreditava na importância da sexualidade e publicamente a endossava, a importância da sexualidade na histeria viria a diferir, com Freud, sobretudo no tocante à questão de sua universalidade; assim, ele leu o significado de sua evidência clínica compartilhada de modo diferente.[5] A insistência de Freud num único fator causal foi resultado, em primeiro lugar, de seu maior rigor e consistência teóricos. Toda a medicina e psiquiatria do século XIX operava no âmbito de um enquadramento darwiniano, que via o ser humano como um organismo provido de instintos de autopreservação e de preservação da espécie. Para fins de explicação, todas as descrições em linguagem comum dos desejos humanos foram assim teoricamente comprimidas ou reduzidas a essas pulsões básicas.[6] No modelo mecanicista básico de Freud, as fontes internas de energia cuja colisão no organismo iniciou a descarga necessária para manter constantes os níveis de energia foram as necessidades biológicas de fome e sexo. Foi Breuer quem, pelos padrões teóricos daquele momento, valeu-se de subterfúgios ao se recusar a generalizar com base no material clínico até a monocausalidade do trauma sexual.

Mas se as combinações de achados clínicos e categorias teóricas virtualmente implicaram uma etiologia sexual para a histeria, por certo que tal combinação não implicou a conclusão de que o trauma sexual tinha ocorrido na infância. De todos os casos que se tem em *Estudos sobre Histeria*, apenas "Katharina" envolveu um ataque sexual anterior à fase da puberdade. Aquele caso retornou dois anos antes que os *Estudos* fossem escritos (1985 [1887-1904], 30 de agosto de 1893, 54), porém o livro Freud não extraiu quaisquer conclusões teóricas sobre sedução na infância do momento do ataque à garota. Na verdade, Freud não deparou com a teoria até que os *Estudos* tivessem sido concluídos, no verão de 1895, e não o menciona a Fliess até a carta de 8 de outubro de 1895 (141).[7] Muito mais baseada em

---

5 Sulloway, Freud, p. 62.
6 Izenberg, *Existentialist Critique of Freud*, p. 57; Sulloway, Freud, p. 91.
7 À luz do argumento de Masson, de que Freud abandonou a teoria da sedução em ampla medida para eximir Fliess da responsabilidade pela mal-executada operação nasal que ele

teoria do que na hipótese de que somente traumas sexuais causaram histeria foi a hipótese de que todos os traumas que provocaram histeria tiveram lugar na infância.

O que conduziu Freud à teoria do abuso na infância foi seu esforço de resolver o que à época ele via como seu maior enigma teórico, o da forma patológica de defesa que produziu sintomas neuróticos.[8] Foi esse enigma que o levou a embarcar no *Projeto para uma Psicologia Científica*, no verão de 1895. A ideia da defesa psicológica em si não era problemática; era uma operação normal da mente humana em face de acontecimentos ou memórias desprazerosas. Mas a defesa normal, de um modo geral, não conduzia ao total esquecimento: "Muito embora em geral estivessem ausentes da consciência, memórias desagradáveis poderiam ser relembradas por novas percepções (1950a [1887-1902], I, 351-352). A defesa patológica, por outro lado, paradoxalmente envolvia tanto uma total repressão do acontecimento desprazeroso original como um resíduo de "reminiscências" estranhas sob a forma de sintomas físicos de culpa não motivada. Desse modo, mesmo enquanto os *Estudos sobre Histeria* ainda estivessem no prelo, Freud voltou-se a um novo "hobby", como ele chamava a sua teoria psicológica, "atormentado pela necessidade de "postulados claros acerca de processos mentais normais", nos quais poderia assentar "uma concepção satisfatória geral de distúrbios neuropsicóticos" (1985 [1887-1904], 25 de maio, 1895, 129).

Muito embora o *Projeto* tenha sido intensamente debatido, alguns pontos relevantes às origens da teoria da sedução precisam ser repetidos aqui.[9] Amparando-se no trabalho de Theodor Meynert, Freud procurou

---

realizou em Emma Eckstein, que quase a levou à morte por hemorragia em razão da gaze que ele deixou em sua cavidade nasal, seria o caso de notar que Freud só chegaria à teoria da sedução meses após a operação e suas sequelas (fevereiro-março de 1895).
8 Izenberg, *Existentialist Critique of Freud*, p. 36; Sulloway, Freud, p. 123.
9 O melhor debate histórico é ainda o de P. Amacher, *Freud's Neurological Education and Its Influence on Psychoanalytic Theory, Psychological Issues*, vol. 14, n. 4, (Nova Iorque, 1965). Ver também a introdução de Ernst Kris à primeira tradução (parcial) inglesa à correspondência de Fliess, que inclui *Project, The Origins of Psychoanalysis: Letters to Wilhelm Fliess, Drafts and Notes: 1887-1902* (Nova Iorque, 1954); Izenberg, *Existentialist Critique of Freud*, p. 36ss, e Sulloway, Freud, cap. 2, com suas extensas referências bibliográficas.

estender um modelo mecanicista do funcionamento reflexo para o comportamento voluntário e aprendido. A ponte crucial entre os dois foi a "experiência de satisfação", que, de acordo com Freud, tornou o aprendizado possível – e necessário. No comportamento reflexo, a energia a colidir com o sistema nervoso por meio de um estímulo reflexo (isto é, um objeto aquecido) foi automaticamente descarregada num movimento reflexo que também removeu a fonte do estímulo (tirar a mão). Mas o mero comportamento reflexo (por exemplo, sugar) não pode pôr um fim a um estímulo advindo de necessidades internas como fome; uma operação apropriada sobre o mundo exterior (sugar no peito ou na garrafa) se fez necessária. Quando tal operação foi realizada, deixou traços de memória de si mesma e da "experiência de satisfação" que daí resultou. Influxos subsequentes de energia ativariam esses traços de memória e fariam com que o organismo iniciasse a ação apropriada. Mais consistente em seu mecanismo do que Meynert, Freud hipotetizou que nos primeiros estágios do desenvolvimento infantil novos influxos de energia interna de fome, em primeiro lugar, fariam catexizar os traços de memória da experiência de satisfação passada em quantidade suficiente para produzir "o mesmo que uma percepção, isto é, uma alucinação" (1950a [1887-1902], I, 319). Assim, a tendência primária do organismo seria para a gratificação alucinatória ou fantasia de realização de desejos. Somente o desprazer continuado da energia descarregada viria a "ensinar" o organismo a inibir o fluxo de energia ao traço de memória da experiência anterior de satisfação, em vez disso usando-o para iniciar uma busca por "indicações de realidade", da presença de um objeto real no mundo externo adequado a proporcionar uma real experiência de satisfação.

Freud encontrou uma aplicação inesperada para esse modelo com base na ideia de experiências alucinatórias de satisfação. Tratava-se de uma teoria do significado dos sonhos. Afinal, sonhos eram na verdade imagens alucinatórias verificáveis, imagens que "se encontram com a crença" quando aparecem à consciência (*Ibid.*, 339). Com isso, Freud chegou à memorável conclusão no *Projeto segundo o qual "sonhos são a realização de desejos, isto é, a satisfação alucinatória seguida por experiências de satisfação"* (340). A hipótese foi inteiramente baseada em teorias.

Mas Freud foi muito menos bem-sucedido em usar o modelo para dar uma explicação mecânica à defesa patológica – foi a sua primeira finalidade. Na verdade, sua abordagem da defesa normal tornou a defesa patológica ainda mais difícil de se compreender. Quando o ego sofria um trauma, uma rede de traços de memória era disposta, e isso incluía tanto o trauma quanto os acontecimentos a assinalar seu fim. Quando uma percepção subsequente catexizou a imagem-memória do trauma, a resultante ameaça de dor fez com que o ego, num movimento diversionista, redirecionasse a energia do estímulo para os traços de memória do acontecimento, marcando o fim do trauma (322-324). Assim, a bem-sucedida defesa dependia precisamente do "desprazer sinalizado" da memória traumática original. Mas essa ideia tornou a repressão total da memória em histeria inexplicável do ponto de vista mecânico (352).

Simultaneamente, contudo, a dificuldade metapsicológica sugeriu uma modificação da teoria *clínica*. O uso de defesa normal na lembrança de um trauma dependia da intensidade de seu desprazer original. Se o evento inicial em histeria não fosse por demais intenso, nenhum passo defensivo de memórias diversionárias seria preparado contra ele. Mas se aquele evento de algum modo se tornasse intenso retroativamente, isto é, somente quando relembrado depois, o ego seria sobrecarregado pelo influxo de energia, já que não haveria passagem diversionista disponível por antecipação. Então estaria sujeito a deslocamentos casuais incontroláveis de energia – exatamente o que parecem ser os sintomas. A única sequência de acontecimentos que se ajusta a essa possibilidade foi o desenvolvimento sexual, tal como convencionalmente entendido. Antes da puberdade, um "evento" sexual não seria acompanhado de muita energia em razão da assexualidade da criança. Apenas durante a puberdade haveria energia suficiente para gerar uma resposta sexual. Se um estímulo sexual após a puberdade suscitou a memória de um evento sexual moderadamente desagradável datando de antes da puberdade, ele geraria uma quantidade muito maior de sentimentos desagradáveis do que se acompanhado do evento original, e com isso liberaria uma manobra defensiva descontrolada que resultaria no deslocamento de ideias.

No *Projeto*, Freud deu o exemplo de uma mulher que não conseguia entrar numa loja sozinha. Quando era uma garota de 12 anos, tinha ido a uma loja comprar alguma coisa, mas saiu correndo assustada quando ouviu dois atendentes da loja rindo de suas roupas. Também tinha percebido que um deles era sexualmente atraente. Uma investigação posterior revelou que, quando tinha 8 anos, tinha entrado numa loja para comprar algum doce, e eis que o comerciante lhe apalpou os genitais por cima da roupa. Contudo, ela só lembraria desse primeiro episódio quando se deu o posterior; tudo o que tinha ficado em sua consciência com intensidade aumentada, após o segundo episódio, foi a ideia das roupas.

A ansiedade ante a possibilidade de rirem do modo como estava vestida, argumentava Freud, não poderia ser tomada por sua incapacidade de entrar numa loja desacompanhada. Foi realmente o medo de ser sexualmente atacada que inibiu a garota, mas a memória estava reprimida, e a ideia das roupas, substituída, durante o segundo incidente, aos doze anos. Segundo a explicação de Freud:

> Se nos perguntássemos qual pode ser a causa desses processos patológicos interpolados, somente uma se apresentaria – a descarga sexual, da qual também há evidência na consciência. Isso está atrelado à memória do assalto; mas é altamente digno de nota que ela [a descarga sexual] não estava atrelada ao ataque quando foi vivenciada. Temos aqui o caso de uma memória suscitando um afeto que ela não suscitara como experiência, já que nesse meio tempo a mudança [ocasionada] na puberdade tornou possível uma compreensão diferente do que foi lembrado. (356)

Freud chamou o conceito que trouxera aqui de "ação adiada". O evento de infância se tornou um trauma somente quando a criança pôde vivenciá-lo e compreendê-lo como um ataque sexual, isto é, apenas retroativamente, após a puberdade, e sua memória seria reprimida somente se tivesse se tornado um trauma por ação adiada, já que não haveria nenhuma defesa preparada. A possibilidade teórica de defesa patológica assim dependia assim inteiramente da assexualidade da infância.

Freud começou a mexer com essa explicação clínica virtualmente desde o início. Em contraste com as histerias, os neuróticos obsessivos revelaram mais culpa do que repulsa e medo. Freud associou esse fato à sua descoberta de que obsessivos tinham vivenciado prazer sexual em experiências sexuais na infância. Por isso, ele hipotetizou que uma sedução inicial poderia ter suscitado uma sexualidade precoce numa criança, que pode então, por sua vez, se tornar um adulto abusador. Vivenciavam-se passivamente ataques sexuais que davam origem à histeria; a atividade sexual continuada por parte da criança abusada deu origem, após a puberdade, à neurose obsessiva.

Por mais que essa modificação parecesse necessária, Freud reconheceu que ela exacerbava dificuldades na teoria que ele inicialmente tinha ignorado. Por exemplo, qual seria a fonte do desprazer na histeria? Poderia não ser o abuso original em si mesmo, que no máximo foi postulado como apenas um incômodo ou um medo menor. Além disso, se fosse possível energia sexual suficiente para iniciar a defesa somente com o advento da puberdade, por que tal sensação sexual seria vivenciada como desprazer? Mas houve também uma questão acerca da fonte do prazer sexual pré-puberal na neurose obsessiva. Se a infância fosse assexual, como o prazer seria possível? Já em 2 de novembro de 1895, Freud reconheceu o fraco liame em seu argumento. "Comecei a ter dúvidas acerca da explicação prazer-dor da histeria e da neurose obsessiva que anunciei com tanto entusiasmo", escreveu a Fliess (148). E poucos meses mais tarde: "À medida que não há teoria correta do processo sexual, a questão da origem do desprazer a operar na repressão se mantém sem resposta" (esboço K, 1º de janeiro de 1896, 164).

Durante todo o ano de 1896, Freud fez poucos progressos nessa teoria. Suas cartas mostram uma preocupação cada vez maior com o elemento do desejo sexual ativo na histeria adulta. Se tal desejo não parece afetar a etiologia adulta, uma vez que todas as instâncias por ele discutidas datam de após a puberdade, isso tornou Freud mais consciente do elemento do conflito na histeria entre desejos sexuais e forças a lhes fazer oposição. O caso em curso de Emma Eckstein exerceu um papel importante, embora não exclusivo, em seu desenvolvimento.[10] Freud encontrou evidência de que

---

10   Ver, por exemplo, o caso de Mrs. P. J., *Freud's letter to Fliess, Draft J*, 155-158.

ela tinha sido histérica desde a puberdade, sendo apenas feliz demais para manifestar evidência a Fliess como desculpa implícita pelo estrago quase desastroso de sua operação (30 de maio de 1896, 186).[11] Mas é óbvio que Freud fazia uma aposta mais alta que a absolvição de Fliess. O material de Eckstein lhe proporcionou nova compreensão teórica da natureza dos sintomas. Seus episódios de sangramento tanto na puberdade quanto durante o tratamento com Freud pareciam associados aos seus desejos de chamar a atenção dos médicos pelos quais ela se sentia atraída. Desse modo, os sintomas não eram apenas para ser vistos como deslocamentos casuais de energia; Freud concluiu que eram "quase todos formações de compromisso" entre desejo e repressão (189). Essa foi uma importante reformulação: trouxe os sintomas para mais perto do modelo de ação humana provida de sentido. "Não há dúvida", Freud escreveu a Fliess em 4 de junho de 1896, "que as hemorragias de Eckstein se deviam a desejos" (191-192).

Para os próximos poucos meses que se seguiram, as cartas de Freud se mostraram preocupadas com a doença terminal de seu pai, que morreu em 23 de outubro. A morte de Jacob afetou-o profundamente, muito embora fosse difícil saber se exerceu algum efeito sobre seu trabalho. Ele relatou um sonho cujo tema principal era uma autorreprovação por não ter feito o seu dever para com o pai morto (26 de outubro de 1896, 202). E pouco depois, em 6 de dezembro, ele anunciou duas novas conclusões. A primeira reforçou e restringiu a teoria da sedução. "O ponto essencial da histeria", afirmou, "é o de que ela resulta de perversão por parte do sedutor e [...] que a hereditariedade [em histeria significa] sedução pelo pai [...] a histeria não é sexualidade repudiada, e sim *perversão repudiada*". Se Freud estivesse a tender nessa direção durante os últimos meses de seu pai, ele poderia bem responder pela culpa que expressou em seu sonho.

A segunda conclusão da carta, contudo, aponta para a direção oposta. Os ataques perversos que produziram a histeria, Freud observou, envolviam não apenas os órgãos genitais, mas outras partes do corpo, cuja estimulação a criança abusada aparentemente achou prazerosa. A evidência lhe possibilitou desenvolver a ideia de que desejos causavam sintomas: "Um ataque

---

11 Ver nota 6 deste capítulo.

histérico não é uma descarga, mas uma ação, e ele retém o caráter original de cada ação – de ser um meio para a reprodução de prazer [...] [Os sintomas] são destinados a outra pessoa – mas o mais das vezes à outra pessoa pré-histórica inesquecível que jamais foi igualada por nenhuma outra depois". Deve-se notar que essa definição do "caráter original de cada ação" como "um meio para a reprodução do prazer" advém diretamente da teoria do *Projeto*. Nesse momento, então, Freud tinha uma teoria da histeria em dois atos. No primeiro, a criança era vítima passiva de abuso sexual nas mãos dos pais, abuso este que ela vivenciou como de algum modo ligeiramente doloroso e prazeroso. No segundo, o adulto (ou uma criança mais velha) ativamente, se conscientemente, reproduziu a memória da sedução a fim de reviver o contato prazeroso com o pai amado. De certos pontos de vista, essa teoria parece surpreendentemente contemporânea, pelo menos em sua validação tanto da realidade do abuso como do anseio da criança pelo pai ou mãe. Mas para Freud ela foi altamente instável porque suas premissas básicas eram contraditórias. A explicação da produção de sintomas neuróticos ainda dependia da teoria da ação adiada do abuso infantil, uma teoria possível somente com base nos postulados de assexualidade infantil e descarga de energia casual. Mas a noção de reativar a memória para reviver o prazer contradizia justamente esses postulados, baseada, como era, no prazer sexual na infância e nos desejos ativos de tornar a vivenciá-los. O que, em retrospecto, a praticantes correntes pode parecer uma síntese desejável era para Freud teoricamente insustentável.

 O fator que em última instância explodiu o equilíbrio instável foi a presença da fantasia nos sintomas neuróticos, à qual Freud agora começava a prestar atenção. As fantasias proporcionavam a primeira chave real a fazer notar que as memórias de seus pacientes não eram de todo confiáveis. Que algumas "memórias" eram irreais, isso era fácil o bastante de discernir no material obviamente fantástico que atraiu o interesse inicial de Freud. Os pacientes relataram memórias de acontecimentos que pareciam como as histórias de possessão e tortura em bruxaria medieval. Aqui, ainda uma vez, Emma Eckstein exerceu papel importante, ainda que não exclusivo. Relatou uma "memória" do diabo enfiando agulhas nos dedos dele e botando um bombom em cada gota de sangue (1985 [1887-1904], 17 de janeiro de 1897, 225). Durante algum tempo, a existência de tais fantasias não abalou em nada a crença de Freud na realidade da memória crucial da sedução; ele continuava a explorar fantasias, enquanto, ao mesmo tempo, procurava encontrar evidências que confirmassem o abuso parental. Na verdade, muitas das fantasias, pensava Freud, advinham de coisas que as crianças tinham ouvido em tenra idade, mas só viriam a compreender depois, interpretação esta que se baseava na assexualidade da infância (6 de abril de 1897, 225). Em 2 de maio ele restringiu ainda mais a conexão entre fantasias e acontecimentos reais. As fantasias eram reproduções indiretas de cenas de abuso; a finalidade da fantasia era tanto embelezar os fatos, revivendo-os, quanto se defender deles, mas no sentido crucial, "todo o material é, evidentemente, genuíno" (239) – isto é, eles se referem a acontecimentos reais.

Mas a noção de fantasia como revivescência anula a ideia de que a *memória* do ataque teria sido a repressão crucial. "As estruturas psíquicas que na histeria são afetadas pela repressão", prossegue Freud, "não são na realidade memórias – uma vez que ninguém se permite a atividade da memória sem um motivo – mas *impulsos* que derivam de cenas primevas [isto é, de sedução]". As fantasias eram em parte "fachadas psíquicas produzidas para que o acesso a essas memórias fosse barrado", mas isso significava que elas eram uma "arma protetora contra a própria [do paciente] libido" (1985 [1887-1904], esboço L, 240, 242). Poucos meses depois, na própria carta que continha o sonho com a filha que ele interpretara como seu desejo de incriminar pais, ele abraçou a noção de que as fantasias estavam relacionadas mais a impulsos do que a memórias. "Lembrar nunca é um motivo, é apenas uma via, um método. O primeiro motivo para a formação de sintomas é, cronologicamente, a libido. Assim, sintomas, como sonhos, são a *satisfação de um desejo*". Esses desejos, Freud também descobriu, incluíam impulsos hostis para com os pais, via de regra desejos de morte por aquele dos pais que fosse do mesmo sexo que a criança. A teoria de Freud se tornou uma teoria da ação que reverteu completamente sua premissa inicial da ausência de sentido dos sintomas. Na verdade, ele continuou a elaborar, sintomas eram a satisfação não de um, mas de dois desejos. "A satisfação de desejo tem de vir ao encontro das exigências de [...] defesa inconsciente. Isso acontece se o sintoma for capaz de operar como punição (por um mau desejo ou em razão de uma falta de confiança em sua própria capacidade de ocultar [desejo sexual]). Os motivos da *libido* e da *satisfação de um desejo* como *punição* então vêm juntos" (esboço N, 250-251).

À luz dessa conclusão, que germinou durante meses, é difícil imaginar que Freud estivesse tão perturbado por dúvidas acerca da etiologia do pai. A teoria da satisfação de desejos de sintomas no início condenou a teoria da sedução. Pois, se os sintomas eram em ampla medida fantasias, isto é, satisfações alucinatórias de desejos, o modelo metapsicológico do *Projeto* exigiu que eles tivessem sido precedidos por experiências anteriores de gratificação. E tais experiências infantis, por sua vez, demandavam uma concepção de sexualidade infantil. Freud não tinha conservado um papel etiológico para a sedução porque, para ele, estava indissoluvelmente ligado à hipótese da assexualidade infantil. Ademais, uma vez que ele chegou à noção de sexualidade na infância, ele não apenas não necessitou da sedução como teoria causal, mas não conseguiu ver como integrar teoricamente tal sedução como ele acreditava que tinha realmente acontecido.

Contudo, Freud ainda era incapaz de dar o passo final. Ele analisou o que chamou de "algum tipo de experiência neurótica", que resultou em paralisia intelectual. "Algo das mais profundas profundezas de minha própria neurose se dispôs contra qualquer avanço na compreensão da neurose, e de algum modo você está envolvido nisso", escreveu a Fliess em 7 de julho. "Pois minha paralisia na escrita parece-me destinada a inibir nossa comunicação" (255). O último passo, aparentemente temido, pode ocasionar uma ruptura com Fliess. O porquê e o como podem ser apenas aventados. Por certo o abandono da teoria da sedução ameaçava destruir o feito clínico com base no qual ele por tanto baseara sua alegada admiração a Fliess, mas também seria o início de sua liberação da necessidade de uma íntima relação com ele. E a teoria da substituição tinha os seus próprios problemas: implicava o próprio Freud como a abrigar desejos tanto libidinais quanto de morte, não apenas contra o pai, mas contra seu substituto, Fliess.

Com isso, Freud teve amplos motivos para iniciar sua própria análise no verão de 1897. Rastrear o desenvolvimento histórico das ideias de Freud nos faz compreender melhor o papel de sua autoanálise. O bloqueio do trabalho inquestionavelmente o estimulou e talvez até o fez necessário. Mas foi tornado possível em razão de sua nova teoria da satisfação de desejos. Ele agora poderia se voltar a si mesmo como uma espécie de sujeito experimental a testar suas hipóteses. Uma vez que impulsos estavam envolvidos como agentes neurosogênicos, a teoria se tornou universal e autorreferencial. Freud se voltou para a autoanálise a fim de testar uma hipótese na qual ele já tinha trabalhado por outros motivos. Um mês após relatar seus inícios a Fliess (14 de agosto, 261) e após seu retorno de uma viagem à Itália, ele anunciou o abandono da teoria da sedução.

Seguindo uma sugestão de Ernst Kris, William McGrath, argumentou que parte da autoanálise de Freud, realizada enquanto ele estava em férias naquele verão e relatada apenas mais tarde, em *A Interpretação dos Sonhos*, tornou possível aquele passo final. Durante suas viagens, Freud fez um plano para as férias do ano seguinte, no qual mais uma vez passaria ao largo de Roma, tal como ele tinha feito naquele verão. O plano o fez pensar no general cartaginês (e semita) Aníbal, que, tal como ele, não conseguira alcançar Roma. A ideia acionou a memória de um episódio da juventude, que igualmente envolvera Aníbal. Jacob Freud havia narrado um episódio de não reagir ante ataques antissemitas; o jovem Sigmund de pronto pensou no general semita Aníbal e se identificou com ele como expressão de raiva ante a atitude do pai e resolvera vingar a vergonha de sua covardia. McGrath também relata uma consciência política dessas memórias de férias para uma intensificação dos impulsos políticos de Freud na primavera e no outono de 1897, o resultado de uma série de golpes políticos que o afetaram pessoalmente na condição de alemão-judeu liberal. Entre eles estava a sua rejeição para uma promoção em janeiro, a qual ele temeu ter sido impedido por uma questão de antissemitismo, e mais tarde a confirmação do líder socialista cristão e antissemita Karl Lueger como prefeito de Viena pelo imperador, a qual lhe fora recusada por dois anos apesar de suas vitórias eleitorais, selando o triunfo político do antissemitismo e antiliberalismo na

Áustria.¹² Esses acontecimentos tornaram a desencadear os interesses políticos de Freud e aumentaram sua raiva inconsciente do pai, raiva esta que, de acordo com McGrath, ajudaram a sustentar a hipótese de Freud do pai abusador como causa da histeria. A autoanálise durante o verão ajudou-o a superar sua raiva. "Uma vez que ele conscientemente recuperou a memória do incidente adolescente sobre o qual residia a fantasia de Aníbal, aquela lembrança começou a perder algo da força propulsora que tinha possuído em seu estado reprimido, e com isso muito da necessidade de se culpar o pai, implícita no episódio, começou a se dissipar".¹³

Essa reconstrução do acontecimento nas férias é plausível, muito embora o inteiro modo de explicação tenda a sopesar a importância dos fatores políticos na teorização de Freud em geral e a história da teoria da sedução, em particular. Freud dificilmente comentava sobre acontecimentos políticos cuja importância McGrath enfatiza, e seu teorizar, como mostra a presente abordagem, em todo caso é muito mais autocontido do que abordagens externalistas em geral podem permitir. Fatores políticos e psicológicos parecem mais relevantes justamente onde a autoanálise de Freud estava envolvida no processo de descoberta, e o próprio Freud atestou o fato de que na primavera de 1897, o processo estava neuroticamente bloqueado. Mas também vimos que a rendição da teoria da sedução significou desistir da possibilidade de uma compreensão metapsicológica de defesa patológica, bem como de uma etiologia baseada no modelo causal reconhecível de um evento causal passível de ser especificado.

O papel causal da autoanálise de Freud no processo de descoberta tem de ser reduzido, e mesmo seu papel reduzido se mantém ambíguo. Quando desistiu da teoria da sedução, Freud brincou com a possibilidade de que não havia nenhuma etiologia da infância: "Parece, ainda uma vez defensável", escreveu na carta de 21 de setembro – após o início de sua análise – "que apenas experiências posteriores dão ímpeto a fantasias, que então remontam a infância" (265). Essa possibilidade foi definitivamente

---
12   W. J. McGrath, *Freud's Discovery of Psychoanalysis: The Politics of Hysteria* (Ithaca, Nova Iorque, 1986), p. 175ss.
13   *Ibid.*, p. 212.

respondida por Freud por uma consideração teórica. Era verdade que o conjunto de razões originais para situar o evento causal na infância – a necessidade de proporcionar uma abordagem teórica de defesa patológica – já não é convincente se a evidência clínica para a ocorrência de acontecimentos poderia não ser confiável. Contudo, a vinculação teórica do conceito de satisfação alucinatória de desejos da mesma forma demandou que fantasias com conteúdo de prazer infantil fosse precedida por experiências de gratificação infantil. Freud certamente não confiou nas memórias infantis de sua autoanálise tomada por si só para estabelecer a importância dos acontecimentos da infância na neurose; as cartas do outono de 1897 mostram-no mais preocupado em verificar suas lembranças por testes de consistência interna e por inquirir sua mãe quanto à acurácia dessas lembranças (15 de outubro, 271-272). E em todo caso, tomada em si mesma a evidência da autoanálise foi altamente problemática. Ela foi menos o que originou o material do que a verificação do material derivado dos pacientes. "Posso me analisar somente com a ajuda do conhecimento obtido objetivamente (como uma pessoa de fora)", escreveu queixosamente em 14 de novembro: "A verdadeira autoanálise é impossível: de outro modo não haveria doença neurótica" (281). Mesmo o complexo de Édipo, que ainda não era chamado assim, foi descoberto primeiramente em seus pacientes para então ser confirmado em si mesmo. "Em meu próprio caso descobri *também* estar apaixonado por minha mãe e com ciúmes de meu pai", escreveu em 15 de outubro de 1897, "e o tomo por um acontecimento universal da primeira infância" (272, itálico nosso).

Não obstante, a via para se migrar para uma nova teoria não se dava de maneira clara. Freud não conseguia abandonar de todo a teoria da sedução. Em 12 de dezembro de 1897, por exemplo, de modo surpreendente ele escreveu que sua "confiança na etiologia paterna havia aumentado em grande medida" (286). A partir dali, estranhos enunciados na obra de Freud a todo tempo reconheciam a ocorrência e, vez por outra, mesmo a frequência do abuso sexual na infância (por exemplo, mesmo já em 1940a [1938], XXIII, 187). Freud chegou a insistir em reter a ideia de que o abuso sexual poderia desempenhar um papel causal na etiologia da neurose (1896b, III, 168, nota de rodapé acrescentada na edição de 1924).

Mas ele jamais explicou de que modo. O problema foi que ele não tinha como explicar o papel dela na histeria uma vez tivesse disposto sua teoria da sexualidade na infância de modo mais completo. Na carta de 14 de novembro de 1897, ele aventou a hipótese de que várias partes do corpo são capazes de produzir excitação sexual na infância, vindo a ser, porém, "extintas" no desenvolvimento normal. Memórias de excitações dessas zonas podem reanimar impulsos delas na vida adulta – uma variação e extensão da teoria da "ação adiada" que originalmente explicou a formação do sintoma neurótico. Porém essas zonas, em particular o ânus, nesse ínterim fazem-se associadas com um sentido natural, biologicamente baseado, de desgosto. Esse desgosto é a fonte de desprazer que causa repressão. Freud por fim trouxe uma explicação da fonte do desprazer na sexualidade que por muito tempo lhe escapara. "Para dizê-lo cruelmente", escreve Fliess, "a memória na verdade tal como no presente o objeto fede" (1985 [1887-1904], 280). Mas com a repressão agora organicamente enraizada, Freud não tinha como teorizar o impacto de atos de abuso, exceto à medida que eles contribuíam para a fixação da sexualidade infantil. Não se teve aí o resultado de um fracasso pessoal, mas uma implicação da teoria pulsional de base biológica de Freud. Enquanto impulsos e forças a lhes fazer oposição são vistos como puramente internos e acionados por um cronograma de desenvolvimento puramente biológico, na verdade não há como pensar em abuso sexual de modo clinicamente útil. Só mesmo o conceito de narcisismo, muito embora Freud não estivesse consciente dele, viria a detonar os limites da teoria pulsional,[14] e sua extensão na britânica teoria "de relações de objeto" e na autopsicologia de Heinz Kohut, com sua incorporação teórica do impacto do ambiente propício à autoestima e individualidade, poderia fornecer o tipo de teoria clínica necessário para conferir sentido aos efeitos do abuso infantil nos distúrbios neuróticos.

---

14 Izenberg, *Existentialist Critique of Freud*, p. 197-200.

3 Os androides de Freud*

CLARK GLYMOUR

Um recente ensaio na revista *Science* compara a obra de Freud com a "ciência cognitiva" contemporânea. A comparação se dá a um só tempo em desvantagem para Freud e em desvantagem para os contemporâneos de Freud. *Nossos* contemporâneos têm uma concepção da mente como um sistema computacional. Algumas de suas teorias postulam uma quantidade, "ativação", que é responsável por aspectos do funcionamento da mente. Algumas de suas teorias postulam um "processamento mental", por meio de uma rede que é análoga ao sistema conectado de células nervosas no sistema nervoso humano. Diferentemente de Freud, do Freud que conhecemos pela história, nossos contemporâneos têm uma tradição experimental que ampara suas teorias. O resultado é que agora temos uma ciência poderosa e destacada tanto do inconsciente quanto do consciente, uma ciência cujas teorias têm conduzido a novos experimentos "que, pela via de tentativas, revelam uma classificação tripartite da vida mental não consciente que é muito diferente do inconsciente em ebulição de Freud".[1]

De modo geral, essas percepções são amplamente compartilhadas não apenas entre psicólogos acadêmicos, mas entre filósofos da mente, filósofos da ciência, administradores de pesquisa e, cada vez, mais, entre o público instruído. Eles têm a impressão de que a psicologia cognitiva contemporânea, com suas simulações computadorizadas da mente, estaria adentrando algo novo e científico, que, na melhor das hipóteses, teria sido apenas vagamente antevisto em psicologias anteriores. Meu propósito aqui é o de argumentar no sentido contrário. Grande parte da ciência cognitiva

---

* Agradeço a Jerome Neu pelos proveitosos comentários a este ensaio.
1 J. Kihlstrom, "The Cognitive Unconscious", *Science* 257 (1987), p. 1445-1452.

contemporânea é muito mais o arcabouço que se esperaria se Sigmund Freud tivesse um computador.

I

Enquanto a popularidade da ciência cognitiva, do computador digital e da teoria formal da computação são todos relativamente recentes, a maior parte das ideias fundamentais da ciência cognitiva contemporânea nada tem de nova. Essas ideias apareceram em versão próxima à da forma atual no final do século XIX, no trabalho de um grupo de neuropsicólogos e neurofisiólogos: Hermann Helmholtz, Theodor Meynert, Ernst Brücke, Jean-Martin Charcot, Pierre Janet, Carl Wernicke, Sigmund Exner, Joseph Breuer, e outros. Um dos "outros" era Sigmund Freud. Na condição de comunidade intelectual, esses cientistas mostraram-se unidos em relação ao tema e bastante diferenciados quanto aos detalhes, de modo que com isso acabavam por representar quase toda e qualquer ideia fundamental de nossa psicologia cognitiva contemporânea. É claro que Freud e os de seu tempo careciam da noção de um computador digital e da teoria da computação, como também careciam dos algoritmos específicos que nos últimos trinta anos têm sido propostos para explicar capacidades cognitivas específicas. Mas não careciam da ideia de que o cérebro é uma máquina biológica que executa algoritmos, como não careciam de ideias acerca da arquitetura computacional de tal máquina, e tampouco careciam das diversas concepções de explicação psicológica presentes nas ciências contemporâneas da mente. Freud, em especial, não carece de nenhuma dessas coisas.

A neuropsicologia do final do século XIX não apenas antecipa a nossa, como sobre questões conceituais de primeira grandeza se revela tão desenvolvida quanto. Freud e seus contemporâneos compreenderam o valor de atrelar a psicologia à física e à biologia, e disputavam entre si sobre o valor de se situar os mecanismos de pensamento em regiões particulares do cérebro. Freud e seus contemporâneos entendiam o cérebro como dispositivo computacional e hipotetizavam uma "linguagem de pensamento" análoga ao que hoje chamaríamos de uma "linguagem máquina" para um computador. Entendiam os elementos do que hoje chamamos computação "conexionista" e faziam propostas acerca de como, usando princípios termodinâmicos, dispositivos conexionistas são capazes aprender. O próprio Freud introduziu muito do caráter equívoco que grassa nas abordagens contemporâneas de estados mentais como estados funcionais. Empregou uma concepção de explicação homuncular que antecipou modos contemporâneos de explicação na economia e na ciência política, os quais são regular e corretamente filosóficos. A compreensão por Freud da representação mental derivou tanto das artes quanto da biologia. As artes proveram-no de uma concepção sobre representação e racionalidade que trazem implicações para discussões contemporâneas sobre a relação entre racionalidade e a computação análoga. Freud tendia a exagerar toda questão intelectual, e, sobretudo em suas obras da juventude, tendia a buscar formulações inequívocas, radicalmente gerais e intransigentes de hipóteses fundamentais acerca do psiquismo. Um certo extremismo é uma marca de um intelecto filosófico, pois ele tende a investir questões do caráter mais forte, simples e geral que seja possível, como bem apraz aos filósofos. O resultado é que os escritos de Freud contêm uma filosofia da mente, e na verdade uma filosofia da mente que aborda muitas das questões sobre o mental que em nossos dias interessam aos filósofos e deveriam interessar aos psicólogos. O pensamento de Freud acerca de questões em filosofia da mente é não raro melhor do que muito do que se tem em filosofia contemporânea, sendo por vezes o melhor possível. Parte de seu tratamento é datado, por certo, em razão dos limites de seu conhecimento científico, mas mesmo quando ele dava uma resposta equivocada a uma questão, ou quando se recusava a dar a correta, sabia afinal qual era a questão e o que estava em jogo. E as vezes em que esteve profundamente equivocado, isso não raro se dava por razões que ainda fazem com que segmentos da psicologia cognitiva estejam equivocados.

Essas afirmações podem parecer misteriosas. Se Freud foi um porta-voz de um movimento que quase completamente antecipava a psicologia cognitiva contemporânea, por que razão esse fato ainda não é reconhecido? E de que modo Freud então passou a ser visto como a fonte de um movimento, a psicanálise, em grande medida ortogonal à psicologia cognitiva contemporânea? A psicologia cognitiva é uma disciplina nova, ainda que seu tema não seja novo. As contribuições de Freud que mais claramente desenvolvem e ilustram as questões fundacionais em psicologia cognitiva foram escritos antes da virada do século; tais partes não foram e não têm sido lidas pela maior parte dos psicólogos acadêmicos e não incluem nenhum dos escritos mais populares do autor. Foi em seus primeiros anos, enquanto ainda se encontrava diretamente sob a oscilação das comunidades neuropsicológicas e neurofisiológicas, que Freud formulou os temas básicos que nos dizem respeito. Os psicólogos, como quase todo mundo, conhecem o Freud sobretudo de um período posterior de sua vida e produção; sem o contraste com o período anterior da obra, as questões que nos interessam são menos vívidas e mais difíceis de discernir.

Sigmund Freud entrou na faculdade de medicina da Universidade de Viena em 1873. Sua formação médica, que durou oito anos, esteve dividida em duas filiações. Uma delas, a de Franz Brentano, o impedido padre católico que chegara à Universidade de Viena como professor de filosofia um semestre depois de Freud ter iniciado seus estudos. A outra filiação, de Ernst Brücke, professor de fisiologia, prosseguiu pelo resto dos dias de estudante de Freud e por algum tempo depois. Dois outros homens, Theodor Meynert, professor de psiquiatria na Universidade, e Josef Breuer, um dos mais eminentes médicos de Viena, também exerceram poderosa influência sobre Freud em seus anos como estudante. Brentano por um lado, Brücke, Meynert e Breuer, por outro, formularam a compreensão do psiquismo e do conteúdo que Freud passou a adotar. As concepções de ambos os lados eram muito diferentes em alguns importantes aspectos, semelhantes em outros, e onde elas diferem o posicionamento de Freud vem se alinhar mais a Brücke do que a Brentano.

Brentano deu a Freud toda a orientação filosófica formal que ele poderia ter. Freud aprendeu lógica – a teoria aristotélica do silogismo – com Brentano, como aprendeu os estratagemas do argumento filosófico. Em 1874, enquanto o criador da psicanálise estudava com ele, Brentano publicou sua *Psicologia de um Ponto de Vista Empírico*, e o conteúdo do livro proporcionou a Freud uma visão do que a psicologia deveria buscar conhecer, bem como dos métodos que deveria usar. As concepções de Brentano sobre os objetivos da psicologia eram simples, tendendo ao tradicional. Todos têm acesso privado a seus próprios fenômenos psíquicos, a pensamentos, sonhos, imagens, dores e prazeres. Para deliberadamente reunir seus próprios fenômenos mentais é o caso de se valer da introspecção. Pela introspecção, adequadamente conduzida, todos podem reunir fatos sobre sua própria vida mental. Os fatos revelados a diferentes indivíduos por certo serão diferentes, mas de acordo com Brentano deve haver regularidades reveladas na vida mental de qualquer um, e essas regularidades serão as mesmas de uma pessoa a outra. As referidas regularidades são as leis da vida mental, e encontrá-las é o objetivo mesmo da psicologia empírica.

Brücke, juntamente com Emil Du Bois Reymond e Hermann Helmholtz, estudaram fisiologia com Johannes Müller. Müller era uma espécie de vitalista, sustentava que as ações do corpo não podiam ser de todo explicadas por princípios físicos e químicos. Pelo que se sabe da história, seus três mais destacados alunos se aliaram contra suas teorias. As concepções de Müller eram essencialmente as do grande fisiólogo francês Claude Bernard, que em 1865 popularizou o materialismo científico em sua *Introdução ao Estudo da Medicina Experimental*.

A doutrina essencial compartilhada por Brücke, Du Boi Reymond, Helmholtz e Bernard é a de que os filósofos hoje chamam de doutrina da *superveniência*. A ideia é a de que um conjunto de propriedades determina outro conjunto em toda e qualquer circunstância possível. A propriedade P sobrevém num conjunto S de outras propriedades, contanto que cada par de circunstâncias possíveis semelhantes com relação a S seja semelhante também com relação a P. Os fisiólogos sustentaram que todas as propriedades sobrevêm em propriedades físicas; mesma a física, mesmo todo o resto. Sustentaram também um determinismo estritamente físico, segundo o qual se dois sistemas devem estar sob as mesmas circunstâncias físicas em momentos correspondentes, então esses sistemas também seriam semelhantes em seus estados físicos como momentos subsequentes, correspondentes. É evidente que, juntas, as doutrinas do determinismo físico e da superveniência implicam que o determinismo se mantém para todas as propriedades de todas as coisas, não apenas para propriedades físicas. Juntos, o determinismo e a superveniência fomentam um desprezo por métodos estatísticos em ciência.

Brücke, o mais influente professor de Freud, era fisiologista, como também o eram Du Bois Reymond e Helmholtz, seus compatriotas na nação do materialismo. Freud fez anatomia com Brücke, sobretudo anatomia neural, que também era uma das especialidades de Meynert. No laboratório de Brücke, fisiologia e anatomia eram um tema pesquisado segundo diferentes métodos. A fisiologia, como qualquer outra ciência, vem a ser muitas coisas. Tradicionalmente, é o estudo da estrutura funcional em organismos vivos. As teorias de estrutura funcional na verdade se constituem de tipos especiais de decomposições de capacidades. Os seres humanos vivem; como o fazem? Fazem-no à medida que comem, respiram e excretam. E como respiram? Fazem-no inspirando ar para os pulmões, absorvendo parte dele no sangue por meio dos pulmões e expirando reminiscências do ar e gases recebidos no sangue. E como esses processos são feitos?

As explicações fisiológicas fazem diversas coisas de uma vez só. Focalizam na capacidade a ser explicada, decompõe-na em capacidades componentes que juntas supostamente ou vão constituir a capacidade a ser explicada ou a terão como efeito. Mas as capacidades componentes são produzidas por estruturas físicas específicas, no interior do organismo. O ato de respirar envolve o nariz e a boca, a laringe, os pulmões e o diafragma. Em fisiologia, as análises da estrutura funcional são concomitantes com a análise e descrição dos componentes físicos que desempenham as funções ou capacidades componentes. A conexão da função e a estrutura física permite que a ordem de questões seja revertida. Quando é descoberta uma estrutura nova, discreta e anatômica, pode-se perguntar qual é sua função, e isso vem a ser apenas um modo de perguntar quais capacidades estão baseadas na parte anatômica.

E eis que a escola materialista vem sustentar que a análise das capacidades deve terminar em física e química. A capacidade de respirar é analisada no âmbito da capacidade dos pulmões de inspirar, expirar e trocar gases com o sangue. Essa capacidade é analisada no âmbito das condições físicas mutáveis, quais sejam, o volume, a pressão e a composição química dos gases nos pulmões, as concentrações de vários elementos químicos no sangue, os efeitos mecânicos da pressão do ar aumentada nos alvéolos, as leis da termodinâmica e da difusão. Ao final, nada se mantém em instância alguma que não seja a física e a química.

A fisiologia materialista, que é o tipo de fisiologia proposta por Brücke e outros membros do círculo de Helmholtz, deve inevitavelmente ser estendida também a uma psicologia materialista. Em uma série de aspectos as análises das capacidades biológicas devem recorrer às capacidades do cérebro e às capacidades cognitivas. De acordo com Brücke e colegas, os processos que parecem estar sob controle "voluntário" têm de ser analisáveis no âmbito das capacidades passíveis de ser explicadas em última instância em termos físicos e químicos. As capacidades cognitivas incluem a capacidade de reconhecer coisas, localizá-las no espaço e manipulá-las, a capacidade de recordar, de aprender e de resolver problemas e, acima de tudo, a capacidade de converter e comunicar. A linguagem parece ser um caso crucial. Se a capacidade de comunicar por meio da linguagem pudesse ser analisada no âmbito das capacidades componentes, e em última instância em estruturas e processos físicos e químicos, um dos grandes desafios para a fisiologia materialista teria encontrado solução à altura.

Como, afinal, começar a construir uma fisiologia cognitiva? Na fisiologia corrente existem tecidos específicos envolvidos, e pode-se usar essencialmente experimentos físicos para examinar as propriedades causais daquelas estruturas a fim de descobrir as capacidades componentes. Mas no caso das capacidades cognitivas existe apenas uma estrutura, o sistema nervoso, e é difícil chegar a ela e manipulá-la. Sem tal manipulação, poderia se mostrar possível apenas adivinhar as capacidades componentes que compõem a capacidade de converter.

A psicologia filosófica tradicional analisou a mente segundo um conjunto de "faculdades", que são a vontade, a imaginação, a razão, o juízo e assim por diante. As faculdades formam uma espécie de mapa organizacional da mente, com o qual cada faculdade recebe um conjunto de poderes ou funções. A faculdade da psicologia é como fisiologia *sem* a física. Duas das ideias mais poderosas em teoria da mente desenvolvidas no século XIX propõem que as faculdades tradicionais são o modo equivocado de decompor capacidades humanas enquanto os modos corretos, as subcapacidades corretas, baseiam-se em tecidos específicos no interior do cérebro e do sistema nervoso. Francis Gall propôs a localização das faculdades em regiões no interior do crânio, mas o verdadeiro avanço na ideia de localização ainda uma vez esteve voltado às análises da capacidade de linguagem.

Em 1861, Broca afirmou ter localizado uma região do córtex responsável pela produção da fala. Estimulado pelo trabalho de Broca, Theodor Meynert e seu aluno, Carl Wernicke, iniciaram um gênero de fisiologia da mente cujo triunfo foi anunciado em 1874, mesmo ano da publicação do livro de Brentano e segundo ano dos estudos médicos de Freud. O triunfo de Wernicke esteve na descoberta de uma região responsável pela compreensão da fala. O trabalho foi uma combinação de neuroanatomia e psiquiatria clínica. Pacientes com incapacidades linguísticas, afasias, eram classificados segundo o tipo particular de incapacidades que manifestavam; quando morriam, os cérebros eram examinados por lesões. A localização da lesão identificava a região do córtex responsável pela afasia do paciente, ou seja, por uma região necessária à correspondente subcapacidade linguística.

Meynert e Wernicke decompuseram a capacidade de fala num conjunto de subcapacidades: a capacidade de ouvir, a capacidade de interpretar sons como fala e de compreender a fala, a capacidade de raciocinar e pensar, a capacidade de produzir a fala. Eles supunham que cada uma dessas capacidades tinha um lugar físico no cérebro; tecidos especiais, tratos fibrosos do cérebro, a transmitir a produção de uma capacidade de seu local a locais de outras capacidades. A mente de fato possui um mapa organizacional, que é um mapa de capacidades e subcapacidades, mas ao mesmo tempo é um mapa de órgãos mentais que são tecidos físicos específicos dentro do cérebro. Meynert e Wernicke não eram apenas cientistas bitolados, por demais absorvidos por detalhes biológicos e clínicos para atentar na estrutura da mente como um todo.

Meynert publicou um livro didático sobre psiquiatria em 1884, no qual foi desenvolvida a ideia geral de uma neurofisiologia da mente. Wernicke escreveu uma série de livros e ensaios com o mesmo objetivo, incluindo, em 1879, um ensaio sobre a consciência. Em 1894, outro aluno de Brücke, Sigmund Exner, que era apenas um pouco mais velho que Freud, escreveu uma neuropsicologia estando sob o mesmo espírito. De diversas maneiras, o livro de Exner proporcionou o arcabouço para as primeiras ideias de Freud sobre psiquismo e o cérebro.

    Brentano e os neurofisiólogos concordaram que a psicologia deveria ter leis exatas e que o objetivo da psicologia deveria estar em encontrar essas leis. Discordavam quanto a todo o resto, e as concepções de Freud em sua maior parte refletem as de Brücke e Meynert – não as de Brentano. Brentano sustentava que existiam leis exatas a dizer respeito tão somente ao psíquico, sem precisar recorrer a circunstâncias físicas. Brücke, Meynert e Wernicke propuseram que as leis exatas diziam respeito a propriedades físicas ou à relação entre aspectos físicos com capacidades psíquicas. As lesões exatas que vão incapacitar pessoas a produzir a fala podem não ser conhecidas, assim como a exata massa de hidrogênio pode não ser conhecida. Mas é uma lei perfeitamente geral a de que, se toda a área de Broca for destruída, a capacidade de fala estará perdida. Brentano, infelizmente, não tinha a propor leis dignas de interesse, e enquanto sua *Psicologia de um Ponto de Vista Empírico* contém uma crítica vigorosa, se nos voltarmos para a produção de "resultados" do método de Brentano, o produto é mortalmente embotado e quase vazio. A realização de Wernicke no tocante à produção de uma nova hipótese psicofísica correlativa a uma nova análise da capacidade de linguagem se põe em forte contraste com o tosco esforço de Brentano. Qualquer leitor científico da obra tanto de Brentano quanto a de Wernicke, e Freud certamente foi tal leitor, não poderia deixar de observar a extraordinária diferença de clareza, de detalhe e de realização nas partes positivas de ambos os livros, ainda que, como Freud por fim chegou a fazer ver, houvesse discordância quanto à teoria da capacidade da linguagem de Wernicke.

    Freud foi educado para pensar que a psicologia deveria ser uma neurofisiologia do psíquico na qual a explicação das capacidades com base em subcapacidades procede no compasso da identificação de partes do cérebro que se mostrassem essenciais para as capacidades componentes; com isso, a explicação das capacidades componentes se tornaria, por fim, uma questão de física e química a qual todas as outras propriedades sobrevêm, como desdobramentos. O modo de pensar acerca do projeto de psicologia é um tópico em ciência cognitiva contemporânea. Freud aprendeu esse modo de pensar a psicologia, mas por duas razões ele não descreve de que modo pensou a respeito, tendo-o feito já nos primeiros dias de sua carreira profissional.

Existe o problema do conteúdo de consciência. Muito embora seja verdade que os rins limpam o sangue, uma fisiologia materialista não precisa oferecer uma abordagem da propriedade de "limpar" em geral, porque não existe tal propriedade. Mas o mesmo não se pode dizer dos conteúdos da consciência, do gosto do abacaxi, do desejo de ter relações sexuais com alguém, da dor de estômago etc. As propriedades de cada um de nós reveladas imediatamente por meio da consciência parecem bastante reais (na verdade tão reais que não podemos *não* acreditar nelas), e as frases que os descrevem não podem ser rejeitadas como termos de conveniência, úteis, mas sem significar coisa alguma. Uma neurofisiologia do mental tem uma obrigação adicional, e isso para explicar quais são os conteúdos de consciência e como se dão. Wernicke e outros realizaram tanto quanto, ainda que não soubessem como proporcionar tal explicação.

E no caso de Freud, a exemplo de muitos outros estudantes de neurologia da época,[2] tem-se a complexidade adicional de que ele não queria acreditar nos esquemas de localização de Wernicke, nem tinha certeza de que qualquer esquema de localização fosse possível para capacidades cognitivas. Tampouco estava lá muito certo do contrário, e é por isso que, durante quase cinquenta anos, por tantas vezes disse uma coisa e depois a outra sobre o lugar de pensamento.

Freud se formou em medicina em 1881. Nos quatro anos seguintes, trabalhou em laboratórios e hospitais em Viena, até que em 1885 recebeu uma bolsa que o levou a Paris, para estudar com Charcot, o grande neurologista francês. Ganhou a bolsa em parte pela ação de Brücke, e estava em vias de recompensar o mestre: Brücke dissera que Freud não teria perspectivas de carreira acadêmica. Ao retornar da França, Freud ainda uma vez passou a trabalhar em hospitais e clínicas até que, em 1887, iniciou com

---

2 Por exemplo, Paul Mobius e Hughlings Jackson.

seu consultório particular, atuando como neurologista. Embora não mais estivesse fazendo pesquisa anatômica, e uma vez que após ter iniciado as atividades no consultório já não tivesse tempo nem morgues para a pesquisa sobre a localização de funções cognitivas, Freud manteve-se plenamente informado sobre os desenvolvimentos em fisiologia mental em meados de 1890. Por vias modestas, ainda contribuía para tais desenvolvimentos.

O estilo de argumentação de Freud nos anos 1890 se estruturava segundo os padrões científicos empíricos de John Stuart Mill (e deste ele traduziu alguns ensaios para a edição alemã de Theodor Gomperz das obras de Mill). No âmbito particular, em seus manuscritos e em sua correspondência com o amigo Wilhel Fliess, Freud desenvolveu uma concepção ampla e especulativa do psiquismo e do empreendimento da psicologia. Essa concepção pode ser encontrada em suas cartas e manuscritos, sobretudo os que datam de 1895, pouco antes pouco depois. Seu principal depoimento é um documento que mais tarde foi intitulado *Projeto para uma Psicologia Científica*; a intenção original deste documento era evidentemente a publicação, mas Freud se viu desconfortável com o texto e, ao que tudo indica, destruiu o manuscrito. Comentadores desde então têm se mostrado impressionados pela intensidade com que grande parte do *Projeto* ecoa ao longo da obra posterior de Freud: encontramos partes de suas formulações em *A Interpretação dos Sonhos*, em "Os instintos e suas vicissitudes", em *O Ego e o Id* e em seu póstumo *Esboço de Psicanálise*; além disso, encontramos sua terminologia em todos os escritos subsequentes.

O *Projeto* era realmente o projeto de Freud; ali ele enuncia a compreensão tanto da mente quanto dos objetivos da psicologia que regeram seu trabalho na década de 1890 e que continuou a compor uma parte da sua concepção durante toda a vida. Em importantes aspectos, o modo como concebia a disciplina era o de muitos psicólogos cognitivos de nosso tempo. Mais uma vez, Freud não era especialmente clarividente; sua perspectiva era compartilhada por muitos de seus professores e colegas, e seu *Projeto* é em ampla medida uma adaptação das concepções destes. A semelhança entre a iniciativa de Freud e as iniciativas de nosso próprio tempo é menos um motivo de admiração do que um auxílio para se compreender tanto a ele quanto a nós mesmos.

Eu estive a argumentar que, pelo menos no momento inicial de sua carreira, Freud concebeu a si mesmo como estando a fazer fisiologia do psíquico, tendo compartilhado a iniciativa com muitos dos neuropsicólogos de seu tempo. *O Projeto para uma Psicologia Científica* é sua tentativa mais clara e mais bem-sucedida de uma fisiologia do psíquico. A diferença mais notável entre tal iniciativa e a ciência cognitiva de nosso tempo é a de que nós possuímos o computador, bem como as imagens computacionais de como o psiquismo trabalha. Para visualizar as conexões entre o que Freud estava para fazer e o que fazem os psicólogos cognitivos contemporâneos, temos de levar em conta as analogias entre fisiologia, por um lado, e ciência computacional, por outro. Freud à parte, as analogias são essenciais para o que se supõe ser da alçada da ciência cognitiva. Com as referidas analogias assim brevemente descritas, retornaremos aos detalhes da fisiologia psíquica de Freud e veremos quão profundamente nossas novidades fazem eco a seus feitos.

II

Os computadores têm uma arquitetura ou estrutura, assim como a tem o corpo humano. Pode-se fazer fisiologia de computadores tanto quanto (na verdade com mais facilidade) do que uma fisiologia do cérebro. Parte de meu computador digital consiste numa maquinaria de entradas e saídas; parte disso é constituída pela memória de acesso randômica; parte fisicamente distante disso é constituída pelo armazenamento de memória; parte disso é uma unidade de processamento central que executa operações em aritmética binária; parte disso se constitui de coletivos que conectam as peças. As peças diferentes do *hardware* têm diferentes funções e podem ser diferentemente descritas, assim como o podem ser as partes do meu carro e as partes do meu corpo.

Os computadores têm uma estrutura física, e as partes físicas têm funções. Sem um programa, essas funções não podem ser executadas. Em computadores convencionais, um programa é um conjunto de instruções que é armazenado na memória da máquina e então executado, sequencialmente, quando o computador recebe uma alimentação adequada.

Costumamos especificar as instruções numa "linguagem de alto nível", como a PASCAL ou a LISP; numa máquina adequada, as instruções escritas em tal linguagem são traduzidas para instruções que fazem com que as partes físicas da máquina atuem de forma apropriada. O programa, o código LISP ou o código PASCAL ou o código da máquina para o qual é traduzido determina uma sequência de estágios computacionais para cada entrada possível. O programa determina uma função com base em entradas e saídas, mas em razão da sequência os estágios computacionais podem ser infinitos para algumas entradas, a função pode não ser definida em todas as entradas possíveis. As funções parciais assim determinadas são *ipso facto* funções computáveis. Esse modo de olhar as coisas capacita-nos a ignorar os detalhes físicos e a considerar simplesmente a estrutura abstrata de um método de especificação de programas. Qualquer método, como LISP ou PASCAL, ou um código de linguagem de máquina, é um *sistema de programação*. Os sistemas de programação ideal permitem a expressão de programas para cada função computável, e na verdade uma infinidade de diferentes programas no mesmo sistema de programação computará uma e a mesma função computável.

Existe uma infinidade de diferentes sistemas de programação que se equivalem quanto à definição de programas que vão computar exatamente a mesma classe de funções parciais computáveis. Sistemas de programação têm uma espécie de estrutura formal ou matemática bem à parte de qualquer implementação física. Cada um deles representa um modo de organizar a computação – uma "arquitetura", se se quiser. O estudo da estrutura dos sistemas de programação não é fisiologia computacional porque o estudo da estrutura formal não precisa ser concomitante com um estudo de estrutura física. Podemos chegar um pouco mais perto da fisiologia se considerarmos a noção de um *modelo-máquina* que eu, talvez de forma idiossincrática, possa ter tomado como combinação de um sistema de programação e de uma história. A história diz quais *tipos* de peças físicas podem realizar o sistema de programação. Uma máquina de Turing universal é um modelo de máquina familiar. Existe um sistema de programação que poderia ser dado como objeto matemático finito, e existe uma história sobre como o sistema de programação pode ser realizado. Na história, há uma fita com quadrados sobre os quais elementos do vocabulário de entrada podem ser escritos; existe uma "cabeça" móvel que está sempre em um ou outro quadrado e também pode escrever alguma outra coisa em seu lugar; existe uma mesa de máquina que contém "estados" que dizem à cabeça o que escrever e como mover e determinar o estado subsequente. A história da máquina de Turing não descreve nenhum objeto físico particular, mas descreve um tipo imaginável de objeto físico com partes separadas, tendo funções computacionais específicas e capacidades relevantes, e também conecta esse tipo de objeto físico a um sistema de programação. O resultado é o de que podemos ver como objetos desse tipo poderiam realizar computações.³

Um modelo-máquina não é uma parte da fisiologia da computação, mas é exatamente o tipo de *teoria* que poderíamos usar ao fazer fisiologia computacional. Se alguém quisesse compreender como um dispositivo que se pensa ser um computador é de fato um computador, desejar-se-ia identificar as partes físicas do objeto com as partes de um modelo-máquina e mostrar sob qual identificação o objeto físico atravessa uma sequência de estados a corresponder aos estágios do sistema de programação associado. Identificar um objeto físico, ou uma classe de objetos físicos, como instâncias de um modelo-máquina é claramente uma tarefa indutiva; a identificação representa uma afirmação empírica, e a evidência consiste em observações do comportamento interno e externo dos objetos na classe. Não é apenas uma tarefa empírica identificar um objeto físico real como um computador que realiza determinado modelo computacional; no pior dos casos, é uma tarefa assustadoramente empírica. A classe de teorias possíveis a ser levada em conta é enorme; há uma infinidade de diferentes sistemas de programação, e o número de modelos-máquina encontra-se assim atrelado somente pela possibilidade de se contar histórias físicas compatíveis com os sistemas de programação. Podemos imaginar máquinas de Turing que não tenham apenas um, mas um certo número de fitas. Podemos imaginar que haja registros endereçáveis em vez de quadrados de fita. Podemos imaginar

---

3 Cf. J. Hopcroft e J. Ullman, *Introduction to Automata Theory, Languages and Computation* (Reading, Massachusetts: Addison-Wesley, 1979).

processos físicos, como autômatos celulares, que estariam muito distantes de quaisquer de nossas noções usuais de maquinaria, mas que ainda assim representam modelos-máquina. Às vezes a história vem primeiro, e o sistema de programação em segundo lugar; podemos ter uma ideia física de como a computação poderia ser realizada sem que se tivesse uma compreensão formal plenamente articulada do sistema de programação associado. Podemos eventualmente saber o que os arranjos físicos particulares devem computar sem saber muito bem como classificar coisas de modo mais geral. Em ciência, intuição e teoria podem dar o pulo do gato.

Agora, a própria ideia de psicologia contemporânea, computacional é a de que percebemos algum modelo-máquina ou outro; o objetivo da psicologia cognitiva é fazer a fisiologia computacional *em nós*. Pode não haver coisa alguma em que os cientistas cognitivos contemporâneos acreditem, mas há teses características. Os cognitivistas sustentam que o cérebro é um sistema que computa, e que essas computações produzem o fenômeno do aprendizado, da percepção, da memória, linguagem, imaginação e assim por diante. Eles começam por operar diferenciações quando alguém pergunta que tipo de computador é o cérebro e como e o que exatamente ele computa. Alguns dizem que o cérebro é um computador *simbólico*, o que parece de todo redundante, uma vez que um computador que computa alguma coisa que não símbolos se pareceria a uma fábrica. Mas eles significam algo mais do que isso; significam, no mínimo, que o cérebro é um computador que decodifica proposições e imagens em variáveis e estados físicos. A analogia é com estados de máquina num computador digital. As configurações físicas na máquina decodificam proposições ou imperativos que possam ser expressos em linguagens de programação. As configurações físicas no cérebro decodificam proposições ou imperativos ou imagens que podem ser enunciados em inglês, ou em "psicologês" ou em PASCAL, ou que podem ser ilustrados. O cérebro é um computador com uma *linguagem* – a linguagem de pensamento.[4]

---

4 Cf. J. Fodor, *The Language of Thought* (Nova Iorque: Crowell, 1979). Fodor propõe que o cérebro tenha uma linguagem inata, inconsciente, inteiramente privada, um código de máquina se se quiser, no qual o pensamento encontra expressão.

III

Muitos psicólogos cognitivos veem o cérebro/computador como tendo uma estrutura física computacionalmente relevante, e que realiza algum sistema de programação, do mesmo modo pelo qual um computador físico de verdade tem uma estrutura física relevante para suas funções computacionais. É claro que eles não consideram o cérebro como um computador organizado tal qual a IBM hoje os projeta, mas pensam o cérebro como tendo especializado peças fisicamente distintas que dispõem de papéis causais e computacionais particulares para a produção de várias capacidades humanas como memória visual ou formação da imagem visual, ou reconhecimento de fala etc. Pensam o cérebro como a executar procedimentos, não necessariamente de forma serial. Às vezes um sistema de programação mais ou menos explícito é proposto por psicólogos, mas o mais das vezes as sugestões são parciais e fragmentárias, tendo seu foco nos papéis funcionais de peças hipotéticas de algum modelo-máquina ainda não de todo explicitado. A teoria da computação constitui o anteparo teórico para a empresa da psicologia cognitiva, mas os particulares da teoria formal raramente são usados. É bem por isso que o trabalho contemporâneo tanto se assemelha à empreitada da neuropsicologia do século XIX. Freud e seus contemporâneos não tinham nem a mais vaga noção de um sistema de programação, mas certamente pensavam no cérebro como máquina biológica que manipula símbolos, e certamente pensavam que componentes ou aspectos físicos particulares do cérebro desempenhariam papéis importantes nessas manipulações. Muito embora Freud não o pudesse saber, suas especulações sobre a fisiologia mental têm muito de especulações sobre o modelo-máquina da mente que se tem nas teorias de nossos contemporâneos. As diferenças entre os contemporâneos de Freud e os nossos devem-se em ampla medida ao modo de se expressar, não na maneira de pensar. Para ver quão próximos são os pensamentos, consideremos duas abordagens contemporâneas da fisiologia computacional da mente.

Hoje em dia há duas grandes concepções referentes à estrutura computacional do cérebro, embora cada qual tenha muitas variantes, havendo uma série de tentativas de consenso. Os que seguem uma linha dominante em psicologia cognitiva consideram o cérebro como a executar instruções de forma serial; as instruções, por sua vez, de algum modo estão armazenadas dentro dele. Há uma outra imagem computacional do cérebro, aparentemente diferente. A ideia inicial estava em tomar mais seriamente a anatomia superficial do cérebro e construir modelos-máquina que lhe tenham alguma fidelidade. A estrutura do cérebro é celular, e as células se conectam por meio de estruturas sinápticas das células nervosas. Isso sugere uma rede, ou mais precisamente um gráfico, cujos vértices são as células e cujas extremidades representam conexões sinápticas. Precisamente essa imagem foi sugerida por McCullough e Pitts, no auge da crença no modelo cibernético. Tem sido revivida nos últimos anos sob títulos como "processamento distribuído em paralelo" e "máquinas conexionistas". A rede e os algoritmos para modificar essas características podem, se se insistir, ser vistos como uma espécie de programa de instalação de fios, mas os algoritmos ou instruções para tais redes especificam o comportamento dos nódulos e conexões de rede individual mais ou menos separadamente; cada nódulo ou conexão executa unicamente as instruções que lhes são pertinentes.

Toda uma variedade de dispositivos conexionistas tem sido proposta; um exemplo bastará aqui. Considere uma rede na qual cada vértice pode ter apenas um de dois estados, *on* (*ligado*) ou *off* (*desligado*). Suponhamos, ademais, que cada extremidade da rede tenha um peso numérico, positivo ou negativo, que lhe esteja atrelado. Considere o estado de cada vértice como variável randômica e suponha a probabilidade de, a qualquer momento, o vértice particular *v* depender *somente* dos vértices adjacentes que estejam *on* no mesmo momento, e considere os pesos das extremidades a conectar esses vértices com *v*. Se iniciarmos com uma rede nesse estado, o estado mudará com o tempo, à medida que os vértices acenderem *on* e *off*. Se deixarmos a rede correr por um longo período, haverá uma frequência de longo prazo que em qualquer vértice particular será *on*, e por isso também haverá uma frequência de longo prazo, e com essa frequência ocorre cada estado possível do sistema (isto é, cada atribuição possível de valores *o* ou *i* a cada vértice). Assim, haverá uma possibilidade de distribuição a longo prazo ou um "equilíbrio" quanto aos estados do sistema. Revela-se agora que, associada a qualquer estado do sistema há uma função inteiramente determinada pelo estado e pelos pesos da extremidade na rede, e quanto ao aspecto formal essa função em muito se parece à função de energia da termodinâmica estatística. A distribuição de probabilidade de equilíbrio pelos estados da rede vem a ser, por sua vez, uma função das energias dos estados. Na verdade, tomando-se enunciados simples, a distribuição de probabilidade de equilíbrio se parece à distribuição de termodinâmica estatística de Boltzmann. Dito simplesmente, redes desse tipo tendem para os mais baixos estados de entropia que lhes estiverem disponíveis.

As máquinas de Boltzmann podem ser feitas para aprender. De modo mais preciso, pode-se descrever procedimentos que alteram uma máquina de Boltzmann até que ela compute alguma função especificada de modo independente. As máquinas de Boltzmann aprendem por uma espécie de análogo à facilitação pela qual o comportamento futuro é alterado por ocasiões prévias nas quais os nódulos internos do sistema têm sido ativados. Na prática, as máquinas de Boltzmann aprendem muito lentamente. Além das máquinas de Boltzmann, muitos outros tipos de processadores distribuídos, ou máquinas conexionistas, têm sido descritas, e com uma variedade de diferentes procedimentos de aprendizado.

Os conexionistas citam Karl Lashley e Donald Hebb como suas fontes. Nos anos 1920, Lashley, fisiólogo e psicólogo nascido e criado nos Estados Unidos, enfatizou o caráter holístico do processamento cerebral. Em 1939, Hebb sugeriu que o aprendizado se dá no cérebro por facilitação, e em particular sugeriu que quanto mais frequentemente uma passagem neural for ativada, mais provavelmente será ativada em ocasiões subsequentes. Lashley e Hebb sem dúvida merecem crédito, mas conexionistas contemporâneos seriam mais precisos se rastreassem suas fontes até Hermann Helmholtz, Sigmund Exner e Sigmund Freud. Enquanto os algoritmos não forem encontrados nos escritos de Freud e seus contemporâneos (nem em Lashley ou Hebb, no tocante a essa questão), todos os outros elementos de conexionismo estão ali, mesmo a noção de que análogos a princípios termodinâmicos governam os processos da máquina de conexão que é o cérebro, e também a ideia de que o aprendizado se dá por facilitação neural. O próprio Freud tanto antecipou as concepções de Lashley e Hebb quanto as apresentou em detalhes de modo que é mais congruente com o pensamento usual. Em 1891, em seu livro sobre afasia, Freud abraçou uma abordagem holística do funcionamento cerebral que é essencialmente a mesma de Lashley. Em 1894 ele tinha mesclado a imagem com as visões propostas por Meynert, Wernicke, Lichtheim e outros, de que o cérebro contém módulos de processamento fisicamente distintos. O resultado compôs um par teórico com o tipo de trabalho que encontramos publicado por muitos psicólogos cognitivos contemporâneos.

Freud e seus contemporâneos já conheciam o bastante sobre anatomia e fisiologia neural para fazer muitas das algumas conjecturas acerca de como o cérebro computa tais como as feitas pelos nossos contemporâneos. Em particular, exatamente como os cognitivistas de nossos dias, Freud sustentou que o cérebro seria uma máquina, e, muito embora não usasse o termo, uma máquina que computa e cujos processos computacionais explicam nosso comportamento e nossa experiência. Além disso, a exemplo de muitos de nossos contemporâneos, Freud sustentou existir uma linguagem de pensamento privada, inata, na qual proposições são expressas e atuam como codificação fundamental do cérebro.

O modelo-máquina de Freud foi um conjunto de neurônios atrelados em sinapses como os vértices de um gráfico. Ele sustentou que as computações do sistema seriam governadas por princípios quase termodinâmicos, e em particular pelo princípio segundo o qual o sistema busca o mais baixo estado de energia. Mais uma vez a exemplo de muitos conexionistas contemporâneos, Freud sustentou que o aprendizado se dá por facilitação. E por fim, não estaremos nos equivocando acerca da empresa de Freud – não apenas em seu secreto *Projeto*, mas também em *A Interpretação dos Sonhos*, *O Ego e o Id* e alhures – se o tomarmos como tendo buscado um modelo-máquina do funcionamento mental do cérebro. Em nenhum desses modelos, salvo em algumas de suas hipóteses sobre a estrutura daquele modelo, Freud foi particularmente original. O *Projeto* de Freud se inicia com as seguintes palavras:

A intenção é fornecer uma psicologia que deva ser uma ciência natural – isto é, que represente processos psíquicos como estados quantitativamente determinados de partículas especificamente materiais, com isso tornando esses processos frequentes e livres de contradição. Estão envolvidas duas ideias principais: [i] O que distingue a atividade do restante deve ser considerado como Q, sujeito a leis gerais de movimento. [ii] Os neurônios devem ser tomados como partículas materiais. (1950a [1887-1902], I, 295)

A imagem do sistema nervoso que obtemos do *Projeto* de Freud vai mais ou menos nesse caminho. As células nervosas são conectadas em junções sinápticas; entre estas elas passam algo que muda seu estado de energia física. A esse algo, qualquer que seja, façamos referência com "Q", para quantidade. Existem duas maneiras pelas quais Q pode aumentar no sistema nervoso: por meio de estímulos do mundo externo, e por meio de "estímulos internos" das células do corpo, isto é, por meio de mecanismos químicos internos dos instintos de fome, sede, sexo e assim por diante. O montante dessa quantidade no sistema nervoso não é constante, podendo ser aumentado ou diminuído por causas internas ou externas. O sistema nervoso, tal como Freud o concebe, comporta-se como qualquer outro sistema físico: ele tende para o estado de energia mais baixo possível, e as transições de estado têm um correlato psicológico. O aumento de energia, ou Q, é doloroso, a diminuição é prazerosa. O organismo é de tal modo assim estruturado, que reage automaticamente para evitar o aumento de Q dos estímulos externos por moções automáticas, ou reflexos. Mas Q de fontes internas não pode ser evitado por moções reflexas. Cortar as fontes internas de excitação é algo que tende a demandar situações físicas definidas, e por isso a moção do organismo deve ser direcionada para a realização dessas situações. O bebê esfomeado, por exemplo, tem de encontrar o peito da mãe. Freud supunha que tais movimentos fossem realizados por uma espécie de processos computacional nos quais a energia seria armazenada nas células nervosas temporariamente. Esse armazenamento constitui pensamento, desejo e plano, e o sistema nervoso o tolera somente porque ele conduz, a longo prazo, a uma excitação interna mais baixa do que de outro modo se daria. Ao armazenamento de energia numa célula nervosa Freud chama de "catexia".[5] Quando um conjunto de células nervosas e seu estado energético representam a memória de um pensamento, Freud diz que o pensamento (ou a "ideia") está catexizado.

Freud supunha que as células do sistema nervoso não seriam todas de um mesmo tipo em relação a suas mudanças de estado de energia. Para ele, algumas células se mantêm inalteradas pela passagem do Q desconhecido através delas, enquanto outra classe de células é modificada de modo quase permanente. A segunda classe, os neurônios psi, é responsável pela memória, pelo planejamento, pelo movimento dirigido a um fim etc., mas seus processos não são *conscientes*. Tais células podem ter seu estado de energia aumentado e mantido em alta; Freud diz que elas estão catexizadas. Para Freud, o aprendizado se constitui basicamente em adaptar uma distribuição de energia entre os neurônios psi, sendo assim executado por *facilitação* e catexia. Por exemplo, se a é uma célula nervosa conectada com células b, c e d, e a e b estão catexizadas, então proporcionalmente mais Q passando pela célula a vai impelir para b do que para c ou d. Além disso, a passagem de Q ao longo de qualquer via está sujeita a um limiar; a não ser que a diferença em valores Q seja suficientemente alta, nenhum Q passará de modo algum. Assim, a catexia de células a e b inibe a passagem de Q da célula a para as células c ou d. Se a célula c é o que Freud chama de um neurônio "chave", aquele que controla células somáticas geradoras de Q, então, em razão da facilitação entre a e b, a passagem de Q por a provavelmente não vai estimular C; a facilitação entre a e b evita Q de aumentar no sistema.

A maior parte do *Projeto* de Freud se encontra no mesmo espírito que trabalhos contemporâneos sobre modelos conexionistas da mente, sendo motivado em grande parte pela mesma imagem da mente e pelo mesmo nível de detalhe anatômico e fisiológico. Segundo os conexionistas, o cérebro seria uma rede computacional que funciona para minimizar entropia e que aprende por facilitação. Freud não dispõe de algoritmos, e seu uso não é de todo

---

5 A tradução comum do alemão *besetzen*, Freud tomou o termo e a ideia da obra *Psychatry* (1884), de T. Meynert.

consciente, mas ele diz algo análogo. *O ponto de vista econômico, o princípio do prazer, realmente é o modelo computacional de Freud.*

A concepção geral por Freud de aprendizado conexionista é diferente do arcabouço de nossos contemporâneos em um aspecto importante. Por esse aspecto, a concepção de Freud é nova e merece atenção técnica – atenção que não será dada aqui. Os algoritmos de aprendizado conexionista contemporâneos são essencialmente estáticos – eles modificam uma rede para se aproximar de uma medida de probabilidade fixada. A concepção de Freud é mais genuinamente dinâmica. A energia da rede é vista como *energia potencial* que o sistema tende a minimizar – a rede não é isolada, em vez disso estando sujeita a choques de energia. O choque de energia depende da resposta que a rede dá a suas entradas impostas externamente, e o efeito de qualquer choque é acrescentar energia à rede. O choque de energia depende da resposta que a rede dá a entradas externamente impostas, e o efeito de qualquer choque é acrescentar energia à rede. Para Freud, o sistema aprende ajustando pesos (e valores *on* ou *off* mais ou menos fixados para certos nódulos de rede) que tenderão a minimizar os choques de energia no longo prazo. A rede aprende por meio de darwinismo psicológico; há arranjos de rede que são os mais adaptados para minimizar os choques de energia de longo prazo, e os mais bem adaptados sobrevivem. O sistema nervoso é representado essencialmente como um subcomponente de um sistema maior, de energia constante; transferências de energia dentro e fora do subcomponente devem ocorrer por meio de nódulos específicos. As entradas de energia para o subcomponente são determinadas segundo programação externamente imposta, o problema estando em encontrar um algoritmo para ajustar os pesos do subcomponente para cada programação externamente imposta. O modo preciso pelo qual o ajuste se dá, Freud não o diz. A concepção por Freud sobre como o sistema nervoso aprende é uma espécie de compromisso entre algoritmos conexionistas contemporâneos, dos quais o algoritmo de Boltzmann é um exemplo, e os algoritmos de aprendizado "genético" contemporâneo, os quais também fazem uso de ideias darwinianas.[6]

---

6 Ver J. Holland, *Adaptation in Natural and Artificial Systems* (Ann Arbor: University of Michigan Press, 1975).

Os psicólogos conexionistas de nossos dias por vezes querem sobrepor a suas imagens computacionais uma noção de computação em que existe uma linguagem de pensamento; Freud fez o mesmo, embora não escrevesse sobre linguagens, mas sobre "ideias". Ele supôs que um conjunto de neurônios catexizados constitui uma "imagem de memória" de um objeto ou circunstância. Essas imagens de memória são objetos de atitudes proposicionais: elas podem ser desejadas, ou ansiadas, ou temidas, ou creditadas. Freud deixa claro que elas são providas uma estrutura linguística. Assim, ao escrever sobre "Cognição e pensamento reprodutivo", em seu *Projeto*, Freud enuncia:

> Vamos supor que, de modo muito geral, a catexia desejada esteja relacionada a neurônio a + neurônio b, e a catexia perceptiva a neurônios a + c. A experiência biológica vai nos ensinar aqui, mais uma vez, que não é seguro iniciar a descarga se as indicações da realidade não confirmarem o complexo como um todo, mas apenas parte dele. Contudo, uma via é agora encontrada, a de complementar a semelhança numa identidade. O complexo perceptivo, se comparado com outros complexos perceptivos, pode ser dissecado numa porção componente, o neurônio a, que em seu todo se mantém o mesmo, e uma porção componente segunda, o neurônio b, que varia quase sempre Mais tarde a linguagem vai empregar o termo *juízo* para essa dissecação e descobrirá a semelhança que de fato existe entre o núcleo do ego e o componente perceptivo constante e entre as catexias mutáveis... [de desejo]; [a linguagem] chamará o neurônio *a* de a *coisa* e o neurônio *b* de sua atividade ou atributo – em suma, de seu *predicado*. (327-328)

Freud dispunha apenas de sujeito e predicado, e de nenhum de nossos sistemas de programação, mas quase que certamente detinha a noção de uma linguagem de pensamento. Além disso, está perfeitamente claro que ele considerava a linguagem de pensamento como a preceder toda linguagem natural, e a fazê-lo de um modo independente. Assim, bebês têm desejos, percepções e juízos cujo conteúdo é representado na linguagem de pensamento mesmo antes de adquirirem a linguagem da mãe.

Assim também a representação de palavras e a representação de "ideias" são distintas entre si, e um dos mecanismos para se evadir à repressão é, de acordo com Freud, trazer à associação uma ideia e uma palavra ou descrição correspondente na linguagem natural.[7]

A concepção de Freud é a de que somos máquinas biológicas; computamos e aprendemos por meio do princípio do prazer, assim como mudamos nosso estado de acordo com a lei física. Nossos estados nervosos incluem distribuições de energia que são representacionais e apresentam uma estrutura linguística que surge espontaneamente, antes de qualquer linguagem natural ser aprendida. Eis aqui o modo como Freud dá continuidade à sua teoria dos mecanismos de desejo e juízo e como eles produzem movimento:

> Se o neurônio a coincide [nas duas catexias] mas o neurônio c é percebido em vez do neurônio b, então a atividade do ego segue as conexões desse neurônio c e, por meio de uma corrente de Qn ao longo dessas conexões, faz com que novas catexias surjam até que seja encontrado o acesso para o neurônio perdido b. Como regra, surge a imagem de um movimento [uma imagem-motor] que é interpolada entre o neurônio c e o neurônio b; quando essa imagem é recém ativada por meio de um movimento efetivamente executado, estabelecem-se a percepção do neurônio b e ao mesmo tempo a identidade que está sendo buscada. Vamos supor, por exemplo que a imagem mnêmica desejada seja a imagem do peito da mãe e uma visão frontal do mamilo, e que a primeira percepção seja uma visão lateral do mesmo objeto, sem o mamilo. Na memória da criança há uma experiência, feita por acaso durante a mamada, experiência em que, com um particular movimento de cabeça, a imagem frontal se transforma em imagem lateral. A imagem lateral que agora é vista conduz ao movimento de cabeça; um experimento mostra que sua

---

7 Em *The Character of Mind* (Oxford: Oxford University Press, 1982), Collin McGin faz objeções à própria ideia de uma linguagem de pensamento pela qual o que é expresso em linguagem possa ser expresso de modo insincero, e qualquer que seja o tipo da "linguagem" de pensamento suposta pelos cognitivistas, isso não inclui a expressão insincera. Enquanto os cognitivistas de modo geral podem, com segurança, ignorar esse repúdio, isso de modo algum se aplica a Freud.

contraparte tem de ser realizada, e com isso se chega à percepção da visão frontal. (328)

Para ver como é a concepção de Freud em comparação com a visão contemporânea, ou, se se preferir, para ver quão pouco nós progredimos, é útil comparar essas passagens com uma discussão contemporânea do processo distribuído:

> O mais simples esquema distribuído representaria o conceito de cebola e o conceito de chipanzé segundo padrões de atividade alternativa a envolver o mesmo conjunto de unidades. Seria difícil representar chimpanzés e cebolas ao mesmo tempo. Esse problema pode ser resolvido com o uso de módulos separados para cada papel possível de um item no interior de uma estrutura mais ampla. Chimpanzés, por exemplo, são o "agente" do gostar e, desse modo, um padrão representando chimpanzés ocupa o módulo "agente" e o padrão representando cebolas ocupa o módulo "paciente".

Os autores prosseguem dando a seguinte descrição:

> Nesse esquema simplificado, existem dois módulos diferentes, um deles representando o agente e o outro o paciente. Para incorporar o fato de que chimpanzés gostam de cebolas, o padrão para chimpanzés num módulo tem de ser associado com o padrão para cebolas no outro módulo. Relações outras que não o "gostar" podem ser implementadas tendo-se um terceiro grupo de unidades, cujo padrão de atividade representa a relação.[8]

Se Freud sugere que a ativação dos estados neurais individuais representa sujeitos e predicados, e um padrão de ativação representa um juízo ou desejo, essas conexões contemporâneas sugerem, em vez disso, que padrões

---

8 G. Hinton, J. McClelland, e D. Rumelhart, "Distributed Representations". *In:* D. Rumelhart, J. McClelland *et al.*, *Parallel Distributed Processing*, vol. 1 (Cambridge, Massachusetts: MIT Press, 1986), p. 82-83. Quem quer que tenha dúvida sobre a afirmação de que a maior parte da psicologia cognitiva conexionista contemporânea seja razoavelmente vista como explicação neuropsicológica do século XIX, faria bem em comprar esse volume com o livro de Exner e o *Projeto* de Freud.

de ativação entre grupos de neurônios representam sujeitos e predicados. As diferenças não são grandes. Em muitos outros modelos conexionistas, assim como no modelo de Freud, os nódulos individuais representam sujeito e predicado.

No *Projeto* de Freud, a criança é descrita mais ou menos como um androide operado por um computador conexionista. Se os detalhes são um pouco vagos, e talvez, se se pressionar, sejam mesmo incoerentes, ainda assim creio que aqui não vá se duvidar de que a concepção da psicologia e do funcionamento da mente por Freud é em grande parte a mesma de nossos contemporâneos. Mais uma vez digo que não há muito de novo nisso, e Freud não é mais que uma janela de seu tempo. Brücke e Wernicke especularam, assim como Meynert, e ainda em 1894, ano antes de o *Projeto* ser escrito, Sigmund Exner, que trabalhou com Freud no laboratório de Brücke, publicou seu *Entwurf zu einer physiologiscen Erklärung der psychischen Erscheinungen*, este que o *Projeto* de Freud imita em algum detalhe. É claro que Freud é original e peculiar de várias maneiras – entre crença investigativa e desejo investigativo, ele preferiu sempre o desejo, e sua psicologia é mais uma teoria do desejo do que do aprendizado. Os problemas de Freud são nossos problemas. Considere apenas a questão da consciência. O fato fenomênico evidente é do que a consciência é de caráter serial e é unificada nas pessoas normais. Os contemporâneos franceses de Freud, e outros que se debruçaram sobre os fenômenos de personalidades múltiplas, mostravam-se satisfeitos em hipotetizar consciências paralelas em um e mesmo cérebro, mas o mesmo não se aplicou a Freud. Existe uma consciência unificada, e nela uma coisa acontece após a outra. Podemos lembrar não apenas o que fizemos, mas na maioria das circunstâncias a sequência de nossas ações. Vemos nossas ações – ao menos nossas ações recentes – como nossas próprias, não como as ações de um estranho. Mas o modelo-máquina de Freud não é serial, é um modelo de processamento distribuído em paralelo, no qual não há unidade de controle inato, nem nada intrínseco a garantir coordenação. Cada célula nervosa cumpre a sua função, afetada unicamente pelas células que fazem sinapses com ela. Assim, para Freud, o inconsciente, ou o que ele mais tarde chamou de id, é uma coleção de células nervosas com representações independentes; como pensamentos, se as representações que correspondem a células do id podem ser inconsistentes, elas não estão sujeitas ao processamento lógico, e não ocorrem serialmente do modo como o fazem os pensamentos conscientes. Freud não diz que o id não esteja sujeito ao tempo e com isso afirma refutar Kant. A imagem por Freud do id é apenas o tipo de coisa que, de forma ingênua, podemos esperar da computação conexionista. É precisamente o tipo de coisa que não encontramos na consciência. De algum modo, se a imagem conexionista estiver correta, a computação serial (ou algo que se pareça ou seja sentido como tal) tem de emergir das conexões. Freud não tinha ideia séria sobre como o poderia, tampouco a temos nós. Sua única sugestão é a de que a consciência se deve a propriedades de ondulação da energia física dos nervos, e de que alguns nervos são especificamente equipados para detectar propriedades das ondas. A proposta é fisicamente ingênua, mas, ainda que a supormos, não vamos obter explicação sobre a unidade e o caráter serial da consciência. A concepção da psicologia por Freud, em meados dos anos 1890, é a de uma fisiologia da mente na qual a descrição da função, da capacidade, da estrutura e dos processos físicos são concomitantes e inextricáveis. Nas décadas seguintes, ele começou a desembaraçá-las, e com isso criou um corpo de questões que se aplica tanto à psicologia cognitiva contemporânea quanto à psicanálise.

IV

Entre 1885 e 1898, aproximadamente, Freud trabalhou para acompanhar os avanços em neuropsicologia. Seu livro sobre a afasia, publicado em 1891, evidencia essa tentativa. Seu *Projeto* o revela tanto mais: sua neurofisiologia é atual, e de variadas formas ela simplesmente copia as ideias do *Entwurf* de Sigmund Exner, que apareceu no ano anterior. Mas no longo prazo Freud não poderia esperar uma continuidade em suas contribuições em neuropsicologia. Ele carecia tanto de laboratório quanto de morgue para fazer um trabalho original. Ainda assim, se não podia deixar a neuropsicologia, não podia abandonar a concepção geral da mente e da ciência psicológica em que tinha sido criado. O que ele podia fazer era separar e qualificar suas partes, o que ele tentou.

Em fisiologia a análise da função vai de mãos dadas com a identificação das estruturas orgânicas e com a determinação de suas causas e efeitos, uma em relação à outra. De diferentes maneiras, a obra de Wernicke sobre a afasia e o *Projeto para uma Psicologia Científica* de Freud tentaram fazer a mesma coisa pela mente. Mas quando Freud se voltou ao consultório particular a que estava confinado em busca de evidência clínica, de evidência do comportamento de suas pacientes, no âmbito de suas histórias, suas memórias, seus erros... Ele não podia ter acesso a seus cérebros. O resultado foi que ele começou a tentar caracterizar a estrutura funcional da mente sem uma base física concomitante, sem os órgãos de função (o ego, por exemplo, ou o censor do sonho) tendo qualquer identificação com questões específicas, sem suas causas e efeitos identificados como tipos específicos de mudanças físicas.

Assim foi, e nos anos após 1898, Freud não raro passou a descrever os processos e entidades mentais em termos de seu *papel funcional*, ou seja, em termos do que eles são, do que fazem uns em relação aos outros e ao seu comportamento, e não em termos de características físicas. Os mecanismos de defesa, de repressão, o trabalho do sonho, e mais tarde o id, o ego e o superego são caracterizados pelo que fazem um ao outro e pelo modo como, juntos, determinam o comportamento.

Agora, o caso é que o que acabo de escrever é apenas meia verdade. É meia verdade que após 1898 Freud caracteriza a mente de forma funcional sem a concomitante parte física. E de fato, ele se mostra radicalmente inconsistente, muito embora, a depender de seu ponto de vista, não conseguiria se livrar de velhos hábitos ou não conseguiria escapar da perfeição fundamental de sua anterior abordagem fisiológica da mente. Durante todo o restante de sua carreira, ele explicou o comportamento recorrendo à "libido", o que a uma certa leitura nada mais é do que o termo que usa para qualquer porção da energia psíquica física real que seja devida às fontes sexuais. Em *A Interpretação dos Sonhos*, há um último capítulo que se ocupa especialmente do não publicado *Projeto*. Freud adverte o leitor de que os elementos da teoria não devem ser assumidos como tendo locações apartadas e distintas, mas também deixa claro que os "sistemas" que descreve e os processos entre tais sistemas são pensados de modo que sejam realizados no cérebro por "excitações neuronais". Em 1914, em seu artigo sobre o inconsciente, Freud renunciou à pretensão de um significado fisiológico para a sua teoria "pelo menos no presente"; grande parte do ensaio de 1915, "Os instintos e suas vicissitudes", advém diretamente do *Projeto*, e na última década e meia de sua vida ele repetidas vezes emprestou a suas estruturas funcionais um local físico. Foi assim que, em 1917, nos últimos capítulos de suas *Conferências Introdutórias*, Freud introduziu uma hipótese sobre a localização física, no cérebro, de várias funções. *Para Além do Princípio do Prazer*, publicado em 1920, foi, assim como os *Três Ensaios sobre a Teoria da Sexualidade*, quinze anos depois, um tratado biológico com base em evidência psicanalítica, e de novo ele fez atentar para muitos aspectos contidos no *Projeto*, fazendo-o com a mesma linguagem. Partes desse livro, bem como passagens em *O Ego e o Id*, são ininteligíveis a não ser que leiamos a teoria de Freud como em parte uma teoria da divisão física das funções do cérebro. Nas últimas obras de Freud, *Moisés e o Monoteísmo* e *Esboço de Psicanálise*, as localizações anatômicas conjecturadas no *Projeto* são novamente asseridas.

Deste modo, parece justo dizer que Freud pensava poder caracterizar uma estrutura funcional para a mente sem ao mesmo tempo identificar a base física dessa estrutura, de modo que pensou a estrutura funcional como de algum modo realizada pelas excitações das células do cérebro, sem poder se abster de fazer especulações intermitentes acerca dos locais físicos de algumas dessas funções. Os psicólogos cognitivos de nossos dias procuram descrever os procedimentos pelos quais capacidades cognitivas são exercidas. Exceção feita aos neuropsicólogos cognitivos, que fazem-no em geral com pouca ou nenhuma consideração da básica física ou local desses procedimentos. Aqui e ali se introduz uma especulação anatômica ou fisiológica. Foi de forma voluntária que eles abraçaram a separação entre substância e função a que Freud foi conduzido por necessidade, e filósofos procederam à separação no âmbito da metafísica. Muitos psicólogos e comentadores em filosofia evitam falar em modelos-máquina, preferindo, em vez disso, enunciar que seu objetivo é a descoberta da "arquitetura funcional" da mente. É claro que não há problema em usar termos diferentes, mas as palavras são escolhidas por um certo motivo. O motivo é – em parte suspeito – evitar fazer referência à teoria formal da computação, esta que muitos psicólogos não compreendem e com a qual não se importam; porém, mais importante, o motivo é a intenção de enfatizar o pensamento de que a história que se dá com um modelo-máquina não é, contrariamente a meu uso, uma história de tipos *físicos*. Segundo essa concepção, a história dada num modelo-máquina não descreve um tipo físico, em vez disso descrevendo algo que em princípio é diferente, um tipo funcional.

V

Para as ações, uma explicação homuncular propõe um agente para as ações de agentes menores que a compõem. Tradicionalmente, explicações homunculares têm sido desprezadas alegando-se serem elas circulares; recorrem não apenas a eventos que são tão enigmáticos quanto os eventos explicados, mas, pior ainda, a eventos que são enigmáticos pelas mesmas razões que os eventos explicados. Se a ação de Judith insultar Hermione é explicada postulando-se uma entidade dentro de Judith que desejava insultar Hermione e fez com que Judith a tal fosse impelida, com isso nada se explica, ao menos não de acordo com os filósofos.

A ciência cognitiva tem nos ajudado a fazer com que explicações homunculares se pareçam mais a explicações autênticas. A própria ideia de análise funcional está em decompor capacidades em relações entre subcapacidades; se os meios pelos quais as subcapacidades são afetadas se mantêm misteriosos, e se as subcapacidades podem ser descritas em termos de crença e desejo, para tanto eles podem ser pensados como *homunculi*. A decomposição se dá em paralelo com a estratégia do programador de computador, que prescreve funções "grandes" inicialmente em termos de nomes de funções um pouco mais simples, deixando para mais tarde uma especificação desses componentes mais simples. Mesmo com as subcapacidades homunculares, uma análise funcional pode nos ser elucidadora, contribuindo para a nossa compreensão, procedendo a algo explanatório.[9] Daniel Dennett afirma que as explicações homunculares realmente explicam, contanto que os homúnculos sejam mais estúpidos do que o agente cujas ações devem ser explicadas, mais estúpidos uma vez que os homúnculos têm um conjunto mais limitado de capacidades cognitivas do que o agente que eles compõem.

Freud sustentou concepção bem mais generosa do valor das explicações homunculares, e acredito que estava certo ao fazê-lo. Em certo sentido, os homúnculos de Freud, ao menos alguns deles, podem ser mais inteligentes do que os agentes que eles vêm a compor, e não mais estúpidos. A concepção de Freud da explicação homuncular deriva de uma estratégia mais geral, qual seja, ver os dispositivos internos da mente espelhados nos dispositivos de intercurso social, em política, em literatura, em teatro. Freud entrou na fase da maturidade num momento de convulsão política e social da Áustria; naquele momento ele nutria concepções políticas liberais, mesmo radicais, acompanhando de perto os desdobramentos da política vienense. Sua educação tinha sido clássica, e durante toda a vida cultivou um vivo interesse pelas artes e seus dispositivos.[10] Esses dispositivos, internalizados, tornaram-se para Freud parte dos estratagemas de representação mental.

Suas concepções contêm uma espécie de antecipação dos resultados de teorias políticas e econômicas de nosso próprio tempo, e, pela transformação de observações acerca de tomada de decisão coletiva em teoria da mente ele criou uma teoria homuncular que de modo autêntico – se não mesmo correto – são capazes de explicar certo aspectos da ação humana. Mais do que isso, a teoria de Freud proporciona o arcabouço para *um* tipo de explicação de uma variedade de fenômenos que dizem respeito à filosofia desde Platão:

---

9 A melhor descrição de análise funcional está em R. Cummins, *The Nature of Psychological Explanation* (Cambridge, Massachusetts: MIT Press, 1983), mas um enunciado anterior, vívido, da ideia e da conexão com a explicação homuncular é encontrado em *Brainstorms*, de Daniel Dennet (Cambridge, Massachusetts: Bradford Books, 1978).

10 Provavelmente não é por acaso que no final da década de 1890 peças de teatro sobre os sentidos inconscientes no sonho apareceram em Viena. Para um debate sobre o pano de fundo político da juventude de Freud, ver W. McGrath, *Freud's Discovery of Psychoanalysis* (Ithaca, Nova Iorque: Cornell University Press, 1986).

ações que requeiram um fracasso aparentemente paradoxal da vontade ou da razão, incluindo a autodecepção, a fraqueza da vontade ou atuação contra o seu próprio melhor juízo, e a fraqueza da razão ou o fracasso em evidenciar e considerar de forma consequente o que se acha relevante.

Nos contextos corretos, explicações homunculares explicam de maneira autêntica. Se abríssemos Judith e encontrássemos ali uma pequena pessoa que, através da mágica da eletrônica, faz com que Judith se mova em certa direção, e a miniatura nos diz que ela desejava insultar Hermione, concluiríamos que a explicação homuncular de modo algum é uma pseudoexplicação, mas sim uma explicação genuína e correta. Nesse caso, o contexto correto é a *física*: o interior de Judith é uma peça da física, e é o construto físico e literal da explicação homuncular do insulto de Judith que torna a explicação explanatória. Se, em vez disso, a explicação fosse a de que não há homenzinho dentro de Judith, mas sim de que Judith insultou Hermione porque estava num estado *funcional como o de* ter um homenzinho dentro dela que desejasse insultar Hermione, podemos ter uma *real* pseudoexplicação. Construída de forma literal e física, a explicação homuncular é uma explicação suficientemente real, muito embora não do tipo que acreditamos ser correto. Construída metaforicamente, a explicação homuncular parece ser uma pseudoexplicação, por razões como a de Molière: ela parece dizer que Judith insultou Hermione porque Judith estava num estado mental de insultar Hermione. Mas o que serão esses casos, se não homenzinhos na cabeça, pelos quais as explicações homunculares genuinamente explicam e podem mesmo ser razoavelmente consideradas como corretas?

A política proporciona um contexto em que explicações homunculares são familiares, e sua familiaridade sugere que elas proporcionam alguma satisfação genuína à compreensão. Alguns dos acontecimentos em nosso mundo são acontecimentos em que estados fazem coisas, e governam realizam ações. Como explicar ações de governos? Quase sempre, posso crer, de modo homuncular. Explicamos ações governamentais mediante crenças, interesses, fraquezas das pessoas que compõem o governo, e mediante as relações "funcionais" dessas pessoas em seus papéis como partes do governo. Pode-se mesmo explicar ações de governos recorrendo a homúnculos intermediários, como coalizões ou grupos de interesses ou corporações ou forças armadas. Explicamos as ações de corpos supranacionais, como a Assembleia Geral das Nações Unidas, em termos das crenças e desejos de agentes homunculares que são os governos. A mídia popular está repleta de tais explicações, ela as inventa mesmo quando não são apropriadas. Não estou propondo que uma explicação homuncular seja sempre a *melhor* explicação. Explicações homunculares das ações de um governo ou outra entidade social são especialmente úteis quando tais ações tomadas em conjunto são irracionais no sentido de que uma ação adotada para se atingir um objetivo tem esse objetivo derrotado por uma ação implementada para se atingir outro objetivo, e a incompatibilidade é parte da doutrina do governo, parte do que ele acredita ou uma inferência trivial de sua doutrina. Isso é, via de regra, o caso que se tem nos governos, e as explicações são, por essa razão, buscadas frequentemente. Como explicamos o fato de que o governo dos Estados Unidos, sob a administração de Ronald Reagan, ao tempo mesmo em que desejava reduzir gastos com bem-estar social, incluindo auxílio a crianças carentes, sentiu-se obrigado a prosseguir com um apoio mínimo para mães indigentes e seus filhos, e não obstante reduziu ou eliminou os serviços de aborto e controle da natalidade para os pobres, ainda que o governo reconhecesse que a ausência desses serviços só faria aumentar o número de crianças a demandar apoio público? O conjunto de crenças e ações é confuso porque flagrantemente irracional, pura e simplesmente *estúpido*. Não importa a consistência do que se deseja quando se procede do modo como a administração Reagan o fez. Damos uma explicação homuncular da irracionalidade do governo: os atos do governo estão de acordo com os interesses de diferentes grupos sobre diferentes questões, muito embora o governo saiba que esses interesses e ações estejam lógica e causalmente atrelados, e que tais conexões produzam incompatibilidades; um grupo domina em uma ocasião e em uma questão, outros grupos em outras ocasiões e em outras questões. Com isso se pode dizer: os que se opõem ao controle da natalidade e ao aborto criam pressão política suficiente[11] para desfazer um

---

11 Observe-se o quanto o linguajar é semelhante ao de Freud, que, de modo similar, fala em

apoio governamental para essas atividades; a classe média e a classe média alta, que em sua maior parte são favoráveis ou indiferentes ao controle da natalidade e ao aborto, são fortemente favoráveis à redução nos impostos e ao uso de impostos para proporcionar auxílio aos pobres, e exercem pressão para o governo adotar tais metas – todo mundo sabe que o sexo provoca gravidez e que a gravidez produz bebês. Cada um desses grupos poderia ser, embora eu aqui tenda a duvidar, racional no sentido de ter um conjunto consistente de preferências. Ninguém precisa ser diminuído em suas capacidades cognitivas em comparação com o governo, embora o *poder* do governo seja maior.

Nosso tempo tem convertido a irracionalidade de escolhas coletivas em teoremas matemáticos de diferentes tipos. O teorema original foi o de Arrow.[12] O teorema diz que sob variados postulados técnicos, se houver pelo menos dois agentes e três alternativas, a única regra a determinar um ordenamento de preferência coletivo consistente das três alternativas para cada par possível de ordenamentos de preferências de agentes, e uma regra em que o ordenamento da preferência coletiva é, em todo caso, exatamente o ordenamento de preferência de *um* dos agentes. Ao se compreender o teorema, as "regras" para a determinação da escolha coletiva não precisam ser pensadas como em esquemas de votação; podem ser tanto um torneio de justas quando uma queda de braço. O teorema de Arrow é um resultado no tocante a homúnculos políticos. Se pensamos na racionalidade como a demandar preferências consistentes e nada mais, o teorema poderia ser lido da seguinte forma: a não ser que um homúnculo seja dominante em todo caso possível, um agente cujas preferências são determinadas pelas preferências de homúnculos racionais, deve, para todas as circunstâncias possíveis, ser irracional.

Brentano ensinou a Freud a doutrina da unidade do *self*. Freud não acreditou. De acordo com ele, o que produz não é um *self* unificado, mas uma coletividade de agentes. O *self* é uma ficção coletiva, tal como o governo. Os agentes que compõem uma pessoa têm uma identidade no curso do tempo e das circunstâncias e entabulam um conjunto de relações um com o outro; aquela identidade e aquelas relações, e nada mais, determinam a

---

"pressão" dos instintos, ou de "pressão" da repressão.
12 K. Arrow, *Social Choice and Individual Values*, 2. ed. (Nova Iorque: Wiley, 1963).

identidade da pessoa no curso do tempo e das circunstâncias. Os agentes homunculares diferem em seus desejos e preferências. As ações da pessoa revelam uma escolha pessoal, algo no sentido de Arrow, escolha essa determinada com base nas preferências dos agentes componentes por causas, por forças, e não por procedimento de voto.

Conhecemos os agentes de Freud como o ego, o id e o superego, mas essa classificação apareceu tardiamente na carreira de Freud, e em todo o caso é excessivamente crua. Freud sustentou que o ego seria dividido nas partes consciente e inconsciente, que em certos aspectos atuam como agentes com preferências independentes. O ego consciente é racional e deliberado, algo como o Mr. Spock da sociedade da mente. Tem preferências detalhadas acerca de ações e pensamentos. O ego inconsciente tem um conjunto de preferências um tanto engraçado – prefere manter fora da consciência os pensamentos que, se se tornarem conscientes, criariam enorme dor (consciente). Sobre tudo o mais, ele é indiferente. O ego consciente, de certa forma, compartilha as preferências do ego inconsciente, mas não pode *pensá-los* sem agonia, de modo que (graças ao ego inconsciente) ele não os pensa. O id contém desejos conflituosos e inconsistentes para a satisfação de instintos, mas o modo como esses desejos são satisfeitos é indiferente. O ego consciente se importa muito com o modo como os desejos são satisfeitos, e se o efetivamente o são, e assim também procede o superego. O superego, que é o agente da consciência, tem preferências sobre ações e pensamentos, preferências mais restritivas que as do ego. A ação resulta da resolução dessas preferências conflitantes.

Os homúnculos de Freud revelam muitos dos estratagemas de votantes e blocos de votantes, e a vida da mente que ele pressupõe fria, pensada como jogo de estratégia desempenhado por muitas partes. Os agentes de Freud tentam ocultar suas preferências um do outro; alguns agentes censuram a informação que outros agentes tentam enviar. Os agentes de Freud negociam e fazem compromissos, contentam-se como segunda e terceira escolhas quando preteridos. É claro que, sob todo esse discurso sobre agentes e seus desejos e compromissos, Freud em última instância vê um conjunto inteiramente físico de forças, a compreender, se se quiser, um vetor. Como um programador de computador, Freud inicia com partes grandes e procura dizer o que elas fazem uma com a outra, deixando ainda inexplicado o mecanismo pelo qual o fazem. A estratégia é a descrita por Dennett, com a diferença de, num sentido que é óbvio, os homúnculos de Freud não precisarem ser mais estúpidos do que a pessoa que eles vêm a compor. Se a racionalidade é consistência de preferência, então os homúnculos de Freud são mais racionais do que as pessoas. Podemos estar equivocados, podemos nos iludir, padecer de fraqueza da vontade, ter desejos inconsistentes, já os homúnculos, segundo a abordagem de Freud, não necessariamente.

Eu não sei se os homúnculos de Freud são *necessários* para dar uma explicação social da irracionalidade individual, e se em seu enquadramento geral a questão parece ser digna de alguma atenção. Se um agente dispõe de um conjunto de preferências irracional (isto é, intransitiva), qual seria o menor número de homúnculos racionais em que se decompõe, de modo tal que as preferências do agente pudessem ser vistas como preferências coletivas formadas com base nas preferências dos homúnculos? Poder-se-ia imaginar que na ausência de outros condicionamentos, dois homúnculos já são suficientes. Sendo assim, a psiquiatria de Pierre Janet, que explicou a neurose como uma "segunda consciência" pareceria mais econômica que a de Freud. Mas é claro que a questão pode ter respostas mais interessantes se condicionamentos forem impostos às preferências dos homúnculos ou às regras pelas quais os desejos conflitantes dos homúnculos possam ser acomodados.

Os homúnculos de Freud são físicos, ficcionais ou "funcionais"? A resposta é um tanto equívoca. O mais das vezes, embora por certo nem sempre, Freud trata o ego, ou ao menos o ego consciente, como um subórgão específico do cérebro, em geral o córtex frontal. O id é mais vagamente caracterizado de maneira espacial, mas Freud frequentemente expressa-o como se tivesse alguma localização específica. O ego inconsciente se encontra entre os dois. O superego é caracterizado mais funcional do que espacialmente. Eles são homúnculos, mas não são apenas homúnculos *funcionais*: são (em geral) homúnculos físicos. Alguns dos homúnculos, por exemplo o ego, são agentes *racionais*, mais racionais do que a pessoa que eles compõem. Mesmo o id, se suas preferências conflitantes são consideradas como preferências de sub-homúnculos, poderia talvez ser pensados como uma coleção de agentes racionais. Poderia mesmo? O que é requerido a fim de reuni-los num grupo de desejos e crenças e chamá-lo de *agente*? O que está se passando quando Freud separa nossos desejos em desejos de *agentes* distintos dentro de nós?

Um relato que se tem diz ser a agência o que é exigido para explicar e predizer padrões de comportamento, e para ser um agente não se tem ou não se exige nada mais além da manifestação de um padrão de comportamento que possa ser explicado supondo-se que exista um sistema racional de crença e desejo mais ou menos unificado.[13] Segundo essa concepção, termostatos são agentes tanto quanto pessoas, mas não está claro que os homúnculos de Freud vão contar. Afinal de contas, os homúnculos separados não exibem "comportamento" no sentido usual; todas as suas interações são de um com o outro, e o comportamento do indivíduo que eles compõem não é o comportamento de nenhum dos homúnculos da pessoa, mas sim o efeito de suas negociações e compromissos. Pode-se tentar de algum modo estender a noção de comportamento a fim de incluir as atividades internas da mente, mas no âmbito da imagem de Freud creio que seria por demais trabalhoso isolar acontecimentos passíveis de ser explicados como ações de um único homúnculo. O mais provável é podermos estender a imagem a algo como o seguinte: ser um agente é ser um sistema unificado, mais ou menos racional de crença e desejo que, *juntamente com outros agentes*, venha a explicar um padrão de comportamento. Algumas pessoas então acrescentariam que o sistema de crenças e desejos tem de ser excessivamente grande, e muito semelhante a nosso próprio sistema, mas este não seria o caso de Freud.[14]

Isso não explica o que atrela uma coleção de crenças e desejos para fazer um agente. Não posso tomar uma de suas crenças, uma das minhas, alguns dos desejos de Saul Bellow, e assim por diante, e formar uma coleção de crenças e desejos que é um agente. Por que não? Uma razão insuficiente é a de que crenças e desejos não são localizados no espaço, na mesma cabeça.

---

13 Essa concepção de agência é, eu creio, crucial em *The Intentional Stance* (Cambridge, Massachusetts: MIT Press, 1987) p. 11.
14 Cf. Richard Rorty, "Freud and Moral Reflection". *In:* J. Smith e W. Kerrigan (Orgs.), *Pragmatism's Freud: The Moral Disposition* (Baltimore: Johns Hopkins Press, 1986).

A distribuição espacial de crenças e desejos em si não implica que as crenças e desejos não sejam os de um agente, como nos fazem recordar os autores de ficção científica, bem como os filósofos.[15] Em todo caso, a sugestão apenas em escassa medida viria a ajudar Freud, dada a sua incerteza quanto à existência de localizações espaciais distintas para seus homúnculos no cérebro. Uma explicação melhor é a de que a agência tem de trazer uma relação causal para a ação. Um sistema de crenças e desejos tomados de muitas pessoas não produz quaisquer ações; tampouco proporciona as razões para quaisquer ações. As crenças e desejos de uma pessoa normal, racional, tanto causam a sua ação como proporcionam razões para ela; nem todas as crenças e nem todos os desejos que se têm exercem um papel causal em cada ação que se empreende, mas virtualmente toda e qualquer crença e todo e qualquer desejo estão conectados na formação de razões possíveis e de possíveis causas para alguma ação potencial. No caso de Freud, nenhum dos agentes homunculares (salvo talvez, em algumas ocasiões, o ego) é exclusivamente responsável por qualquer ação do indivíduo, e desse modo essa concepção um tanto padronizada de agência não se aplica diretamente. Aplica-se, mais ou menos, se a socializarmos. *Grosso modo*, o que faz um sistema de crenças e desejos um agente é que tais crenças e desejos colaboram em quase qualquer circunstância; representam um voto na sociedade da mente, uma sociedade em que na verdade nem todos os votos são iguais. Uma coleção de crenças e desejos forma um agente homuncular se as crenças e desejos forem consistentes e racionalmente combinados para formas preferências que são acomodadas na determinação social de preferências coletivas e na determinação consequente da ação pelo todo individual.

Se alguém acredita ou não nos homúnculos de Freud, ele proporciona uma *forma* de explicação de ação que é perfeitamente genuína, e pode, em aplicações apropriadas, mesmo estar corretas. As aplicações características, por Freud, de sua teoria social do psiquismo são voltadas à explicação de ações irracionais, em especial as ações de neuróticos, mas o tipo de explicação que ele proporciona direciona-se também a antigos

---

15 Ver Dennett, "Where Am I?". *In: Brainstorms*.

problemas filosóficos.¹⁶ A razão e a vontade apresentam enigmas que ainda se assomam grandes na filosofia da mente. Os enigmas dizem respeito a fenômenos psicológicos cuja realidade todos nós reconhecemos, mas sua descrição mesma parece paradoxal.

Todos reconhecemos que as pessoas por vezes se enganam quanto a seus sentimentos, seus desejos, suas razões para ação, enganam-se mesmo quanto a suas crenças. Mas o autoengano parece demandar que um e o mesmo agente a um só tempo conheça e não conheça alguma coisa, ou que ambos desejem algo e ao mesmo tempo não o desejem. E isso parece não apenas improvável, mas logicamente impossível.

A ambivalência apresenta algo da mesma dificuldade. Às vezes, as pessoas parecem ter atitudes analiticamente incompatíveis para com o mesmo objeto. Seu comportamento rapidamente se alterna entre animosidade e afecção para com a mesma pessoa. Por vezes somos inclinados a dizer que uma mulher ao mesmo tempo ama e odeia um homem, ou um homem a uma mulher. Mas por seu próprio sentido amar não é odiar, e odiar por seu próprio sentido não é amar, e desse modo nossa avaliação comum da ambivalência parece inconsistente.

A fraqueza da vontade ocorre quando alguém acredita que, tudo considerado, uma certa ação é para o melhor, mas sucumbe à tentação e não realiza a ação. Com postulados plausíveis, a circunstância se mantém paradoxal. Além disso, assume-se somente o que os agentes querem fazer quando julgam melhor fazer e que, se realizam algumas ações intencionalmente, farão a ação que querem fazer quando se acreditarem livres para fazê-la, e aqui temos uma contradição.¹⁷

Existem fraquezas de razão que ao menos têm o dom de nos deixar perplexos. Às vezes, uma pessoa vai querer sinceramente desejar um certo

---

16 Para uma avaliação inteiramente contrária desses argumentos que tenho por pouco persuasivos, ver Irving Thalberg, "Freud's Anatomies of the Self". In: J. Hopkins e R. Wollheim (Orgs.), *Philosophical Essays on Freud* (Cambridge: Cambridge University Press, 1982).

17 Essas condições são uma paráfrase de Donald Davidson, "How Is Weakness of the Will Possible?". In: *Essays on Actions and Events* (Oxford: Oxford University Press, 1980). Para que o segundo conjunto seja plausível, "acreditarem-se livres para" tem de ser lido como "acreditarem-se capazes de".

resultado e com sinceridade vai querer acreditar que uma certa ação é necessária para obter tal resultado, acreditando ser capaz de realizar a ação, e, em que pesem todas as aparências, venha a deliberadamente falhar ao realizar a ação. Com isso, o infame Professor Blondlot, pode-se presumir, sabia quais os tipos de experimentos a ser conduzidos para convencer seus contemporâneos de que seus "raios N" eram o McCoy de verdade, mas ele não os conduziu, muito embora, os historiadores parecem dizer, Blondlot não seria nenhum charlatão. Às vezes alguém pode ter evidência relevante para uma conclusão, pode saber que é relevante e ainda assim não conseguir usá-la, extraindo daí uma conclusão errônea. Algumas vezes se sabe que uma proposição é consequência do que se acredita, e ainda assim se deixa de acreditar na consequência ou de revisar as crenças do que ela é consequência.

É possível que nem todas essas dificuldades sejam distintas e que exista uma redução ou comunalidade de padrão ou de explicação. Qualquer que seja o caso, a filosofia moral, e mais tarde a psicologia filosófica, têm se preocupado em explicar essas perplexidades, e explicá-las de modo satisfatório, a fim de mostrar como são possíveis e porque são, às vezes, reais. É urgente remover o aparente paradoxo em um ou outro desses casos supondo-se que a situação de certo modo tenha sido desvirtuada. Por exemplo, quando alguém tem a evidência de que P não é o caso, conhece essa evidência, ignora-a e assere que P é o caso, ele então não precisa acreditar que o que se acredita ser desconfirmado é confirmado. Em vez disso, podemos explicar a ação por um tipo de teoria da decisão interna: o agente escolherá acreditar P a depender de qual ação tiver a maior utilidade; vai acreditar que P traz satisfação se P for verdadeiro, que trará menos satisfação se P for falso, mas muito embora P seja menos provável do que não, daí se ter a esperada utilidade de se acreditar que P é maior do que a utilidade esperada de não se acreditar em P. Pascal entendia desse tipo de coisa.

Para Freud, falhas de racionalidade, ou aparentes falhas, eram as chaves para a estrutura da mente, assim como falhas na fala, para Wernicke, eram as chaves para a estrutura funcional do cérebro. O que há de interessante na teoria social do psiquismo de Freud é que ela proporciona um mecanismo para se explicar não apenas um, mas todos os paradoxos da vontade e da razão. Além disso, a explicação é óbvia a ponto de ser quase irresistível, embora eu não ache que ela seja logicamente inevitável e por certo não é necessariamente completa. Freud não afirma a sério que esse modo de explicação seja exaustivo e que tais fenômenos não possam surgir de outras maneiras.

Uma explicação freudiana do autoengano revela o fato de que o si-mesmo é uma coleção P de agentes, de que o conhecido de um desses agentes pode não ser conhecido de outros deles, e o que é desejado por um pode não ser desejado por outros, ou ser quaisquer dos desejos atribuíveis ao indivíduo como um todo. Que o id conheça consequências que o ego não conhece; que o id queira coisas que o ego pode não querer; o que se quer pode não ser o que o seu id quer ou que o seu ego quer. Qualquer explicação pode não ser o que seu id quer ou o que seu ego quer. Qualquer explicação de autoengano que suponha sermos compostos de armazenamentos de memória separados e que suponha o pensamento pode ocorrer ao extrair alguns desses armazenamentos, mas não de outros, será uma explicação de espírito freudiano, com os armazenamentos separados podendo ou não ter os aspectos particulares postulados por Freud. Algumas vezes, abordagens desse tipo parecem inteiramente plausíveis, ao modo de uma abordagem dos fenômenos de autoengano. Uma explicação freudiana de certas fraquezas de razão é do mesmo tipo. Como se dá que alguém possa se negar a considerar a evidência relevante para uma conclusão, evidência esta que é conhecida pelo agente e cuja relevância seja igualmente conhecida, a evidência sendo de um tipo passível de ser avaliado pelo agente? Isso é bem fácil de acontecer quando o agente possui armazenamentos de memória separados, e alguns desses armazenamentos são ou podem ser tornados acessíveis ao raciocínio. Os exemplos originais de Freud são memórias conscientes, mas ele ampliou o arcabouço, bem como a aplicabilidade da estratégia de explicação, para incluir o "pré-consciente".

A ambivalência é explicada supondo-se agentes múltiplos com preferências razoavelmente fixadas, porém contrárias, supondo-se que nenhum dos agentes seja sempre dominante. A explicação da ambivalência por Freud no caso do Homem dos Ratos se dá da seguinte forma: o amor consciente e o ódio consciente ao mesmo objeto são possíveis contanto que nenhum seja intenso. Quando ambos são suficientemente intensos, fazem-se incompatíveis, e uma emoção tem de se tornar inconsciente, em geral a que for mais dolorosa. Talvez Freud possa ser entendido como segue. Um e o mesmo agente não pode a um só tempo amar um objeto e odiar o mesmo objeto. Mas um agente pode amar *aspectos* de um objeto e odiar outros *aspectos* de um objeto. Quando atitudes para com aspectos de objetos se tornam suficientemente intensas, elas se fazem apartadas. Tornam-se atitudes para com objetos, e não apenas para com aspectos dos objetos, razão pela qual se tornam incompatíveis. A atitude rejeitada se torna a atitude de algum outro agente no interior do si-mesmo e auxilia a determinar as preferências daquele agente. Se o ego ama o que o id odeia, haverá preferências inconsistentes, cada qual sendo revelada em circunstâncias variáveis, e por vezes haverá também uma espécie de indecisão. O fenômeno da ambivalência é levado em conta.

A fraqueza da vontade nada mais é do que ambivalência em ação. As razões de um agente podem ser causas, mas não razões, para outro agente.[18] Um agente pode decidir que, tudo considerado, é melhor não passar ao próximo drinque; a preferência de outro agente pode intervir, com isso se passando ao próximo drinque. Se um dos agentes der razões e expressar arrependimento, enquanto o outro silenciar, dizemos que a pessoa foi impulsiva, que ela caiu em tentação, que teve uma vontade fraca. Atos de continência traem um todo irracional que emerge das partes, homúnculos, que podem ser mais racionais.

Existem meios pelos quais Freud enverada para explicar a irracionalidade. Suas explicações podem ser corretas ou não, mas certamente são *explicações*. Se é para se duvidar delas, considere-se que em cada um dos tipos

---

18 Ver o instigante "Paradoxes of Irrationality" de Donald Davidson em Hopkins e Wollheim, *Philosophical Essays on Freud*. A não ser pela minha formulação de homúnculos, minha abordagem do tratamento por Freud de meios de ação irracionais está de acordo com a de Davidson. Compare-se também o artigo de D. Pears, "Motivated Irrationality", na mesma obra referida, bem como seu livro *Motivated Irrationality* (Oxford: Oxford University Press, 1984).

de casos considerados, sejam eles ambivalência, fraqueza da vontade, autoengano ou fraqueza da razão, existem fenômenos análogos na vida pública, e algumas vezes damos explicações freudianas desses fenômenos quando eles aparecem em ações de governos, corporações e outras entidades sociais. No caso de governos, sabemos que os homúnculos existem, sabemos quem são eles, e podemos verificar mais diretamente a explicação oferecida. As explicações de Freud sobre o si-mesmo são menos seguras, mas não são menos genuínas.

VI

Mostrar e dizer desde sempre têm sido iniciativas profundamente emaranhadas, a tal ponto que de algum modo se chega a fins semelhantes por meios disparatados. O dizer tem estrutura linguística, estrutura lógica, gramática; o mostrar, para todas as aparências, não tem. O mostrar é o dizer sem cadeias. A todo momento há uma tentativa de reduzir um dos membros desse pareamento, dizer e mostrar, ao outro, ou estabelecer a primazia de um à exclusão do outro. Na primeira metade do século XX, Wittgenstein e o atomismo lógico intentaram reduzir o dizer a um tipo de mostrar. Nelson Goodman, mais tarde herdeiro do movimento, buscou explicar o mostrar como um tipo de dizer. Uma série de ensaios recentes tentaram fazer ver a primazia do dizer na vida psíquica, e psicólogos continuam a debater a autonomia do mostrar no psiquismo. Mostrar é certamente um modo de dizer, mas uma vez que ele carece de gramática e seus objetos carecem de categorias gramaticais, esse mostrar não permite nossas análises usuais do que é dito. Para a maior parte dos elementos de linguagem podemos prover abordagens sobre como eles contribuem para o valor de verdade das sentenças em que ocorrem; nós o fazemos dando definições verdadeiras que tornam a verdade ou falsidade de sentenças funções de propriedades semânticas de seus componentes. Com imagens, com ilustrações, com toques de teatro não podemos fazer tal coisa. Existem partes e usos da linguagem que se comportam mais como imagens, e então como sentenças, e é bem esse aspecto que os torna enigmáticos e desafiadores para análises filosóficas. Pronomes demonstrativos, como "este" e "aquele" podem ser usados para mostrar valendo-se do dizer, e por essa razão eles resistem à análise por definições verdadeiras. Metáforas e símiles são refratários do mesmo modo e pela mesma causa; eles são modos de asserir um mostrar.[19]

Para Freud, que assumiu essas formas hipotéticas de representação mental tanto a partir das artes como a partir da lógica, os homúnculos comunicam tanto por imagem como por linguagem, ambos por dizer e por mostrar. As abordagens de Freud sobre as batalhas do ego e do id e do superego são lidas como pequenos melodramas internos, e efetivamente o são. O teatro, acima de todas as formas artísticas, é o local em que um pensamento complexo pode tanto ser ilustrado quanto dito. Ainda assim, para Freud o teatro da mente é uma espécie de show de bonecos, controlado por forças puramente físicas que realizam computações; o show é a manifestação das computações. É de modo implausível que isso nos deixa diante das concepções de Freud das relações entre representação computacional e mental, e diante do modo pelo qual a mente pode funcionar tanto ao mostrar quanto ao dizer.

Associando o *Projeto* e *A Interpretação dos Sonhos* de Freud, publicado apenas quatro anos depois, podemos extrair uma concepção sobre computação analógica, que nos conduz a debates contemporâneos. O exercício tem um certo caráter a-histórico, mas historiadores da filosofia não hesitam em oferecer tratamentos aristotélicos ou leibnizianos às questões filosóficas contemporâneas; não vejo razão para não fazer o mesmo com Freud.

No início de sua carreira, Freud, juntamente com Breuer, pensava nos sintomas dos neuróticos como uma espécie de reflexo aberrante. Freud ensinou que o comportamento que parece aberrante sem uma estrutura racional pode, não obstante, frequentes vezes ter essa estrutura, ainda que tal não seja evidente. Os exemplos de Freud dizem respeito ao comportamento dos psiconeuróticos. Assim, sua paciente Dora, por exemplo, não vai dar

---

19 Cf. N. Goodman, *Languages of Art*, 2. ed., (Indianapolis: Hackett Publishing, 1976); D. Kaplan, "D-That". *In:* P. Cole (Org.), *Syntax and Semantics*, vol. 9: *Pragmatics* (Nova Iorque: Academic Press, 1978), p. 221-243; e P. Machamer, "Problems of Knowledge Representation: Propositions, Procedures and Images", *préprint*, University of Pittsburgh.

voz ao pensamento de que ela deseja que um amigo da família, o Senhor K., faça amor com ela, mas Freud pensa que ela o diz enquanto brinca com sua retícula, e pela perda da fala quando o Senhor K. vai embora. As ações não são falas, mas Freud as toma para expressar um pensamento, em geral configurando uma instância do pensamento, ou sendo uma pequena alegoria. O mesmo se passa com Freud, tanto nas ações internas como nas externas, tanto nos pensamentos como no comportamento. Os sonhos frequentemente parecem não ter nenhuma estrutura racional, mas Freud insiste que sob a superfície eles a possuem. O sonho costuma ser uma imagem ou sequência de imagens, procedendo como um interno teatro do absurdo. Mas cada peça tem, de acordo com Freud, uma mensagem que ele não diz de modo explícito, dizendo-a em vez disso. O mostrar pode se dar por trocadilho, ou em se mostrando o oposto, ou por excessivo literalismo, ou por quaisquer dos outros truques do teatro. Uma mulher apaixonada por um motorista a quem ela observa como uma figura imponente (*towering figure*) sonha com o condutor numa torre imponente sobre ela (*in a tower above her*).

A novidade mais profunda de *A Interpretação dos Sonhos* está na ideia de que dispositivos literários e teatrais para representar o sentido – os dispositivos da paródia, da alegoria, da ironia, da exibição e da ilustração – podem também ser dispositivos internos usados na representação mental. A compreensão semântica fundamental é a de que as categorias de prova e a teoria dos modelos são mutuamente excludentes. Pode-se imaginar sistemas de expressão nos quais algumas coisas são *ditas* em *sendo modeladas*, como se pode imaginar sistemas nos quais coisas são ditas em parte sintaticamente e em parte fazendo as vezes de modelo. De certo modo, a ideia é fácil e familiar. Quase todo mundo já viu livros infantis escritos parte em palavras e parte em figuras, com as figuras inseridas numa linha no lugar de uma palavra ou frase, ou por vezes no lugar de uma sílaba. A ideia de Freud é a de que trabalhos de representação mental funcionam de modo aproximadamente similar, em combinação, é claro, com a ironia e outros dispositivos.

Se a diferença entre computadores analógicos e digitais é aproximadamente a diferença entre relações de prova e relações de modelo, como sugiro aqui, então segue-se uma observação, e uma observação que pode, em todo caso, receber outras fundamentações: a classe de computadores não pode ser dividida em analógica e digital. Um computador pode ser ambos, ou ter aspectos de ambos. Um computador digital pode ser usado para produzir imagens, e as imagens podem ser usadas em computação analógica. Em princípio, o resultado (*output*) analógico poderia ser usado para provocar a entrada em outro processo digital, e assim por diante.

Nossos sistemas formais usuais, lógicos, podem nos fazer pensar em abordagens de inferência como especificações de regras. O raciocínio, idealmente, é a produção de uma sequência de sentenças de acordo com as regras. As regras sintáticas permitem a derivação de asserções com base nas propriedades combinatórias de seus componentes sintáticos. Existem noções de "regra semântica" na literatura filosófica, mas elas não fazem nada do que as regras sintáticas fazem. "Regras semânticas" são em geral, a depender do filósofo, ou axiomas muito gerais (por exemplo, "tudo que tem cor tem extenso") ou enunciados metalinguísticos sobre a *interpretação* de *componentes sintáticos*. Estes são regras de inferência análogas. Mas acho que podemos imaginar um *sistema de inferência* que mescle a teoria da prova e a teoria dos modelos, contendo regras de inferência análogas. Rastrear a derivação de uma conclusão em tal sistema redundaria em dar razões para a conclusão, e algumas das razões corresponderiam a computações análogas.

Nossas regras de inferência usuais para sistemas formais são combinatórias. Regras análogas de inferência não o podem ser. Em vez disso, devem enunciar aspectos gerais de modelos que possam ser inferidos como sendo aspectos das coisas modeladas. Podemos imaginar uma linguagem para falar de objetos observáveis no céu estrelado. Imaginemos que a linguagem tenha a forma usual do cálculo de predicados, mas as imagens do sol, da lua, de estrelas cadentes, cometas, planetas e estrelas fixas também servem como nomes individuais. Imaginemos que a linguagem seja suficientemente interpretada, a ponto de certos predicados monádicos significarem termos para cor: vermelho, amarelo, azul etc. Imaginemos que as imagens aparecem em várias cores e suponhamos que acrescentamos à linguagem a seguinte regra:

Dada qualquer fórmula S bem-formada, se p é um símbolo figurativo ocorrendo em S, e p tem a cor r e R é uma cor predicado interpretada como r, inferimos daí S & kR(p)

Num sistema de inferência que misture teorias de prova e de modelos, pode-se inferir que a lua é amarela com base em premissas que não contêm nenhum predicado de cor, em vez disso contendo uma descrição da lua (que cor é modelado por cor é obviamente irrelevante para o aspecto filosófico). Um autômato que tivesse usado tal sistema de inferência faria algum processamento análogo, e ainda assim suas conclusões sobre as cores de objetos no céu noturno seriam "cognitivamente penetráveis" no sentido de que o processamento proporcionaria razões para as conclusões. Cai por terra a ideia de que não existiria tal autômato, uma vez que algo não combinatório tem de ser feito para se aplicar a regra, ou seja, tem de se determinar que *p* tem a cor *r*. A detecção de cor pode ser feita de modo mecânico, como espectroscópios, e nosso autômato pode proceder a derivações que estejam de acordo com as regras do sistema, contanto que o autômato tenha algum recurso para determinar tais propriedades físicas de suas representações. Nenhum homúnculo é necessário para computação analógica, menos ainda para computação digital.

Pode-se aqui objetar que com tal autômato o funcionamento do espectroscópio não teria razão de ser, e é verdade. O funcionamento do espectroscópio *causaria* a ocorrência de certas representações e certas inferências, mas em si não seriam razões. E ainda assim, os funcionamentos poderiam ser entretecidos num processo de inferência de modo tão central, que aspectos físicos do processo espectroscópico – como o tempo que ele leva – tornariam-se aspectos físicos do processo de raciocínio. Mais importante, o resultado físico do espectroscópio poderia afetar as inferências de um modo que fosse cognitivamente penetrável. Se, por exemplo, o que é inferido é uma função de probabilidade (por exemplo, do amarelo) de aspectos do espectro mensurado, então a probabilidade poderia ser combinada com probabilidades anteriores de modos padronizados; a inferência resultante, a concluir que algo é amarelo, será determinada tanto pelas mensurações físicas como pelas crenças aprioristicas.

Não há diferença no aspecto filosófico se o espectroscópico está dentro da cabeça de um autômato ou num laboratório físico. Quando um físico olha para um espectro, os aspectos físicos do espectro combinam-se com as crenças apriorísticas do físico para conduzir à conclusão relativa à cor do mesmo objeto. A percepção comum é um processo no qual aspectos "análogos" interagem com aspectos digitais para se produzir raciocínio; não fazemos mais do que imaginar que alguns dos aspectos análogos encontram-se eles próprios na cabeça.

A moral do argumento é a de que podemos conceber a computação análoga de modo que, dada uma interpretação apropriada, ela forma parte de um sistema de razões para conclusões. Um corolário, óbvio por direito próprio, é o de que porções da computação análoga no interior de um sistema que estimula o comportamento racional não requerem homúnculos especiais e não precisam introduzir mistérios especiais. Suponho que o corolário tenha alguma ligação com disputas quanto ao imaginário mental, mas não tenho a intenção de propor que nosso cérebro na verdade implemente regras de inferência análogas, do tipo que aqui considerei. Seria maravilhoso se Freud no final das contas estivesse certo e se nós viéssemos a trabalhar por um misto de representações e modelos sintáticos, mesclando computação digital e análoga em nosso raciocínio, mas por tudo o que eu sei, contudo, esse pode ser o modo equivocado de olhar para nós mesmos.

4 A interpretação dos sonhos*

JAMES HOPKINS

O livro *A Interpretação dos Sonhos* não raro é considerado o mais importante de Freud, bem como crucial para a sua obra.¹

Freud iniciou suas investigações psicológicas seguindo uma intuição de seu colega mais velho Joseph Breuer. Uma das pacientes de Breuer era uma jovem bastante inteligente e articulada, diagnosticada como histérica. Breuer investigou seus sintomas de forma pormenorizada e descobriu que, em ampla medida, estavam associados com a vida emocional da moça de inúmeras maneiras.

Em particular, ele e Breuer puderam frequentemente ligar o início de um sintoma a um acontecimento que fora importante para ela, mas que ela o esquecera. Se tivesse sido assim, o próprio sintoma poderia ser visto como associado a sensações relacionadas ao dado acontecimento, as quais

---

* Eu gostaria de agradecer a Tom Petaki e a Jerry Neu pelas leituras do primeiro esboço deste capítulo, que me ajudaram a evitar equívocos sérios e a aperfeiçoá-lo num sem-número de aspectos.
1   O juízo de valor foi do próprio Freud, em seu prefácio final, e comentadores têm manifestado a tendência a acreditar. Richard Wollheim, por exemplo, considera o livro como a "obra-prima de Freud"; e Frank Sulloway o toma como o "maior" da série de trabalhos iniciais que "situa Freud entre as maiores mentes científicas criativas de todos os tempos" [Freud: Biologist of the Mind, Nova Iorque: Basic Books, 1979, p. 358). Para algumas críticas filosóficas recentes de Freud sobre sonhos, ver Clark Glymour, "The Theory of Your Dreams", em R. Cohen e L. Laudan (Orgs.), Physics, Philosophy, and Psychoanalysis (Dordrecht, The Netherlands: Reidel, 1983), e Adolf Grünbaum, The Foundations of Psychoanalysis: A Philosophical Critique (University of California Press, 1984). Creio que essas críticas estejam baseadas em compreensões equivocadas, que eu por minha vez critiquei em "Epistemology and Depth Psychology: Critical Notes on The Foundations of Psychoanalysis", *In:* Peter Clark and Crispin Wright (Orgs.), Psychoanalysis, Mind and Science (Oxford: Basil Blackwell, 1988). O presente ensaio dá continuidade ao argumento daquele artigo. Sobre a metodologia geral da crítica de Grünbaum, ver também nota 21 deste capítulo. Sobre a teoria contrafreudiana, ver o interessante livro de J. A. Hobson, *The Dreaming Brain* (Londres: Penguin, 1990), nota 27 deste capítulo.

ela não expressara antes. Com isso, tais sintomas tinham uma sugestiva conexão com acontecimentos e motivos na vida do paciente. E se eles fossem aliviados, ela traria tais acontecimentos à consciência, e com isso sentiria e expressaria os motivos atrelados a eles. Por exemplo, havia algum tempo ela se via tomada por uma aversão ao ato de beber, que persistia apesar de uma "sede torturante". Era capaz de pegar o copo d'água pelo qual ansiava, mas então o punha de lado "como alguém que sofresse de hidrofobia". Sob hipnose, ela fez remontar esse estado a um episódio em que uma dama de companhia deixara um cão – uma "criatura horrenda" – beber água de um copo. Ela narrou o acontecimento com muita raiva e desgosto; e quando o fez, a aversão cessou, e ela pôde beber sem dificuldade.

Assim, ao que tudo indica, esse sintoma particular deveu sua origem a esse episódio (e também, obviamente, ao contexto, incluindo motivos, que a paciente lhe acrescentou). O liame causal entre episódio e sintoma parece marcado no conteúdo do próprio sintoma, uma vez que ambos diziam respeito a aspectos como beber água, desgosto, raiva e recusa. Assim, o sintoma poderia ser visto como expressão de memórias ou sensações sobre algo de que a paciente já não tinha consciência.[2] Freud repetiu as observações de Breuer em outros casos e estendeu-as à investigação do contexto psicológico e importância de sintomas de outros tipos. Isso significa que ele perguntava aos pacientes sobre sua vida, sobre motivos e memórias com grande detalhe. Freud era um questionador investigativo e determinado. Contudo, ele descobriu que a informação mais relevante emergia quando os pacientes davam continuidade a um fluxo espontâneo de pensamentos e sensações. Com isso, pedia-lhes para descrever, o mais detalhadamente possível e sem procurar tornar sensatas as ideias que lhes ocorriam, nem censurá-las ou controlá-las de modo algum. Antes dele ninguém tão intensamente procurara relaxar os condicionantes racionais e morais na descrição, pela própria pessoa, de pensamentos e sensações para outra, e isso se revelou valiosa fonte

---

2 Para esse exemplo, ver 1893d, II, 34ss. A conexão de tal material com a primeira teoria de Breuer e Freud, segundo a qual "histéricas sofrem sobretudo de reminiscências" (II, 7) está relativamente clara. Contudo, além disso, o mesmo sintoma pode ser construído como a satisfazer um desejo de não beber, que se origina nessa cena. Isso ilustra de que modo os dados que levaram Freud a conceber sua primeira hipótese ajustam-se também à segunda.

de informações. O esboço de pensamento, uma vez não direcionado e desimpedido, por si próprio conduziu aos tópicos que Freud previamente achara importantes pela via do questionamento, bem como a outros de cuja importância ele não suspeitara. A esse processo ele chamou de autodescrição por "associação livre".

Freud manteve registros de sonhos por alguns anos. Logo descobriu que também eles poderiam ser entendidos como relacionados a memórias e motivos que emergiam no curso da associação livre. Além disso, ao investigar essas conexões, ele poderia usar também o seu próprio caso. Desse modo, o mesmo tipo de estudo psicológico que conduzia de seus pacientes passou a conduzir de si mesmo, centrado na análise de seus próprios sonhos.

À medida que o trabalho avançava, Freud percebia que as descobertas anteriores de Breuer e dele próprio acerca dos sintomas estariam mais bem representados em termos do modelo que ele desenvolvia para os sonhos.[3] Desse modo, estruturou uma abordagem de sintomas e sonhos que era relativamente simples e unificada. Além disso, ele logo viu que isso poderia ser estendido a outros fenômenos pelos quais ele tinha mostrado interesse, incluindo equívocos, chistes e obras de arte. *A Interpretação dos Sonhos* dispõe o paradigma por meio do qual Freud consolidou a primeira e pioneira fase de sua pesquisa psicológica, conduzida tanto em si mesmo quanto em seus pacientes.[4] No que segue, tentaremos compreender a natureza e o papel desse paradigma.

---

3 Assim, em 1899 Freud escreveu ao amigo Wilhelm Fliess afirmando que "o esquema do sonho é capaz da aplicação mais geral... a chave para a histeria também reside nos sonhos" (1985 [1887-1904], 338). E nesse primeiro prefácio ele descreve o valor teórico do sonho como o de "um paradigma" que é "o primeiro integrante" de uma classe de fenômenos, incluindo "fobias histéricas, obsessões e desilusões" (1900a, V, xxiii).

4 Por essa última razão, o livro estabelece uma notável relação entre autor e leitor. Ao apresentar seus próprios sonhos, Freud pede ao leitor "para fazer de meus próprios interesses os seus por algum tempo, e para mergulhar, comigo, nos mais minuciosos detalhes de minha inteira vida" (1900a, IV, 105-6). Muito embora revele muito, Freud ainda quer manter seus segredos. Ao mesmo tempo que sua proposta é a de proporcionar novos meios de compreender o material que apresenta, ele deixa espaço para a penetração do leitor. De modo que seus métodos apontam para além do que ele diz, para outras conclusões acerca de sua vida e de seus sentimentos. As descobertas de Freud sobre sintomas poderiam ser replicadas somente por outros médicos e com boa dose de perseverança. Em compensação, muitas pessoas poderiam seguir seu exemplo e investigar sonhos. Essas tentativas, ademais, poderiam ser informativas, mas sem que tal redundasse em aprofundamentos. A análise parcial de apenas

Motivo, sentido e causalidade

Nosso modo mais básico e familiar de compreender as atividades das pessoas – ou as nossas próprias ou as dos outros – é interpretando-as como ações resultantes de motivos,[5] incluindo crenças e desejos. Na vida cotidiana, fazemo-lo natural e continuamente. Desse modo, alguém indo em direção a uma torneira, pegando um copo e assim por diante, nós o interpretamos segundo o registro de querer beber, e a pessoa se move assim porque tem nesse ato um modo de saciá-la. De novo, ouvimos certos sons e tomamo-lo por alguém pedindo algo para beber, e assim contemplamos a cena como algo em última instância derivado de um desejo de fazê-lo e de uma crença em que esses sons são um modo de fazê-lo.

Tem-se aí um tipo fundamental de pensar psicológico e um pensar que parcialmente define nossas concepções de mente e ação. É a um só tempo interpretativo e explicativo. É interpretativo porque, como tais exemplos ilustram, atribuir motivos nos capacita a conferir sentido ao que as pessoas pensam e fazem. É explicativo porque tomamos os motivos que assim atribuímos a causas no âmbito de pessoas que desencadeiam suas ações e que, por essa razão, tais motivos servem para explicá-las.[6]

---

alguns sonhos pode pôr alguém em contato com novidades da abordagem de Freud como associação livre e o que dela deriva, à maneira de importante suplemento de leitura. Assim, pela *Interpretação*, Freud começou a chegar a um público maior, que compreendia algo da natureza de seu trabalho. D. Anzieu proporciona uma discussão detalhada das análises de Freud de seus próprios sonhos, bem como referências a uma série de outros trabalhos sobre os sonhos de Freud, em *Freud's Self-Analysis* (Londres: Hogarth Press, 1986). Como observa Anzieu, Freud frequentemente proporciona chaves para que leitores perseverantes possam elaborar aspectos deixados na obscuridade.

5 No que segue, devo iniciar usando "motivo" em sentido amplo, para quase quaisquer das causas psicológicas pelas quais via de regra explicamos o comportamento, como em "Ele o fez porque..." "Ele o fez uma vez que..." e formulações do gênero. Assim, por exemplo, amor, ódio, ciúme, inveja, ganância e prazer são motivos, como também o são as instâncias mais plenamente articuladas deles derivadas, ao modo de convicção ou da rigidez da conduta de alguém, do desejo de prejudicar um rival etc.

6 Esse tipo de explicação e, particularmente, sua natureza causal, tem sido explorada por Donald Davidson numa série clássica de ensaios que se iniciam com "Actions, Reasons, and Causes" (ver *Essays on Actions and Events* [Oxford, Clarendon Press, 1980]); a tal série remeto o leitor que estiver em busca de uma investigação mais profunda e de um tratamento mais detalhado.

Como estamos fazendo notar, Freud lança luz sobre sonhos e sintomas também ao relacioná-los a motivos. Nisso ele realça tanto os aspectos hermenêuticos quanto os causais do modo de pensar do senso comum. Fala da interpretação dos sonhos e de encontrar o sentido de sonhos e sintomas. Encontrar o sentido de alguma coisa, contudo, significa mostrar que tal coisa está em conexão inteligível com um motivo ou sistema de motivos, portanto localizando-os num ordenamento de causas psicológicas interpretáveis. E Freud tomou-o como parte da ordem da natureza de modo geral.[7]

Os aspectos hermenêuticos e causais de explicação por motivo são, na verdade, profundamente entretecidos e intimamente coordenados. Podemos começar observando esse aspecto – e apreciando sua importância – se focalizarmos o modo como nossa capacidade de usar nossa psicologia de sendo comum sobre motivação está relacionada com nosso conhecimento da linguagem. Essa íntima conexão entre linguagem e motivo na verdade revela que os motivos caracteristicamente possuem, ou podem receber, o que podemos chamar de *articulação linguística*.[8] Por exemplo, como se pode evidenciar, nós não apenas desejamos, temos esperança, sentimos medo – nós desejamos, temos esperança ou temos medo de que S, onde "S" admite substituição por qualquer de um grande leque de sentenças de nossa linguagem.

---

7 Freud enfatizou a conexão de seu pensamento com a explicação do senso comum em razão de se dizer, por exemplo, que em oposição a Breuer ele "estava inclinado a suspeitar de um entrejogo de forças e da operação de intenções e finalidades como as observadas na vida normal" (1925d, XX, 23). E diz que ao falar do "sentido de um processo psíquico temos em vista nada além da intenção a que ele serve e a sua posição numa continuidade psíquica. Na maior parte de nossas pesquisas podemos substituir "sentido" por "intenção" ou "finalidade" (1916-1917, XV, 40). O termo que Freud traduziu por "purpose" aqui é "Tendenz", que de acordo com Strachey pode ser mais bem traduzido por "trend". Creio que parte da ideia de Freud vá ser contemplada abaixo, no contexto da caracterização de intencionalidade.

8 Essa noção de articulação foi introduzida por Wittgenstein, que ressaltou sua importância para a psicologia. Ver suas *Philosophical Remarks* (Oxford: Blackwell, 1975), p. 70: "Chamo de pensamento somente a um processo articulado... A salivação, não importa o quão precisamente mensurada, não é o que chamamos de expectativa". Motivos articulados são "atitudes proposicionais" de que fala Russel em sua introdução ao *Tractatus Logico-Philosophicus* de Wittgenstein (Londres: Routledge and Kegan Paul, 1922) e dali em diante na filosofia analítica. Como Wittgenstein aborda na obra, eles podem ser mais bem descritos como atitudes para com situações ou estados de coisas.

Em virtude desses motivos se pode dizer que se tem um tipo de conteúdo, cujas sentenças (bem como palavras ou frases isoladas) são usadas para especificar. Por exemplo, se dizemos que John acredita (tem esperança, sente medo ou o que quer que seja) que Freud trabalhou em Viena, por essa razão articulamos os motivos de John usando a sentença "Freud trabalhou em Viena". Isso significa que o conteúdo do motivo é o de que Freud trabalhou em Viena. O conteúdo é dado pela sentença.

A sentença contida numa atribuição de motivo desse modo serve para descrever a mente da pessoa a quem se atribui o motivo. Mas também a sentença, ao mesmo tempo, se relaciona à realidade. A proposta usual da sentença é especificar como as coisas são no mundo, se for verdadeira; e isso é entendido por todos os que sabem o que a sentença significa. Ao descrever os motivos desse modo, por essa razão, representamos nosso psiquismo como compromissado com o mundo – com as situações ou estados de coisas que tornariam verdadeiras as sentenças em articulação. Onde um desejo, uma esperança é a *de que S*, a situação que tornaria "S" verdadeira é também a que viria a satisfazer o desejo, realizar a esperança ou o medo e assim por diante.

Isso é parte do que por vezes se chama de intencionalidade ou direcionamento para objeto, do mental. Da mente de alguém que acredita que Freud trabalhou em Viena pode se dizer que é direcionada para um homem, para aquela cidade e para seu trabalho lá. Da mesma forma se alguém deseja que ele próprio trabalhe em Viena – de novo isso diz respeito àquela pessoa, àquele lugar e assim por diante. A questão é a mesma, mais uma vez se ele tem medo de ficar pobre, ou se tem medo do escuro. A descrição conta-nos que objeto, situação ou aspecto de realidade ele tem (como vimos) em mente.

Assim, podemos dizer que cada motivo do gênero que estamos considerando tem uma frase ou sentença correspondente, feita sob medida para ele, que mostra seu conteúdo intencional, isto é, o modo como ele se relaciona com o mundo. Tais sentenças especificam condições na realidade, e a elas motivos estão relacionados de modos característicos, de acordo com seu tipo. Desse modo, crenças estão relacionadas por tais sentenças ou frases às condições em que seriam verdadeiras;⁹ desejos, às condições em que seriam satisfeitas; esperanças e medos, às condições em que seriam realizadas, e assim por diante, perpassando-se os tipos de motivos cujos conteúdos dão conta de como as coisas são.

Deste modo, a linguagem que falamos, e os motivos que atribuímos em mútua compreensão, coadunam-se como se designados um para o outro (como se, presumivelmente, estivessem em evolução). Uma consequência importante disso, creio eu, é a de que nossa capacidade de entender um serve também para o outro. Isso significa que somos capazes de compreender motivos em boa parte por meio da compreensão das sentenças que os articulam.

Ao compreender uma linguagem, somos capazes de compreender um número ilimitado de sentenças, com base nas palavras que nelas se encontram e no modo como são compostas. Afinal, compreendemos sentenças que são novas para nós, e isso em geral sem esforço, contanto que conheçamos sua gramática e suas palavras. Quando compreendemos uma sentença indicativa,

---

9 Uma vez que vou usar esses termos, a condição de verdade de "a neve é branca" é a de que a neve seja branca, a de "a grama é verde" a de que a grama seja verde, e assim por diante, *ad infinitum*. A noção é usada por motivos pela via de sentenças que os articulam. Assim, a sentença que articula o motivo da crença em "John acredita que a neve seja branca" é "a neve é branca". A condição de verdade dessa sentença, e, portanto, da própria crença, é a de que a neve seja branca.
De modo similar, considero que a condição de satisfação da esperança de que a neve seja branca é a de que a neve seja branca. A condição de satisfação do desejo de que a neve seja branca (para que a neve seja branca etc.) é a de que a neve seja branca; essa condição, contudo, é satisfeita se a neve for branca, assim novamente a condição pode ser lançada no indicativo, uma vez que a neve é branca. O caso é semelhante, não obstante variações gramaticais, ao de outros motivos aos quais devemos nos ater.
A condição de satisfação, realização, ou o que quer que seja, de um dado motivo está em relação com o motivo que é lógico ou conceitual. É uma norma ou regra, dada na linguagem, de que beber água satisfaz um desejo de beber água, ou de que a crença de que a grama é verde se a grama for verde. Wittgenstein faz atentar para um caso paralelo dizendo que "é na linguagem que uma expectativa e sua realização travam contato" (*Philosophical Investigations* [Oxford: Blackwell, 1963], p. 445).
Wittgenstein também realça que "o fato de que algum acontecimento estanca meu desejo não significa que o realiza. Eu poderia não ficar satisfeito se meu desejo fosse satisfeito (p. 432). É claro que é verdade que um desejo normalmente se extingue ou se altera quando sua condição de satisfação é conhecida. Entretanto, isso é parte do trabalho racional do desejo, e com isso é parte do paralelo entre sentido e papel causal de motivos que estamos aqui debatendo.

sabemos como relacioná-la com o mundo, no sentido de que conhecemos a situação em que ele seria verdadeiro. Assim, ao se compreender "Freud foi um cientista", sabemos que o enunciado é verdadeiro tão somente se Freud foi um cientista. Isso pode nos escapar por ser tão óbvio, que se o sabe sem precisar dizê-lo. Mas é um conhecimento verdadeiro, que relaciona aquela sentença e o mundo; e não é preciso dizê-lo precisamente porque compreendemos a sentença, e com isso já se apreende a relação em questão.

Ainda uma vez, ao se entender, por exemplo, "todos os cientistas são falíveis", sabemos que tal enunciado será verdadeiro se todos os cientistas forem falíveis. Há claramente um padrão aqui. Podemos indicá-lo dizendo que entender uma sentença "S" é compreender algo que tenha a forma:

"S" é verdadeiro somente se S

Uma vez que ao conhecer uma linguagem compreendemos indefinidamente muitas sentenças, esse padrão vem arrebanhar indefinidamente muitas coisas que conhecemos por meio dela ou coisas de que nos apercebemos por meio dela. Tanto quanto conhecer as condições pelas quais as sentenças que conhecemos são verdadeiras, sabemos como elas se relacionam entre si por implicação. Alguém que compreende tanto "Freud foi um cientista" como "todos os cientistas são falíveis", por exemplo, saberá que se ambos os enunciados forem verdadeiros, então "Freud era falível". Novamente está claro, como nós o sabemos ou podemos rapidamente reconhecer, relações desse tipo entre um sem-número de sequências de sentenças. Podemos introduzi-lo dizendo que não raro ao saber como um conjunto de sentenças (triplo etc.) se relaciona com o mundo, somos com isso capazes de saber como opera alguma outra sentença. Esse conhecimento pode ser dito sob a forma, por exemplo:

Se S_1 e S_2 são verdadeiros, então S_3

Aqui, tais relações coincidem com modos pelos quais naturalmente pensamos. Alguém capaz de conhecer as implicações acima, por exemplo, e alguém que acredita que todos os cientistas são falíveis, tenderá a acreditar que Freud era falível se acreditar que Freud foi um cientista. Ou novamente, se acha que Freud era infalível, podemos mudar sua opinião sobre a falibilidade de cientistas ou negar que Freud fosse um deles. Quaisquer que, dentre esses modos, seja o de como ele pensa, fá-lo em acordo com esse padrão de implicação, que relaciona a verdade das primeiras duas sentenças à da terceira. Cada sentença que compreendemos naturalmente se relaciona com outras e nos leva ainda a outras, e de modo semelhante se tem com nossos pensamentos, assim como com nossa atenção, com nossos interesses e outras atitudes desse gênero. Mas todo mundo é capaz de entender sentenças e suas relações de implicação com base em palavras. Tal parece ser uma capacidade humana básica, talvez inata. E isso, ao que parece, anda lado a lado com algo como o entendimento psicológico, dos motivos que articulamos por sentenças.

Se claramente compreendermos o "S" num exemplo como "Jones tem medo que S", desse modo conhecemos a situação que Jones teme. E ao conhecê-lo, assim capazes de aprender algo sobre os processos de Jones e seus medos. Portanto, sabemos algo sobre como seu medo vai interagir com seus outros motivos, e como isso vai pautar seu comportamento. O impacto de seu medo dependerá de como Jones reflete sobre a situação que ele teme; e sabemos muito a esse respeito ao conhecer os padrões de implicação a conectar a sentença que descreve seu medo com aquelas com que se descreve o restante de seus motivos. Se eu souber que alguém teme terminar na pobreza, mas acredita que se os amigos ajudarem isso não vai acontecer, então sei de crenças adicionais sobre os amigos dele, sei o que vão fazer ou não, e isso pode confortá-lo ou alarmá-lo. E o padrão de meu pensamento é naturalmente preparado para se estender por sua rede de possibilidades juntamente com o dessa pessoa, e assim será se ela me der uma chave. Portanto, ao que tudo indica, compreender as sentenças que articulam motivos a um só tempo nos põem *en rapport* com as mentes de outros e nos capacita a apreender o papel interativo, que esses motivos desempenham ao modo de causas. Por motivos articulados, o conhecimento de sentido produz a apreensão da situação, e do papel causal, como unos. Isso, eu creio, ilustra o modo pelo qual nosso sistema de explicação psicológica de senso comum é um sistema no qual nossa compreensão do sentido linguístico e das causas motivacionais atuam em harmonia natural. Motivos, como seu nome implica, são causas psicológicas. O fenômeno de articulação, contudo, deixa claro que tais motivos são causas cujo funcionamento é coordenado com – ou sensível aos – sentidos dos termos padronizadamente usados para descrevê-los. Portanto, descobrimos que relações causais no campo dos motivos são mapeadas por relações de sentido no campo da linguagem. Em particular, como vimos acima, as relações causais entre motivos são mapeadas por relações de implicação entre sentenças, e relações causais entre motivos e realidade, pelas relações entre sentença e situação. Com isso, a psicologia do senso comum compartilha do sistema e da estrutura da linguagem, de modo que a compreensão hermenêutica e a compreensão das causas do comportamento formam uma unidade.

Parte dessa coordenação de sentido e causalidade mostra-se claramente em seu caso básico do desejo. Os desejos são comumente descritos em termos do que se deseja, isto é, das coisas que satisfaria quem deseja. Estas, contudo, são precisamente as ações ou situações que os desejos servem para ocasionar, quando acionados. Um desejo de beber alguma coisa, isto é, se alguém age nesse sentido intencionalmente, deve produzir uma ação de ir pegar algo para beber. Com isso, de modo puro e simples, a articulação linguística (ou conteúdo) de um desejo serve para descrevê-lo como causa, em termos de um efeito do qual a causa supostamente o vai produzir quando operar de certo modo. Por isso, ao se compreender a descrição de um desejo já conhecemos um aspecto central de seu poder causal, isto é, do que ele supostamente faz.

Somente desejos realistas podem ser satisfeitos, razão pela qual os desejos constantemente obtêm sua forma por meio de crenças. Assim, se alguém deseja beber alguma coisa e acredita que o modo de fazê-lo é pedir algo para beber, via de regra formará um desejo de pedir algo para beber. Desse modo, formamos desejos com base em outros desejos e crenças de modo natural e isento de reflexão – o processo é uma instância do pensar natural direcionado por interesse, tal como o mencionado acima. Esse pensar também envolve um padrão de implicação, que podemos apreender ao modo de uma ligação entre termos ou sentenças: movemo-nos do desejo (de A) e da crença (o caminho para A é para B) para outro desejo ou ação (para B). Desse modo, também aqui nossa compreensão dos conteúdos de desejos e crenças, e os padrões que os põem em relação vão de mãos dadas com uma apreensão intuitiva do modo como funcionam. As dinâmicas de motivo são novamente codificadas nos papéis linguísticos de termos e sentenças que descrevem seus conteúdos.[10]

Agora, podemos ver algo mais acerca do liame de senso comum entre conteúdo e causalidade mediante o esboço de outra ideia estreitamente conectada. Consideramos muitas causas como portadoras ou transmissoras de um tipo de ordenamento causal, que descrevemos como informação. Falamos dos sulcos estruturados num registro de gramofone,[11] por exemplo, como contendo informação sobre sons. Isso, por sua vez, pode ser tomado como informação, seja sobre o passado, seja sobre futuro – ou ainda, sobre um desempenho particular, ou sobre como esse registro vai soar, se tocado. Isso porque o registro deve sua estrutura à estrutura de eventos de uma performance passada, e em virtude de sua estrutura pode ser usado para dar forma a acontecimentos num modo que lhe seja relacionado no futuro. Quando um desejo provoca uma ação, ele também dá forma àquela ação, no sentido de que o desejo determina e ordena as partes e propriedades da ação. Se eu canto o hino nacional porque desejo fazê-lo, meu desejo será responsável por eu cantar certas palavras e notas, emitindo sons e movimentos muito particulares numa certa sucessão, e assim por diante. Por certo que nesse caso também haverá, novamente, uma transferência de ordem, ou de informação; do desejo como causa à ação como efeito. Sinalizamos uma transferência bem-sucedida desse tipo descrevendo a ação tal como descrevemos o desejo. As ações que dão certo são aquelas que se realizam conforme o desejado;

---

10 Essa codificação é realizada, creio eu, por nosso uso de nossa linguagem para descrever o mundo no âmbito de nossa linguagem em se descrevendo motivos. Discuto esse aspecto com mais detalhes em meu ensaio em Hopkins e Savile (Orgs.), *Psychoanalysis, Mind, and Art: Essays for Richard Wollheim* (Oxford: Blackwell, no prelo).

11 Wittgenstein compara o papel de pensamento representacional ou portador de informação com o de um registro de gramofone no *Tractatus* 4.014. Uma vez que ele toma o registro como sendo um modelo abstrato, isso é parte de sua abordagem de mente e linguagem ao modo de modelos mentais. A esse respeito, ver também nota 14 deste capítulo.

isso significa que elas podem ser descritas nos mesmos termos que (o conteúdo do) o desejo que as instou.

Isso significa que o funcionamento de desejos pode ser descrito de outra maneira. Um desejo transmite uma ordem para ações, ordem esta que é parcialmente descrita pelo conteúdo do desejo. Desse modo, podemos ver a descrição do próprio conteúdo como descrição do tipo de uma ordem, ou informação, que é passada do desejo à ação. Podemos ver desejos *como causas que transmitem conteúdo entre causa e efeito*. E para causas que atuam nessa direção, ao que tudo indica, marcamos a conexão causal de modo hermenêutico, por uma conexão com (descrição de) conteúdo entre causa e efeito.

O mesmo se tem para a crença. Temos visto que as crenças são descritas em termos das condições que as tornariam verdadeiras. Isso assinala o fato de que as crenças supostamente trazem informação sobre a realidade, e desse modo são pensadas para ser formadas de acordo com ela. Assim se tem que crenças supostamente derivam seu conteúdo da realidade, assim como as ações derivam os seus de desejos. Desse modo, as crenças são formadas pelo mundo em percepção. *Grosso modo*, perceber que S é ter razão para acreditar que S, que é provocado por um modo apropriado de transmissão de informação pela situação que torna "S" verdadeiro. Assim, aqui novamente há uma linha causal de portar informação, que assinalamos como conteúdo transmitido.[12]

Mais uma vez, tem-se algo semelhante para a formação de desejo pela crença. Onde um desejo de agente ganha forma por suas crenças, o conteúdo das crenças é transmitido aos desejos, e, portanto, à ação. Esse tipo de transferência, como vimos acima, adequa-se a um padrão característico, que relaciona verdade e satisfação. Segundo o padrão, a verdade da crença de um agente (o meio para A é B) implica que a satisfação desse desejo final

---

12 A "direção de ajuste" de desejos e crença é assim a direção do fluxo de informação que eles registram. E o papel de transmissão de informação não é acidental aqui. Em muitos casos está claro que uma crença não vai contar como crença de que S, a não ser que esteja vinculada de modo transmissor de conteúdo com a situação que tornaria "S" verdadeiro, ou com objetos e propriedades que figuram nessa situação. (É evidente que isso não significa que crenças inatas sejam impossíveis, uma vez que, entre outras coisas, elas podem ser configuradas de modo apropriado pela evolução.).
De autoria de Ruth Garrett Millikan, *Language, Thought, and Other Biological Categories*

(para B) garantirá a satisfação do inicial (para A). Desse modo, o padrão indica não apenas de que modo o desejo e a crença naturalmente interagem, mas também em que medida isso vem a ser função das relações com o mundo que suas sentenças articuladoras especificam (como as condições de verdade de crenças supostamente vão formar ou estabelecer as condições de satisfação de desejos). Isso por sua vez marca a via pela qual a realidade dá forma ao pensamento, um pensamento dá forma a outro, e o pensamento dá forma à ação.

O caso é semelhante com outros motivos. Se alguém decide evitar o que teme, o conteúdo de seu medo vai introduzir o conteúdo de seus desejos de um modo particular – como a especificar as situações que ele agora deseja manter distantes; de modo semelhante, ainda uma vez, ele aceita que tem de honrar uma obrigação, cumprir com um dever e assim por diante. A marca da operação de motivo é assim a transmissão de conteúdo: A produção de motivos ou comportamentos adicionais com um conteúdo que é o mesmo que o de causa, ou derivado dele de forma apropriada. Isso sendo assim, podemos rastrear as operações de motivo pela intepretação de conteúdo. Nossa linguagem de motivo é um sistema natural para a apreensão hermenêutica do papel causal psicológico.

Isso significa que nossa psicologia de senso comum de motivação usa nossas capacidades mentais de um modo particularmente concentrado e efetivo. Ao descrever motivos por meio de palavras e sentenças que usamos para descrever o mundo, aproveitamos tanto o escopo de todo descritivo da linguagem natural para especificar semelhanças e diferenças entre as causas de comportamento e o poder de todo sintetizador e projetor do entendimento linguístico para se apreender o significado dessas especificações. Esse uso de recursos cognitivos faz desse modo cotidiano de pensar um modo excepcionalmente flexível e eficiente de explicação psicológica. Não é justo que não tenhamos alternativa a bancar compreensão comparável ou poderes

---

(Cambridge, Massachusetts: Bradford Press, MIT Press, 1984) contém abordagem das mais elucidativas sobre a determinação de conteúdo por evolução. Embora essas questões estejam fora do escopo do presente artigo, creio que a abordagem de Millikan possa nos fazer entender o pensamento descrito em abordagens psicanalíticas de fantasia, processos primários e assemelhados, como forma de processamento de informação biologicamente significativa.

de predição¹³ (ainda que esteja óbvio que não as temos). Em vez disso, parece pouco claro que quaisquer dentre tais alternativas seja possível – que nada mais poderia nos capacitar a processar tão importante informação sobre nós mesmos, ou fazê-lo assim tão bem. Afinal de contas, nenhuma descrição de nossa psicologia que assim não incorporasse nossa descrição do mundo poderia refletir diretamente o modo como estamos envolvidos com ele e, portanto, os modos pelos quais somos impelidos por nossas atitudes para com situações verbais.

A situação causal subjacente por certo que admite descrição em outros termos. Com isso, pode-se supor que desejos sejam de fato realizados por representações ou modelos interiores de movimentos e ações potenciais, que funcionam para formar as ações que produzem.¹⁴ Tal modelo seria um tipo de causa que poderia formar seus efeitos de um modo de transmissão de conteúdo que fosse apropriado. De modo semelhante, uma crença poderia ser referida como a envolver uma representação, formada para modelar a situação com que se relaciona e a operar para formar outras, quais sejam, as que se tem em desejos e em outras crenças. O papel causal relacionado com o conteúdo da psicologia de senso comum poderia também ser descrito desse modo;

---

13 A interpretação está associada a um tipo de predição que não poderíamos fazer por nenhum outro meio, como quando somos capazes de predizer várias coisas acerca das reminiscências de um padrão de ação da pessoa (que ele vai pôr a mão *aqui*, ou o movimento seguinte para *ali*) com base em sua parte interpretante; pois somos constituídos para poder usar outros como fontes de informação relativamente a coisas que estão além de nossa compreensão e fora de nosso controle.

14 Como indica a nota 12 deste capítulo, esta parece ser a psicologia implícita (mas não plenamente elaborada) no *Tractatus* de Wittgenstein. Wittgenstein procurou explicar nossa capacidade de pensar e agir com referência a coisas no mundo com base em nossas imagens ou modelos internos, que foram usados pela mente (ou cérebro) em pensamento, e, portanto, exerceram controle causal sobre o comportamento. (Ver também, por exemplo, sua afirmação de que "a linguagem tem de ter a mesma multiplicidade como painel de controle a desencadear ações que correspondam a suas proposições", e que "nossa expectativa antecipa o acontecimento. Nesse sentido, ele vai elaborar um modelo do acontecimento" nas *Philosophical Remarks* (Oxford: Blackwell, 1975), p. 58, 71; e também *Zettel* (Oxford: Blackwell, 1967) p. 236, 444.

Wittgenstein frequentes vezes retorna a essa teoria, mas sem conseguir ver como livrá-la de objeção, terminando por deixar as coisas como estão. A abordagem de Millikan, acima citada, lhe é comparável numa série de aspectos. Os modelos mentais e sua conexão com conteúdos são discutidos também de forma elucidativa em *Mental Content*, de Colin McGinn (Oxford, Basil: Blackwell, 1989).

e com isso não haveria barreira para se pensar as representações ou modelos relevantes como estruturas no cérebro. Mas o que há de notável quanto ao pensamento do senso comum é, precisamente, que ele não apresenta tais mecanismos nesses termos, e sim tão somente via sua articulação linguística. Isso faz com que se deem a nós sob uma forma que nos capacita a apreender seu papel causal em pensamento e em ação de modo tão natural, rápido e intuitivo, que não precisaríamos nem mesmo perceber o que estamos fazendo.

Essas considerações sugerem que pode não haver conflito, mas sim uma harmonia natural e disseminada entre a atividade hermenêutica da interpretação e a explicação causal do comportamento. Interpretamos um ao outro encontrando as palavras ou sentidos corretos – com efeito, atribuindo sentenças a motivos e em última instância a comportamentos. Mas isso é também compreender um ao outro em termos de causas que passem conteúdo a seus efeitos e têm condições de satisfação que eles operam para garantir. O ato de encontrar sentido ou significado, a articulação do direcionamento de objeto e satisfação e o estabelecimento de ordenamento causal do senso comum são uma só e a mesma coisa.

E assim, na realidade nossos critérios naturais para uma interpretação perfeita, baseada em conteúdo, são ao mesmo tempo critérios para a boa explicação causal. Desse modo, por exemplo, o melhor de um par particular de exemplos (desejo e ação, digamos) concorda em conteúdo, quanto mais tomarmos o primeiro para explicar o segundo. Com isso, tomamos um desejo de cantar o hino nacional como particularmente adequado para explicar o hino nacional; pois aqui, como em outros casos, desejo e ação coincidem quanto ao conteúdo. Assim, de modo geral, atribuir um desejo proporcionará a melhor explicação que se possa gerir ante a sequência de eventos, complexa e ordenada, implicada numa ação. Podemos prontamente compreendê-lo em termos causais. O pareamento abrangente mostra que a causa tem os aspectos requeridos para explicar os aspectos do efeito; e cada ponto de comparação torna menos provável a alternativa segundo a qual os dois são relacionados de modo meramente coincidentes.

Portanto, buscamos explicações relacionadas a conteúdos que são profundos – nos quais fatores como desejos ou emoções, ou traços de caráter significativos são derivacionalmente relacionados com um amplo escopo de comportamento. Isso em parte se deve ao fato de os itens derivados serem mostrados para serem compartilhados, e, portanto, para terem sido formados por uma exigência comum às condições de satisfação. No tocante a esses critérios, um ideal seria a derivação da maior gama possível de comportamentos dos motivos mais distantes, e por meio de passos entre cada um deles haveria o maior entretecimento possível de conteúdo. Isso, como podemos ver, é também um ideal de explicação econômica, abrangente e confiavelmente causal.

O tópico de Freud no que se tem a seguir apresenta o caráter de interpretação, e as demandas hermenêuticas que ele faz ao leitor são grandes. Por isso, seria o caso de se ter em mente que essas são demandas de sensibilidade para um certo tipo de apresentação de causas. E apesar de sua complexidade, a interpretação não pode ser dispensada em caso algum. Disciplina alguma pode nos proporcionar uma compreensão dos fenômenos que seja mais correta do que nossa compreensão da linguagem em que estão expressas. E essa compreensão se dá em continuidade com a de motivo, sendo criada e sustentada na prática interpretativa do senso comum cuja natureza e extensão estamos agora a considerar.[15]

Sonhos e motivos

Um dos principais enunciados de *A Interpretação dos Sonhos* é o de que os sonhos são a realização de desejos. Valerá a pena mostrar o que está implicado aí do modo mais claro possível. Então, vamos começar com um dos exemplos mais simples de Freud. Freud notou que, frequentes vezes, quando comia anchovas ou alguma comida salgada, sonhava estar bebendo uma *deliciosa água fresca*. Então acordava, via que estava com sede e ia beber alguma coisa (1900a, IV, 123). Esse é um tipo de sonho familiar e, como

---

15 Eu gostaria de agradecer a Gabriel Segal por discutir as ideias desta seção comigo e por fazer uma série de comentários que se revelaram esclarecedores e suscitaram melhorias na exposição.

parece, transparente. Está claro que existe aí uma relação conteúdo-conteúdo entre os motivos de Freud e seu sonho. Um de seus motivos está no fato de ele estar com sede, e seu sonho é o de que ele está matando a sede. Não pode ser coincidência que uma pessoa deva ter esse tipo de sonho quando está com sede, de modo que assumimos que a sede causou o sonho. Esse é outro exemplo da adequação entre conteúdo e causalidade. A relação em conteúdo é evidência de que aqui – como no caso de desejo e ação – a sede está funcionando como causa que transmite conteúdo a um efeito. Se somos capazes de entender o sonho dessa maneira, não obstante precisamos que a causa tenha o requisito articulação: temos de considerar a sede como focada num tipo particular de satisfação, o líquido fresco que aparece no sonho. De acordo com isso, Freud assume que a sede deu origem ao desejo de beber, que o sonho representa como satisfeito. Aí se tem na verdade a atribuição de um novo motivo, o desejo do sonho. Ele parece implementar a hipótese mais simples possível acerca da transmissão do conteúdo da sede para o sonho – qual seja, a de que a sede deu origem a um intermediário com um conteúdo que foi percebido no sonho. Essa hipótese assimila a produção do sonho ao tipo de transmissão familiar com base num pensar ou imaginar desejante, no qual desejos provocam representações de sua própria satisfação. Portanto, o sonho pode ser chamado de uma satisfação de desejo.

Isso está em estreita analogia com uma compreensão do senso comum bastante básico de uma ação. Se alguém está com sede e vai beber alguma coisa, assumimos que está fazendo o que deseja. Aqui, portanto, introduzimos um item explicativo – um desejo de beber – que surge da sede e se constitui numa articulação dela, e nós o tomamos como a formar e assim determinar o conteúdo da ação que observamos. Esse é precisamente o papel do desejo no sonho; exceto, é claro, que ele forma um sonho, e não uma ação de beber.

Essa diferença também é importante. No caso de desejo e ação, transmissão e satisfação andam juntas – o efeito portador de conteúdo realmente satisfaz o motivo que a ele dá forma. No caso de desejo e sonho, isso não se dá assim. A satisfação de um desejo de beber água fresca seria um beber de verdade, não um sonho; e na verdade, a sede real e subjacente daquele que sonha continua não saciada. O processo de imaginar desejante em geral produz apenas representações de satisfação, não satisfação real. Assim, se atuar com base em um desejo é paradigma de racionalidade, representar a satisfação de um desejo desse modo não o é.

Na verdade, a realização de desejos pode ser vista como um paradigma de irracionalidade. Para aquele que sonha, tudo se passa como se ele estivesse ativo e a satisfazer sua sede; na verdade, ele é passivo, e (por assim dizer) meramente se entruja com uma alucinação que, ainda que prazerosa, na melhor das hipóteses pode trazer um alívio temporário. Assim, em certo sentido o "sonhante" é autoenganador, tanto sobre como as coisas estão se passando com ele (seus motivos e a gratificação deles), como sobre como as coisas são no mundo (o que ele realmente está fazendo). A ilusão de que ele é o autor pode, além do mais, realmente funcionar para evitar que aja de modo racional; pois enquanto ele imagina que está bebendo, pode ser impedido de formar ou exercer um real desejo de beber. Assim, a freudiana satisfação de desejo pode ser vista de duas maneiras: como um tipo marginal de satisfação, na qual se permite a um motivo uma gratificação apenas imaginária (ainda que ela possa ser a melhor possível por alguns motivos); ou um tipo de frustração em que sua forma de expressão na verdade evite que um motivo influencie a ação de forma direta. Esse último aspecto deixa claro que o papel dos desejos de sonho é muito diferente daquele dos desejos, apesar de possuir o mesmo tipo de conteúdo, no sentido de reais condições de satisfação.

Em geral, onde tomamos uma satisfação real como algo fora de questão, falamos de algo de que se gostaria mais do que, propriamente, de querer. Nesse sentido, gostaríamos de ser mais jovens, ou gostaríamos que o passado tivesse sido diferente, mas não podemos nos pôr a desejar tais coisas. E uma vez que o papel do "gostaria" não é o de produzir ações, mas, muito mais, está relacionado a imaginar outras expressões de desejo, não demandamos que desejos sejam razoáveis, sensíveis ou consistentes. Ainda assim, e precisamente por essa razão, os desejos podem ser especialmente informativos. Derivam de motivos e os articulam, mas não são pautados de forma realista. Assim, pode-se argumentar que eles podem mostrar quais seriam as condições de satisfação dos motivos a subjazê-los, como se pode mostrar se tais motivos operariam sem impedimento de realidade e racionalidade. Isso pode ser ilustrado pelo sonho de beber. O desejo de beber é dirigido a um líquido que seja particularmente saboroso, fresco e satisfatório – como de fato ocorre somente em sonho. Freud pode nunca ter usufruído de tal líquido, que tampouco seria o tipo de bebida que ele busca quando desperto. Não obstante, ao que tudo indica, o sonho pode nos dizer algo sobre seus motivos subjacentes, o que seus desejos realistas mundanos já não fazem. O sonho pode indicar algo do tipo de bebida de que realmente gostamos, quando libertos dos condicionamentos da realidade.

Freud dá outros exemplos, dizendo respeito a motivos que são simples e básicos e, assim sendo, mostram-se de um modo que os possamos compreender sem nenhuma dificuldade. Assim, existem sonhos de crianças, como os de seu pequeno sobrinho e de sua filha. De forma relutante, o menino deu a Freud um presente de aniversário com cerejas e acordou na manhã seguinte dizendo: "Hernan comeu todas as c*eue*jas"; e Anna, aos dois anos de idade, proibida de comer por um dia em razão de vômitos supostamente atribuídos a morangos, gritou agitada durante o sono "Anna F*ueu*d, m*ou*angos, o*ml*ete, pudim". Aqui, é natural que se pense, os desejos das crianças por comida proibida podem ser lidos diretamente de seus sonhos (ou então, prováveis relatos de sonhos), que representam aqueles desejos como satisfeitos (1900a, IV, 130).

A interpretação dos sonhos lidando com motivos mais complexos naturalmente que será mais complexa. Para constatá-lo, arrolemos aqui um exemplo mais completo, o da espécie que Freud analisou primeiramente, e com ele inicia a exposição de sua teoria, o sonho da injeção de Irma (1900a, IV, 106-121). Parte de seu conteúdo é o seguinte:

> Eu disse [a Irma] "se você ainda sente dores, a culpa é sua." Ao que ela respondeu: "Se você soubesse as dores que estou sentindo, na garganta, estômago e abdômen... está me sufocando." Fiquei alarmado e olhei para ela. [...] Pensei comigo que eu deveria estar deixando de considerar algum problema orgânico. Levei-a até a janela e examinei-lhe a garganta. [...] Chamei o Dr. M., ele repetiu o

exame e confirmou. [...] Uma parte da pele do ombro direito tinha infiltração. [...] M. disse: "Não há dúvida, é uma infecção, mas não tem problema, virá uma disenteria, e a toxina será eliminada." [...] Tínhamos plena consciência da origem da infecção... meu amigo Otto lhe aplicou uma injeção. [...] Injeções daquele tipo não deveriam ser aplicada de modo assim despreocupado... E provavelmente a seringa não tinha sido limpa. (*Ibid.*, 107)

Esse sonho, diferentemente dos anteriores, não parece expressar um desejo. Irma era uma jovem paciente com quem Freud e sua família entabulavam uma relação de amizade. Muito embora o sonho não fosse angustiante, boa parte dele versava sobre duas aflições: a de que Irma estivesse acometida por severo mal-estar e a de que Freud não conseguira ver que sua doença era orgânica, não psicológica. No sonho, Freud se viu alarmado a esse respeito.

Tal sonho pode ser entendido, sustentava Freud, somente à luz das associações do sonhante, isto é, do que o sonhante pensa dele quando deixa seus pensamentos fluírem sem censura, em conexão com os elementos do sonho. Conforme observado, Freud já havia descoberto que o material que surgira desse modo o capacitava a entender muito sobre sintomas. Ao usar o mesmo procedimento de autoanálise, ele tomaria nota do que lhe tinha acontecido em conexão com os elementos de seus próprios sonhos e assim o fez, ainda que à primeira vista tal lhe parecesse sem sentido ou irrelevante.

Algo do material mais direto obtido por associação diz respeito aos acontecimentos do dia que influenciaram o sonho e que, de um modo ou de outro, nele se mostraram. Freud sustentou que tais "resíduos do dia" podiam ser encontrados em quase todos os sonhos. Não raro é possível lembrar do material conectado tão logo se contemple o sonho. No caso do sonho de Irma, essa informação está à mão. O doutor M. e Otto, que aparece no sonho, eram amigos de longa data e colegas de Freud. M. era uma figura importante no círculo de Freud (é provável que fosse na verdade Breuer). Não muito tempo antes, Otto tinha visitado a família de Irma, ao que tinha sido chamado para aplicar uma injeção numa pessoa que não estava bem. No dia anterior ao sonho Otto relatara, com base na visita, que Irma parecia estar "melhor, mas não muito bem". Freud se sentiu vagamente reprovado com esse comentário vindo de um amigo em comum, e consequentemente tomou nota da história do caso de Irma na noite do sonho, para mostrá-lo a M. de modo a se justificar.

Ante esse pano de fundo de motivações, as aparentes ansiedades do sonho podem ser vistas como tendo um significado a mais. Pois Freud viu que os desejos relacionados ao seu anseio não eram os responsáveis pela doença de Irma e, assim sendo, pareciam proeminentes tanto no sonho como nas associações feitas com base nele. Com isso, no sonho ele disse a Irma "*se você ainda sente dores, a culpa é só sua*".

> Contudo, notei que as palavras que eu disse a Irma no sonho mostraram que eu estava especialmente ansioso quanto a não ser responsável pelas dores que ela havia tido. Se a culpa fosse dela, não poderia ser minha. Poderia ser que a finalidade do sonho apontasse nessa direção?

O desejo que Freud tomava como operativo emergiu logo depois. Ele escreve a parte relevante do sonho em itálico, e então descreve os pensamentos que lhe vinham associados.

> *Eu estava alarmado com a ideia de ter desconsiderado uma doença orgânica.* Isso, como bem se pode imaginar, é uma contínua fonte de ansiedade para um especialista cuja prática fica quase que limitada aos pacientes neuróticos e que tem o hábito de atribuir histeria a grande número de sintomas que outros médicos tratariam como orgânicos. Por outro lado, uma dúvida tênue me ocorreu – precisamente de onde eu não poderia dizer – de que meu alarme não seria de todo genuíno. Se as dores de Irma tinham uma base orgânica, mais uma vez eu não poderia ser responsável por curá-las; meu tratamento se dispunha tão somente a livrá-la das dores histéricas. Ocorreu-me que na verdade eu estava desejando que houvesse um diagnóstico errado; assim sendo, eu me livraria da culpa pela minha falta de êxito.

Essa hipótese – a de que ele estava desejando um diagnóstico equivocado, como que para ser eximido da responsabilidade pelas dores de Irma – mostra-se compatível com o restante do sonho. Pois logo vem à tona que a doença que Freud deixou de diagnosticar foi causada pela injeção de Otto. Com isso, a conclusão do sonho é a de que Freud não seria responsável pelas dores de Irma, e sim Otto. Com isso, reprovação que Freud sentira ante a observação de Otto foi sonhada como desviada de volta para Otto, pela via da injeção que Otto tinha aplicado a outra pessoa.[16]

Freud cita muitos outros detalhes do sonho e associações que se mostram coerentes com essa hipótese, e mesmo comentadores críticos a têm achado convincente. Por isso, vamos conceder sua plausibilidade inicial e nos concentrar mais em suas implicações. Em primeiro lugar está o caráter dos desejos que são representados como satisfeitos. Do ponto de vista da *Interpretação* como um todo, são desejos de sonho relativamente diretos e superficiais, encobertos apenas por uma primeira camada de associações e memórias. Não obstante, eles já se põem em notável contraste com motivos da vida em vigília. Segundo padrões cotidianos, por exemplo, esses desejos são egoístas, impiedosos e extremos. Deveríamos considerar alguém que alimentou desejos com esses conteúdos – alguém que, para escapar de uma reprovação imaginária por sua amiga e paciente estar seriamente doente, como forma de vingança lançou a culpa em outro amigo, o autor da suposta reprovação – como um criminoso ou algo pior. De modo semelhante, o modo de pensar revelado no sonho é radicalmente defectivo: a inversão da reprovação de Otto, por exemplo, compara-se a uma transparência infantil

---

16 Freud resume sua interpretação como segue: "O sonho realizava certos desejos que foram acionados em mim pelos acontecimentos da noite anterior (as notícias que me foram dadas por Otto e a redação, por mim, do histórico do caso). A conclusão do sonho foi a de que não era eu o responsável pela persistência das dores de Irma, mas sim Otto. Otto de fato me aborrecera com seus comentários sobre a cura incompleta de Irma, e o sonho me proporcionou uma vingança, lançando a reprovação de volta para ele. Assim, seu conteúdo foi a satisfação de um desejo, e seu motivo foi um desejo" (1900a, IV, 118-119).

Um acordo quanto ao caráter convincente disso nos leva a Grünbaum e a Glymour, acima citados, que descrevem essa parte da abordagem de Freud como "altamente plausível". Contudo, não se deveria supor que Grünbaum ou Glymour aceitariam integralmente a abordagem que segue, que se põe em nítido contraste com a deles.

de "não foi culpa *minha* – foi *sua*". Assim como são extremos, esses desejos revelam contrastante variação com outras motivações de Freud. Consequentemente, a representação de sua satisfação parece mais alarmante do que prazerosa, e seu reconhecimento, ainda que mero desejo de sonho, não é de todo fácil. Tomemos o desejo de que Irma estivesse fisicamente doente. Uma vez que ela era amiga e paciente de Freud, isso teria sido fonte de considerável angústia na vida real; e no sonho a situação foi de algum alarme. De acordo com isso, ao reconhecer o desejo Freud afirma que ele "trazia um sentimento de desconforto por ter inventado doença tão grave para Irma simplesmente para me livrar. Parecia tão cruel...".

À luz de seu conteúdo, podemos de pronto imaginar alguém negando que pudesse ter tais motivos, mesmo ao modo de desejos de sonhos. Ainda assim, a autoimputação deles por Freud é claramente consistente com sua condição de homem e médico suficientemente decente, e assim por diante. É evidente que desejos que guiam suas ações têm outros conteúdos e se utilizam de outras fontes. O que Freud realmente fez para se justificar foi, por exemplo, examinar o caso de Irma e fazer um relatório a fim de verificar com alguém. Por isso, aqui as diferenças entre anseio e desejo, já aparentes no sonho com estar bebendo alguma coisa, fazem-se mais pronunciadas.[17]

Acima, eu mencionei a ideia de que desejos dão informação sobre a natureza dos motivos que os originam, fornecendo o que pode ser visto como articulação sem limitações de seu conteúdo. É claro que isso se aplica também ao presente exemplo.

A ideia aqui seria a de que os motivos que implicaram Freud na observação de Otto encontraram duas expressões. Uma delas foi a do sentimento fugaz e pouco claro de irritação com Otto, bem como a ação, por Nietzsche, de redigir o caso para mostrar a um colega a quem particularmente

---

17 Dizer que desejos podem provocar conflito com os motivos que governam nossas ações é dizer que eles não precisam refletir de forma precisa o que valorizamos quando consideramos as coisas de modo mais atento, como ao decidir sobre como agir. Assim, os desejos que Freud encontra aqui entram em conflito com algo que ele presumivelmente valora em alta medida, podendo mesmo empenhar sérios esforços para preservar, ou seja, o bem-estar de uma amiga da família e paciente.
Isso possibilita que vejamos a abordagem de Freud sobre os sonhos em consonância com o fato de que muitos sonhos estão associados a alarme ou ansiedade. A representação da

respeitava. O outro, que a análise trouxe para o foro, foi a situação imaginada em que Irma estava fisicamente doente, e o mesmo respeitado colega observou que a culpa disso deveria ser imputada à má prática de Otto.

Tendo-se isso em vista, à luz da segunda expressão podemos ver que os motivos subjacentes de Freud devem ser vistos como consideravelmente diferentes do que poderia sugerir a primeira expressão tomada individualmente, ou mesmo a sincera abordagem de Freud anterior à análise do sonho. A análise revela motivos que são mais extremos, menos coerentes e a dispor de conteúdos adicionais que poderiam ter sido reconhecidos previamente. Assim, mesmo esse primeiro exemplo, por mais que seja característico, sugeriria a possibilidade de considerável revisão de nossa cotidiana compreensão de motivos. Além disso, essa revisão parece ser suscitada pelo raciocínio que se vale de um padrão discernível, que Freud usa em outros casos. Isso será importante avaliar; assim, vamos tentar descrevê-lo cuidadosamente e do modo mais completo possível.

Nas instâncias que estamos considerando, três tipos de elementos – motivos, desejos e sonhos – são hipotetizados para se adequar a um padrão causal.[18] Como primeira aproximação, o padrão pode ser escrito como segue:

$$\text{Motivo } (C_m) \rightarrow \text{Desejo } (C_w) \rightarrow \text{Sonho } (C_d)$$

Aqui, a seta indica uma conexão causal, e C_m, C_w e C_d supostamente representam os conteúdos de motivo, desejo e sonho, respectivamente. Em instâncias características desse padrão, como vimos, o motivo e o sonho são introduzidos, e seus conteúdos são atribuídos segundo critérios previamente aceitos. O desejo, em contraste, é introduzido por hipótese, ou inferência

---

satisfação de motivos que se chocam com o que mais valorizamos é, certamente, uma boa fonte de ansiedade. Desse modo, na abordagem de Freud essas sensações em sonhos não são paradoxais, e sim muito mais a consequência de algo familiar. Se aceitamos que seres humanos tenham motivos seriamente conflitantes, temos de permitir que seus desejos – ou na verdade, em alguns casos, seus desejos ou ações voluntárias – possam ser fonte de angústia ou ansiedade ou algo do gênero.

18 Com isso não quero implicar que desejos não sejam motivos. Em vez disso, quero enfatizar que aqui eles são distinguidos de outros motivos, porque desempenham o papel particular de mediar a produção de representações.

para a melhor explicação, do modo como estamos descrevendo. *Grosso modo*, as séries de inferências que conduziram a esse padrão parecem ser as seguintes: iniciamos com um relato de sonho, mas também de memórias ou associações que venham amparar a atribuição de motivos no modo normal. Desse modo temos:

(I) Motivo (C_m), Sonho (C_d)

Por exemplo, simplificando:

Motivo (sede), sonho (bebendo); ou
Motivo (sem responsabilidade), sonho (doença orgânica); ou
Motivo (incômodo para Otto), sonho (má prática de Otto); etc.

Agora percebemos que C_m e C_d estão relacionados em conteúdo, e isso nos leva a supor que um influencia o outro.[19] Esse é claramente um aspecto importante da inferência. Assim, fazendo com que R represente essa relação, e simbolizando como antes, podemos transcrevê-lo como:

(2) R (C_m, C_d); por essa razão, M (C_m) → D (C_d)

Isso agora aparece como instância de transmissão causal de conteúdo, que já tomamos como modo de operação de motivos. Nesse estágio, contudo, a aparente conexão ainda precisa ser elucidada. Podemos ver que há uma boa razão para tomar C_m e C_d como causalmente relacionados, mas ainda não visualizamos precisamente como se encontram relacionados. Com isso, a conexão observada em conteúdo e a presumida conexão causal ainda carecem de explicação.

Em seguida, notamos que tal pode ser tomado como instância de um padrão familiar, que é o do fenômeno, próprio ao senso comum, do imaginar

---

19 Freud frequentemente considera que a conexão de conteúdo entre elementos psicológicos proporciona motivos para a inferência por conexão causal (ver, por exemplo, 1900a, V, 528). Essa ideia foi tomada e explicada por Schmidl em "The Problem of Scientific Validation in Psychoanalytic Interpretation", *International Journal of Psychoanalysis* (1955). (Devo essa referência às pesquisas de Frank Cioffi). Creio que tal seja fortalecido pela consideração das relações sistemáticas de conteúdo e de papel causal na psicologia do senso comum indicada no texto.

desejante. Contudo, isso significa interpolar um elemento adicional, o desejo de sonho, do modo descrito. Essa interpolação, assim, é uma inferência que serve para explicar dois fenômenos. Primeiramente ela elucida a conexão entre motivo e sonho, e desse modo também proporciona uma explicação mais detalhada do conteúdo do sonho. Com isso, como se tem acima, chegamos a:

(3) $M(C_m) \rightarrow W(C_w) \rightarrow D(C_d)$

Essa formulação precisa agora ser qualificada, a fim de indicar que a inferência para ela inclui afirmações sobre o modo de causalidade, ou modo de transmissão de conteúdo, que conecta os elementos. O motivo dá origem ao desejo por, digamos, instigação de vontade, e o desejo para o sonho por realização de desejo. A instigação de desejo, assumimos, produz uma articulação de motivo que é menos realisticamente limitada do que as que são vistas em ação; e a realização de desejos, digamos, inverte o signo nessa articulação, representando-o como realizado. Desse modo temos:

(4) $M(C_m) - [wi] \rightarrow W(C_w) - [wff] \rightarrow D(C_d)$

Esse registro condiciona os conteúdos que podem figurar nesse tipo de padrão. O C_m tem de estar relacionado tal como o exigido pelo que estamos chamando de instigação de desejo para C_w; e C_w, de modo semelhante, tem de estar relacionado conforme o demandado pela realização de desejo para C_d. Essas são exigências significativas, que conduzem diretamente ao duplo papel explanatório desempenhado pela introdução do desejo de sonho. A elucidação final da conexão inicial entre motivo e sonho é obtida ao se ver o sonho como resultado dos processos combinados e complementares de instigação de desejo e realização de desejo. Tal não é arbitrário, já que cada um desses processos exerce um efeito característico sobre conteúdo, e a combinação desses efeitos parece ser apenas o que é observado, na diferença inicial entre motivo e sonho. A diferença parece explicada de maneira relativamente precisa, pelo que conhecemos de ambos os tipos de transmissão envolvidos na explicação. E isso, por sua vez, enceta uma consideração mais adequada do conteúdo do sonho, em referência a um desejo com o conteúdo requisitado e com o modo de transmissão. Além disso, significa que o conteúdo da hipótese explanatória é fixado pelo que é introduzido para explicar. Uma vez que a hipótese representa o conteúdo do sonho como derivado do conteúdo do desejo, o conteúdo da hipótese é lido, em parte, diretamente do sonho.

Esse também parece ser o padrão que encontramos nos exemplos de Freud dos sonhos do pequeno Herman e de Anna.[20] O exagero de motivo em Herman tendo comido todas as cerejas (nenhuma para o homem a quem tinham sido originalmente presenteadas) ou na amplidão do menu de Anna, de novo parecem instâncias do que estamos chamando de instigação de desejo, que tem sido passada ao sonho mediante a realização de desejo. Nesses casos, contudo, os motivos originais são inferidos com base em motivos diferentes, mais circunstanciais, nos quais o próprio sonho desempenha um papel. E também isso, eu creio, ocorre-nos como tendo um grau de persuasão a que vale atentar.

Ao reunir essas ideias, podemos representar o tipo de inferência com que estamos nos ocupando à medida que:

---

20 Essa é uma questão sobre se deveríamos representar esses exemplos segundo o padrão do sonho de Irma, uma vez que há tão poucos fundamentos independentes para a atribuição de motivos, que somos obrigados a dar lugar aos desejos por trás deles.
A mesma questão surge por diversas razões. Por vezes conhecemos por antecipação os desejos e crenças de um agente, e com isso meramente inferimos que ele está agora atuando sobre tais desejos e crenças; e por vezes inferimos conteúdos de desejos ou crenças previamente insuspeitadas com base nos quais o agente procede. Deveríamos usar o mesmo padrão de inferência em ambos os casos? O sentido em que o padrão é o mesmo é o de que a conclusão de tal inferência impõe sempre o padrão completo de desejo-crença no material interpretado, ainda que apenas algumas partes do padrão integral sejam *introduzidas* na instância de inferência. De modo semelhante se tem nesse caso, onde a conclusão na verdade envolve o inteiro padrão motivo-desejo-sonho.
Assim, temos diferenças entre exemplos do mesmo padrão, com relação ao número de elementos tomados como parte na base de inferência e no número introduzido nessa própria inferência. De modo geral, quanto mais se acrescenta, maior a chance de erro e maior a relevância da verificação cruzada. Portanto, quanto mais se acrescenta, as outras coisas sendo iguais, menos internamente *convincente* é a inferência; pois o exemplo realiza uma unificação menos explanatória do material já dado.
Como veremos na seção final deste capítulo, a assunção de muitas instâncias de inferência desse tipo pode nos fazer a ver uma ampla série de representações como satisfação de desejos, e (talvez), ler os desejos de maneira mais pronta e direta.

De: M (C_m), D (C_d), de modo que R (C_m, C_d)
Para: existe um W (C_w), de modo que M (C_m) – [wi] → W (C_w) – [wff] → D (C_d)

Tem-se aí, claramente, apenas uma especificação preliminar que, no entanto, admite alguma discussão. Como já vimos, esse é o tipo de inferência que aparentemente possui instâncias de persuasão. A persuasão, por sua vez, parece se dever à explicação relativamente precisa que uma inferência proporciona para o fenômeno em que ela se baseia, qual seja, a particular relação de conteúdo obtida entre C_m e C_d. Desse modo, existe uma razão para tomá-lo como forma de inferência para a melhor explicação dos fenômenos em que ela se baseia. Aí também parece haver coerência com a psicologia do senso comum, uma vez que de modo geral motivos parecem ser introduzidos como a melhor explicação para os eventos que estão a cobrir.[21]

Uma vez que isso se parece a um tipo potencialmente persuasivo de raciocínio, e um raciocínio de tipo familiar, é difícil ver como poderia haver objeção metodológica a seu uso, contanto que, é claro, haja uma aderência às condições que deem conta de sua persuasão. É claro que se pode ter más interpretações desse tipo – e não é preciso ler muito além para encontrá-las. Mas nesses casos, pode-se crer, podemos ver que as condições apropriadas de persuasão na verdade não são satisfeitas, daí a razão de sua fraqueza.

Essas condições incluem, já de início, a atribuição precisa de motivos de fundo, portanto um grau de conexão entre motivo e sonho que seja significativo a ponto de excluir a coincidência. Portanto, de modo geral, um sonho não pode ser interpretado de modo convincente sem esse tipo de contexto de origem. O caso é diferente quando tomamos como sendo claro o caráter de satisfação de desejo do sonho. À medida que aceitamos que um sonho é a realização de um desejo, e, portanto, podemos ler nele o desejo,

---

21 Adolf Grünbaum, em sua crítica *The Foundations of Psychoanalysis*, propõe que as reivindicações causais psicanalíticas devem ser tomadas como a responder somente aos cânones indutivos de Mill, isto é, por exemplo, que "o estabelecimento de uma conexão causal em psicanálise, não menos do que na "psicologia acadêmica" ou na medicina, deve se pautar por modos de investigação que são refinados com base em cânones consagrados de inferência causal, e destes Francis Bacon e John Stuart Mill foram os pioneiros (p. 47).

podemos então omitir demais recorrências ao contexto de origem, porque já vemos a base no sonho, transformado por ação. Isso quase vem a ser o caso, talvez, com Herman e as cerejas.

Além de possuir um grau de persuasão interna, esse tipo de inferência pode ser testado de outros modos afeitos ao senso comum. Os motivos de uma pessoa para uma ação encontram-se caracteristicamente relacionados em conteúdo com aqueles para outras ações. Com isso, de modo geral, fazemos verificação cruzada de nossa atribuição de motivos em um caso por comparação com outro. Atribuições providas de conteúdo que repetidamente figuram em explanação são assim confirmadas, enquanto outras, que não se encaixam, tendem a ser revisadas ou deixado de lado. Isso nos ajuda a garantir que a abordagem integral de motivos que erigimos quando

---

Assim, ao que tudo indica, Grünbaum não permite que as alegações psicanalíticas sejam amparadas por nenhum dos modos aqui esboçados. Ele dedica quase um terço de seu livro a argumentar contra abordagens hermenêuticas da psicanálise e não reconhece que hipóteses sobre motivos possam ser amparadas por considerações explanatórias.

De modo que sua metodologia não dá espaço para o tipo de pensamento interpretativo que já tomamos como a estabelecer o funcionamento de motivos em psicanálise. Os modos de investigação de Mill por ele endossados, ademais, parecem inaplicáveis a motivos.

Trata-se, *grosso modo*, de métodos correlacionais e eliminativos: são aplicados a itens ou propriedades observadas como associados, a fim de se determinar se essa coocorrência é causal ou acidental. De modo que eles são aplicados a itens ou propriedades de A e de B já dados para se investigar se os itens ou propriedades de A realmente causam os de B, isto em oposição, digamos, a acompanhá-los por acaso.

Agora, conforme observado no texto, parece que não deveríamos nos constituir como simplesmente a *observar* que motivos coocorrem com as ações ou com as satisfações de desejo que os tomamos a causar. Em vez disso, por certo, somos mais bem representados como a *hipotetizar* os vários motivos, a fim de explicar o que observamos quanto a eles. Com isso, tratamos motivos como uma espécie de causas não observadas, introduzidas para explicar efeitos observados. Isso traz duas consequências. A primeira, as causas e os efeitos putativos não são do mesmo estatuto observacional, como os métodos de Mill pressupõem. E a segunda, o par de itens em questão são já compreendidos como causa e efeito, e por fundamentos não millianos. O funcionamento dos motivos sendo assim compreendido, segue-se que eles nem vão admitir nem demandar certificação pelos modos de investigação millianos ou baconianos. Não o admitem porque não podemos verificar se uma causa que se está tomando como além da observação é realmente uma causa pela observação de como ela coocorre com seu efeito putativo. E elas não o requerem, porque a hipótese pela qual são introduzidas já reconhecem seu estatuto causal, e são também sustentadas de outras maneiras e pela via de suas consequências explanatórias. Uma vez que a psicanálise é uma psicologia de motivos, a metodologia milliana que Grünbaum advoga parece-lhe radicalmente inapropriada.

conhecemos uma pessoa maximiza o tipo de coerência de conteúdo que assinala uma boa explicação causal, conforme o esboçado aqui.

O tipo de atribuições com que Freud está lidando admite claramente esse tipo de verificação. Por certo que deveríamos esperar que o tipo de preocupação mostrado nesse sonho, de não ser responsável pela doença, viesse a aparecer em outro momento na vida e no pensamento do médico, de modo que o papel atribuído a ele em outra parte poderia ser comparado com o hipotetizado aqui.

A introdução da interpretação psicanalítica, além do mais, significa que podemos fazer verificação cruzada de atribuições não apenas como entre ações a explicar motivos, mas também em relação àquelas manifestadas em sonhos, sintomas e assim por diante. Com isso, a psicanálise reforça

---

O perigo, ademais, não é meramente o de que tais modos de investigação não registrem de forma adequada um apoio para hipóteses interpretativas como para o papel de motivos. Em vez disso, provavelmente vão representar tanto asserções verdadeiras quanto falsas. Afinal de contas, os métodos millianos e baconianos são pensados para exercer uma função de peneiramento ou de eliminação – a de eliminar itens ou propriedades de A e B que possam equivocadamente ser tomados como relacionados, enquanto não o são. E métodos que atuem a peneirar itens ou propriedades de A e B que não estejam fortemente correlacionados são suscetíveis de peneirar causas que, como motivos, desempenhem um papel especial ou restrito. O Primeiro Cânone de Mill, por exemplo, permite-nos inferir que A não é causa de B, se A ocorrer sem B. (Cf. o "podemos raciocinar assim: B e C não são efeitos de A já que não foram produzidos por ele no segundo experimento..." no *Philosophy of Scientific Method* de John Stuart Mill [Nova Iorque: Hafner, 1970], p. 212). Isso nos capacitaria a raciocinar como segue: as pessoas que estão com fome (ainda que desesperadamente famintas) por vezes não comem, e pessoas que estão com sede por vezes não bebem, contrariando o que se suporia ser a causa de comer e beber. Está claro que isso não proporciona explicação sobre o papel dos motivos, a não ser que não se tenha ali a única condição suficiente: com isso, o uso de tal critério é equivalente a um ignorar do papel ou motivo causal real. Essa não é a intenção de Grünbaum, mas ele não nos proporciona abordagem alguma acerca de como os cânones de Mill devam ser usados para evitar tais resultados.

Suas dificuldades se revelam de outras maneiras: à primeira vista, os cânones de Mill são insensíveis a todo um amplo espectro de conexões e distinções de sentido e lógica pelos quais informações sobre o funcionamento de motivos são implicadas na psicologia do senso comum, sendo por isso inadequadas para detectá-lo ou certificá-lo. Além disso, via de regra elas demandam que exemplos repetidos sejam usados, e neles os motivos vão variar constantemente, em resposta a necessidade, experiência e pensamento, e desse modo raramente satisfazem a mesma descrição de caso para caso. Contudo, os motivos são bastante prolíficos quanto ao tipo de conteúdo causalmente conectado, com o qual trabalham os raciocínios do senso comum e o psicanalítico.

a psicologia de senso comum à medida que a amplia, acrescentando aos materiais que nela figuram atribuições de motivos em confirmação e descontinuação. E uma vez que as atribuições psicanalíticas estão assim sujeitas ao nosso tipo de verificação cruzada afeita ao senso comum, o uso máximo desta é também uma condição de sua persuasão.

Nessa instância, podemos ver que a análise posterior por Freud do sonho confirma as conclusões a que se tinha chegado, posicionando-os num novo contexto, que amplifica e o explica um tanto mais. Assim, passemos a examinar o restante do material que emergiu nessas associações, iniciando pelo seguinte.

Ao associar com a parte do sonho em que ele levou Irma para junto da janela, Freud lembrou que o modo como Irma se pôs ali apareceu no sonho a partir de uma cena real que ele testemunhara, na qual Dr. M examinava outra mulher junto de uma janela, tendo ali diagnosticado que ela estava com uma membrana diftérica. A mulher era uma amiga de Irma, que sofria de abalo histérico.[22] Com isso Freud viu que a Irma do sonho era uma espécie

---

Está claro que seria um erro concluir que motivos não desempenham uma explicação e um trabalho causal significativos, porque eles não se mantêm estáticos a ponto de possibilitar uma certificação pelos métodos de Mill, razão pela qual o esforço de pesquisa não se deixaria registrar. Mas, no tocante ao âmbito dos papéis básicos de motivos, o que não está claro é, afinal, quais outras conclusões esses métodos poderiam fazer extrair. Evidencia-se, portanto, o seu caráter ajustável como veículo para a crítica de Freud.

Conforme o observado no texto, a prática psicológica do senso comum envolve a verificação cruzada de atribuições de motivos de ação para ação, enquanto a prática psicanalítica o amplia. Se erigimos motivos como causas cujo papel é refletido em seu conteúdo, podemos ver nosso pensamento causal\hermenêutico de senso comum executar uma função de integração de exemplos, positivos e negativos, em relação a hipóteses causais, no que se tem uma função parcialmente análoga à dos métodos indutivos como os empregados em outros momentos. A lição a ser extraída daí, contudo, não é a de que aquele senso-comum ou pensamento freudiano não seja defensável sem o teste de Mill, mas sim que ele já é (até certo grau) amparado por um tipo de testagem análoga a esse teste, que, assim sendo, é apropriada.

22 A associação é: "*Levei-a até a janela...* O modo pelo qual Irma ficou junto à janela de repente me lembrou de outra experiência. Irma tinha uma amiga íntima a quem eu muito estimava. Quando visitei essa mulher certa noite, encontrei-a junto à janela na situação reproduzida no sonho, e o médico dela, o mesmo Dr. M., diagnosticara-lhe uma membrana diftérica. Mais tarde, a figura do Dr. M e a membrana reaparecem no sonho. Agora me ocorre que nos últimos meses eu tive todas as razões para supor que essa outra senhora também seria uma histérica. Na verdade, a própria Irma deixara transparecer o fato. O que eu sabia da condição

de figura composta, que recebera a posição de sua amiga junto à janela, bem como a tosse da amiga, e a membrana infiltrada. O diagnóstico por M de uma membrana infectada, que tanto foi relembrando nessa cena como reproduzido no sonho, foi então relacionado[23] com outras coisas de que Freud lembrara, e que lhes despertava sentimentos. Sua filha Matilde estivera seriamente doente, e para o caso dela se consideravam difteria e difterite. Além disso, pouco antes Freud tinha ouvido que o tecido membranoso do nariz de um de seus pacientes fora destruído, como resultado de ele ter seguido o exemplo do próprio Freud, de usar cocaína para tratamento nasal.[24]

Freud defendera com bastante entusiasmo o uso médico da cocaína, que ele tinha por sua própria descoberta terapêutica. Esse entusiasmo, como ele ali recorda, "lhe atraíra graves reprovações". Além disso, como relata, ele havia "apressado a morte de um caro amigo". O amigo sofria de uma dor nervosa incurável, era viciado em morfina, que usava para atenuar a dor. Esquecendo-se de que a cocaína também era viciante, sugeria seu uso ao amigo. Este logo se viu dependente de doses cada vez maiores de cocaína e morreu seis anos depois.

Além disso, essa morte, ao que tudo indica, na mente de Freud estava relacionada a outra, que de novo envolvia injeções, pela qual ele desejava não ser responsável. Pois ele agora procedia à seguinte associação:

> Certa vez chamei Dr. M, e ele repetiu o exame. [...] Isso me lembrou de um trágico acontecimento em meu consultório. Em certa ocasião provoquei um severo estado de intoxicação numa paciente ao repetidamente lhe prescrever o que à época era visto como um

---

dela? Precisamente uma coisa: assim como a minha Irma do sonho, ela sofria de abalo histérico. De modo que no sonho eu substituí meu paciente pelo amigo dela" (1900a, IV, 110).

23 A associação também se dá via outros elementos do sonho – uma mancha branca, crostas, que Freud viu na garganta de Irma ao examiná-la – estes não são discutidos aqui. Estão bem claramente relacionados com o aspecto sexual do sonho.

24 A parte relevante da associação é:
"Eu fazia uso frequente de cocaína à época, para reduzir alguns inchaços nasais, e alguns dias antes fiquei sabendo que uma de minhas pacientes que seguira meu exemplo desenvolvera uma necrose extensiva da membrana mucosa nasal. Eu tinha sido o primeiro a recomendar o uso da cocaína, em 1885, e essa recomendação me rendera sérias críticas. O abuso dessa droga apressou a morte de um querido amigo meu" (1900a, IV, 111).

remédio inofensivo (sulfanol), e rapidamente fui buscar ajuda e apoio com meu colega mais velho e experiente [...]. A paciente – que sucumbira à intoxicação, tinha o mesmo nome de minha filha mais velha... Mathilde.

Assim, pelas associações de Nietzsche podemos ver que a questão da responsabilidade por Irma para ele estava atrelada a outros casos, mais sérios e duvidosos. Como aspirante pioneiro a terapeuta, seu entusiasmo, quando se direcionava mais à cocaína que à psicanálise, tinha sido nocivo a um de seus pacientes, além de ter apressado a morte de um amigo por injeções. No caso de Irma, ele agora pensava em se justificar buscado a opinião de M. Contudo, isso era o que ele havia feito no caso de outro paciente que não estava passando bem, e a quem ele na verdade matou com injeções.

Parece claro que essas memórias associadas também influenciaram o sonho. Elas sugerem, por exemplo, que a afirmação de M. de que *a toxina será eliminada* faz referência ao episódio com a paciente Mathilde, no qual Freud, ao se consultar com M., deve ter esperando que a toxina que ele injetara não se revelasse fatal. E eles nos fizeram ver mais da importância da deflexão para Otto, feita via a noção de injeção. Eis aqui as associações finais de Freud, no momento em que derivaram para o que é mais importante para a compreensão desse aspecto do sonho.

Injeções como essas não deveriam ser aplicadas de forma tão impensada. Aqui, uma acusação de irreflexão era feita diretamente contra meu amigo Otto. Pareceu-me recordar ter pensado em qualquer coisa da mesma natureza naquela tarde, quando as palavras e a expressão dele pareceram demonstrar que estava tomando partido contra mim. Fora uma ideia mais ou menos assim: "Com que facilidade os pensamentos dele são influenciados! Com que descaso tira conclusões apressadas!". Independentemente disso, essa frase no sonho lembrou-me mais uma vez meu amigo morto, que com tanta pressa recorrera a injeções de cocaína. Como já tive ocasião de dizer, eu jamais havia considerado a ideia de que a droga fosse ministrada por injeções. Notei também que, ao acusar Otto de irreflexão no manuseio de substâncias químicas, eu estava mais uma vez fazendo alusão à história da infeliz Mathilde, que dera margem à mesma acusação contra mim. Aqui, eu estava evidentemente reunindo exemplos de minha conscienciosidade, mas também do inverso.

E provavelmente a seringa não estava limpa. Essa era mais uma acusação contra Otto, porém derivada de uma fonte diferente. Ocorre que, na véspera, por acaso eu encontrara o filho de uma senhora idosa de 82 anos em que eu tinha de aplicar uma injeção de morfina duas vezes ao dia. No momento, estava vivendo no campo e, disse-me o filho, sofria de flebite. Eu logo pensei que deveria ser uma infiltração provocada por uma seringa suja. Orgulhava-me do fato de, em dois anos, não ter causado uma única infiltração; empenhava-me constantemente em me certificar de que a seringa estava limpa. Em suma, eu era conscienctioso. A flebite remeteu-me mais uma vez a minha mulher, que tivera trombose em uma das vezes em que estava grávida, e então me vieram à lembrança três situações semelhantes, envolvendo minha esposa, Irma e a falecida Mathilde. A identidade dessas situações por certo me permitira, no sonho, substituir as três figuras entre si (1900a, IV, 117, 118).

À luz desse material podemos começar a ver, entre outras coisas, por que razão a observação de Otto e o tópico da responsabilidade por Irma devem ter adquirido a importância mostrada no sonho. Parte do motivo podemos já assinalar: Freud se mostrou tão sensível ao tópico de Irma porque em sua ideia ela estava associada a fontes de *culpa* da qual ele não se dera conta, até que tivesse analisado o sonho. E essa culpa deveria estar associada a Irma e a suas dores, e nesse caso o melhor seria ter se equivocado acerca dela desde o início, sem responsabilidade alguma.

O sonho, ao que tudo indica, trata de questões mais profundas, com a mesma desejada irresponsabilidade que se tinha para com a própria doença de Irma. No sonho, a suposta negligência de Otto ao descrever a saúde de Irma tinha se transformado numa versão da própria negligência – acerca de injeções, cocaína etc. – pela qual o próprio Freud se reprovaria. Mas uma vez que no sonho de Freud é Otto que aplica injeções (não limpas) de modo negligente, a questão da culpa do próprio Freud não se põe. Assim, a infantil admoestação "é *sua*, não *minha*" produzida pela observação de

Otto, emerge tanto com maior alcance quanto de modo mais violentamente irracional do que parecia de início.

Aí se tem, pois, todo o material relativo a esse sonho que vamos levar em conta. Para uma pesquisa parcial, ver a tabela a seguir do sonho de Freud com a injeção de Irma.

Está claro que nesse material os tópicos ou conceitos estão estreitamente interconectados, e entretecidos com os motivos que parecem lhe estar atrelados. Por exemplo, as conexões iniciais entre Irma, sua amiga, a filha de Freud e sua outra paciente mulher são realizadas parcialmente em termos da noção de infiltração ou de dano a uma membrana, que Irma sofre no sonho, como se tais fossem figuras na vida real. No sonho de Irma, a *infiltração* está associada a uma toxina, e desse modo Irma aparece associada à paciente em que Freud injetou a toxina. Com isso, no sonho a injeção da toxina por Otto liga-o não somente a Irma, mas também às outras pacientes mulheres de Freud, bem como ao amigo que morreu após as injeções de cocaína. Contudo, também a causa das infiltrações foi algo que Freud, com seu cuidado em relação a seringas, poderia tomar-se como estando acima de qualquer censura – ainda outro dia ele tinha pensado sobre como algum *outro* médico pode ter provocado uma infiltração num paciente que ele regularmente injetava. (Não fui *eu*, foi *ele*) Com isso, apesar de sua variedade, os usos de infiltração e de conceitos aqui relacionados também revelam uma unidade de funcionamento sob a superfície do sonho. Servem ambos para *coletar* as instâncias de culpa e culpabilização a que em parte o sonho diz respeito e, portanto, faz migrar tais culpa e culpabilização do sonhante Freud para seu acusador Otto.

O SONHO DE FREUD DA INJEÇÃO DE IRMA

Sonho		
Irma, amiga e paciente: Freud diz se você ainda sente dores e que é culpa sua; Irma na janela, sufocando, organicamente doente.	M. o chama, repete o exame, encontra infiltração, toxina.	Otto aplica uma injeção de modo negligente, a seringa não está limpa.
Associações (i)		
Freud aborrecido com a observação de Otto: deseja se justificar via M. Acha que o alarme não procede; a fala do sonho mostra que ele não quer ser responsável, desejando a doença de Irma.		
Associações (ii)		
Infiltração diftérica discutida no caso da filha de Freud, Mathilde.	M. examinando a amiga de Irma na janela, sufocação histérica, infiltração diftérica.	M. também chamado no caso da paciente Mathilde, morta por injeções tóxicas por Freud.
Paciente segue o exemplo de Freud, faz uso da cocaína e tem uma infiltração nasal.	O amigo segue o conselho de Freud e morre em decorrência das injeções de cocaína.	
Inferências De sonho, Associações	[i] Freud desejava que Irma estivesse organicamente doente, para evitar responsabilidade; desejando retornar a Otto Satisfeito com Irma organicamente doente, culpa de Otto.	
	[ii] Freud desejava evitar responsabilidade pelas mortes do amigo e da paciente relacionadas à injeção; desejando retornar a Otto Satisfeito com Otto dar injeções contaminadas, de modo negligente.	
	[iii] Tanto [i] como [ii] são relacionados à culpa.	

Teoria e terminologia

Se estivemos examinando alguns dos primeiros dados de Freud, podemos então esboçar como estes se relacionam com os termos teóricos que Freud introduz na *Interpretação*.[25] Com essa finalidade, devo italicizar termos quando faço menção ao material relacionado.

---

25 Essas questões são tratadas em outra parte de modo mais adequado. Freud proporcionou sua própria introdução, concisa, em *Sobre os Sonhos* (1901a, V, 633-686). Existe uma abordagem clara e de tratamento filosófico no capítulo 3 do *Freud* de Richard Wollheim (Londres: Fontana Modern Masters, 1971). A abordagem introdutória no cap. 6 da *Psychology and Freudian Theory*, de Paul Kline (Londres: Methuen, 1984) inclui uma pesquisa empírica sobre os sonhos, e referências à literatura na psicologia acadêmica.

Vimos o quanto a interpretação de um sonho por Freud procede de um campo conectado de material que surge pela via de uma associação com o sonho e inclui motivos e memórias que podemos ver nele refletidas. A esse conteúdo do sonho como tendo vivenciado e relembrando, Freud o chamou de seu *conteúdo manifesto*, e o material que deu origem ao sonho, conforme o mostrado em associação, seu *conteúdo latente*.

Essa terminologia registra o fato de que Freud tomou os motivos que tinham dado origem ao sonho fixando seu conteúdo, assim como nós tomamos os motivos que dão origem a uma ação por meio de fixação do modo como ela deve ser descrita. Isso significa que Freud agora descreve sonhos, como ações, em termo de suas raízes psicológicas, bem como de suas partes manifestes e visíveis. Assim, num sonho, bem como numa ação, o conteúdo latente de um beijo pode ser a traição. Isso parece razoável à luz do tipo de análise que estamos discutindo, pois certamente nosso sentido do conteúdo do sonho mudou, de modo que agora consideramos a representação de Otto como marcada pelo desejo latente, por Freud, de evitar responsabilidade.

A interpretação de um sonho de Freud parte de uma comparação de um conteúdo manifesto e latente e representa o manifesto como *transformação* do latente. Isso se reflete na regra de inferência esboçada acima, que também pode ser tomada para especificar uma transformação, como entre motivo latente e realização manifesta. Freud falou de tal transformação como realizada pelo *trabalho do sonho*, que combinou os elementos latentes e proporcionou sua representação de modo manifesta. Isso contém uma série de outros aspectos, igualmente aparentes no material discutido.

Irma é mostrada no conteúdo manifesto com aspectos que de diversas maneiras a relacionam a figuras no conteúdo latente, e isso reflete o fato de que ela compartilha algum significado com essas figuras, como aquele por cuja condição Freud nutre preocupação e responsabilidade, e, portanto, potencial de culpa. Com isso, a Irma do sonho tem um significado composto, o qual Freud descreve a seguir:

> A principal figura no conteúdo do sonho era a minha paciente Irma.
> Ela apareceu com as feições que são as suas na vida real, e assim,

num primeiro momento, representava a si mesma. Mas a posição em que a examinei pela janela foi derivada de outra pessoa. [...] Com isso, Irma pareceu ter uma membrana diftérica, o que me lembrou de minha preocupação com minha filha mais velha, de modo que ela estava no lugar da criança, e, atrás dela, em razão de ter o mesmo nome de minha filha, escondia-se a figura de minha paciente que sucumbiu a uma infecção. Durante o sonho, a figura de Irma adquiriu ainda outros significados. (1900a, IV, 292)

À luz desse relato, parece que a transformação de conteúdo latente em conteúdo manifesto envolve algo como uma canalização de representação e significado, com base numa série de figuras e situações latentes, até um único que seja manifesto, e este como que traz a carga desejante para o resto. Freud observou que algo semelhante se deu em quase qualquer sonho que analisou. Comparou o processo com a produção de uma fotografia composta e o chamou de *condensação*.

Freud também notou que o conteúdo latente não raro se caracteriza por certas emoções ou sentimentos, que aparecem de modo diferente, ou de modo algum, no sonho manifesto. Ao processo que produziu esse resultado, Freud o chamou de *deslocamento*. Assim, no sonho de Irma, Freud parece ter sentido uma culpa latente significativa, para com o morto ou para com as feições lesionadas representadas por Irma. Na transformação de conteúdo latente em conteúdo manifesto, essa culpa pareceria ter sido deslocada. Na superfície a culpa mais profunda aparece, se é que aparece, somente como a ansiedade que fora equivocadamente diagnosticada em Irma; e aí se tem um passo para a absolvição. A culpa em si mesma parece quase que inteiramente desviada, pela via do uso que se fez do fato de que Otto aplicou uma injeção enquanto esteve com Irma, para a figura do próprio Otto.[26]

Freud também observou que os processos de condensação e deslocamento funcionam em parte por conexão com a linguagem e com outros

---

[26] Este não é um exemplo dado por Freud, muito embora pareça instância razoavelmente clara do fenômeno que ele descreve alhures. Estou inclinado a pensar que isso ocorre porque, a seu tempo, ele não dá suficiente atenção ao papel da culpa. Também seu conceito de deslocamento, tal qual o de condensação, traz uma série de complexidades aqui não contempladas. Ver 1900a, IV, p. 305ss.

modos de simbolização. Isso já foi aqui ilustrado. Vimos já como o conceito de infiltração serviu tanto para reunir instâncias relacionadas a preocupação e culpa, como para afastar uma e outra do Freud sonhante. Aqui a coletânea pela via desse termo ou conceito corresponde à condensação de significância na figura de Irma, e à mudança para o deslocamento de culpa.

Na seção II vimos que a satisfação de desejo envolvia em si uma dupla negação da realidade. A noção de deslocamento de Freud acrescenta um vetor de distinção adicional e distinto, que é o vetor de *distorção*.

Evidentemente que ele tinha por dolorosos seus pensamentos e sensações acerca de sua responsabilidade pelas mortes do paciente e amigo. Por essa razão, estas figuram no sonho manifesto apareceriam apenas sob uma forma que não o fizesse lembrar delas. São tangenciadas apenas indiretamente, por alusão a toxina, injeções e assemelhados. A morte não é mencionada, e a paciente Mathilde é a última da série de figuras a ser encontradas por trás de Irma. Onde as coisas são tornadas explícitas, ao mesmo tempo são tornadas irreconhecíveis. Por exemplo, dificilmente podemos encontrar expressão mais clara da autocensura dolorosa do que na exclamação de que *injeções daquele tipo não deveriam aplicadas de modo tão negligente*, formulada ao final do sonho. Mas no conteúdo manifesto, isso é feito de modo a servir como negação, e não como reconhecimento, da culpa latente que ele, não obstante, expressa.

Isso sugere um processo bastante sistemático de disfarce e distorção de coisas que são dolorosas ou que de outro modo seriam inaceitáveis para o sonhante. Freud viu aí um aspecto bastante comum dos sonhos, e o comparou à *censura* (russa) que se tinha à época. Assim, muito embora o desejo de Freud em evitar a culpa pela causa da morte não esteja racionalmente limitado pelos meios em que é (representado como) satisfeito, como podemos ver do tratamento de Irma e Otto, ainda assim ele é bastante pormenorizadamente censurado, de modo que sua representação suscita pouco desconforto.

Desse modo, como podemos observar, o desejo de Freud de não carregar responsabilidade nesses casos faz-se representado como satisfeito tanto na doença de Irma quanto na má prática de Otto, mas sem que seu tópico principal – o envolvimento do próprio Freud na morte – seja clara ou explicitamente representado. Assim, esse sonho é também um exemplo da realização *disfarçada* de um desejo que ele próprio é *mantido à distância da consciência* no sonho?[27]

Entre essas coisas regulamente mantidas à distância dessa maneira, segundo Freud, estavam os motivos que provocavam grande ansiedade, sobre os quais seria irracional e perigoso agir, e entre eles estavam os motivos sexual e agressivo que Freud tinha por surgidos na primeira infância, sendo assim direcionados primeiramente a seus pais. Desse modo, Freud considerava esses motivos como sujeitos a um processo de *repressão*, que os tornava incapazes de influenciar uma ação – eram como que extraídos das elaborações do pensamento cotidiano e relegados a outro sistema, o *Inconsciente*.

Nesse sistema, os motivos operavam de acordo com *processos primários* de funcionamento mental, incluindo a condensação e o deslocamento que já vimos aqui. Estes, hipotetizava Freud, permitiam que os motivos obtivessem um tipo de acumulação aditiva primitiva de força (cf. novamente a coletânea e a mudança desejante de significância) que resultou em sua única forma de expressão, a de satisfação de desejo. Assim, tais motivos têm

---

27 Vale notar que esses poucos dados do sonho inicial de Freud, analisado somente até esse ponto, tendem a confirmar o que J. Allan Hobson chama de modelo de sonho por "censura disfarçada" de Freud, e assim se contrapõe à "transparência" rival recentemente proposta pelo próprio Hobson (Ver *The Dreaming Brain* [Londres: Penguin, 1990]).

O livro de Hobson tem sido altamente elogiado, e o trabalho realizado em fisiologia do sonho e sua relação com a psicologia que ele ali apresenta, parece valioso e elucidativo. Contudo, nada no material científico vem em apoio à sua alegação de que os sonhos estão transparentemente relacionados com os motivos que os influenciam. A fisiologia, na melhor das hipóteses, silencia quanto a esse aspecto. E uma vez que mecanismos fisiológicos são opacos à consciência, seu reconhecimento tende mais a sustentar a concepção de que o que nos impele ao agir ou ao imaginar *não* precisa ser revelado de modo transparente.

É difícil ver por que os sonhos supostamente deveriam ter uma relação transparente com motivos, quando as ações não a têm; e é difícil ver por que Hobson não deveria insistir nessa ideia, diante dos muitos exemplos do contrário, que Freud e outros já de há muito têm proporcionado. Entretanto, Freud não os discute. (De modo um tanto surpreendente, ele diz que *A interpretação dos sonhos* de Freud... é desprovida tanto de descrições detalhadas quanto de dados reais... Não há relatos de sonho palavra por palavra... p. 90). Compreende-se prontamente a objeção de que as interpretações freudianas seriam por demais complexas ou rebuscadas. Mas quanto a isso, dados mais simples e mais básicos podem já ser suficientes.

A insistência de Hobson na transparência parece afetar sua consideração de dados de um modo geral; nessa direção, ele parece satisfeito em desconsiderar associações e centrar seu foco somente no conteúdo de sonho manifesto.

uma forma de organização que é pré-racional. São separados dos *processos secundários* envolvidos no pensamento finalista, verbal e realista, afetando-os apenas indiretamente.

Freud percebeu que os sonhos via de regra fazem uso de *simbolismo*, sobretudo na representação de questões sexuais. Uma vez que tal não é particularmente saliente no material que cobrimos aqui, vamos ilustrá-lo com outro exemplo. Freud cita o sonho de um homem que acabara de receber uma jovem garota para morar em sua casa. Sentiu-se atraído por ela, imaginando *coitus a tergo*; achou que ela lhe tivesse passado a impressão de que aceitaria uma abordagem. Naquela noite sonhou que:

Aí se tem certamente um passo atrás. Pois ao ignorar associações e memórias, Hobson deixa de avaliar dados que poderiam enriquecer sua hipótese, e que a poderiam testar. Por exemplo, quando ele considera o papel das memórias nos sonhos em seu tema "homem máquina", assim como Freud ele sustenta que o sonhante "retroage, retroage (no arquivo da memória)" em busca de material conectado com os temas do sonho (p. 278). Mas uma vez que ele não leva em conta as memórias reais que esse sonhante relaciona ao material do sonho, suas ideias sobre o papel da memória se mantêm desimpedidas em relação a dados reais de memória, sendo, pois, especulativas. Na análise do sonho de Irma, em contraposição, encontramos dados a remeter claramente a uma série de hipóteses sobre "arquivos de memória" que o sonhante abre (informação sobre ações e pessoas significativas, motivos significativos etc.).

Hobson procura justificar seu procedimento lançando uma questão como "com um conteúdo manifesto tão rico para se trabalhar, por que analisar mais profundamente?" (p. 234). Uma resposta seria a de que para hipóteses científicas se faz preferível levar em conta todos os dados relevantes, na medida do possível, ainda que alguns deles venham a exigir análise mais aprofundada. No que diz respeito às hipóteses sobre memória e sonhos, as próprias memórias reais do sonhante e o modo pelo qual são mostradas em associação parecem claramente relevantes.

Hobson afirma que "será importante verificar suposições biográficas em pessoas cujos sonhos são interpretados no âmbito de um enquadramento transparente". Desse modo, sustenta ele, devemos não "rejeitar o bebê psicodinâmico com a água do banho psicanalítica" (p. 281). Mas se interpretar "no âmbito do enquadramento transparente" significa evitar dados de associação que desconfirmem o enquadramento, essa não é uma boa prática científica. Uma coisa é ver o que se tem com base tão somente no conteúdo manifesto, ou em conteúdo manifesto e fisiologia; bem outra é sustentar que as conclusões a que desse modo se chega devam suplantar as que se baseiem em dados mais completos. Hobson parece alegar que seu "enquadramento transparente" deveria substituir o de Freud ("a água de banho psicanalítica"), ao tempo mesmo em que sistematicamente ignora evidências que confirmem as conclusões de Freud e desconfirmem a transparência.

Um pouco mais atrás de dois majestosos palácios ficava uma casinha com as portas fechadas. Minha mulher me conduziu ao longo da rua até a casinha e empurrou a porta aberta. Então deslizei rápida e facilmente para dentro de um pátio que ascendia para uma inclinação. (1900a, V, 397)

A conexão entre a casa e a garota foi tornada mais clara pelo fato de que a casa, como o sonhante percebeu, foi lembrada como sendo do lugar de origem da garota.

A concepção por Freud da realização sexualmente simbólica de desejos é vista por muitos como a parte mais controversa de sua obra. Na prática, porém, é a mais pormenorizadamente explorada. A expressão simbólica serve ao mesmo tempo para comunicar e obscurecer um conteúdo sexual. Desse modo, pode ser usada para suscitar a fantasia sexual ou para associá-la com uma coisa ou outra, sem algo inaceitavelmente explícito. Portanto, imagens do tipo que Freud tomava por expressões

---

Portanto, as considerações metodológicas que Hobson toma para guiar nossa própria abordagem de fato parecem se ajustar melhor que as de Freud. Hobson ressalta que ele busca ancorar o pensar psicológico em conhecimento psicológico, assumindo ou hipotetizando um isomorfismo entre níveis fisiológicos e psicológicos. A isso ele chama de "princípio de isomorfismo" e o ilustra por "uma hipótese de ponta-a-cabeça" como: se os centros visuais do cérebro são ativos no sono REM [movimento rápido dos olhos], os sonhos serão caracterizados por sensação visual; de modo semelhante, se os centros motores do cérebro são ativos no sono REM, os sonhos se caracterizarão por intenso movimento de imagens (p. 158).

De acordo com isso, Hobson exorta que "a alucinação sensório-motora da experiência do sonho é a concomitância direta e necessária da ativação específica dos circuitos cerebrais sensório-motores" (p. 210), evidência esta que ele descreve com admirável lucidez. Isso é algo certamente plausível e está em clara harmonia com as descobertas psicológicas de Freud. A ênfase em neurônios motores e em movimento corporal, por exemplo, encontra-se em plena coerência com a analogia parcial entre sonho e ação enfatizada no texto.

Contudo, tem-se ainda outra atividade relevante do cérebro, cuja menção Hobson não omite. Ele observa que no sono REM "o pênis do homem e o clitóris da mulher são ambos periodicamente ingurgitados durante a noite, em concerto com mudanças no cérebro" (p. 138); e ele hipotetiza que o sono com sonho proporciona manutenção e desenvolvimento dos circuitos cerebrais envolvidos na atividade sexual, e também, possivelmente, a "ensaios de comportamentos geneticamente determinados" (p. 294) para tal. Conforme ele diz, "os padrões de ação fixados que constituem o próprio ato sexual têm vida por si só. Aparentemente, estão em constante prontidão. As ereções do sono REM e dos sonhos molhados são o sinal exterior de que ao menos parte dessa teoria deve estar correta" (p. 295).

naturais da realização de desejo são agora comumente produzidas de forma deliberada, como a fazer uso de seu conteúdo sexual. Por exemplo, Freud notou que em homens os "sonhos em que se está voando geralmente possuem forte sentido sensual" (1900a, V, p. 394). Tanto que hoje em dia, como seria de se esperar, passagens aéreas são vendidas por anúncios publicitários apresentando atraentes comissárias de bordo a sorrir e dizer "Fly me".[28]

Freud observou que tal uso de simbolismo não raro servia como disfarce a proteger os sentimentos do sonhante de seus próprios motivos, razão pela qual passava pela censura de que se falou acima. Tal pode ter se dado no caso do sonho de entrada na casa, já que o papel prestativo atribuído à esposa sugere uma negação de conflito e culpa. Algo semelhante parece se ter na cultura. Por certo que o sentido de muitos anúncios seria algo menos aceitável se posto de forma direta.

O simbolismo tem, além do mais, um papel mais amplo, como um tipo de metáfora natural, ou modo de comparação. O sonho da injeção

---

Mas então o que dizer sobre "o concomitante direto e necessário" da ativação noturna dos circuitos cerebrais nesse caso? Aplicações consistentes desse princípio de isomorfismo sugeririam que Hobson deveria raciocinar aqui como o fez acima. O paralelo seria: se a "atividade sexual" dos circuitos cerebrais é ativada em sono REM, os sonhos serão caracterizados por conteúdos sexuais imaginados. Isso seria uma aplicação significativa de isomorfismo, já que haveria aí uma significativa aplicação de isomorfismo, uma vez que se produziria uma "hipótese de baixo para cima" que, em oposição às citadas, seria genuína e arriscada, e nela o princípio seria usado para se chegar tão-só ao que anteriormente já for bem conhecido.

E tomando-o a sério, o princípio do isomorfismo segundo Hobson, e os dados que ele cita no tocante à excitação sexual no REM, está em coerência com a descoberta independente de Freud, de que os sonhos são frequentes vezes caracterizados por criação de imagens de cunho sexual, o que é, não obstante, algo disfarçado e simbólico. Uma vez que a alegação de Freud esteve baseada em associações, sem que ele empregasse a noção de isomorfismo, isso proporciona evidência da utilidade do princípio com base numa fonte distinta, além de alguma indicação de que ela se estende também à associação e à memória.

Por outro lado, os dados e os princípios parecem novamente entrar em conflito com "o arcabouço de transparência". Hobson não relata nenhum sonho sexual do Homem Máquina, por exemplo; mas presume-se que também seus circuitos e padrões tenham sido atualizados diversas vezes durante a noite. Além disso, Hobson relata, por exemplo, que o "Homem Máquina também voa, magicamente, como nessa abordagem" (p. 244).

28 NT (Nota do Tradutor): o mais literalmente traduzido por "voe-me" ou então por "voe comigo".

de Irma, por exemplo, inicia-se com a questão de ela ter aceito a "solução" de Freud para seus problemas; no restante do sonho isso é elaborado com uma gama de comparações, a envolver os atos de pegar e inserir de substâncias de vários tipos e de diversas maneiras. Assim, o fato de Irma não ter aceito interpretações de Freud é trazido com ela se mostrando chocada com algo que lhe foi introduzido, como uma substância química ou de outra espécie, e assim por todo o sonho. Isso é não apenas disfarce, mas uma forma independente de processamento da informação, ou de pensamento simbólico. E nós podemos tomar esse tipo de pensamento como implicando muito do que se está a explicar aqui. No pensamento metafórico, justapomos duas coisas ou mais, e olhamos para cada qual à luz da outra. A análise de Freud sugere que sua mente sonhante esteve ocupada por uma forma de comparação de Irma com toda uma série de outras figuras, presentes e passadas, e que tal comparação inconsciente desempenha um papel de amplo alcance em nossa vida mental.[29]

Escopo explanatório, estrutura e acumulação

Começamos a ver como os dados de associação livre, bem como o tipo de raciocínio que Freud aplicou a esses dados, pode servir para ampliar o entendimento pelo senso comum dos motivos e seu funcionamento. A esse respeito podemos julgar relativamente pouco com base no material que nos é possível cobrir aqui. Ainda assim, parece que o raciocínio de Freud, conforme o esboçado, tem um potencial notável, tanto de escopo quanto de poder. No que diz respeito ao escopo, pode-se ver que esse raciocínio não precisa estar limitado a sonhos. Na verdade, o que ele faz é acionar relações de conteúdo. Assim, ao que tudo indica ele seria potencialmente aplicável

---

29 A metáfora é debatida em relação com a obra de Davidson no "Metaphor, Dreamwork, and Irrationality" de Marcia Cavell, em E. LePore (Org.), *Truth and Interpretation: Perspectives on the Philosophy of Donald Davidson* (Oxford: Basil Blackwell, 1986). A noção também desempenha um papel significativo na explicação de Freud por Lacan. Ver, por exemplo, *Ecrits* (Londres: Tavistock, 1977) cap. 5. O pensamento simbólico também pode ser visto a capacitar que motivos inconscientes influenciem o curso geral de ação, de modo que padrões de satisfação de desejo e de ação racional estejam mais intimamente entretecidos do que possa parecer. Um exemplo possível é mencionado na nota 35.

a um inteiro leque de fenômenos providos de conteúdo representacional, contanto que o direito à informação pudesse ser coletado quanto a representações e suas relações com motivos. Daí Freud ter feito amplo emprego desse raciocínio. Em *A Interpretação dos Sonhos* ele o emprega também para elucidar sintomas. Para tanto, toma o exemplo de uma jovem paciente

> que estava vestida de um modo muito curioso. Pois embora via de regra a vestimenta de uma mulher seja cuidadosamente pensada, até os mínimos detalhes, ela usava uma das meias pendurada e dois dos botões da blusa desabotoados. Reclamava de dores na perna e, sem que tal lhe fosse solicitado, mostrou a panturrilha. Do que ela mais reclamava, porém, era que, em suas palavras, sentia algo na panturrilha, e era como se tivesse algo "cravado ali" e "se mexendo pra frente e pra trás", fazendo-a estremecer por completo. Por vezes fazia todo o corpo se sentir "duro". Meu colega médico, que estava presente no exame, olhou para mim; não viu dificuldade em compreender o sentido de sua queixa. (1900a, V, 618)

Vemos aqui o mesmo tipo de raciocínio que se teve acima, aplicado a queixa física semelhante. O sintoma pode ser entendido como uma representação da satisfação de um desejo derivado de um desejo (talvez inconsciente) de ter relações sexuais. E é claro que essa explicação pode ser submetida a verificação cruzada com outras, como sugere a descrição de Freud.

Além disso, um raciocínio desse tipo é passível de se fortalecer em razão do uso de dois modos interconectados. Segundo o primeiro, o raciocínio cria apoio indutivo para o tipo de conclusão que comumente se extrai. Até aqui temos considerado exemplos cujo caráter de satisfação de desejos poderia ser estabelecido mais ou menos diretamente com referência a memória e associação. Mas o encontro regular de tais exemplos pode conferir apoio indutivo à visão de que a maior parte dos sonhos, sintomas, ou fenômenos de algum outro tipo, eram semelhantes nesse aspecto. Ainda uma vez, tais exemplos podem vir em apoio à visão de que motivos como culpa, ou mecanismos como distorção, eram aspectos comuns de realização de desejos. Nesse caso, o juízo de que um sonho particular seria uma realização de desejo, ou proporcionava motivos para a atribuição de desejos particulares, podia ter algum grau de apoio externo e adicional a aspectos do exemplo.[30]

Além disso, o que a análise revela não é apenas um puro e simples motivo latente, mas uma estrutura característica. Encontramos níveis de associação, a corresponder a camadas de motivos. Assim, com o sonho de Irma o primeiro nível de associação nos leva a acontecimentos e motivos do dia anterior ao sonho e capacita-nos a relacionar-lhes alguns dos conteúdos do sonho. O sonho seguinte nos conduz a acontecimentos anteriores e a motivos mais profundos. Estes se encontram intimamente relacionados à camada anterior – tem-se o desejo por Freud de evitar responsabilidade por Irma, e então a culpa que subjaz a isso –, que, portanto, lança luz a outros aspectos do sonho manifesto, e assim por diante.[31] Por esse motivo, o acúmulo de exemplos de boa explicação vem emprestar apoio indutivo à atribuição de um arcabouço latente, no âmbito do qual elementos podem se adequar a uma série de lugares interligados. Daí decorre a possibilidade de uma evidência tradicional ser conduzida de diversas formas.

Acresce-se a esse quadro que uma inferência do tipo que estamos considerando vem a ser cumulativa ainda de outra maneira. Ela opera sobre motivos em virtude de seu conteúdo, garantindo outros motivos e especificações de conteúdo. Por isso, tende naturalmente a suplementar a busca na qual opera. Cada inferência acrescenta informações sobre motivo e conteúdo, e essas informações encontram-se disponíveis para servir como base para inferência seguinte e para outras inferências no futuro.[32]

---

30 Compare o modo como alguém que está a verificar sua estimativa visual de distâncias mediante mensuração adquire evidência indutiva de que sua estimativa visual é precisa, razão pela qual há um aumento na confiança que ele pode, corretamente, atribuir a casos em que julga tão somente pela visão.

31 A concepção por Freud da análise encontra-se assim conectada com um ideal de completude explanatória: uma análise estaria completa, em teoria, quando adentrasse profundamente os motivos e remontasse no tempo, tal como se requer para se coletar todo o material latente operativo na produção do manifesto.

No caso do sonho de Irma, Freud fez prosseguir a análise para muito além das associações relatadas em *A interpretação* e encontrou motivos sexuais relacionados às mulheres nele representadas. Ver sua referência a "megalomania sexual", em Freud e Abraham, *A Psychoanalytic Dialogue* [*Um Diálogo Psicanalítico*] (Londres: Hogarth, 1965).

32 Assim, a primeira interpretação de Freud, *evita a responsabilidade*, claramente com base

Quanto maior a base, maior a possibilidade de ver mais conexões não coincidentais desse tipo entre conteúdos com que tais raciocínios se iniciam. Além disso, quanto mais um elemento da base é usado em boas explicações, melhor ele se faz confirmado por seu papel explanatório e pelo entrelaçamento com outros elementos. Desse modo, o uso de tal raciocínio pode suplementar e fortalecer sua base para acionar inferências adicionais e mais seguras; e isso por sua vez pode garantir outras dessas suplementações, e assim por diante.

Com isso, podemos proceder por uma série de inferências, que, baseadas no senso comum, tiveram forte apoio em cada um dos passos, para que uma compreensão de sonhos, sintomas e ações pudesse finalmente se fundir no que diz respeito a motivos bem diferentes dos que num primeiro momento eram reconhecidos pela via do senso comum.[33] Creio ter sido essa a possibilidade percebida na obra de Freud. Uma vez que esse tipo de extensão

---

na interpretação de seus desejos. E pavimenta o caminho para interpretações mais profundas quanto a se evitar responsabilidade em outros casos, evitando também a consequente culpa que a explicaria. Uma vez que estão em coerência com a atribuição original, elas tendem a confirmá-lo; e, desse modo, é de modo claro que elas pavimentam o caminho para ainda outros resultados.

33 Existe uma possibilidade que Grünbaum parece pouco inclinado a reconhecer. Ele escreveu o seguinte numa comunicação pessoal ao analista Marshall Edelson, citado em sua obra *Psychoanalysis, A Theory in Crisis* (Chicago: University of Chicago Press, 1988), p. 330: "Já não vejo a teoria psicanalítica mais como *extensão* da psicologia do senso comum do que a física teórica como extensão da "física" do senso comum. O que o senso comum acredita ser uma mesa será no máximo um espaço *vazio* entre partículas? Se a psicanálise fosse a extensão do senso comum como você descreve, por que encontraria tanta descrença? [...] Ao senso comum é *de todo* inacreditável que sonhos de horror pudessem ser satisfação de desejos".

Nessas observações, Grünbaum parece não levar em conta a ideia de que uma extensão possa se afastar da base do senso comum, mas, observando-se as necessárias etapas, cada um deles é convincente à luz do que aconteceu antes. Estritamente falando, somente o primeiro de tais passos precisa estar de acordo com o senso comum modificado; e tal passo pode ele próprio nos levar mais longe. Isso parece ser tal como se deu com o sonho de Irma. Segundo os outros aspectos de Grünbaum: de uma teoria baseada no senso comum, mas indo bem além dele, esperar-se-ia que se encontrasse a descrença precisamente no ponto em que aqueles a quem ela foi apresentada não atravessassem número suficiente dos muitos passos a amparar a extensão. Mas certamente não precisamos ir longe a ponto de aceitar a possibilidade de que os próprios motivos de uma pessoa (ou na verdade suas próprias ações, vez por outra) possam apresentar aspectos que lhes são horríveis, fazendo com que tome sua realização sem limites por um pesadelo.

depende da consideração de muitos exemplos, não podemos esperar que ela seja mostrada aqui de modo convincente. Ainda assim, o caso a seguir pode servir de ilustração. Um homem sonhou que

> tinha uma ligação secreta com uma mulher com quem outro homem desejava se casar. Estava preocupado com a possibilidade de outro homem vir a descobrir a ligação, com o proposto casamento podendo então não se realizar. Por isso, comportou-se de modo muito afetuoso com aquele homem. Ele o abraçou e o beijou. (1900a, V, p. 398-399)

Na verdade, o sonhante tinha uma ligação secreta com uma mulher casada, mulher de um amigo; e ele achava que o amigo podia ter percebido algo. Essa situação parece refletida no sonho, de modo que o amigo podia ser identificado com o "outro homem".

O sonho, contudo, omitiu algo que em tal situação seria particularmente importante. O sonhante estava esperando que o amigo morresse de doença, de modo que estava conscientemente ocupado com a intenção de casar com a viúva após a morte. Com isso, as associações do sonhante com esse comportamento hipocritamente afeiçoado no sonho eram remetidas a fonte bem diferente do amigo com quem estava conscientemente preocupado: vinha mais da lembrança de suas próprias relações com o pai na infância.

Agora, se considerarmos esse sonho como tendo a mesma estrutura que o da injeção de Irma, o amigo do sonhante e o pai dele ficarão atrás do outro homem do sonho, do mesmo modo como a paciente prejudicada por Freud, a paciente que morreu e outras ficavam atrás de Irma. Com essa abordagem, o outro homem será uma figura composta, formada por condensação, a derivar seu papel como rival malsucedido do amigo que estava morrendo, mas sua capacidade de realizar a ligação do sonhante vinha mesmo do pai. As figuras no sonho de Freud estavam ligadas por suas atitudes de preocupação, responsabilidade, culpa etc. Aqui, por contraste, as ligações pareceriam dizer respeito a rivalidade sexual, hipocrisia e culpa.

Com base nessa interpretação, a ligação do sonhante representaria o seu gozo também no objeto de desejo do pai, e suas afeições hipócritas no sonho iriam se referir então às do pai, das quais efetivamente derivavam. O pai do sonhante, por sua vez, estaria representado não apenas como rival, mas também como alguém que se esperava que viesse a morrer, de cuja morte dependia a gratificação dos desejos do sonhante. Assim, ao encontrar nesse sonho a mesma estrutura de antes, chegaríamos a uma interpretação dele segundo o enquadramento do complexo de Édipo. E tal como no sonho de Freud, o tópico do envolvimento do sonhante com a morte, que figura claramente no material que, ao que tudo indica, influenciou o sonho, pareceria ter sido excluído pela censura.

Essa interpretação aciona a comparabilidade dos motivos relativamente às figuras da quais o sonho deriva. Três aspectos do sonho parecem conduzir a isso. Em primeiro lugar, obtemos o que parece ser uma derivação direta do conteúdo manifesto a partir do latente, se assumirmos que o motivo latente é um desejo de ser um rival bem-sucedido do pai. Isso também traz os motivos a associar os pais do sonhante com uma congruência maior com os motivos a implicar seu amigo e rival, com o qual estão relacionados por associação. Além disso, tomar o pai como objeto do desejo também serve para explicar a representação do outro homem no conteúdo manifesto como rival potencialmente frustrador, em oposição a uma obstrução temporária. Por fim, tem-se a relação de motivos no próprio conteúdo latente. A rivalidade do sonhante no amor com o amigo deve ter sido uma fonte de conflito com ela, uma vez que estava traindo, e talvez desejando a morte de alguém por quem ele também tinha uma real afeição. Isso pareceria de estrutura semelhante à da rivalidade edipiana.

Obtemos o maior ajuste entre figuras e motivos associados se consideramos o sonhante como a ter ambivalência semelhante, bem como rivalidade com o pai. Essa parece ser a conclusão para a qual aponta a comparação registrada pelo sonho. Não obstante, essa conclusão continua a carecer de sustentação, porque nenhuma outra justificação aparece no material relatado.

Ainda assim, a conclusão admite sustentação adicional. Outros aspectos do caso podem dar nos motivos para os quais o sonho até agora aponta apenas sugestivamente. O sonho pode estar relacionado a outros sentimentos ou memórias relativas aos pais, ou à transferência destas para o analista.

Ou pode, ainda uma vez, ser um sonho de uma série, cada qual a indicar o mesmo padrão de sentimentos, alguns dos quais tornaram mais clara a inimizade em relação ao pai. Além disso, pode haver evidência de outros casos: de que os sonhos em geral seriam satisfação de desejos, de que camadas de motivos revelados em associação eram altamente congruentes, que a constelação edípica de motivos se fazia bastante disseminada etc. Quaisquer dessas coisas acrescentariam algo a nossas razões para considerar esse sonho como a abordar a possibilidade de que possamos ter registrado esse apoio material antes de encontrarmos esse sonho e suas associações, desse modo sendo capazes de ver o sonho à luz do primeiro contato.[34]

Por fim, vamos considerar um raciocínio que tem sido influente em psicanálise desde Freud. Os motivos para a abordagem da infância incluíram memórias adultas de sentimentos sensuais e agressivos para com os pais, bem como sua revivescência na transferência, e a evidência adicional proporcionada por associações, sonhos etc. Por extensiva ou compreensiva que se faça tal evidência, ela se mantém indireta, e afastada no tempo dos acontecimentos a que supostamente se refere. No entanto, Freud considerou que não haveria melhor fonte de informação, uma vez que as crianças no essencial não agem com base em motivos edípicos e na verdade carecem dos conceitos e modos de pensar exigidos para se traduzi-los em palavras. Aqui também, muito embora as crianças frequentes vezes tenham sintomas e dificuldades análogas aos dos adultos, Freud não tenta aplicar terapia analítica a elas, exceto em circunstâncias especiais, e de um modo muito limitado.[35]

Mas além de falar, as crianças constantemente representam coisas nas brincadeiras – por exemplo, bonecas, brinquedos, cerâmica, pintura e jogos

---

34 Também aqui os motivos edípicos podem servir para explicar a situação do sonhante de modo mais profundo. Pode ser que ele tenha sido atraído para uma relação com a mulher de um amigo em parte *porque* associou essa situação com seu pai. Nesse caso, a própria relação seria uma satisfação de desejos, e, assim sendo, um tipo de gratificação simbólica ou metafórica de motivos reprimidos.

35 Como ele disse, "um excesso de palavras e pensamentos têm de ser emprestados à criança, e mesmo os estratos mais profundo podem se tornar impenetráveis à consciência" (1918b, XVII, 9). Contudo, ele conduziu a terapia relatada em "Análise de uma fobia num garoto de 5 anos" (1909b, X, 5ss). É claro que crianças pequenas podem fazer algum uso de conceitos relacionados a motivos sexuais. Considere o seguinte diálogo registrado por Melanie Klein, de

de faz de conta. Analistas posteriores, em particular Melanie Klein,[36] perceberam que essas representações, como os sonhos, poderiam ser vistas a mostrar conteúdos bastante articulados, que refletiam os motivos e estados mentais da criança e encarnavam suas fantasias de satisfação de desejos. Isso tornou possível proceder à análise de crianças perturbadas, e, portanto, aprender mais acerca da vida mental. Tomando um exemplo de criança numa brincadeira de faz-de-conta, com ela a desempenhar o papel de uma rainha: depois que ela

> como rainha, tinha acabado de celebrar casamento com o rei, deitou no sofá e queria que eu, como rei, deitasse do lado dela. Como eu recusasse a fazê-lo, tive de sentar numa cadeirinha ao lado dela e bater no sofá com o punho. Isso ela chamou de "bateção"... logo depois, anunciou que havia um bebê saindo dela e representou a cena de modo bastante realista, contorcendo-se e gemendo. Seu bebê imaginário tinha então de compartilhar o quarto dos pais e ser espectador de intercursos sexuais entre eles. Se interrompia, apanhava. [...] Se, tal como a mãe, ela punha o bebê na cama, era apenas para se livrar dele e poder se unir com o pai o quanto antes.[37]

Freud percebeu que os pais são frequentes vezes representados em sonhos como rei e rainha. Se tomarmos os pais reais dessa criança como

---

uma conversa em que ela tentava explicar a um garotinho como eram feitos os bebês.
Fritz ouviu com grande interesse e disse, "eu queria tanto ver como uma criança é feita lá dentro". Expliquei que isso era impossível até ele ser grande, porque só então pode ser feito, mas então ele o fará. "Mas então eu queria fazê-lo para a mamãe". Isso não pode, mamãe não pode ser a sua mulher, porque ela é a mulher de seu papai, daí o papai ficaria sem mulher." "Mas poderíamos nós dois fazer para ela." Eu digo "não, não pode. Cada homem tem somente uma mulher. Quando você for grande, sua mãe estará velha. Então você vai casar com uma bela e jovem garota, e ela será a sua mulher". Ele (quase às lágrimas e com um tremor nos lábios." "Mas vamos poder morar na mesma casa com mamãe?". – *The Writings of Melanie Klein* (Londres: Hogarth Press, 1975), vol. 1, p. 34-35.
36 Discuti algumas das teorias de Klein, comparando-as com as de Piaget e relacionando-as a alguns trabalhos experimentais com bebês, "Synthesis in the Imagination: Psychoanalysis, Infantile Experience, and the Concept of an Object", *In:* James Russell (Org.), *Philosophical Perspectives on Developmental Psychology* (Oxford: Basil Blackwell, 1987). Sua obra é debatida também no *The Thread of Life*, de Richard Wollheim (Cambridge: Cambridge University Press, 1984).
37 *The Writings of Melanie Klein*, vol. II, p. 39, 40.

estando por trás das figuras que ela representa aqui, podemos ver esse jogo como dizendo respeito, entre outras coisas, a seus sentimentos acerca de suas relações sexuais. Eram sentimentos que a criança podia desempenhar mesmo plenamente, por mais que não pudesse botá-los em palavras.

Essa representação das relações dos pais – como deitar junto com alguém, bater em alguma coisa, ou "bateção" – tem elementos que poderiam ser tomados como simbolismo ou metáfora em sonhos adultos. Em sonho com tais características, esses elementos poderiam ser conectados por associação com pensamentos sexuais articulados, como no exemplo da casa, da porta, da passagem. Uma vez que a criança pensa nessas coisas de modo menos articulado, o sentido de uma representação tem de ser mostrado de outras maneiras, como a estrutura da brincadeira de que ela é parte (por exemplo, o fato de bater ou "da bateção" se deu depois que rei rainha deitaram juntos, e foi seguida pelo nascimento do bebê.) Não obstante, isso pode estar relativamente claro; e em alguns casos as coisas são mostradas de modo mais explícito. Assim, por exemplo, quando a garotinha se masturbava, como o fizesse abertamente, tanto em casa como nas sessões de análise, dizia estar brincando de "brincadeira do guarda-louça", no qual ela puxava o clitóris dizendo que "queria puxar algo bem longe".

Muito embora não podemos ir muito além nessa questão aqui, parece razoável sustentar que tais representações em brincadeiras podem estar relacionadas com o tipo de motivos infantis de natureza sexual e caráter agressivo que Freud hipotetizava. Por exemplo, nesse material se pode ter: um desejo de ser rainha; deitar-se ao lado do rei; fazer "bateção" com algo batendo em alguma coisa; mudar da situação de ser uma criança excluída do leito parental; fazer a outra criança sofrer a mesma situação; ter algo muito longo *em*, ou talvez *como* seu genital e coisas do gênero.[38] Toda uma série de estudiosos extraiu conclusões com base nesse quadro, o mesmo se aplicando, por extensão, a estudiosos da obra de Freud.

---

38 Outros fenômenos podem ser aqui observados, como a tentativa da criança de se identificar a certas figuras e sentimentos, ela própria vindo a representar algum personagem, distanciando-se de outros, atribuindo-lhes ao parceiro de brincadeira. Essa brincadeira também indica de que modo algumas formas de representação se aproximam dos fenômenos que elas representam (o se deitarem juntos), enquanto outros se mantêm a grande distância.

No início, observamos que a obra de Freud sobre sonhos proporcionou um paradigma pelo qual ele poderia consolidar tanto descobertas anteriores como investigações futuras. Isso parece refletido na série de aplicação do raciocínio que estamos considerando aqui, as quais permitiram que o pensamento de Freud, e de seus sucessores, relacionasse uma ampla variedade de bases e fontes de modo semelhante. Infelizmente não há espaço aqui para uma abordagem mais detida dessas questões, que trataria também das limitações desse teorizar, em particular em comparação com o da ciência física. Ainda assim, a tendência em debates filosóficos e metodológicos é quase sempre enfatizar uma alegada fraqueza em detrimento da força do pensamento de Freud. Para se obter uma visão correta, faz-se necessário se pôr contra essa corrente de há muito prevalecente.

5 O inconsciente

SEBASTIAN GARDNER

A psicanálise considerava tudo que fosse da ordem mental como, em primeiro lugar, inconsciente; a qualidade ulterior de 'consciência' também pode estar presente ou ainda pode estar ausente. Isto naturalmente provocou uma negação por parte dos filósofos, para os quais "consciente" e "mental" eram idênticos, e que protestaram que não podiam conceber um absurdo como o "mental inconsciente". Isto, contudo, não pôde ser evitado, e essa idiossincrasia dos filósofos não merece outra coisa senão ser posta de lado com um dar de ombros. A experiência (adquirida de material patológico, que os filósofos ignoravam) da frequência e do poder de impulsos dos quais nada se sabia diretamente, e cuja existência teve de ser inferida como algum fato do mundo externo, não deixou qualquer alternativa em aberto. Pode-se frisar, incidentalmente, que isso era o mesmo que alguém tratar de sua vida mental como sempre se tratara de outras pessoas. Não se hesitou em atribuir processos mentais a outras pessoas, embora não se tivesse qualquer consciência imediata dos mesmos e somente se pudesse inferi-los de suas palavras e ações. Mas o que permanecia válido para outros indivíduos devia ser aplicável a si próprio. Qualquer um que tentasse levar o argumento mais para frente e concluir do mesmo que os próprios conceitos ocultos de alguém pertenciam realmente a uma segunda consciência, defrontar-se-ia com o conceito de uma "consciência inconsciente" – e isso dificilmente seria preferível à suposição de um "mental inconsciente"[...]. A outra questão quanto à natureza final desse inconsciente não é mais sensível ou lucrativa do que a mais antiga quanto à natureza do consciente.

(1925d [1924], XX, p. 31-32)

As razões para acreditar na existência do inconsciente são obviamente empíricas, mas a questão sobre o que, de modo mais fundamental, distingue a concepção por Freud do inconsciente é conceitual. Devo aqui me ocupar em primeiro lugar com a natureza do inconsciente em termos amplos, filosóficos, sem entrar nas filigranas de sua caracterização por Freud. Pretendo oferecer uma breve defesa da coerência do conceito e ao menos esboçar, sem o explorar em nenhuma profundidade, algumas das questões que estariam envolvidas num tratamento mais pormenorizado do tema.[1]

I

Algumas das coisas muito gerais sobre a caracterização por Freud do inconsciente devem ser aqui primeiramente enunciadas. Considerar-se-á que Freud acreditava na seguinte verdade sobre o seu conceito de inconsciente: que o senso "descritivo" de "inconsciente" (o critério segundo o qual se trata de um simples tomar consciência) deve ser distinguido do sentido "dinâmico", e a preocupação da psicanálise em definir diz respeito ao inconsciente dinâmico; que o inconsciente dinâmico é uma fonte de motivação, especificamente a motivação que é, em ato ou em potência, uma causa de conflito mental, e isso em pouco ou nada traz contribuições positivas à compreensão; que a sua hipótese é especificamente concebida com referência ao fenômeno clínico de resistência e transferência; isso se tem, contudo, num sentido complexo e qualificado, manifesto diretamente em sonhos, estando intimamente relacionados ao modo de falha e distúrbio, à faculdade da memória; que num estágio preliminar, o do *Projeto* (1950a), ele é embrionariamente visto como nível neutro; que é primeiramente formulado em relação tão próxima com o conceito de repressão, que o inconsciente aparece nesse estágio como aproximadamente coextensivo ao reprimido;

---

1 Os principais textos de Freud nos quais o conceito do inconsciente é discutido são "Uma observação sobre o conceito de inconsciente em psicanálise" (1912g, XII), "Repressão" (1915d, XIV), "O inconsciente" (1915e, XIX), "Algumas lições elementares em psicanálise" (1940b [1938], XXIII) e *O Ego e o Id* (1923b, XIX, pt. I). Tenho relido vorazmente Richard Wollheim, seu *Freud* (Glasgow: Fontana, 1971), cap. 6 e o sucinto verbete "inconsciente" no *Vocabulário de Psicanálise* de J. Laplanche e J.-B Pontalis, tradução de Donald Nicholson-Smith, International Psycho-Analytical Library, vol. 94 (Londres: Hogarth Press and the Institute of Psycho-Analysis, 1983).

que a hipótese do inconsciente é diferente da hipótese da segunda consciência, e a exclui (em relação a qualquer *explanandum* que seja dado); que se distingue nitidamente do pré-consciente (Pcs), que é inconsciente no sentido meramente descritivo; que o *Ics*, embora corresponda a um tipo especial de função neural ("energia catética livre"), é autônomo relativamente à anatomia do cérebro; que, muito embora seja imediatamente próximo da vida instintual, as "ideias" (ou "representantes instintuais"), e não os instintos em si mesmos, são o seu conteúdo primário; que, além das ideias, também é necessário falar, ainda que em termos altamente qualificados, de emoções como inconsciente; que o comportamento de seus elementos é caracterizado por um conjunto de funções que em ampla medida são caracterizáveis semiológica ou sintaticamente, incluindo a ausência de negação e indiferença em relação ao tempo, descritas por Freud como a constituir um processo "primário", condição que está intimamente relacionada à prevalência, no inconsciente, do prazer, em oposição ao princípio de realidade; e que o inconsciente como Ics está no segundo modelo topográfico da mente (chamado "estrutural"), distribuído por toda a extensão do id e pela maior parte do ego.[2]

A essas caracterizações, uma primeira e óbvia observação pode ser acrescentada no que diz respeito à epistemologia do inconsciente. O conhecimento do inconsciente é fixado em duas conexões: (i) por referência ao comportamento do analisando – aqui o estado inconsciente é identificado por uma descrição definida que é construída a partir de relatos do comportamento do analisando (como "o motivo que fez com que o analisando

---

2 Fontes de referência a ilustrar esses aspectos do inconsciente são, por ordem: sentidos descritivo *versus* dinâmico (1915e, XIV, 172-173); como fonte de motivação (1895d [1893-1895], II, 293); em relação a conflito (1895d, II, 121-124); resistência (1914d, XIV, 16); transferência (1916-1917 [1915-1917], XVI, Conferência XXVII); manifestação em sonhos (1915e, XIV, 187); em relação à memória (1895d [1893-1895], II, pt. I); como neural (1950a, I, 234); como *Ucs* (1915e, XIV, pt. II); repressão (1915d, XIV); exclui segunda consciência (1910a [1909], XI, 25-26 e 1910i, XI, 211-213); distinto do *Pcs* (1940a [1938], XXIII, pt. IV); aspecto neural correspondente (1920g, XVIII, 34); autônomo (1925d [1924], XX, 32 e 1900a, V, 536); ideias e instintos (1915d, XIV, 148 e 1915c, XIV, 177); emoção inconsciente (1915e, XIV, pt. III); processo primário (1950a [1887-1902], I, 324-327 e1900a, V, 598-601); princípio do prazer (1911b, XII); modelo estrutural (1923b, XIX, pt. II).

esquecesse x, deturpasse y etc."), e (ii) por referência a sonhos, fantasias e sintomas, que proporcionam uma compreensão indireta, mas não obstante privilegiada, quanto ao conteúdo dos estados inconscientes – aqui o estado inconsciente é identificado quanto ao seu conteúdo representacional intrínseco.

Nenhuma dessas atribuições é suscetível de ser pensada como controversa. Contudo, as três questões básicas a seguir ficam à espera de resposta: faz sentido, e em caso positivo com quais fundamentos, falar de algum modo em estados inconscientes? Que espécie de coisa é o inconsciente? De que tipos são os estados que compõem o inconsciente? Essas questões serão abordadas cada uma por vez nas três seções a seguir, e mais espaço será dado à primeira.

II

O conceito de inconsciente é mentalmente convincente e não passível de objeção? A ordem da argumentação nesta seção vai traçar um paralelo aproximativo com o argumento de Freud em seu texto "Justificação para o Conceito de Inconsciente" (1915e, XIV, pt. I).

"Psiquismo inconsciente" não implica uma *contradictio in adjecto* de caráter direto: não se trata de uma verdade analítica pura e simples a ideia de que todo estado mental seja consciente.[3] Existem *grosso modo* três motivos com base nos quais se pode sustentar a noção de psiquismo inconsciente como a implicar um absurdo conceitual: antiabstracionismo, dependência de poder causal e redundância. Estes serão explicados aqui em sequência. Antiabstracionismo: a objeção é a de que a noção de mentalidade inconsciente envolve uma extrapolação conceitual a partir do psiquismo consciente, extrapolação esta que é passível de objeção, como uma "abstração"

---

[3] Freud descreve a "equação" entre o que é consciente com o que é mental como "ou uma *petitio principii* que considera se tudo o que é físico será também necessariamente consciente; ou então se será uma questão de convenção ou de nomenclatura" (1915e, XIV, 167). Ele diz o mesmo em 1912g, XII, 260. Não obstante, Freud o pensou como sendo em certo sentido uma concepção aceita ou natural; ver 1940b [1938], XXIII, 283.

ilegítima a partir da realidade conhecida. Dependência de poder causal: a objeção é a de que, uma vez que estados mentais são dependentes de estado consciente para a sua posse de poder causal, qualquer noção de mentalidade inconsciente será necessariamente epifenomênica, portanto impossível de se motivar por considerações de explicação. Redundância: a objeção é a de que por antecipação se pode estabelecer que qualquer adução de mentalidade inconsciente como hipótese empírica explicatória será redundante em relação a outras hipóteses disponíveis e preferíveis. Na maior parte dos tratamentos negativos do conceito de psiquismo inconsciente, esses aspectos não são separados.[4]

Se agora considerarmos essas objeções uma por vez, pode-se de pronto conceder em primeiro lugar que tomamos como ponto de partida uma visão da mente que contém um lugar central para a consciência. Porém, necessariamente conectada à concepção comum de consciência está a prática de se descrever estados mentais como estando "na" consciência ou "não" estando na consciência. Empregamos essa distinção para conferir sentido à miscelânea de lacunas cognitivas e falhas de autoconhecimento: quando dizemos, por exemplo, que algo, alguma porção de conhecimento ou o pensamento de um objeto em dado momento não está na mente ("ela não considerou que..."; "ele esteve longe de pensar que...") ou que uma pessoa não se dá conta de algo que ela sabe, ou que uma crença encontra-se em certo sentido sepultada (a verdade em relação à qual a pessoa se ilude, o aviso ácrata sobre o que é melhor fazer).

Agora (para introduzir uma distinção filosófica), o sentido em que itens mentais podem ser referidos como estando *na* consciência não é o mesmo para todos os tipos de estado mental: o que é para uma dor estar na consciência não é o que é para uma crença estar na consciência. O primeiro, podemos dizer, é somente para tudo quanto do *ser* do estado mental puder ser disposto sob o olhar mental do sujeito. O segundo, por contraste, consiste na ocorrência e episódios (episódios de pensamento) em que a crença

---

[4] William James, por exemplo, fala de "ininteligibilidade" da noção de mentalidade inconsciente, e afirma que "achamos que podemos expressar todos os fatos observados de outras maneiras", em *The Principles of Psychology,* vol. I (1890) (Nova Iorque: Dover, 1980), p. 175.

é manifesta de variadas formas e em graus variados de clareza, com espaço feito para erros de vários tipos.[5]

Portanto, os sentidos correspondentes do que é, para itens de cada tipo, não estar na consciência não são os mesmos. O que é (ou seria) para uma dor não estar na consciência não é o mesmo do que é para uma crença não estar na consciência. O que o primeiro é (ou seria) é algo que provavelmente apresenta uma série de dificuldades para a concepção comum de mente, enquanto o último consiste numa concepção do psiquismo já assimilada e corrente (na verdade não é o mesmo que Freud chama de consciência descritiva).

A espacialização qualificada da consciência, que pode ser localizada na ideia comum que se tem da mente, proporciona, com isso, uma fonte de motivação, fonte esta que é livre de confusão conceitual, para a caracterização topográfica segundo Freud da consciência; podemos então sugerir que a concepção por Freud do psiquismo em termos topográficos é uma extensão contínua da concepção comum de mente.

A análise precedente do que é estar na consciência tem importância adicional para o conceito de mentalidade inconsciente, e da seguinte maneira: se a natureza equívoca da noção de um estado mental presente na consciência é negligenciada, e se todo o psiquismo é considerado como presente na consciência no sentido forte, apropriado somente a itens como dores, quando por óbvio chegamos de imediato a uma concepção altamente cética do conceito de Freud de psiquismo inconsciente – que então de fato parece envolver "abstração" –, aí se tem uma extrapolação ilegítima de tudo com que estamos familiarizados.

Quando, porém, lembramos que no modo de pensar convencional existe uma forma de descrever a relação de estados mentais com a consciência que inequivocamente vem em apoio a uma distinção entre estados mentais e a consciência que deles se tem, rompemos com o idealismo forte, como assim podemos chamar, acerca do psiquismo:[6] supomos que estados

---

5 O termo "manifestação" é tomado de Wollheim, *The Thread of Life* (Cambridge: Cambridge University Press, 1984), ver p. 168-170. Observe-se também a coordenação por Wollheim dos conceitos de consciência e inconsciência, *ibid.*, p. 45.

6 Tal como expresso no enunciado de James, de que "a essência da sensação (e por tal James parece ter em mente qualquer estado ou acontecimento psicológico) deve ser sentida, e

mentais como crenças não existem unicamente em virtude da consciência que deles se tem. À noção de Freud de psiquismo inconsciente se chega exercendo exigência sobre a distinção de estados mentais da consciência e combinando-os com uma caracterização topográfica explícita, na qual lugares psicológicos são referidos como existentes independentemente de seus membros em qualquer dado momento.

Pode bem se reconhecer que uma forma *fraca* da afirmação de que estados mentais dependem da consciência, não obstante se mantém como opção, nos termos do que até aqui tem sido discutido, até o ponto em que ainda se possa considerar a existência de um estado mental individual que se mantenha *dependente* das correspondentes *possibilidades* de manifestação. Mas para quebrar com essa concepção fraca seria necessário encontrar unicamente razões específicas e bem articuladas para se pensar quais estados mentais podem existir e de fato existem na ausência das possibilidades usuais de manifestação. Obviamente, o enunciado que define a psicanálise é o de que tais razões existem; como diz Freud na citação prefacial, temos de olhar para o "material patológico" que os filósofos ignoram à medida mesma em que eles não valorizam as necessidades específicas de explicação que tais materiais empíricos criam, e com isso apreender as referidas razões.

Não é fácil conceber um argumento para considerar que esse enunciado definidor da psicanálise seja falso *a priori*, e que as razões aduzidas em apoio aos enunciados psicanalíticos não podem se fazer valer – mediante, por exemplo, a exclusão de estados mentais conscientes com base na total identificação dos fenômenos mentais com disposições de asserção – e isso tampouco pode ser reduzido a objeção.

Não obstante, a afirmação em favor da dependência precisa ser examinada. Na verdade, existem duas formas de dependência a se considerar: dependência causal e conceitual. Poderia a dependência ser causal? Mais uma vez, é muito difícil ver qual argumento aqui poderia ser tomado como lei irrestritamente universal "se algo é um estado mental, ele tem de ser capaz de provocar manifestações de si mesmo" que não simplesmente viesse a ser uma afirmação circular contra a psicanálise.

---

como existente psíquico *sente*, assim tem de *ser*" (*The Principles of Psychology,* vol. 1, p. 163).

Poderia a dependência ser conceitual? Uma objeção mais básica pode ser feita a essa proposta. Em última instância, tal concepção seria indiscernível de um tipo de "fenomenalismo" sobre o psiquismo; ou seja, redundaria numa *identificação* de estados mentais com quaisquer de suas manifestações atuais ou possíveis. Ao dizer que a dependência conceitual, nesse contexto, seja em última instância indiscernível de uma espécie de fenomenalismo por certo que não se quer dizer que "os estados de X são conceitualmente dependentes dos estados Y" seja logicamente equivalente a "os estados de X são reais ou possivelmente os estados de Y". Em vez disso, o que se pretende dizer é que, *no presente caso*, se se alega ser a dependência conceitual suficientemente forte para excluir estados mentais inconscientes, nenhuma razão pode ser dada por ninguém que deseje sustentar a afirmação de dependência por não aceitar a segunda afirmação, que é reducionista; a motivação de uma e outra é equivalente, e a segunda afirmação é mais econômica do que a primeira.

Sem abordar a questão sobre se paráfrases fenomenalistas para o psíquico podem ser decifradas com alguma plausibilidade, pode-se fazer duas observações. A primeira, qualquer motivação que puder existir para o fenomenalismo com relação ao mundo físico (por exemplo, segurança epistemológica) em escassa medida se estenderá ao psíquico. A segunda, o fenomenalismo com relação ao psiquismo torna difícil considerar de que modo o psíquico pode ainda ser pensado como um sistema de estados causalmente inter-relacionados; na verdade, o fenomenalismo parece mais demandar a ideia, pouquíssimo explicativa, de que a consciência seria um criador *ex nihilo* de estados mentais.

Desse modo, a questão sobre a existência ou não de estados mentais que sejam independentes de possibilidades de manifestação parece estar aberta à determinação empírica. Contudo, haveria um modo de saber de antemão que não há uma necessidade empírica do inconsciente?

Em *Os Princípios de Psicologia* de William James,[7] o conceito de psiquismo inconsciente é considerado quanto ao seu papel como concomitante necessário do que James chama teorias de "matéria mental",

---

7 *Ibid.*, cap. 6.

referindo-se a teorias que consideram estados mentais como compostos empiricamente analisáveis. James pondera que podemos estar inclinados a introduzir estados mentais inconscientes para dar conta de ação habitual, do exercício não reflexivo de competências complexas e da capacidade de fazer conexões associativas entre ideias de forma não reflexiva. Também incluído por James, como a introduzir a postulação do psiquismo inconsciente, encontra-se um sem-número de *explananda* – tais como confusão mental em suas muitas formas, o componente do sofrimento no desejo e na inquietação, a autoconscientização inesperada, onde algo é percebido, mas não registrado, algo que se passa durante todo o tempo, incluindo aí algumas das considerações que levaram Leibniz postular as *petites perceptions* (percepções por demais reduzidas, breves, de baixa intensidade ou carecendo de novidade ou variação para aparecer na consciência).[8] Um autêntico enigma é constituído por tais *explananda* para quem quer que deseje ver a atribuição psicológica como forma de explicação causal. É de fato altamente defensável, seguindo Leibniz, que a existência do inconsciente nesse sentido descritivo do termo seja, se se assumir uma concepção causal-realista da psicologia comum, nem um domínio inferido nem contingente, mas uma necessidade. Entretanto, tudo o que James é capaz de fazer, quando diante desse problema, é referir-se ou à possibilidade de fazer o cérebro ocupar o papel relevante ou então supor que nós, de modo instantâneo, esqueçamos (em algum sentido peculiarmente ampliado do termo) muitas de nossas "sensações". À medida que não vemos razão suficiente para passar da tarefa da explicação para a neurofisiologia, a primeira proposta de James não é relevante, e é evidente que a sua substituição de "sensações esquecidas" por "psiquismo inconsciente" não é de nenhuma valia em se tratando de proporcionar meios claros ou adequados de se tratar a classe de *explananda* que aqui se tem em mente.

A insatisfação com o conceito de psiquismo inconsciente pode envolver as seguintes razões. Antiabstracionismo: tem sugerido que o conceito

---

8 Ver *New Essays on Human Understanding*, tradução de Peter Remnant e Jonathan Bennett (Cambridge: Cambridge University Press, 1981), p. 53-56 e 164-167. Freud reconheceu a existência desse enigma não patológico ou de um altamente similar (1940a [1938], XXIII, 157 e 1940b [1938], XXIII, 283-284).

comum de um estado mental como uma crença já extrapola ou "abstrai" da experiência consciente no sentido relevante, e isso de modo suficiente a ponto de dar espaço à noção mais forte de mentalidade inconsciente empregada por Freud. Dependência em relação ao poder causal: de forma semelhante, não parece, de modo algum, fazer parte da concepção comum da mente nem que somente as manifestações de estados mentais como crenças sejam causalmente eficazes, ou que tais estados mentais sejam causalmente eficazes somente à medida que são manifestos; ou seja, via de regra assumimos que crenças e desejos realizam seu trabalho na mente não apenas porque se tem consciência deles. (Isso se mantém para, no mínimo, a gama central de seus efeitos. Por certo que há alguns tipos de efeito – como os que estão associados à deliberação –, para cada um dos quais sendo verdade que um estado mental tenha de ser consciente a fim de atingir aqueles efeitos.) A concepção corrente de consciência não faz do *status* consciente uma pré-condição para a posse de poder causal, mas em vez disso torna o poder causal transcendente à consciência que dele se tem. Redundância: a proposta alternativa de James não chega a se impor com clareza, de modo que se mantém aberta a questão sobre haver ou não boas razões empíricas para se aduzir o inconsciente freudiano.

Ao chegar ao momento de tentar introduzir estados mentais que não podem ser manifestos, diremos uma de duas coisas: ou que existem estados mentais que sejam *acidentalmente* não manifestáveis ou que existem estados mentais que são *não acidentalmente* não manifestáveis. Tal distinção reside numa noção de tipos de estados mentais, ou, outras palavras, do que é e não é em razão da natureza intrínseca de um estado mental.

Será útil agora se deslindarmos de modo mais preciso várias concepções do conceito psicanalítico do inconsciente em termos de graus sucessivos de independência em relação ao conceito de consciência.

    a. O inconsciente como inteiramente composto de ideais que foram conscientes e têm sido reprimidas; isso estaria em conformidade com o que chamaríamos de condição "lockeana" do psiquismo (a de que não pode haver nada na mente que antes não tenha estado na tomada de consciência).[9]

---

9 Ver *An Essay Concerning Human Understanding* (1690), Peter H. Nidditch (Org.).

b. O inconsciente ou é inteiramente composto de, ou ao menos inclui algumas ideias que não eram originalmente conscientes, mas que *poderiam se tornar conscientes*.

c. O inconsciente como ou inteiramente composto de, ou ao menos a incluir algumas ideias que originalmente não eram conscientes e que *poderiam não se tornar conscientes*.

A primeira e a segunda concepções empregam as noções de inconsciente acidental, e a terceira, a noção de inconsciente não acidental.

A última dessas concepções coincide com o inconsciente que se tem nos escritos de Melanie Klein e W. R. Bion, mas é também, mais provavelmente, atribuível a Freud. Existe evidência de que Freud levou em consideração, e em certa medida empregou (c), ainda que não tivesse ido em busca de suas possibilidades como fizeram alguns de seus sucessores. Contudo, essa evidência não é fornecida por sua descrição de instintos como coisas que são inatas e que podem possivelmente se tornar objetos da consciência, uma vez estes foram considerados por Freud não como se fossem psíquicos, e sim muito mais como físicos (1915d, XIV, 148; e 1915e, XIV, 177). Em vez disso, a evidência vem dos enunciados explícitos de Freud de que o conceito de inconsciente é *mais amplo* que o de reprimido, e isso juntamente com sua posterior admissão de uma herança filogenética e da existência de fantasias primevas.[10]

Uma questão adicional deveria ainda ser suscitada com relação às várias forças de concepção: existe alguma boa razão *conceitual* para se preferir confinar o conceito do inconsciente de modo a reforçar (b) ou mesmo (a)? A condição lockeana, que à primeira vista teria tal consequência, parece compatível com o realismo acerca de estados mentais inconscientes, parecendo acrescentar apenas uma condição genética à sua existência. Mas, como agora pode ser observado, existe algo de objetivamente arbitrário

---

Oxford: Clarendon, 1975, I, iii, 20.
10   Ver Freud (1907a [1906], IX, 48; 1913d, XIV, 147-148; 1915c, XIV, 166; e 1923b, XIX, 18). Uma distinção entre conteúdos inconscientes inatos e adquiridos é feita em 1940a [1938], XXIII, 163: O primeiro inclui o "núcleo dificilmente acessível" do id. Fantasias primevas filogeneticamente inatas são identificadas por Freud no caso do homem dos lobos: ver 1918b [1914], XVII, 120. Ver também 1921c, XVIII, 75 n. 1; e 1916-1917 [1915-1917], XVI, 368-371.

quanto à condição lockeana; se uma ideia pode se tornar inconsciente num momento posterior, por que não poderia ela ser originalmente inconsciente e mais tarde *se tornar* consciente? Qual seria a fundamentação racional para a assimetria temporal na condição lockeana? A única fundamentação racional possível para a condição lockeana pareceria residir, ainda uma vez, numa visão do efeito de que a *criação* de um item mental de algum modo envolve a consciência como ingrediente genético. Porém essa noção, que parece demandar que a consciência seja considerada *causa criativa* por certo não é encontrada no senso comum, e é muito difícil ver que tipo de respaldo filosófico, compatível com o realismo psicológico convencional, poderia ser proporcionado para tal. As objeções à condição lockeana recapitulam aqui as primeiras objeções do fenomenalismo com relação ao psíquico.

Se isso estiver correto, seria injustificado sustentar o conceito de inconsciente em: (a) o realismo psicológico convencional conduz diretamente a (b). O passo adicional de (b) a (c), como já dissemos, dá-se mediante a subtração da possibilidade de manifestação. Ora, o que vem permitir esse novo passo?

A fundamentação racional para negar que (ao menos alguns) estados psicanalíticos inconscientes são de um tipo que pode ser manifestado reside na diferença entre seus aspectos fundamentais e os dos estados psíquicos manifestos. Esses aspectos são as "características especiais do sistema inconsciente" (1915e, XIV, pt. V). Explicam seus estados de maneira não manifesta, uma vez que esses estados são suficientemente diferentes *em constituição interna* dos estados que podem ser assim manifestos não segundo seus modos de aparecimento possível, exceto sob formas distorcidas e indiretas e sob condições especiais (como o sonho) na consciência. Na teoria kleiniana, esse tipo de fundamentação racional é altamente elaborado, uma vez que estados inconscientes são identificados a fantasias cujos objetos constituem um mundo interior, cuja apreensão envolve os mesmos poderes psicológicos tais como são exercidos na percepção da realidade exterior.

Em vista de tudo isso, de que modo o conceito do inconsciente deveria ser coordenado com o de repressão – seja a conexão conceitual ou, em última instância, contingente – depende, em primeiro lugar, do quão amplamente concebemos a repressão. Existe uma compreensão estreita do conceito de repressão (a que se encontra mais intimamente alinhada ao modelo de "esquecimento" histérico) de acordo com o qual ele denota uma espécie particular de defesa psíquica (com base nessa leitura, a sua importância nos escritos de Freud apresentará um declínio constante, para o conceito ser virtualmente eliminado na teoria kleiniana). Com base numa leitura mais ampla do conceito, podendo ou não haver um uso do termo para denotar um tipo particular de defesa, a repressão, embora jamais seja equivalente à "defesa inconsciente", mantém-se implicada, ainda que apenas de modo implícito, ao modo *decomponente* de todas as formas de defesa psíquica inconsciente.[11] Assim, o reprimido construído de forma limitada pode ser visto como coextensivo ao inconsciente de forças (a) e (b), mas não de (c); para o inconsciente, de acordo com a concepção (c), o conceito limitado de repressão será necessário para explicar no máximo alguns conteúdos inconscientes. A uma leitura mais ampla, por contraste, a repressão é parte da explicação causal de todos os processos inconscientes.

Num sentido restrito, pode-se sustentar que, à medida que para (a) e (b) o conceito do inconsciente deriva do de *repressão*, que é uma visão sugerida por algumas observações de Freud,[12] para (c) isso não é o caso. Contudo, deveríamos estar conscientes do equívoco desse enunciado como a implicar que (c) ele envolve um salto conceitual, como se com (a) e (b) estivéssemos trabalhando com um conceito do inconsciente que possa ser logicamente derivado do seio do ideário convencional, e com (c) isso já não acontecendo. O puro e simples conceito de existência mental inconsciente é constante em toda a extensão de (a) a (c). O que muda é apenas a explicação de não manifestabilidade. De modo que (c) não representa um ponto de partida conceitual radical do senso comum, não demandando nenhuma outra condição *conceitual* especial a ser satisfeita para que se garanta a sua inteligibilidade.

Uma questão diferente agora requer atenção. Em linha com a citação prefacial de Freud, supusera-se que a razão positiva para se acreditar na

---

11 Sobre a repressão e essa distinção, ver o verbete "repressão" em Laplanche e Pontalis, *Vocabulário de Psicanálise*.
12 "Assim obtemos nosso conceito do inconsciente com base na teoria da repressão. O reprimido é o protótipo do inconsciente para nós" (1923b, XIX, 15).

existência do inconsciente pode vir, e de fato vem de quadrantes empíricos. Existe um modo simples e unificado de se caracterizar o *tipo* de razão que, pensava Freud, garantisse a adução do inconsciente? Freud escreveu: "Ele [o inconsciente] é *necessário* porque os dados da consciência têm em si um grande número de lacunas" (1915e, XIV, 166).[13] Os termos dessa sugestão aparentemente se chocam com uma importante concepção filosófica, que ademais é intuitivamente convincente, quanto ao efeito de que a consciência é caraterizada por um tipo especial de unidade, com base no qual logicamente ela não possa tolerar "lacunas" de nenhum tipo. Mas não precisamos desafiar essa doutrina a fim de compreender a asserção de Freud. Podemos interpretar a noção de Freud em termos de *lacunas em autoexplicação*. Enquanto tais, essas lacunas são de *natureza plenamente psicológica* – ocorrem em pontos onde via de regra esperaríamos que se fizesse disponível uma explicação psicológica intencional – e desse modo elas se põem à parte de outras lacunas, meramente nominais, na explicação psicológica convencional (como, por exemplo, a impossibilidade de se explicar em termos intencionais *como se dá* o processo de alguém comumente se lembrar de alguma coisa).

Contudo, ficamos com o seguinte enigma: que relação se dá entre a existência de um estado mental e a consciência que se tem dele? Nesse ponto sobrevém uma necessidade que é a de, se tanto se concede que haveria algo como um estado mental sem consciência, e com base em tal abordagem nós abrimos uma forte conexão definicional de psiquismo com consciência, podemos então, porque não existe nenhum modo de mostrar como o psiquismo pode *implicar* consciência, a admissão de uma vontade inconsciente ter-nos-á inadvertidamente destituído, *qua* nossa existência consciente, da realidade (isso foi uma preocupação e uma linha de objeção à psicanálise da parte de Sartre).[14] Agora, sem dúvida é verdade que a teoria psicanalítica eleva a nossa conscientização intelectual de problemas da mente de caráter geral, em particular do problema de

---

13 Ver Wollheim, *Freud*, p. 159 e James, *The Principles of Psychology*, vol. 1, p. 239-240.
14 Ver "Consciousness of Self and Knowledge of Self," 139-140, tradução de MaryEllen e Nathaniel Lawrence. *In:* Nathaniel Lawrence e Daniel O'Conner (Orgs.), *Readings in Phenomenological Psychology* (Englewood Cliffs, Nova Jersey: Prentice-Hall, 1967).

se garantir valor explanatório causal para o mental sem fazer com que o aspecto particular da consciência pareça epifenomênico; mas, nos termos postos em curso pela discussão precedente, já se indicou de que modo a ansiedade pode ser apaziguada.

Não é o caso de que a própria ideia de psiquismo inconsciente traga a implicação de que o estatuto inconsciente seja apenas uma propriedade epifenomênica, ou que seja apenas uma propriedade acidental de estados mentais. Essa consequência é na verdade vedada pelo fato de que nós introduzimos o conceito de inconsciente em referência ao de consciência, e não o fizemos de modo a implicar que a consciência seja epifenomênica. Essa maneira de introduzir o conceito do inconsciente estabelece uma ampla (e, do ponto de vista psicanalítico, plenamente aceitável) dependência conceitual com base no psiquismo inconsciente. Uma dependência *geral* do conceito de um estado mental ao de consciência não ocasiona a posse por cada espécie de estado mental da característica mesma da consciência: estados psicanaliticamente atribuídos podem carecer de manifestabilidade e ainda assim não ser conceitualmente dependentes da consciência, em razão de ser necessariamente partes *da mente*, cujo conceito está conectado ao de consciência.

Com isso, a teoria psicanalítica não tem necessidade de negar que, se não houvesse nenhum fenômeno de autoconsciência, não haveria inconsciente, ou que – por um grande número de estados mentais – o aspecto da consciência seja, em ampla medida, causalmente significativo. Na verdade, a alegação de eficácia da teoria psicanalítica (embora isso não seja questão direta como frequentes vezes se supõe) *requer* tal suposição. Isso é verdade tanto para a segunda tópica como o é para a primeira. Embora a segunda tópica não o tenha assinalado explicitamente num lugar particular chamado consciência, ela não exclui tal identificação: o *Cs* pode pronta e apropriadamente ser mapeado em partes do ego. E o conceito de um estado mental empregado na segunda tópica filosoficamente não é mais independente do que do conceito de consciência do que o conceito de estado mental empregado na primeira tópica. A diferença consiste precisamente no fato de que, na segunda tópica, a caracterização dos estados mentais inconscientes em termos de sua (in)suscetibilidade à manifestação já não é incorporada pelo modelo porque já não se supõe que esse traço se correlacione de modo confiável com os de propriedades causais dos estados mentais mais significativos para a teoria psicanalítica. Assim, novamente, por não ter um lugar fixo ou explícito para a consciência, a segunda tópica traz a implicação de independência conceitual de seus elementos em relação ao conceito.

Sem ser capaz de explicar a natureza da relação entre psiquismo e consciência, a teoria psicanalítica, não obstante, pode ser aliviada de algum fardo, e protegida dos ataques da filosofia.

III

Que tipo de entidade se tem em vista ao falar do "inconsciente"? Em particular: qual significado é custeado pela nominalização de Freud, "*o inconsciente*" (que pode parecer marcar uma certa distância de qualquer visão de senso comum de mente)? De início podemos pensar ser apropriado tentar ler "o inconsciente" como elipse para uma expressão que, quando grafada em toda a sua extensão, para tomar um exemplo óbvio, ler-se-ia "mente inconsciente". Quer Freud tenha pretendido ou não que a expressão fosse lida dessa maneira, o que parece improvável, a questão filosófica importante será em todo caso a seguinte: sob que espécie de termo mais geral estaria subsumido o inconsciente? Que espécie de coisa é o inconsciente?

Agora está claro que, ao considerar essa questão, ao mesmo tempo travamos um embate com a questão crucialmente importante acerca de até que ponto Freud via a hipótese do inconsciente como a mostrar que somos em algum sentido novo, ou não antecipado, ou contraintuitivo constitucionalmente "dividido(s)" ou somos tipos não unitários de ser ("si mesmos múltiplos", como tem sido sugerido como forma pela qual deveríamos chamar as especulações freudianas e suas similares).[15]

---

15 ELSTER, Jon. *Introduction to "The Multiple Self"*, Jon Elster (Org.) (Cambridge: Cambridge University Press, 1985).

A questão da magnitude ou severidade da divisão da personalidade intencionada por Freud pode ser mais bem visualizada propondo-se a questão mais formal a seguir: a categoria sob a qual o inconsciente incide seria distinta e não logicamente subsumível à categoria que é formalmente empregada, num âmbito individual, em individualizar uma pessoa? Para essa questão haverá três tipos de resposta: uma resposta negativa e versões fracas e fortes de uma resposta afirmativa.

A resposta *negativa* será o efeito de que o conceito do inconsciente possa ser ou formalmente comparado com tais conceitos como o da memória ou da vontade, termos que designam faculdades ou funções, assentadas a um nível de descrição claramente compatível com as visões mais fortes da unidade da pessoa; ou (embora essa segunda visão não seja exclusiva da primeira) deveria ser entendido como a fazer referência simplesmente ao conjunto de estados mentais que são inconscientes e a outros modos de traços característicos especiais que possam ser distinguíveis como fenômeno mental unitário.[16]

A resposta *fracamente desagregadora* será a de que a introdução do inconsciente implica uma nova categoria, que ainda não está disponível nem de forma latente em concepções pré-teóricas do psíquico, mas cujo emprego não envolve nenhuma inconsistência radical em relação a essas concepções.

A resposta *fortemente desagregadora*, por contraste, terá por efeito que o conceito do inconsciente de fato envolve a introdução de uma categoria cujo uso é inconsistente com, e controverso em relação a concepções comuns da unidade da pessoa. Essa concepção será mantida por quem quer que pense que o inconsciente incide sob uma categoria que na verdade é uma aplicação no ponto base em que uma pessoa é individuada, a partir do qual se seguirá que a teoria freudiana nos mostra como *múltiplos* do que antes tomávamos como instâncias únicas.

É importante explicitar que haveria duas *más* razões de se imaginar Freud comprometido com uma visão desagregadora da pessoa. Em primeiro lugar, Freud não está comprometido com tal visão por uma alegação sua

---

16 Isso está em consonância com a visão ver Wollheim: cf. "The Mind and the Mind's Image of Itself". *In: On Art and the Mind.* Londres: Allen Lane, 1973.

(na passagem citada no início e alhures – 1915e, XIV, 169 e 1933a [1932], XXII, 70) de que o conhecimento do inconsciente estaria fundado num modo similar de conhecer a mente da outra pessoa. O uso de tal motivo é tão compatível com o da concepção de que o que é imputado ao se falar do inconsciente é apenas um conjunto de estados mentais quanto ao que se tem com a concepção de que o que é imputado é uma segunda mente num sentido desagregador da pessoa. Em segundo lugar, ele não está tão comprometido com sua descrição da mente no modelo tópico como "constituído de número de *agências* ou *sistemas* (1925d [1924], XX, 32), pois esses são termos usados de maneira especial, sendo uma questão adicional o que precisamente Freud faz com que signifiquem.

Em apoio à resposta negativa pode-se salientar que, como observa Richard Wollheim,[17] relações de conflito entre sistemas consciente e inconsciente não se dão entre eles meramente em virtude de sua diferença com relação ao estatuto (in)consciente, entendido de maneira descritiva, de seus elementos: tal diferença não engendra conflito *por si mesma*. Consciência e inconsciência não são propriamente intrinsicamente hostis, e *Cs-Pcs* e *Ucs* não são *intrinsicamente* antagonísticos um em relação ao outro; ocorre conflito entre eles somente em razão do caráter particular dos conteúdos do *Ucs* e de sua consequente conexão com uma repressão.

Contudo, a imagem muda quando passamos a considerar a segunda tópica, a "estrutural"? A segunda tópica apenas proporciona uma expressão explícita de fatos já reconhecidas na primeira, ao tempo em que inverte sua ordem de prioridade, tornando a identificação do lugar do item mental independente da identificação de seu estatuto descritivamente (in)consciente. Então, de novo não há mudança conceitual fundamental envolvida na transição para a segunda tópica,[18] ponto este que é então mostrado pelo fato de que as formas posteriores da descrição realizada por Freud explicitamente combinam a segunda tópica com a primeira.[19] Dado que a primeira tópica não é metafisicamente desagregadora da pessoa, e que a segunda é imanentemente

---

17 Wollheim, *Freud*, p. 174-175.
18 *Ibid.*, p. 174.
19 Ver 1923b, XIX, pt. II; 1933a [1932], XXII, Conferência XXXI; e 1940a [1938]: XXIII.

contida na primeira, seria inconsistente ver a segunda tópica, mas não a primeira, como metafisicamente desagregadora da pessoa.

Além do mais é importante ter em mente a distinção entre conflito constitucional e divisão metafísica da pessoa conforme o definido acima: esta última não é implicada pela primeira. O conflito constitucional na verdade é constituído na segunda, como não o é na primeira tópica; mas isso se dá em razão de que as duas tópicas empregam diferentes tipos de caracterização de partes mentais (razão pela qual em princípio elas são compatíveis), e não em razão de a transição da primeira tópica para a segunda necessariamente envolver uma elevação da divisão da pessoa. A questão sobre se o fato de a estrutura psicológica de uma pessoa traz em si algum conflito, dividindo a pessoa num sentido metafísico depende do traço característico posterior, da constitucionalidade das partes conflitantes.

Deve-se ressaltar que Freud exige a interdependência funcional tanto quanto exige o conflito das partes. Na segunda tópica elas estão relacionadas uma à outra como estágios diferentes no processamento psicológico, onde "processo" é definido com respeito a um único e inteiro organismo. Na verdade, é por ser assim – porque cada qual requer a outra parte a fim de constituir um organismo humano, e porque um inteiro organismo humano é pressuposto para a sua existência – que o conflito intrafísico se faz inevitável. Também se deve observar que o conflito psíquico mais importante na segunda tópica ocorre no interior do ego, indicando que os critérios intrapsicológicos de Freud não foram exclusivamente guiados pelos fatos do conflito. Ao modo de partes da alma, o ego, id e superego fazem a guerra, sem ser cada um deles almas que guerreiam.[20]

Contudo, a bem conhecida crítica de Sartre a Freud, que tem seu foco na noção por Freud de mecanismo censor (na teoria dos sonhos) levou Freud a se comprometer com uma resposta fortemente desagregadora. Segundo Sartre, "pela distinção entre o 'id' e o 'ego'", Freud cortou o todo psíquico em dois. Eu sou o ego, mas não sou o id [...]. Ao rejeitar a unidade

---

20 Ver a discussão de Brian O'Shaughnessy desse tópico em "The Id and the Thinking Process". *In:* Richard Wollheim e James Hopkins (Orgs.). *Philosophical Essays on Freud.* Cambridge: Cambridge University Press, 1982.

consciente da psique, Freud é obrigado a implicar em toda a parte uma unidade mágica."²¹ Sartre viu um paradoxo em tal concepção da pessoa. Estaria Freud comprometido com uma visão metafisicamente desagregadora da pessoa do tipo da que Sartre identifica como alvo, muito embora, talvez, contrariamente a suas próprias intenções? O que em última instância está em questão é o seguinte: é necessário, como Sartre de fato supõe, pensar no inconsciente, ou em qualquer entidade distinta requerida pela forma característica da explicação psicanalítica, a tomar posse das crenças da pessoa e a realizar intenções direcionadas para a mente da pessoa, de modo a expressar seu próprio ponto de vista, que não é o mesmo da pessoa como um todo? Se assim fosse, seria verdade que a pessoa se encontra inteiramente dividida, pois então estaria contido nele ou nela algo que o ser indesejado descreve como um "mecanismo" e na verdade seria mais uma "protopessoa". Surgiria então um problema relacionado à gênese causal dessa parte mental, e a suspeita constituiria que a parte mental hipotetizada nada mais é do que a pessoa como um todo sob outro nome (indicando algum tipo de profunda confusão lógica na teoria psicanalítica).²²

A fim de dissolver essa crítica, um primeiro comentário importante é o seguinte: à teoria psicanalítica permite-se usar o conceito de uma disposição, num sentido que não implica a presença de intenções na mente, e em sua forma desenvolvida a metapsicologia psicanalítica efetivamente o faz (e o faz, para tomar um caso central, na teoria do sinal de angústia; 1926d [1925], XX, 125-126), de um modo que faz a ativação de uma disposição assume o trabalho feito na primeira abordagem teórica de Freud pelo mecanismo censor.

---

21 *Being and Nothingness: An Essay on Phenomenological Ontology*, tradução de Hazel E. Barnes (Londres: Methuen, 1958), p. 50-53. A mesma crítica foi feita antes por V. N. Volosinovin. *Freudianism: A Critical Sketch* (1927), tradução de I. R. Titunik, I. R. Titunik e Neal H. Bruss (Orgs.) (Nova Iorque: Academic Press, 1976), p. 70.

22 É uma difícil questão saber se a teoria dos "subsistemas" nos escritos sobre irracionalidade de Donald Davidson e David Pears retoma a resposta fortemente divisiva ou uma resposta fracamente divisiva à questão original, e o modo como tal resposta se sai ante a crítica de Sartre. Ver Davidson, "Paradoxes of Irrationality". *In:* Wollheim e Hopkins (Orgs.), *Philosophical Essays on Freud*; "Deception and Division", *In:* Elster (Org.), *The Multiple Self*; e Pears, *Motivated Irrationality* (Oxford: Oxford University Press, 1984), cap. 5; e "Goals and Strategies of Self-deception", *In:* Elster (Org.), *The Multiple Self*.

Contudo, a adequação da réplica a Sartre desse tipo geral vem revelar outra questão, que diz respeito a quanto temos de usar o inconsciente para explicar. O que em última instância decide a questão entre Freud e Sartre é o quanto a *racionalidade*, ou a *capacidade de pensamento estratégico* é investida por Freud nessa abordagem do inconsciente: se a racionalidade, marcada pela capacidade de formular intenções, encontra-se envolvida no pensamento inconsciente, então o inconsciente se aproxima de uma protopessoa, mas não está envolvida, e nesse caso não precisa ser assim concebido. Muito embora em favor de Sartre se possa talvez argumentar haver razões para pensar que, nos históricos de caso, Freud devia ter concebido o inconsciente como capaz de um intento manipulativo, há evidência conclusiva de que ele não pretendeu fazê-lo. Freud é categórico em afirmar que em todos os casos de motivação inconsciente com os quais a teoria psicanalítica está envolvida, tem-se uma firme distinção entre a influência propriamente do inconsciente *Ucs*, cuja operação é sempre concebida mediante a extrapolação do modelo *não* estratégico de satisfação de desejo, como um processo no qual representações de objetos necessidades, mas não disponíveis, são formadas em resposta direta à frustração, sem qualquer mediação pelo pensamento; e a operação de desejos no *Pcs*, que pode ter um caráter estratégico, de um modo que o último seja dependente do primeiro. Assim, qualquer fenômeno que venha a emergia na psicanálise e pareça manifestar alguma estratégia deve ser visto como a emanar do *Pcs*, não do *Ucs*, e haverá uma expectativa de que um desejo correspondente possa ser situado no *Ucs*, desejo este que empreste força e que seja (num sentido que não implique formulação de estratégia) subservido pelo desejo no *Pcs*.[23]

Podemos agora ver porque existe uma diferença de princípio, e não apenas uma diferença nominal, entre o conceito por Freud do inconsciente e tentativas alternativas de conceitualizar o mesmo conjunto de fatos em termos de uma segunda consciência, ou de uma parte dissociada ou (na formulação de Pierre Janet) *désagrégé* da mente,[24] o que de fato

---

23 Grande parte das interpretações clínicas de Freud vem exemplificar essa estrutura. Que o *Ucs* não é capaz de estratégia, também é mostrado muito claramente pelo manuseio por Freud de casos ostensivos de raciocínio em sonhos (1900a, V, 418 e 445).
24 Ver Henri-Jean Barraud, *Freud at Janet: Étude Comparée* (Toulouse: Bibliotheque de

tem implicações desagregadoras para a pessoa. A alternativa de Freud é conceitualmente mais conservadora do que a de Janet, e desse modo requer menos defesa psicológica. Portanto, ela não confronta a objeção de que nenhuma explicação é dada para a existência de bolsões isolados de vida mental.

A conclusão dessa seção é a de que a teoria psicanalítica pode se proteger contra todos os embaraços que Sartre tenta criar para ela, podendo retornar no máximo a uma resposta fracamente desagregadora, e provavelmente apenas a uma resposta negativa à questão original da divisão da pessoa, construindo-se de um modo propenso à atribuição de processos mentais *não intencionais*.

IV

Qual é a natureza dos estados atribuídos pela psicanálise? Mais especificamente: Dado o traço distintivo "características especiais do sistema Ucs", *de que modo* estados mentais conscientes são conceitualmente estados mentais inconscientes?

A questão será aqui abordada em relação a apenas quatro dos muitos aspectos passíveis de comparação.

    i. Os estados mentais inconscientes são proposicionais? Que eles sejam, é algo de que bem se pode duvidar, tendo em vista a conexão entre o conceito de uma atitude proposicional e a ideia da mente como um sistema que é a amarrado, pela via do direcionamento à verdade de suas crenças, para o modo como as coisas realmente são no mundo. Os estados inconscientes são insensíveis à realidade e não provocam ação de um modo que reflita uma compreensão da realidade. Os estados inconscientes não são diretamente amarrados a estados externos de coisas do modo como o são as crenças, ou amarrados indiretamente do modo como o são os desejos, por serem companheiros naturais e lógicos de crenças: estados inconscientes não se conjugam

---

Psychologie Clinique, 1971), cap. 7.

a crenças para formar razões para a ação. Freud escreve: "A crença (e a dúvida) é um fenômeno que pertence inteiramente ao sistema do ego (o *Cs*) e não tem contraparte no *Ucs*" (1950a [1887-1902], I, 255). Se os estados inconscientes não são atitudes estritamente proposicionais, não obstante eles possuem conteúdo: nós os descrevemos em termos de objetos e estados de coisas que os tomamos por representar, e tomamo-los para explicar uma ação supondo que de algum modo propositado eles provocam a ação que em certo sentido "projeta" o estado de coisas que eles representam. Como podemos conceber a natureza de seu conteúdo? Podemos decidir chamar tais estados de "preposicionais". Isso não faria com que fossem (tal como a "informação" via de regra é concebida em psicologia cognitiva) "subpessoais", tampouco chamar o conteúdo de uma representação visual como não proposicional ao modo de uma pintura levaria alguém a dizer que, por essa razão, seu conteúdo não seria o tópico da compreensão de uma pessoa. O modelo de uma representação visual parece nos prover da analogia correta, e nos convida a dizer que (no mínimo) estados inconscientes têm conteúdo representacional apenas no sentido de afetar pessoas de um modo a introduzir pensamentos de estados de coisas específicos na mente, razão pela qual trazem o conteúdo de atitudes proposicionais plenas das pessoas. Essa proposta também está de acordo com a concepção kleiniana do inconsciente como incorporação de um mundo interior, concebido como uma cena de fantasia.

ii. Os estados inconscientes têm um caráter fenomenológico?

A questão da existência de uma fenomenologia inconsciente naturalmente advém do caso das emoções inconscientes. Freud atentou especialmente às emoções, dedicando a elas a terceira seção de seu artigo de 1915 sobre o inconsciente. Contudo, ele não pensou que as emoções pudessem ser inconscientes num sentido não qualificado, porque para ele a emoção envolvia consciência (1915e, XIV, 177).

É questionável se Freud estava certo em assumir visão tão conservadora de uma emoção inconsciente, em espacial se se considerar que ele falava do inconsciente como lugar de prazer e desprazer (1920g, XVIII, pts. I-III).

Um argumento em favor da possibilidade da emoção inconsciente pode proceder a uma reiteração do argumento do realismo psicológico básico na seção 2: geralmente não o tomamos como aspecto de uma emoção que consiste em seu aparecimento à consciência (que é o que via de regra se pode chamar "sensação") que tenha poder causal, mas sim que o aparecimento é de algo que tenha poder causal (separação da emoção de sua sensação do mesmo modo que a crença e sua manifestação num episódio de pensamento são separados). Ao novamente subtrair o fato da manifestação, chegamos à ideia da emoção inconsciente.

Ainda podemos falar de uma emoção inconsciente como sendo eficaz *em virtude de como ela sente*? Na medida do que é reconhecido, podemos falar – e isto é bastante plausível – que existe um conceito de sensação que não implica uma percepção consciente explícita. Podemos então dizer que quando uma emoção confere seu poder causal é a propriedade fenomenológica que é apreendida como a possuindo quando uma sensação a manifesta. Isso dá espaço para a alegação de que são emoções conscientes no sentido forte de serem estados cujo poder causal deriva em parte de sua fenomenologia (que são eficazes em certas direções e não em outras em razão do modo como sentem).

A sugestão de que se trata de emoções plenamente inconscientes tem importância geral, uma vez que as propriedades fenomenológicas (dor, prazer e ansiedade inconscientes) parecem ser demandadas como determinantes cruciais do curso de processos inconscientes.[25] Que aquelas propriedades fenomenológicas têm um elevado valor causal no inconsciente, tem-se aí, é óbvio, bem o que se poderia esperar, dado seu caráter instintual, infantil, fantástico etc.

    iii. Os estados inconscientes são estados *teóricos*? O fato de que falamos de "teoria psicanalítica" obviamente não nos obriga a ver atribuições psicanalíticas como atribuições de estados teóricos, assim como falar numa teoria de cores não nos obriga a ver as cores como propriedades teóricas. Contudo, pode parecer que a

---

25 Para ilustrações particularmente claras, ver Wollheim, "The Bodily Ego", *In:* Wollheim e Hopkins (Orgs.), *Philosophical Essays on Freud*; e Donald Meltzer, *Sexual States of Mind* (Perthshire: Clunie, 1973).

declaração de Freud, com que abrimos este artigo, de que a teoria psicanalítica "diz respeito a todo psíquico como sendo em primeiro lugar inconsciente" se harmoniza com a concepção de que estados atribuídos pela psicanálise sejam teóricos, simplesmente porque o esforço teórico não cria uma expectativa de (e talvez nem mesmo o permita) consciência.[26]

Contra essa sugestão, contudo, quatro considerações vêm se insurgir.

Uma delas é a de que materiais conceituais requeridos para se compreender a introdução de conceitos psicanalíticos são (como a segunda seção procura enfatizar) prontamente disponíveis no discurso convencional acerca do psíquico.

Uma segunda consideração é a de que os estados conscientes são, como foi sugerido, imbuídos de propriedades fenomenológicas, e essas são propriedades de um tipo notoriamente difícil de incorporar no arcabouço teórico. Se explicações de ação segundo um paradigma *racional* podem possivelmente omitir referências a propriedades fenomenológicas, ou ser reconstruídos de modos que façam referência apenas a *crenças* sobre propriedades fenomenológicas, nenhum deles é verdadeiro para explicações psicanalíticas.

Uma terceira consideração é a seguinte: à medida que adotamos um contorno governado puramente por considerações teóricas, somos levados a postular estados definidos pelo papel causal, em resposta às demandas formuladas exclusivamente em termos de terceira pessoa, sem ser condicionadas por experiência alguma em qualquer sentido não teórico que seja. Não pode haver garantia de que aquilo que somos levados a postular venha a trazer consigo o tipo correto de relação íntima e ressoante para se vivenciar o que, de forma legítima, esperamos da linguagem psicanalítica e que a linguagem psicanalítica possui em sua plenitude.[27]

A quarta e mais convincente consideração se segue da terceira e diz respeito ao modo de nosso conhecimento do inconsciente. O caso é o seguinte: sendo o consciente (no sentido descritivo) inconsciente, ele pode

---

26 Enunciados que podem ser lidos como teoricamente sugestivos são encontrados em 1940a [1938] XXIII, 158-159 e 1925e [1924], XIX, 217.
27 Cf. Wollheim, Freud, p. 203-204.

ser epistemicamente fixado em duas conexões de terceira pessoa a que se faz referência na primeira seção, sendo a experiência incapaz de desempenhar um papel direto, não teórico, no condicionamento de nosso pensamento sobre o psiquismo inconsciente? Os dados da prática clínica, tanto implícita quanto explicitamente, sugerem bem o oposto: o inconsciente pode também ser epistemicamente fixado mediante algo que poderíamos chamar de "quase manifestabilidade" dos estados inconscientes. A um certo grau o inconsciente é introspectável: pessoas que se submeteram a análise durante um certo tempo chegam a ser capazes de reconhecer acontecimentos no inconsciente – ativações de impulsos, limiares de atividade fantasmática e assim por diante – tão logo eles ocorram. Desse modo elas estão conscientes desses movimentos do psiquismo de um modo que podem identificar seu conteúdo e direção, podendo talvez fazer algo para ocultá-los, mas sem ser capaz de controlá-los de todo (muito menos iniciá-los).

Por certo que a "quase manifestabilidade" não é uma rota epistêmica autônoma do inconsciente: ela é condicional a depender da adoção prévia do analisando de uma perspectiva de terceira pessoa acerca de si mesmo no contexto psicanalítico. Somente desse modo os conceitos psicanalíticos podem ser adquiridos. Deveríamos assim modificar a definição anterior de psiquismo inconsciente como estados psíquicos carecendo de possibilidades de manifestação: em vez disso, eles admitem manifestação num sentido mais sutil e condicional.

Podemos assim sugerir que o conceito psicanalítico do inconsciente parece se adequar melhor a uma visão realista da linguagem psicológica. O enunciado de Freud (na citação prefacial) de que a "questão da natureza última desse inconsciente já não é mais conveniente ou proveitosa do que a antiga, uma vez que a natureza do consciente" pode ser entendida como a implicar que uma mudança no dispositivo teórico não é necessária para explicar o psiquismo inconsciente.

    iv. Os estados inconscientes são "possuídos pela" pessoa a quem são atribuídos do modo como os são os estados conscientes? Se rompemos com a manifestação (mesmo que seja com as comuns, não com todas) em virtude da qual estados possam ser atribuídos a uma pessoa até ser considerados *pertencentes a ela*, no sentido convencional pré-teórico da expressão, em vez de pensados como parte de sua constituição "subpessoal"? Ficamos com uma difícil questão que de novo se faz atrelada à identidade metafísica de pessoas.

A preocupação é a de que no espectro que se espraia entre um estado de dor paradigmaticamente autoatribuído e um estado atribuído em psicológica cognitiva, os estados psicanalíticos, em virtude de sua indisponibilidade para autoatribuição sem um processo de educação conceitual incidem excessivamente próximos do estado atribuído em psicologia cognitiva para ser considerados propriamente da pessoa. O que então podemos manter no lugar, propriamente atrelado à pessoa?

As razões para continuar a considerar os estados conscientes como possuídos pela pessoa são certamente as seguintes: eles não possuem nenhum caráter expressamente científico como o têm as atribuições da psicologia cognitiva; eles participam intimamente do psiquismo da pessoa, particularmente da vida emocional, e proporcionam fontes de motivação; e são quase manifestáveis.

É possível se estar satisfeito com a "quase manifestabilidade" e com os outros aspectos como condições suficientes para o estatuto pessoal dos estados psíquicos. Mas pode-se, em vez disso, ou negar que exista quase manifestação, ou rejeitá-la como suficiente para o estatuto pessoal. Existe de fato um espaço natural para a dúvida como há para a condição de estados inconscientes serem propriamente possuídos, dado que – sendo em sentido radical *não escolhidos* – eles parecem não satisfazer condições óbvias para tópicos de responsabilidade pessoal. Porém talvez, muito embora não sejamos logicamente obrigados a assumir responsabilidade por estados inconscientes e seus efeitos imediatos, e muito embora possamos, sem estrita inconsistência, nos recusarmos a identificá-los, pode ainda ser necessário que a *menor distorção* esteja mais completamente envolvida ao fazê-lo do que resultaria de se dissociar de seus estados inconscientes negando-se a posse deles; parece mais fácil, e muito mais intuitivo, estender os liames ou a responsabilidade de um modo que acomode o inconsciente em vez de lançar mão da categoria de posse psicológica de um modo que exclua um tipo de tão patente significado em favor dos modos pelos quais reagimos a eles e nos relacionamos com uma pessoa.[28]

Seguindo a concepção do conceito de inconsciente de Freud, concluímos, mas ao modo de uma tentativa, que estados providos de conteúdo representacional – estados estes que não precisam ser vistos como atitudes proposicionais e são caracteristicamente dotados de propriedades fenomenológicas – são atribuídos no âmbito do puro realismo psicológico, com pelo menos alguns deles não podendo ser manifestados no sentido convencional; não obstante, não há razão suficiente para considerá-los propriamente possuídos pela pessoa; a compor uma entidade, tem-se a suposição do que é consistente com as concepções convencionais de unidade pessoal.

---

28 Cf. a discussão por Freud da questão da responsabilidade moral pelo conteúdo dos sonhos (1925i, XIX, (B), 131-134).

6 O desenvolvimento e as vicissitudes das ideias de Freud sobre o complexo de Édipo

Bennett Simon e Rachel B. Blass

O complexo de Édipo reside no coração da teoria desenvolvimentista de Freud. Na evolução da teoria psicanalítica, esse complexo é associado com a inteira gama de sensações que a criança pode vivenciar em relação aos pais e com as interações que pode ter com eles. O amor e o ódio do complexo de Édipo, o conflito e o modo pelo qual o complexo é resolvido torna, em certos aspectos, a base para a compreensão não apenas do desenvolvimento da criança, de tendências pessoas e da psicopatologia, mas também de fenômenos mais amplos, como o desenvolvimento de instituições sociais, da religião e da moralidade.

As ideias de Freud sobre o complexo de Édipo emergem gradualmente; elas mudam, a terminologia muda, o escopo do que é considerado edípico é comprimido e expandido. Esses desenvolvimentos e vicissitudes foram influenciados por uma gama de fatores. As tentativas de Freud de conceitualizar material intrapsíquico a emergir das análises de alguns de seus pacientes, bem como de sua autoanálise, a tentativa de lidar com teorias opostas e seus proponentes e a interação do complexo de Édipo com outras questões teóricas fulcrais estão entre os fatores mais influentes.

Na primeira seção deste capítulo, apresenta-se um esboço dos estágios fundamentais na evolução das ideias de Freud sobre o complexo de Édipo. Na segunda seção, apresentamos algumas conjecturas sobre acontecimentos na vida pessoal e profissional de Freud que influenciaram o curso do desenvolvimento de suas ideias do complexo de Édipo.

Evolução das ideias sobre o complexo de Édipo

Estágio I: 1897-1909

Esse período é o da dinâmica edípica pura e positiva. Na discussão por Freud dessa dinâmica, o fato se encontra no amor à mãe e na rivalidade com o pai. Amor e sentimentos de afeição para com o pai são descritos por Freud. Contudo, eles não são considerados um componente inerente ao drama edípico. A esses sentimentos de afeição, que por vezes recebem atenção prolongada de Freud, imputa-se um importante papel auxiliar em relação a esse drama. Tais sentimentos são tidos pelo motivo principal por trás da repressão da hostilidade sentida contra o pai. O complexo de castração, que mais tarde veio a ser designado como força repressiva (1926d, XX, por exemplo, 108), ainda não é central quanto a esse respeito.

Aqui é importante notar que durante todo esse período, o adjetivo "edípico" fica reservado à descrição das tendências inconscientes básicas reveladas nos dois atos criminosos do rei grego. Um termo abrangente é empregado para explicar a matriz mais intrincada de sentimentos para com o pai: "o complexo do pai". As frequentes mudanças, por Freud, de um termo para outro por vezes tendem a desfocar a distinção que ele, a essa altura, parecia manter.

O mito do *Oedipus Rex* e a ideia de que a constelação dinâmica da criança corresponde à de Édipo (ou, em versão posterior, à de Hamlet) são mencionados pela primeira vez nas cartas de Freud a Fliess (1950a, I, sobretudo 254-255, 253-266). Ali Freud aparentemente estaria compartilhando os resultados de suas descobertas com base em sua autoanálise. Essas compreensões são combinadas com outros dados clínicos em seu estudo *Sobre os Sonhos* (1900a, IV, sobretudo 248-267). Os principais estudos de caso desse período (Dora, 1905e, VII; Pequeno Hans, 1909b, X; e O Homem dos Ratos, 1909d, X) complementam esses estudos proporcionando importantes ilustrações das manifestações normais e patológicas – da dinâmica edípica.

Durante esse período do trabalho de Freud, o desenvolvimento psíquico anterior à formação da constelação edípica não foi sistematicamente conceitualizado. As noções de Freud dizendo respeito ao desenvolvimento anterior estavam contidas no vago esboço de estágios da libido e da progressão de zonas erógenas. Ele não mostra precisão quanto às idades de transição de interesses anal para genital, mas as aspirações edípicas são observadas bem antes da idade de cinco ou seis anos. Quando Freud conceitualizou especificamente um estágio pré-edípico (ver *Estágio VI* mais adiante), o arcabouço de "Os Instintos e suas Vicissitudes" estavam apenas frouxamente integrados à dinâmica edípica e à constelação pré-edípica.

Estágio II: 1909-1914

Este período é turbulento. Inicia-se em 1909-1910 com a cristalização e nomeação do conceito de complexo de Édipo como constelação psicodinâmica central. Seguem-se três anos, nos quais não há qualquer menção a esse complexo ou a qualquer outra referência a Édipo. E conclui-se com *Totem e Tabu*, o livro em que Freud apresenta uma explicação filogenética do complexo de Édipo.

Um fator importante a unir esses anos é o enfoque, por Freud, no anseio do menino pelo pai. Durante o intervalo de três anos, em que o termo "Édipo" foi negligenciado, Freud estudou esse anseio passando por conceitos como complexos "do pai" e "parental". Em 1913, essa ideia de anseio foi gradualmente incorporada no próprio conceito do complexo de Édipo, e tornando-se dele parte essencial e importante.

Em 1909, Freud em breves linhas descreve a dinâmica edípica discutida anteriormente, faz referência ao mito do rei Édipo, "que matou o pai e tomou a mãe como esposa" e proclama que esse complexo "constitui o *complexo nuclear*" de toda e qualquer neurose (1910a, XI, 47). Não muito tempo depois, o termo "complexo de Édipo" foi cunhado e definido como uma constelação de desejo para a mãe como objeto sexual e ódio ao pai como rival (1910h, XI, 171). Juntamente com sua defesa característica, ele se torna o determinante central da vida mental, normal e patológica.

Apesar da importância atribuída ao complexo de édipo nesses anos, nenhuma referência a Édipo foi feita até 1913. Freud, contudo, não pôs de lado o exame da relação da criança com os pais. No tocante a isso, mais informativos são os cuidadosos estudos de Freud sobre a vida de duas figuras públicas, Leonardo da Vinci e o juiz Schreber (1910c, XI; 1911c, XII). Em ambos é a relação especial do menino com o pai que é ressaltada e posteriormente elaborada. Nessa conjuntura, o enfoque se encontra na libido homossexual e nos sentimentos de afeição para com o pai, questões essas que ainda não são debatidas em termos do complexo de Édipo *per se*.

É no livro *Totem e Tabu* (1912-1913, XIII) que Freud reintroduz o complexo de Édipo. Com renovado vigor e aguçado senso de convicção, Freud reafirma sua posição de que o complexo de Édipo está no núcleo da neurose e agora prossegue revelando suas origens míticas pré-históricas.

No decorrer de toda a obra, o pai (e seu predecessor, o pai primevo dos mitos pré-históricos) é descrito como a combinar nele todas as características admiráveis dos pais dos estudos de caso de Freud e, ao mesmo tempo, como sendo uma figura terrível, ameaçadora e restritiva. Na maior parte do livro somente o ódio ao pai rivalizador é considerado edípico *per se*, aos sentimentos de amor sendo atribuídos um papel na repressão dos desejos edípicos, e o todo ambivalente e conflituoso da relação pai-filho sendo referido como o "complexo do pai". Aqui Freud basicamente repete as posições por ele apresentadas no caso do Pequeno Hans, talvez com ênfase maior na força repressiva do amor. Desse modo, é o amor que agora é visto na base do desenvolvimento de um sentido de culpa que restringe os impulsos hostis e incestuosos. Em temos do que é edípico, a terminologia de Freud parece idêntica à de 1909. Já ao final do livro, contudo, a terminologia de Freud passa por uma mudança. Nas páginas finais de *Totem e Tabu* (p. 156-157), Freud reitera a centralidade do complexo de Édipo e o assinala como sendo a fonte da religião, da moral, da sociedade e da arte. Então ele seleciona um problema psicológico específico na ambivalência exposta no âmbito das instituições culturais e sugere que tal esteja enraizado no complexo do pai. Ainda que não seja enunciada de modo isento de ambiguidades, tem-se aqui a implicação de que o complexo do pai está a ser considerado um aspecto do complexo de Édipo – sendo este o complexo que a tudo abrange e fundamentação última de todas as explicações. Assim, a ambivalência do filho para com o pai se torna um fator inerente ao complexo de Édipo.

Estágio III: 1914-1918

Durante esse período, as discussões de Freud sobre o complexo de Édipo centram-se basicamente em desejos instintivos e incestuosos. Acrescendo-se aos dois desejos edípicos originais, Freud passa a fazer observações frequentes sobre anseios incestuosos em relação ao pai. Esse foco e esse acréscimo são acompanhados de uma diminuição gradual na atenção concedida à afeição e admiração que o menino sente pelo pai, e a importância atribuída a esses sentimentos e a relação diádica é que servem de contexto. O estágio é dedicado à introdução do complexo de Édipo negativo.

Esse período se inicia com o ensaio de Freud, "Sobre a História do Movimento Psicanalítico" (1914, XIV). Ali, ao tempo mesmo em que castiga Jung pela interpretação equivocada do complexo de Édipo, ressalta que impulsos instintivos, incestuosos são os componentes básicos e essenciais. Refere-se ao complexo como "um conflito entre as tendências eróticas distônicas do ego e as autopreservativas" (62), e em um aspecto parece chegar a alternar o termo "complexo de Édipo" com "complexos sexuais". Essas referências dão o tom de todo esse período.

A ênfase nos desejos instintuais e incestuosos em relação à mãe e nos hostis em relação com pai se mantém em toda a sua extensão. Além de tais ênfases, Freud agora faz diversas alusões à possibilidade de uma relação triádica inversa ou reversa – o pai agora se tornando objeto de desejos incestuosos, a mãe uma rival. Durante esse período, contudo, Freud na verdade não apresenta o complexo de Édipo invertido como relação triádica universal. Em sua análise do Homem dos Lobos (1918b, XVII), chega perto disso. E é aqui, na verdade, que o termo "complexo de Édipo invertido" é introduzido pela primeira vez. E ainda assim, ao que tudo indica a relação inversa é vista como a refletir mais as primeiras interações patológicas do que uma constelação universal normal, e, também ao que tudo indica, a inversão pertence mais à relação do garoto com o pai do que à tríade. A rivalidade inicial com a mãe pelo pai aqui está ausente.

De mãos dadas com o foco nos desejos ou impulsos instintuais se encontra a desenfatização da relação diádica pai-filho, marcada pela afeição e pela admiração. À medida que começa a surgir a ideia de que *todos* os desejos instintuais começam a surgir, dispõe-se o estágio para a real apresentação do complexo de Édipo triádico negativo.

Estágio IV: 1919-1926

Esse é o período do "complexo de Édipo completo". O complexo de Édipo completo é apresentado pela primeira vez em 1923 e passa por aprofundamentos em diversos artigos expositivos nos anos seguintes. Nos anos que imediatamente precedem sua apresentação, Freud esteve trabalhando em tuas questões teóricas, bissexualidade e identificação, que proporcionaram tanto a base teórica para suas ideias sobre o complexo de Édipo invertido quanto o apoio necessário extra para a sua inclusão num contexto triádico.

Uma questão importante com que Freud é confrontado a essa altura versa sobre o conceito de "bissexualidade", e se sua universalidade deve ser tida como relacionada ao desejo sexual por objetos de ambos os sexos (feminino ou masculino) ou aos componentes feminino (passivo) e masculino (ativo) do desejo sexual. Freud opta pela primeira alternativa e com isso fundamenta sua proposição no tocante à universalidade de desejos incestuosos direcionados a ambos os pais.

Quanto à identificação, nessa época Freud estava em processo de conceitualização de ideias sobre o mecanismo de identificação e sobre a natureza de objetos identificatórios.

Em termos do complexo de Édipo, a principal conclusão a ser extraída dessas conceitualizações foi a de que o conflito inerente ao complexo deve ser resolvido por meio de uma identificação intensificada do garoto com o pai. Mediante tal identificação (a) o menino, de modo indireto e sublimado, pode ter a mãe, e (b) o "ideal do ego" (precursor do superego) é formado. Daí as proibições e ameaças do pai serem internalizadas e os desejos incestuosos, reprimidos (ver *Psicologia das Massas e Análise do Ego*, 1921c, XVIII).

O desenvolvimento das ideias de Freud sobre identificação tem um adicional importante, além de exercer impacto indireto no conceito de complexo de Édipo. Ainda que esse aspecto jamais fosse abertamente discutido, Freud estava tendo dificuldade para explicar como o garotinho viria a se identificar com a mãe. Que tal identificação de fato estava se dando, era algo que se evidenciava a partir da natureza do ideal do ego e da formação do caráter do menino num sentido mais geral.

Ao que tudo indica, essa dificuldade foi um dos fatores determinantes da postulação de Freud de 1923 sobre a universalidade do complexo de Édipo em sua integralidade (*O Ego e o Id*, 1923b, XIX). O complexo de Édipo completo se refere à presença simultânea tanto de uma constelação positiva edípica (isto é, no caso do menino uma rivalidade com o pai pelo amor da mãe) quanto uma constelação edípica negativa ou inversa (no mesmo menino, uma rivalidade com a mãe pelo amor do pai). Ao apresentar a constelação inversa como normativa, forma-se um arcabouço para a identificação do menino com a mãe. Assim como a resolução do complexo de Édipo positivo conduz à identificação com o pai, da mesma forma a resolução do complexo negativo conduzirá a (como Freud supôs que acontecesse no complexo de Édipo positivo) à identificação com a mãe. É desse modo que os sentimentos incestuosos do garoto para com o pai, que no reexame da bissexualidade foi descoberto numa díade, são transmutados numa relação triádica.

Esses desenvolvimentos teóricos também permitiram a Freud abordar de modo mais sistemático a questão da "dissolução do complexo de Édipo". Em vez de um único esquema a envolver a transição de um período edípico para um período de latência (via repressão de impulsos e um afastamento de objetos incestuosos), surge um modelo mais complexo e estruturado. Esse modelo está centrado nos processos de formação do superego e no papel diferente exercido pela ansiedade de castração em meninos e meninas. Para o garotinho, a ansiedade de castração ocasiona a destruição do complexo pelo tempo de latência, e para a garotinha, a ansiedade de castração inicia a sua entrada no complexo. A discussão sobre diferenças entre feminino e masculino é enfatizada no último estágio dos escritos de Freud (ver *Estágio VI* mais adiante).

O complexo de Édipo completo aparece em primeiro plano em toda a fase restante desse período e aparece nas principais obras teóricas de Freud desse momento (por exemplo, *O Ego e o Id*, 1923b, XIX; "A Dissolução do Complexo de Édipo", 1924d, XIX; "Algumas Consequências Psíquicas da Distinção Anatômica entre os Sexos", 1925j, XIX, "Inibições, Sintoma e Angústia", 1926d, XX).

A predominância do complexo de Édipo completo nesses escritos tem algo de curioso. À parte a necessidade teórica latente que surge de um estudo bastante acurado das observações de Freud sobre identificação, não parece haver qualquer evidência a nos convencer da postulação de relações triádicas inversas paralelas. A ideia de uma rivalidade mãe-filho pelo pai não é intuitivamente óbvia, – dados clínicos a ampará-la não estão disponíveis: e mesmo uma descrição hipotética das especificidades de tal rivalidade não é apresentada por Freud ou por seus colegas analistas. A este ponto se pode perguntar se um fator não teórico seria responsável pela peculiar ampliação do escopo do conceito de complexo de Édipo de modo que possa incluir também as relações inversas diádicas também. As referências por Freud nesse período (em 1920) ao complexo de Édipo como "o Shibboleth que distingue os adeptos da psicanálise de seus opositores" (1905d, VII, 226ss.) é um trampolim para a especulação a esse respeito.

Estágio V: 1926-1931

Durante esse período, Freud dá um descanso no tratamento das complexidades da construção teórica em que estivera tão fervorosamente envolvido no período anterior. Nesses anos, o complexo de Édipo como dado aparece nas aplicações, pelo autor, da teoria psicanalítica a questões de importância cultural, sociológica e literária. Os principais escritos do período são *O Futuro de uma Ilusão*, 1927c; *A Civilização e seus Descontentes*, 1930a; "Uma experiência religiosa", 1928a; e "Dostoievsky e o parricídio", 1928b (todos no volume XXI).

É interessante notar que nessas aplicações do complexo de Édipo tem-se uma renovada ênfase na relação diádica do garoto com seu amado pai e no papel que essa relação exerce na formação de um sistema moral interno (por exemplo, o superego).

Estágio VI: 1931-1938

As ideias emergentes sobre a sexualidade feminina conduzem Freud, nesse período, à apresentação sistemática da dinâmica única do complexo de Édipo da garotinha. Isso obviamente vem produzir a conceitualização da relação "pré-edípica" com a mãe e, juntamente com outros desenvolvimentos teóricos, também resulta na minimização do complexo de Édipo invertido. Na conclusão desse estágio, a descrição do complexo de Édipo masculino é reminiscência da primeira concepção de Freud, na qual o pai é retratado principalmente como rival agressivo pelo amor da mãe.

Ao longo de tudo o que foi previamente discutido, toda a questão da sexualidade feminina se fez envolvida num alto grau de obscuridade. De acordo com isso, as referências ao complexo de Édipo da menina mostraram-se escassas, e via de regra contidas em não mais que um breve enunciado acerca do efeito segundo o qual o complexo feminino pode ser tido como análogo (e inverso) ao masculino. Em 1925 (em fins do estágio IV), Freud reconheceu que essa analogia era inválida. Em seu artigo altamente condensado e seminal sobre a sexualidade feminina, intitulado "Algumas consequências psíquicas da distinção anatômica entre os sexos" (1925j, XIX), Freud apresenta uma formulação do complexo de Édipo feminino como sendo dinamicamente distinto do complexo masculino. Essa formulação e suas implicações serão plenamente incorporadas à clássica teoria psicanalítica do desenvolvimento somente em 1931 ("Sexualidade feminina", 1931b, XXI). Tal incorporação marca o início do estágio final. Nas várias descrições do único complexo de Édipo feminino (1925j, XIX; 1931b, XXI; 1933a, XXII; 1940a, XXIII), tem-se realçado o seguinte: O primeiro objeto de amor da menina é tal qual o do menino – a mãe. E aqui, é o abandono por parte da mãe e concomitante "voltar-se" para o pai como resultado do acontecimento que se dá no período pré-edípico que conduz à relação triádica referida como edípica. Em algum momento do período pré-edípico, a menina, reconhecendo que foi castrada, sente inveja do menino por ele ter pênis, deprecia a mãe por não o ter, e também reprova a mãe por tê-la trazido ao mundo inadequadamente equipada. É só mesmo como consequência de tudo isso que a garota se desvia de seu objeto de amor original. Normalmente ela vai direcionar a afeição para o pai, substituindo o desejo de pênis pelo desejo por um bebê. A tríade edípica que emerge daí, mais do que ser um estado conflituoso a demandar resolução, aparece como o desejável resultado desenvolvimentista reflexivo da atitude feminina normal, que é persistir ao longo da vida.

As ramificações dessa formulação do complexo de Édipo foram de amplo alcance. À parte essa controversa contribuição para a compreensão do desenvolvimento feminino em geral, a formulação fez voltar a atenção de Freud para a dinâmica estrutural do período pré-edípico. Com o passar dos anos, esse período tinha sido tratado por Freud de modo esporádico e fragmentado. Então ele passa a formular o desenvolvimento inicial ora em termos de narcisismo, ora em termos do desdobramento da libido e ora em termos das relações diádicas entre a criança e cada um dos pais. Freud não desenvolveu um arcabouço abrangente para essas várias perspectivas.

Suas revisões da teoria do complexo de Édipo também suscitaram questões teóricas cruciais a demandar um reexame pormenorizado de suas ideias sobre identificação e bissexualidade. Esse reexame, por sua vez, conduziu ao desenvolvimento de uma compreensão mais sofisticada de tais construtos. Concomitantemente, o reconhecimento de que o complexo de Édipo inverso ou negativo não pode ser tomado como equivalente do complexo de Édipo feminino em sua nova forma em última instância conduziu à minimização do "complexo de Édipo completo".

Segundo Freud, em seu livro final (1940a, XXIII), resume os princípios básicos da teoria psicanalítica, a discussão ali é quase que exclusivamente voltada para constelações positivas. Ele reitera a posição que apresentou no início do período, quanto ao complexo de Édipo da menina. No tocante ao do menino, ao que tudo indica, Freud faz seu enfoque voltar à versão por ele apresentada em seus primeiros trabalhos – o menino ama a mãe e odeia o pai, este que igualmente disputa o amor daquela.

Acontecimentos que afetam o desenvolvimento de ideias sobre o complexo de Édipo

Em nossa descrição, sugerimos que as ideias de Freud sobre o complexo de Édipo mudaram *pari passu* com os desenvolvimentos em outras áreas da teoria psicanalítica. Identificação, bissexualidade, superego e revisões na teoria da ansiedade, todos interagiram com sua conceitualização do complexo de Édipo. Suas formulações do masoquismo, sobretudo em mulheres, também estavam ali entremeadas. Da mesma forma, é óbvio que novas descobertas clínicas adaptaram-se perfeitamente a essas mudanças teóricas.

Nesta seção, nosso foco estará voltado para fatores adicionais que parecem ter influenciado o curso do pensamento de Freud sobre o complexo de Édipo. Esses fatores podem ser descritos combinando-se questões pessoais e questões da esfera do movimento psicanalítico. As descrições de Freud sobre as fixações e rivalidades apaixonadas do complexo de Édipo derivam em grande parte da vivacidade e força de suas próprias fixações e rivalidades. A seguir teremos algumas ilustrações das influências principais, apresentadas com a intenção de sugerir linhas de investigação.

A autoanálise de Freud

Durante os primeiros anos do que referimos como Estágio I (1897-1909), Freud esteve intensamente envolvido na exploração de sua própria vida interior, incluindo suas memórias das experiências de criança. Os detalhes dessa exploração são revelados em *A Interpretação dos Sonhos* (1900a, IV, V) e em sua correspondência com Wilhelm Fliess (1985 [1887-1904]). A descoberta da constelação de Édipo foi um resultado importante dessas explorações, possivelmente o mais importante. Gostaríamos de chamar a atenção para algumas possíveis implicações desse modo de descoberta para os contemporâneos de Freud e para a teorização subsequente. A autodescoberta como um processo e um produto do processo introspectivo empresta a ambos um sentido especial de convicção. A generalidade das descobertas do descobridor, Freud, para todo o gênero masculino (e mais tarde para o gênero feminino) não precisa justificação. Até certo ponto, a convicção deduzida da autodescoberta pode ter cegado Freud para essa necessidade. Para melhor ou para pior, o efeito disso no curso do desenvolvimento do teorizar de Freud, pode ter sido o de contribuir para uma correspondência mais literal entre o desdobramento de uma experiência pessoal e única e as vicissitudes da teoria. Num sentido bastante concreto, Freud se viu como Édipo. Isso é ilustrado de modo mais dramático pelo incidente frequentes vezes repetido, e tornado lendário, no qual Freud, quando apresentado por seus alunos com um medalhão a ilustrar ele próprio de um lado, Édipo e a esfinge de outro, ficou chocado. Então relatou que a inscrição no medalhão – era uma descrição sofocliana sobre a grandeza de Édipo – vinha a ser as próprias palavras que ele, numa fantasia de juventude, imaginara inscritas numa estátua de si mesmo.[1]

Assim, poderia ser o caso de que as formulações teóricas sobre a dinâmica do complexo de Édipo estivessem limitadas às experiências pessoais de Freud, possivelmente idiossincráticas, no âmbito da sua própria constelação familiar e de suas memórias dessas experiências. A autoanálise de Freud parece posicionar outro problema para a construção da teoria. Em sua análise aberta, como em geral é comum em psicanálise, surgiram prolíficas negociações de memórias e fantasias. De nossa perspectiva contemporânea, elas representam um misto de material edípico e pré-edípico.[2] Durante muito tempo, ambos os tipos de material foram vistos pelo prisma do conflito de Édipo. Essa prolongada falta de distinção esteve associada à minimização da complexidade e da importância do pré-edípico.

A análise por Freud de Anna Freud

Novas informações sobre as análises por Freud de sua filha Anna (1918-1922, 1924-1925) recentemente vieram à luz.[3] Existe uma correspondência temporal entre as novas formulações feitas por Freud sobre a sexualidade feminina e suas análises de Anna. Há também uma correspondência entre as ideias de Sigmund Freud e as de Anna Freud sobre "fantasias de apanhar" e sobre ciúme e as implicações de um e outro para o desenvolvimento psicossexual feminino. Young-Bruehl afirmou que Anna Freud é, na verdade, um dos casos sintetizados no ensaio de Freud sobre fantasias "de ser espancado". Isso nos leva a suspeitar que a análise de Anna, com todas as suas complexidades de transferência e contratransferência, pode ter

---

1 E. Jones, *The Life and Work of Sigmund Freud* (Nova Iorque: Basic Books, 1953), vol. 2, p. 13-14.
2 Harold P. Blum, "The Prototype of Preoedipal Reconstruction", *Journal of the American Psychoanalytical Association* 25 (1977), p. 757-783.
3 Elizabeth Young-Bruehl, *Anna Freud* (Nova Iorque: Summit Books, 1988).

influenciado desproporcionalmente as formulações de Freud sobre a centralidade do masoquismo feminino e da inveja do pênis e seus respectivos papéis no complexo de Édipo feminino.

A relação de Freud com Jung

Nós observamos que, imediatamente após ter cunhado o termo "complexo de Édipo" e afirmado sua centralidade e ubiquidade (1910), nos três anos seguintes Freud não fez qualquer menção ao termo em seus escritos publicados. Quando reintroduzido (1913), ele é gradualmente expandido para incluir quase toda a dinâmica familiar e cultural. A preocupação de Freud com o lugar do amor do menino pelo pai torna-se um aspecto dinâmico central durante os anos de ausência do termo.

Um exame da correspondência Freud-Jung (1974a), aumentada com o material das *Minutas da Sociedade Psicanalítica de Viena*[4] durante esse período, sugere fortemente a hipótese a seguir. O conflituoso enredamento com Jung influenciou o ritmo do aparecimento e desaparecimento do termo, bem como das mudanças subsumidas ao termo. Tornou-se claro que para Freud o complexo de Édipo estava se tornando o pomo da discórdia entre ele próprio e Jung. Ao que tudo indica, Freud e Jung estavam adotando a dinâmica ambivalente do complexo de Édipo em seus debates científicos sobre o complexo de Édipo. Por exemplo, Jones[5] relata a fala de Freud tanto no que diz respeito a seu desejo de romper com Jung como em seu medo de romper com ele ao publicar *Totem e Tabu*, um manifesto sobre a centralidade do complexo de Édipo. Assim, a lacuna no uso do termo "complexo de Édipo" corresponde a um período de hesitação da parte de Freud em atacar Jung, e seu reaparecimento é associado à decisão de lançar um ataque frontal. É nesse sentido combativo que em 1920 o complexo de Édipo se torna o "xibolete" da psicanálise.

O que sugerimos aqui é a existência de muitas limitações à teoria associadas aos motivos e aos conflitos de quem elaborou a teoria, Freud. Não

---

4 Vols. III, IV, Herman Nunberg e Ernst Federn (Orgs.) (Nova Iorque: New York International Universities Press, 1974, 1975).
5 Jones, *The Life and Work of Sigmund Freud*.

obstante, elucidar alguns dos motivos pessoais não é determinar o valor de verdade da teoria. Para essa tarefa, demanda-se toda uma variedade de métodos de verificação. A demonstração por Freud do surgimento de dinâmicas edípicas nas análises de muitos pacientes é um primeiro passo para tal verificação. Contudo, outros métodos e medidas são demandados para se controlar a "contaminação" das descobertas clínicas pela teoria da clínica. Além disso, para generalizações como inatismo e universalidade do complexo de Édipo, sem falar nos detalhes das sequências dinâmicas e dos processos desenvolvimentistas, são necessários métodos ainda mais complexos e elaborados de prova e desprova. Até hoje, cada uma dessas questões, tanto na psicanálise quanto fora dela, tem sido suscitada.[6] No momento existem vivos debates sobre quais são os métodos apropriados e mesmo sobre se tais métodos existem.

Os primeiros noventa anos da psicanálise não produziram evidência *conclusiva* que justificasse nem as proposições clínicas detalhadas nem as generalizações mais abrangentes. Não estamos certos do que acontecerá nos próximos noventa anos, mas é justo dizer que o consenso (não unanimidade) entre analistas sobre o que se mostra duradouro nas formulações de Freud é algo como o seguinte: a criança tem relações complexas com ambos os pais, e essas relações têm uma história de desenvolvimento. Ele ama os pais, deseja ser como eles e os teme. A criança por vezes usará um dos pais para obter o que necessita do outro. Esses sentimentos da criança têm uma contrapartida numa complexa gama de sentimentos tanto para com mãe quanto para com o pai, individualmente ou como díade. Ambos os pais um dia foram crianças, havendo reverberações complexais entre os sentimentos da criança e os sentimentos de infância residuais dos pais. A complexidade dessas interações são apenas escassamente analogizadas na figura do triângulo. O desenvolvimento e a expressão de desejos e fantasias sexuais são intrínsecos ao complexo e à mudança na resposta tanto a pressões internas quanto externas (familiares e culturais). Entre analistas, já não há tanto acordo quanto a questões relacionadas à importância do complexo

---

6 Panel, "The Oedipus Complex: A Reevaluation". M. H. Sacks. *Journal of the American Psychoanalytical Association* 33 (1985), p. 201-216.

de Édipo no desenvolvimento da psicopatologia e do caráter, muitas delas a considerar as fases cruciais como as anteriores ao surgimento do complexo de Édipo. De modo semelhante, já não há tanto acordo quanto à centralidade da análise do complexo de Édipo na conduta da psicanálise clínica.

É seguro prever que tais debates vão continuar. Eles parecem estar incorporados na própria natureza da psicanálise, do movimento psicanalítico e de sua relação com o pai fundador.

7 Freud e a perversão

Jerome Neu

O primeiro dos *Três Ensaios sobre a Teoria da Sexualidade* de Freud intitula-se "As Aberrações Sexuais". Por que deveria Freud iniciar um livro cujo principal objetivo é propor a existência da sexualidade infantil com uma discussão sobre perversões adultas? Na verdade, a existência de aberrações adultas nada tem de novidade. Acredito que o início de Freud pode bem ser compreendido como parte de uma estratégia de argumentação eficaz para se ampliar a noção de sexualidade mostrando-se quão abrangente ela já era. O próprio Freud (no prefácio à quarta edição) descreve o livro como uma tentativa "de ampliar o conceito de sexualidade" (1905d, VII, 134). A extensão implicada na noção de perversão prepara o caminho para a extensão implicada na sexualidade infantil.

O livro se inicia, já em sua primeira página, com o enunciado da visão popular do instinto sexual:

> Em geral se entende que a sexualidade estaria ausente na criança, que se instauraria na puberdade em vinculação com o processo de chegada à maturidade, vindo a se revelar nas manifestações de uma irresistível atração exercida por um sexo sobre o outro – enquanto seu objetivo presumivelmente seria a união sexual, ou, em todo o caso, ações a apontar nessa direção. (1905d, VII, 135)

Porém, rapidamente se evidenciou que tal não valeria como definição da esfera do sexual. A sexualidade não está confinada ao intercurso genital heterossexual entre adultos, já que existe toda uma gama de perversões, e mesmo a opinião popular as reconhece como de natureza sexual. A opinião popular pode desejar manter uma concepção estreita do que deve contar como sexualidade *normal*, e desse modo suscita um problema sobre o modo como se deve distinguir entre sexualidade normal e anormal; o problema mais interessante e mais imediato, porém, é tornar claro em virtude do que as perversões são reconhecidas como sexuais.

E é nesse ponto que Freud realiza um enorme avanço conceitual. Ele distingue o objeto e o objetivo do instinto sexual (decomposição do que pode ter se assemelhado a uma unidade indissolúvel) e introduz a noção de zona erotogênica (e com isso, estende a sexualidade para além dos genitais), fazendo-se capaz de mostrar que as perversões envolvem variações ao longo de uma série de dimensões (fonte, objeto e meta) de um único instinto subjacente. O intercurso genital heterossexual é uma constelação de variações, e a homossexualidade é outra. Homossexualidade, ou inversão, implica variação em objeto, mas as fontes sexuais (zonas erotogênicas, ou centros corpóreos de excitação) e metas (atos, como o intercurso e o observar, destinado à obtenção de prazer e satisfação) podem ser as mesmas. Com isso, o que torna a homossexualidade reconhecidamente sexual, a despeito de sua distância do que possa ser apresentado como definição da sexualidade pelo indivíduo comum, é o vasto montante que pode ser vista como a ter em comum com a sexualidade "normal", tão logo se venha a compreender o instinto sexual como em si mesmo complexo, como tendo componentes e dimensões.

Freud torna convincente a complexidade do instinto sexual ao apresentar as pesquisas de incansáveis investigadores do desvio sexual, como Krafft-Ebing e Havelock Ellis. Ele torna compreensível a inteligibilidade ao distinguir as poucas dimensões (fonte, objeto e meta) do instinto subjacente que se fazem necessárias para emprestar ordem à ampla variedade de fenômenos, proporcionando um esquema classificatório novo bastante elucidativo. Uma vez que cada uma das perversões é entendida como a envolver uma ou mais dimensões de um único instinto subjacente, a esse respeito Freud está em condições de fazer duas coisas. A primeira é invocar a primazia de uma constelação de variações sobre a outra. A segunda é mostrar que outros fenômenos que podem não aparecer na superfície sexual (por exemplo, a sucção do dedo na infância) compartilham características essenciais com uma atividade obviamente sexual (a sucção sensual infantil envolve a estimulação prazerosa da mesma zona erotogênica, a boca, estimulada em atividades sexuais adultas como o beijo), e pode ser entendida como uma etapa anterior de desenvolvimento do mesmo instinto subjacente que de várias formas se expressa na sexualidade adulta. Com isso, Freud está em condições de descobrir a sexualidade infantil. Para rastrear brevemente os passos até aqui: as perversões são vistas como sexuais porque podem ser entendidas como variações de um instinto subjacente ao longo de três dimensões (fonte somática, objeto e meta). O instinto tem componentes, é complexo ou "composto" (1905d, VII, 162). Se as perversões adultas podem ser entendidas em termos de um instinto subjacente provido de componentes passíveis de ser especificados ao longo de diversas dimensões, então muitas das atividades de infância podem igualmente ser assim entendidas, podem ser vistas como estágios iniciais no desenvolvimento desses componentes complexos. Mas agora desejo focalizar a relação, de problemática recente, entre sexualidade normal e anormal. Teríamos aí um conjunto de variações melhor que o outro conjunto, ou pior que ele? O mero fato da diferença, de variação em conteúdo, já não é suficiente, uma vez que não se pode dizer que um conjunto de variações seja de algum modo natural e os outros não. Uma vez que se vê a sexualidade como a envolver um único instinto subjacente, com espaço para variação ao longo de diversas dimensões, fazem-se necessários novos critérios no tocante à patologia. Ademais, uma vez que a variação é dependente do pensamento, e não uma questão de aberração biológica, surge a questão sobre se existe algo como uma patologia do pensamento sexual. Existe espaço para uma moralidade de desejo e de fantasia ao longo da moralidade comum a governar a ação?

Homossexualidade

Freud de início distinguiu entre inversão e perversão. A inversão envolve deslocamento de objeto sexual dos membros do sexo oposto para membros do mesmo sexo. A inversão inclui a homossexualidade masculina e o lesbianismo. À medida que ela envolve unicamente variação em objeto, pode parecer menos chocantemente "desviante" do que outras aberrações sexuais. Mas à medida que a questão de se identificar uma inversão está em contrastá-la com aberrações a envolver deslocamento mais de meta do que objeto, pode-se bem incluir aí um amplo escopo de aberrações, e aberrações nas quais o deslocamento se dá para alguém ou alguma coisa que não sejam pessoas do mesmo sexo. Desse ponto de vista, a bestialidade, a necrofilia e que tais estão mais para inversão do que outras aberrações – e Freud na verdade as trata conjuntamente como "desvios com respeito ao objeto sexual" (1905d, VII, 136). Se incluirmos essas versões menos comuns e mais perturbadoras quanto ao objeto, a inversão pode não mais parecer uma forma menos problemática de aberração sexual. Além disso, a distinção entre inversão e perversão tende a colapsar no curso da discussão de Freud sobre o fetichismo (o desvio é em objeto? É em meta? – 1905d, VII, 153). E deveria ser lembrado que a homossexualidade é em si mesma (tal como a heterossexualidade) internamente complexa, a abranger uma série de diferentes atividades e atitudes. Devo aqui usar "perversão" em sentido amplo, como o próprio Freud costuma fazer, de modo que a homossexualidade conta como perversão no âmbito do esquema classificatório de Freud.

Haveria aí uma reprovação? Nos *Três Ensaios*, Freud explicitamente enuncia que é inapropriado usar o termo "perversão" como um "termo de teor reprobatório" (1905d, VII, 160). Mas isso no contexto especial de explorar as implicações dessa concepção expandida de sexualidade. No caso de Dora, publicado no mesmo ano dos *Três Ensaios*, ele se refere a uma fantasia de felação como "excessivamente repulsiva e pervertida" (1905e, VII, 52). Uma reprovação parece incluída na referência. Poder-se-ia argumentar que Freud se vê forçado a usar o vocabulário da própria concepção que ele deseja sobrepujar, vocabulário que traz consigo suas próprias conotações indesejáveis. Na verdade, na mesma passagem ele argumenta que "Temos de aprender a falar sem indignação do que chamamos de exemplos de perversões sexuais nas quais a função sexual excedeu seus limites com relação ou à parte do corpo que esteja em questão ou ao objeto sexual escolhido" (1905e, VII, 50). Talvez os próprios sentimentos de Freud quanto ao termo, se não se tem a referência a atos específicos, sejam ambivalentes. O que importa aqui é saber qual a atitude apropriada e se a teoria de Freud proporciona alguma luz. Assim sendo, mais uma vez vamos considerar a homossexualidade. Se a tomarmos como perversão, onde estaria a reprovação? Está no fato de se ter a perversão como razão para desaprová-la em outrem ou em evitá-la para o seu próprio caso?

Poder-se-ia tomar uma posição sobranceira e argumentar que não há motivo para desaprovar o que não está sob o controle da pessoa, e então argumentar que a escolha do objeto sexual ou da orientação sexual não é algo sobre o qual se tenha controle. Mas isso realmente não leva muito longe. Talvez não se tenha nenhum controle, ou um controle apenas marginal, sobre, por exemplo, contrair diabetes, mas isso não nos impede de reconhecer que diabetes é algo ruim (ao mesmo tempo em que nos faz considerar pacientes com diabetes como vítimas). Ainda que tivéssemos uma teoria etiológica a nos garantir que a homossexualidade não é questão de escolha, e assim talvez não fosse algo propriamente desaprovado, isso não decidiria a questão sobre a homossexualidade ser coisa boa ou ruim (algo que deveríamos evitar, se pudéssemos). Além disso, ainda que a orientação sexual seja algo dado, fora do controle individual, o que é dado é uma direção para desejar. Permanece a questão sobre se o indivíduo deveria buscar controlar e suprimir, ou agir sobre e expressar, os dados desejos.[1] Freud na verdade não

---

1 Se eu aqui enfatizo que a existência de alguma história causal não tem o efeito de deslocar todas as avaliações, devo talvez também enfatizar que algumas avaliações são quase sempre deslocadas. Se a homossexualidade é resultado da natureza da criação, faz pouco sentido condená-la como "não natural". Por um lado, a natureza, ou pelo menos a natureza humana, inclui condições de alimentação: todos os seres humanos, de algum modo, têm de ser alimentados a fim de sobreviver e se desenvolver. O "de algum modo", é claro, admite variações. O real ponto de contraste entre natureza e alimentação, dois tipos de causas, em última instância pode se dar simplesmente em termos de uniformidade *versus* variabilidade. No tocante a responsabilidade individual, natureza e alimentação podem ambas ser vistas como causas "externas" (o indivíduo não as escolhe, de modo que não controla o resultado). Por outro lado, a natureza de modo geral inclui mais do que muitos gostariam de admitir (uma das lições constantes do Marquês de Sade). À medida que acusações de perversão se baseiam em noções de não naturalidade, elas podem sempre ser inaplicáveis. Ver Michael Slote, "Inapplicable Concepts", *Philosophical Studies* 28 [1975]: 265-271. Os vários contrastes entre o natural e o não natural, e o desenvolvimento histórico da acusação à homossexualidade de ser "não natural", são traçados de modo instigante por John Boswell em seu *Christianity, Social Tolerance, and Homosexuality* [Chicago: University of Chicago Press,

assume a posição sobranceira. Suas próprias visões etiológicas parecem deixar em aberto o alcance dos fatores biológicos e outros fatores disposicionais que conduzem à homossexualidade. Se a homossexualidade é inata ou adquirida, isso para ele é uma questão aberta e complexa (1905d, VII, 140). E, qualquer que seja a medida em que é adquirida, as condições de sua aquisição são igualmente complexas (*Ibid.*, 144ss.). A chamada "escolha de objeto sexual" é assim multiplamente obscura, e não está claro até que ponto as condições causais relevantes se encontram na esfera do controle individual (muito embora se possa também questionar se – e em que medida – o controle deve ser considerado condição de responsabilidade).² Não obstante, tomando outras posições, Freud argumenta que a "perversidade da homossexualidade" não dá razão para condená-la:

1980]. No veredicto do médico-legista, "morte por causas naturais", o contraste se põe com outros tipos de causas, basicamente causas a envolver a intervenção de intenções humanas. Quaisquer que sejam as causas da homossexualidade e dos desejos homossexuais, elas devem ser do mesmo tipo das causas da heterossexualidade e dos desejos heterossexuais. Esse aspecto se reflete no mito de Aristófanes no *Banquete* de Platão. Com relação a isso, pode-se observar que se Freud tinha em mente esse mito no debate em que inaugura os *Três Ensaios* (1905d, VII, 136), assim como afirmam em nota de rodapé os altamente confiáveis editores da *Standard Edition*, sua abordagem ali seria desvirtuadora. Freud fala como se a "fábula poética" supostamente explicasse tão somente a heterossexualidade, e como se a existência da homossexualidade e do lesbianismo, por essa razão, se dessem ao modo de uma surpresa. Na verdade, a história de Aristófanes da divisão dos seres humanos originais em duas metades, e sua subsequente busca de se reunir em amor, admite três possibilidades. Aristófanes inicia com três sexos originais: duplo homem, dupla mulher e "andrógeno". Assim, o mito proporciona uma explicação (a mesma explicação) da homossexualidade e do lesbianismo, bem como da heterossexualidade (seria o caso de talvez notar que existe uma versão indiana do mito, capaz de se adequar melhor à abordagem de Freud, que a ela vai se referir de modo explícito em *Além do Princípio do Prazer* [1920g, XVIII, 57-58]). Do ponto de vista da teoria psicanalítica, a escolha de objeto heterossexual e a do objeto homossexual são igualmente problemáticas, e estão igualmente a demandar explicação (1905d, VII, 146ss.).
O próprio Freud, em seus escritos publicados, usa o termo "não natural" apenas três vezes, em conexão com desejos ou práticas perversas. Em cada um dos três casos (1898a, III, 265; 1916-1917, XVI, 302; e 1920a, XVIII, 149), para contextualizá-los, o termo se refere às visões de outros.
2   Ver Bernard Williams, "Moral Luck", *Proceedings of the Aristotelian Society*, Supl. vol. 50 (1976), p. 115-135; incluídos em seu *Moral Luck* (Cambridge: Cambridge University Press, 1981). Ver também a resposta de Thomas Nagel, "Moral Luck", *Proceedings of the Aristotelian Society,* Supl. vol. 50 (1976), p. 137-151; incluída em seu *Mortal Questions* (Cambridge: Cambridge University Press, 1979).

A incerteza com relação às fronteiras do que pode ser chamado de vida sexual normal, se levamos em conta diferentes raças e diferentes épocas, em si mesma deve bastar para manter frio o ardor do zelote. Por certo que não devemos esquecer que a perversão que nos é mais repelente, o amor sexual de um homem por um homem, não apenas foi tolerada por um povo que até agora nos tem superado em cultivo, como são os gregos, como foi por eles encarregada de importantes funções sociais. A vida sexual de cada um de nós é passível de ampliação num grau mínimo – ora nessa direção, ora naquela – para além dos limites estreitos impostos como padrão de normalidade. As perversões não são nem bestiais nem degeneradas no sentido emocional do termo. Elas são um desenvolvimento de germes contidos todos na disposição sexual indiferenciada da criança e que, sendo suprimidas ou sendo desviadas para metas mais elevadas, assexuais – sendo "sublimadas" –, são destinadas a proporcionar energia para grande número de nossas realizações culturais. (1905e, VII, 50)

Essa passagem na verdade contém pelo menos dois tipos diferentes de argumento. Um deles é um apelo à universalidade para além de indivíduos, outro é um apelo à diversidade para além das culturas. Não há dúvida de que os padrões sexuais sejam culturalmente relativos: sociedades diferentes aprovam e desaprovam diferentes atividades sexuais. Mas ainda assim pode-se perguntar se algumas sociedades seriam perversas num sentido pejorativo. Não há como evitar a consideração direta da questão dos critérios para perversão. Elas levariam em consideração algo mais do que juízos de valor sexual culturalmente relativos, ou mesmo individualmente relativos (de acordo com o gosto pessoal)?

Critérios de perversão

Uma vez que se aceita a visão de Freud sobre a complexidade do instinto sexual subjacente, o antigo critério de conteúdo para perversão e patologia deve ser abandonado. Segundo ele, "na esfera da vida sexual, deparamos com dificuldades peculiares, e na verdade insolúveis, tão logo tentamos traçar uma linha para distinguir meras variações no escopo do que são sintomas fisiológicos e já patológicos (1905d, VII, 160-161). Pode parecer bastante simples proporcionar uma especificação sociológica ou estatística da perversão, mas há dificuldades. O que exatamente as estatísticas viriam refletir? Os questionários ou pesquisas que se possa fazer procuram descobrir o que a maioria considera perverso, mas isso levaria a desejar saber o que a perversão é (na verdade, membros da maioria podem estar aplicando muitos padrões diferentes). Pode-se tentar evitar a circularidade direta ao, sem mencionar o conceito de perversão, tentar obter informação a revelar quais desejos sexuais a maioria desaprova. Mas circularidade reaparece nessa abordagem, uma vez que pode haver toda uma gama de diferentes posições de desaprovação (estética, moral, religiosa, política, biológica, médica, para citar apenas algumas delas), e o que se quer é isolar desejos e práticas que são desaprovados como (especificamente) perversos. Ao que tudo indica, as questões e a evidência de que se partiria já estariam aplicando algum padrão de perversão a fim de atingir aquela seleção. Problemas paralelos e adicionais exigiriam pesquisas sobre práticas sexuais reais. As perversões são necessariamente raras? Se uma prática se torna popular, ela deixa de ser perversa? E se uma prática fosse rara, por exemplo, o celibato ou o adultério, isso a faria necessariamente perversa? Evidentemente que a perversão é pensada a assinalar somente um tipo de desvio de uma norma. E há ainda outra dificuldade. Pois qualquer que seja o método que se utilize, revelar-se-á que o que é considerado perversão varia de uma sociedade para outra, varia no tempo e lugar, em suma, é culturalmente relativo. Assim, uma vez que a preocupação que se tem ao considerar ou não perversão vem a ser algo mais amplo do que as concepções de uma sociedade ou grupo particular, uma vez que a preocupação aí diz respeito a uma teoria psicológica geral, à natureza da natureza humana, nenhuma abordagem sociológica seria capaz de fazê-lo. Além disso, uma vez que a preocupação em tomar ou não por perversão é pessoal, ou talvez mesmo terapêutico (a não ser que os padrões de terapia sejam simplesmente uma adaptação a normas locais e contemporâneas), ou seja, se alguém está interessado em saber como se deve viver a própria vida (incluindo sua vida sexual), uma abordagem sociológica não será capaz de fazê-lo. Pois uma sociedade pode estar equivocada, pode ser preconceituosa, mal orientada ou enganada de outras maneiras. Tem-se apenas uma vida para viver. Pode ser necessário resistir às exigências da sociedade ou mesmo deixá-las de lado. De modo que é possível lançar um olhar em profundidade.

Talvez a perversão possa ainda ser definida quanto ao conteúdo se estivermos dispostos a iniciar (de novo) com a concepção popular de sexualidade normal como a consistir de intercurso genital heterossexual entre adultos: então, qualquer desejo ou prática sexual que vá além das partes do corpo destinadas à união sexual, ou que devote atenção por demais exclusiva a uma forma de interação que via de regra se dá no caminho para a meta sexual final, ou que seja direcionada para objeto outro, que não membro adulto do sexo oposto, pode ser considerada como perversa.[3] Pode-se insistir nessa posição independentemente do que os membros de qualquer sociedade particular venham a pensar. Mas como vimos, uma vez que se aceita a análise de Freud do sexual em termos de um instinto subjacente único, porém complexo, se fica claro por que motivos as perversões sexuais contam como sexual, fica pouco claro por que são perversas. O que privilegia o intercurso genital entre adultos? Existe algum critério adicional que transcenda as concepções sociais individuais?

Considere-se a repugnância. Podemos tentar selecionar atividades sexuais a ser condenadas como perversas com base numa reação de repugnância presumivelmente natural. Extensões da atividade sexual para além dos genitais, fontes alternativas de prazer sexual seriam perversas se a repugnância em relação a elas fosse suficientemente disseminada. Desse modo, a *fellatio* e o *cunnilingus* podem ser considerados perversos onde há uma repugnância amplamente disseminada em relação ao contato oral-genital

---

3 Freud especifica o critério de conteúdo para desvios com relação a fonte e meta: "As perversões são atividades sexuais que ou (a) se estendem, num sentido anatômico, para além das regiões do corpo destinadas à união sexual, ou (b) se demoram nas relações intermediárias com o objeto sexual que normalmente deveriam ser rapidamente atravessadas ou se fazer caminho para a meta sexual final" (1905d, VII, 150). Permanece a questão sobre, afinal, o que é objetável quanto a "estender" e "demorar-se"?

(como Freud revela que se tinha em sua sociedade à época do caso Dora). Mas a repugnância em si é algo culturalmente variável e frequentemente puramente convencional. Como Freud observa, "um homem que vá beijar apaixonadamente os lábios de uma bela garota pode talvez sentir repugnância ante a ideia de usar a escova de dentes dela, muito embora não haja motivos para supor que a sua própria cavidade bucal, pela qual ele não sente nenhuma repugnância, não seja mais limpa que a da garota" (1905d, VII, 151-152). Não obstante, Freud parece pensar que um critério de conteúdo possa ser preservado em certos casos extremos, "por exemplo, em casos de se lamber excrementos ou do intercurso com corpos mortos" (161). Talvez algumas coisas, como lamber excrementos, sejam pensadas como objetivamente, universalmente repugnantes. Mas práticas perversas revelam que isso não é verdade, e Freud parecia saber bem disso.

No âmbito do desenvolvimento, as crianças devem aprender a repugnar as fezes. Esse fato pode não ser óbvio, mas Freud está bem consciente dele. Durante o período de suas primeiras especulações sobre erotismo anal, ele escreve uma fascinante carta a seu amigo Fliess:

> Eu estava querendo lhe perguntar, em relação a se comer excrementos [por] [palavras ilegíveis] animais, em que momento a repugnância aparece pela primeira vez nas criancinhas e se existe um período na mais tenra infância em que tais sentimentos estejam ausentes. Por que eu não entro na enfermaria e experimento com Annerl? Porque, trabalhando 12 horas e meia, eu não tenho tempo para isso, e as mulheres não suportam minhas pesquisas. A resposta seria de interesse teórico. (1985 [1887-1904], 230, carta de 8 de fevereiro de 1897)

Essa carta me lembra de quão pouco as teorias do pequeno Freud sobre a sexualidade infantil estiveram baseadas na observação direta de crianças. Isso, a meu ver, longe de solapar sua realização – dada a sua confirmação substancial por observações subsequentes –, torna-o um tanto mais digno de nota. Freud não foi a primeira pessoa a observar que as crianças sugam o polegar, mas somente com suas inovações conceituais foi que ele e outros poderiam considerar essa e outras atividades infantis como sexuais. A resposta à questão sobre excrementos era bem conhecida de Freud à época em que ele escreveu os *Três Ensaios*. As crianças vão muito alegremente brincar com seu cocô, e, como ele escreve, os conteúdos dos intestinos "são claramente tratados como parte do próprio corpo da criança e representam seu primeiro 'feito': ao produzi-los, ela pode expressar sua conformidade ativa com o ambiente e, ao retê-los, sua desobediência" (1905d, VII, 186). E em outro momento Freud desenvolve a analogia entre fezes e outras posses valorizadas, como o ouro (1908b).⁴ A repugnância em relação a excrementos demanda explicação.

> No que concerne ao ânus, reconhece-se com clareza ainda maior do que nos casos anteriores que é a repugnância que apõe nesse alvo sexual o selo da perversão. Mas que eu não seja acusado de partidarismo por observar que a fundamentação desse asco no fato de tal parte do corpo servir à excreção e entrar em contato com o asqueroso em si – os excrementos – não é muito mais convincente do que a razão fornecida pelas moças histéricas para explicar seu asco ante o órgão genital masculino: que ele serve à micção. (1905d, VII, 152)

É verdade que Freud seleciona a repugnância como uma das "forças de repressão" do triunvirato (repugnância, pudor e moralidade – 1905d, VII, 162, 178), e é possível que as forças de repressão sejam em última instância instintivas e, sendo assim, presentes em toda sociedade, mas tal não implica uma fixação do conteúdo da reação. E entenda-se, *pode* ser que todo mundo seja necessariamente (no sentido de "biologicamente") condicionado a sentir repugnância por alguma coisa, ao mesmo tempo em que ainda se deixa espaço para variações nos objetos da repugnância. Além disso, que os

---

4 Freud resume suas visões sobre a criança e as fezes em sua *Conferência introdutória XX*: "Para começar... a criança não sente repugnância por suas fezes, valoriza-as como parte de seu próprio corpo, da qual ela não se separa de fato, e faz uso delas como seu primeiro "presente", para distinguir pessoas a quem preza especialmente. Mesmo depois que a educação se fez bem-sucedida em seu objetivo de lhe tornar essas inclinações estranhas, ela continua com sua elevada avaliação das fezes, estimando-as como fossem "presentes" e "dinheiro". Por outro lado, parece contemplar seu feito ao urinar com peculiar orgulho." (1916-1917, XVI, 315).

objetos de repugnância (ao modo de um instinto) sejam variáveis, não deveria ser mais surpreendente que os objetos de desejos sexual (ao modo de um instinto) serem variáveis. Assim, se os objetos de desejo sexual não têm conteúdo fixo ou determinado, tampouco o terão os objetos da repugnância sexual. Se for para encontrar critérios úteis para perversão e patologia, deveremos buscar em outro lugar.

Antes de buscar em outra parte, deveríamos observar que existe outro problema referente ao critério de conteúdo para perversão, e este não advém das variações que estamos a enfatizar, e sim da universalidade que mencionamos apenas de passagem. Freud ressalta que aparentemente podemos encontrar desejos perversos não apenas em outras sociedades (de resto admiráveis), mas também em nós mesmos. No caso da homossexualidade, ele observa que nossos desejos respondem a circunstâncias exteriores. Muitos vão se voltar para os prazeres homossexuais em razão de circunstâncias apropriadas, favoráveis ou inibidoras (por exemplo, "relações exclusivas com pessoas de seu próprio sexo, companheirismo na guerra, detenção na prisão..." – 1905d, VII, 140). E Freud conclui de modo ainda mais forte:

> A pesquisa psicoanalítica encontra-se o mais terminantemente possível em oposição a qualquer tentativa de separar homossexuais do restante da humanidade como um grupo de caráter especial. Pelo estudo de excitações sexuais diferentes das que são manifestamente dispostas, descobriu-se que todos os seres humanos são capazes de fazer uma escolha de objeto sexual e de fato a fizeram em seu inconsciente. (145ss.)

Há um sentido no qual todos os seres humanos são bissexuais. Além disso, a universalidade de perversões diferentes da homossexualidade é exibida no papel por elas desempenhado nas preliminares (210, 234). A prevalência da perversão (e do "negativo" da perversão, a neurose) recebe seu arcabouço teórico no âmbito da universalidade da sexualidade infantil polimorfamente perversa. Mas por ora o ponto a se ressaltar é o de que não há um único critério de conteúdo para a perversão. Considerando os fatos inerentes à variedade de práticas culturais e da uniformidade do potencial individual, é difícil ver de que modo qualquer escolha particular de objeto (para focalizar uma única dimensão) possa ser selecionada como necessariamente anormal. A natureza do instinto sexual em si mesmo não estabelece limite algum, pois, como Freud conclui, "o instinto sexual e o objeto sexual são meramente soldados um ao outro" (148).

Critério alternativo à perversão e à patologia surge em conexão com a discussão de Freud sobre o fetichismo. De modo geral, Freud caracteriza o fetichismo no âmbito dos casos "em que o objeto sexual normal é substituído por outro que traz alguma relação com ele, sendo, porém, inteiramente inadequado para servir à meta sexual normal" (1905d, VII, 153). Observe-se que a variação parece afetar ambos, objeto e meta. Mas ele mostra que há um ponto de contato com o normal por meio do tipo de superavaliação do objeto sexual, de seus aspectos e das coisas a ele associadas, e que, de modo muito geral, assemelham-se às características do amor. Ele prossegue:

> O caso só se torna patológico quando o anseio pelo fetiche se fixa, indo além da condição mencionada, e *se coloca no lugar* da meta sexual normal, e ainda, quando o fetiche se desprende de determinada pessoa e se torna o único objeto sexual. São essas as condições gerais para que meras variações da pulsão sexual se transformem em aberrações patológicas. (154)

Freud especifica as condições gerais em termos de "exclusividade e fixação":

> Na maioria dos casos, numa perversão o caráter patológico é encontrado não no *conteúdo* da nova meta sexual, mas em sua relação com a meta normal. Se uma perversão, em vez de aparecer meramente *ao longo da* meta e do objeto sexuais normais, e somente quando as circunstâncias *lhes* são desfavoráveis e favoráveis *a ele* – se, em vez disso, ele os destitui completamente e assume seu lugar em *todas* as circunstâncias– sem, em suma, que uma perversão tem a característica da exclusividade e da fixação – então de modo geral estaremos justificados em contemplá-la como um sintoma patológico. (161)

Mas tampouco isso valerá como critério geral, por razões fornecidas pelo próprio Freud numa observação algumas páginas antes:

> a psicanálise considera que uma escolha de um objeto independentemente de seu sexo – liberdade de variar entre objetos masculinos e femininos – tal como encontrada na infância, em estados primitivos da sociedade e períodos imemoriais da história, é a base original a partir da qual, como resultado de uma restrição numa ou noutra direção, desenvolvem-se tanto o tipo normal quanto o invertido. Assim, do ponto de vista da psicanálise, o interesse sexual exclusivo sentido por homens e mulheres é também um problema que demanda elucidação e não é fato autoevidente baseado numa atração que, em última instância, é de natureza química. (146ss.)

Certa vez se reconheceu que o instinto é meramente soldado a seu objeto, havendo amplas possibilidades de variação na sua escolha, de modo que toda e qualquer escolha de objeto se faz igualmente problemática, a igualmente demandar explicação. Exclusividade e fixação não podem ser usadas para delimitar a homossexualidade como perversa sem delimitar compromissos (excessivamente fortes) com a heterossexualidade como igualmente perversos. Assim, a exclusividade e a fixação não são de valia se a questão de um critério para a perversão estiver em distinguir o anormal do normal, e se o intercurso genital heterossexual entre adultos for de algum modo privilegiado como paradigma do normal. Precisamos de alguma norma para a sexualidade se for o caso de se apossar da noção de perversão. Por onde podemos fazê-lo? Existe alguma razão para supor que ela vá assumir a forma da visão popular da sexualidade normal?

Desenvolvimento e maturação

Como vimos, Freud na verdade opera com múltiplos critérios de perversão e patologia. Também temos visto que suas próprias concepções proporcionam material para uma crítica desses critérios ao se tentar generalizá-los. Mas ali emerge de dentro de sua teoria outro critério, um critério pensado para ser em última instância biológico, e não culturalmente relativo. Como Freud observa no início do terceiro de seus *Três Ensaios*: "Cada uma das desordens patológicas da vida sexual é corretamente vista como inibição de desenvolvimento" (1905d, VII, 208). Sexualidade perversa é, em última instância, sexualidade infantil. Se, no decorrer do livro de Freud, a consideração das perversões adultas prepara a via para a extensão de nossa compreensão da sexualidade a atividades infantis, a sexualidade infantil prepara o caminho tanto para a sexualidade normal como para a perversa no desenvolvimento do indivíduo.[5] É por meio de detenções naquele desenvolvimento, ou por meio da regressão a pontos de fixação anteriores quando se está diante de frustração posterior, que um adulto vem a manifestar uma atividade sexual perversa. Podemos escolher desejos e atividades sexuais que contam como perversos se tivermos um ideal de desenvolvimento e maturação normal.

A teoria de Freud do desenvolvimento psicossexual, com seus estágios centrais oral-anal-genital, proporciona tal ideal. A dinâmica é, pelo menos, parcialmente biológica. Em primeiro lugar, a criança tem o controle tão somente sobre sua boca e, em conexão com a necessidade original de se nutrir, prontamente desenvolve uma satisfação independente na sucção sensual (182). Que o ânus seja o centro do prazer sexual e de interesses mais amplos ("reter e soltar"), tal não surpreende à luz de uma variedade de desenvolvimentos biológicos: à medida que a criança amadurece, as fezes se apresentam mais bem formadas, existe maior controle do esfíncter (de modo que a criança começa a fazer uma escolha acerca de quando e onde reter ou soltar), e com os dentinhos há uma pressão para que a mãe o desmame.[6] Finalmente, chega a puberdade, a possibilidade de reprodução e o interesse intensificado pelos genitais. Mas não se deveria biologizar de todo o que é, ao menos em parte, um processo social. Pode haver uma confusão

---

5 "Não apenas o desvio da vida sexual normal, mas também sua forma normal, são determinadas pelas manifestações infantis da sexualidade" (1905d, VII, 212).
6 Portanto, como sugere Erikson, a criança é expelida do paraíso oral de um estágio anterior (Erik Erikson, *Childhood and Society*, 2ª ed. [Nova Iorque: W. W. Norton, 1963], p. 79). Erikson costuma ser bastante útil no que se refere à contribuição social e ao sentido dos estágios psicossexuais.

entre o amadurecimento de uma capacidade orgânica com a valorização de uma forma de sexualidade como sua modalidade mais elevada e a única aceitável. A subordinação da sexualidade à reprodução, e a importância atribuída à atividade heterossexual genital é, na verdade, uma norma social. Freud não afirma haver uma preferência biológica ou evolucionária para a reprodução: a preferência individual, se há alguma, é, de modo puro e simples, voltada para o prazer final. Ainda que a preferência pelo prazer final ou orgasmo em detrimento das preliminares (210-212) for biologicamente determinada, as condições para tal prazer não o são. Se o prazer final se dá sob condições que possam levar à reprodução, isso depende de uma ampla gama de fatores; e se o prazer final deve ocorrer sob tais condições, está sujeito a ambas as circunstâncias e argumentações.

Ainda que se atribua suprema importância à sobrevivência da espécie, outras coisas, incluindo o prazer sexual (que por sua vez depende de um certo grau de variedade), podem ser necessárias à sua sobrevivência. E para a maior parte da história recente, a superpopulação e a concepção não desejada tem sido uma preocupação maior do que maximizar os efeitos reprodutivos da atividade sexual. Sob certas circunstâncias, a homossexualidade pode ter vantagens sociais.[7]

Nos termos da teoria dos instintos de Freud (que não deve ser confundida com noções biológicas de padrões de comportamento hereditários em animais), todo e qualquer instinto envolve uma fonte de energia, ou de tensão, ou de pressão, interna, em fluxo contínuo. Contudo, Freud acrescenta: "Muito embora os instintos sejam inteiramente determinados por sua origem numa fonte somática, na vida mental nós o conhecemos apenas por suas metas" (1915c, XIV, 123). Dada a hipótese fundamental de Freud dizendo respeito aos dispositivos do funcionamento psíquico, a meta é, em última instância e para todos os casos, a descarga de energia ou de tensão. E dada a teoria do prazer pela descarga de Freud (ou teoria da tensão do desprazer), em última instância a meta deve ser entendida em termos

---

[7] Tem havido alguma especulação sobre possíveis vantagens evolucionárias da homossexualidade no que diz respeito a pulsões altruístas e sociais. Ver, por exemplo, E. O. Wilson, *On Human Nature* (Cambridge, Massachusetts: Harvard University Press, 1978), p. 142ss.

de prazer. Freud está bem ciente dos problemas de uma simples teoria do prazer por descarga, sobretudo na relação com a sexualidade (onde, na verdade, a experiência subjetiva de aumento de tensão é caracteristicamente tão prazerosa quanto as experiências de descarga) (ver 1905d, VII, 209ss; e 1924c). Contudo, a questão aqui é a de que, segundo a visão de Freud, a meta essencial da atividade sexual (como atividade instintual) tem de ser o prazer, alcançável por uma ampla variedade de atos particulares (sob uma variedade mais ampla de condições dependentes do pensamento). A sexualidade pode servir a muitas outras finalidades e ter uma série de outras funções e objetivos num espectro de diferentes pontos de vista. Entre estes se encontram a reprodução, a consciência interpessoal em múltiplos níveis, a comunicação interpessoal, o contato físico, amor, dinheiro.[8] No âmbito

---

8 A multiplicidade de fins e essências para a sexualidade, e a correspondente multiplicidade de critérios para a perversão é algo amplamente evidenciado numa crescente literatura filosófica sobre perversão sexual (grande parte da qual reunida em duas antologias: R. Baker e F. Elliston (Orgs.), *Philosophy and Sex* [Buffalo: Prometheus Books, 1975] e A. Soble (Org.). *The Philosophy of Sex: Contemporary Readings* [Totowa, Nova Jersey: Littlefield, Adams and Company, 1980]). Os autores tendem a oscilar entre, por um lado, explicar o conceito de perversão de um modo que capte nossas classificações comuns de práticas particulares e, por outro lado, a proporcionar um sustentado conjunto de razões para um ideal defensável de sexualidade (com suas implicações concomitantes, por vezes revisionárias acerca do que conta como perversão). Aqui, como alhures, um "equilíbrio reflexivo" entre nossas intuições e princípios pode ser desejável. Talvez o mais interessante do ponto de vista das questões consideradas neste ensaio sejam o "Sexual Perversion" de Thomas Nagel (*Journal of Philosophy* 66 [1969]: 5-17; e em suas *Mortal Questions* e em ambas as ontologias acima citadas) e o "Better Sex" de Sara Ruddick (*In:* Baker e Elliston (Orgs.), *Philosophy and Sex*). Nagel encontra a essência da sexualidade em interações e percepções pessoais em múltiplas camadas, uma dialética do desejo e da encarnação que faz dos desejos em resposta a desejos algo central à sexualidade. Portanto, o critério para a perversão que emerge em termos de incompletude interativa – de acordo com a qual a homossexualidade não precisa ser perversa, enquanto o fetichismo por pés já o tem de ser, e o intercurso heterossexual com fantasias desviantes talvez o seja. Enquanto a forma de incompletude é diferente, a ênfase na incompletude pode estar sugestivamente conectada ao tipo de unificação ou totalização de componentes na organização genital final da sexualidade de Freud – em relação à qual as perversões podem ser entendidas como instintos componentes (ou "incompletos"). Ver o enunciado de Freud, com frequência ecoado em outras partes, segundo o qual as perversões são por um lado inibições, e por outras dissociações do desenvolvimento normal" (1905d, VII, 231). Em todo caso, a ênfase de Nagel numa teoria completa do desejo sexual parece-me bem conduzida. Também de interesse especial vem a ser o "Better Sex", de Ruddick, que, entre outras coisas, deslinda claramente a relação de reprodução com a perversão em linguagem e entendimento acessíveis.

da teoria de Freud, a perversão deve ser entendida quanto às formas de prazer infantil, que são não genitais. Essa abordagem tem seus problemas. Por um lado, a homossexualidade, que de diversas maneiras é o paradigma da perversão para Freud, não é necessariamente não genital e, assim sendo, segundo esse critério não é tão obviamente perversa. Além disso, à medida que outras perversões, como o fetichismo, têm por objetivo a estimulação genital e a descarga, tampouco elas são puramente infantis (cf. 1916-1917, XVI, 321). Na prática, é claro, Freud faz colapsar o interesse, vivenciada pelo indivíduo, no prazer genital juntamente com a função biológica da reprodução, de modo que o desenvolvimento e o critério de maturação para a perversão se reduz à questão da adequabilidade de uma atividade particular voltada à reprodução.

Não se deve confundir a (ou uma) função biológica da sexualidade, qual seja, a reprodução com a sexualidade como tal. Freud se vê incomodado em ressaltar que a sexualidade tem uma história no desenvolvimento do indivíduo que precede a possibilidade de reprodução. A função reprodutora surge na puberdade (1916-1917, XVI, 311). Um ideal de maturação que proporciona um papel central àquela função faz com que toda a sexualidade anterior seja necessariamente perversa. As múltiplas fontes do prazer sexual da criança a tornam polimorfamente perversa. E a conexão funciona de ambas as maneiras. Perversões sexuais podem ser consideradas tal qual se manifestam na infância. Como Freud observa:

A ênfase de Freud no papel do prazer (ou descarga) na sexualidade receberia o complicador de sua ênfase nas condições psicológicas (condições de descarga dependentes do pensamento). O prazer, como Freud bem o compreendia, em si mesmo não é algo simplesmente corpóreo ou algo, em todo caso, simples. Quando a questão migra da sexualidade e do prazer para questões mais amplas, do amor e do apaixonar-se, toda uma gama de fatores adicionais deve ser levada em conta. O amor e a família trazem o complexo de Édipo de volta à cena, e as relações amorosas (seja o objeto do mesmo gênero ou de gênero oposto) devem ser compreendidas em termos de transferência, de ideais do ego e de cisão do ego (1921c). A junção de fluxos sexuais e apaixonados numa relação de amor madura suscita todo tipo de dificuldades, mas os fracassos nessa junção tendem a resultar no que pode ser chamado mais de amor "neurótico" do que de amor "perverso" (por exemplo, são recriados a dependência edípica ou os triângulos amorosos, ou então emerge a necessidades de objetos degradados ou proibidos com padrões correspondentes de impotência física – ver 1905d, VII, 200 e 1912d, XI, 180-187).

> Se de fato uma criança tem vida sexual, esta não pode ser senão uma vida sexual de tipo pervertido; pois, exceto quanto a alguns detalhes obscuros, as crianças são desprovidas daquilo que transforma a sexualidade em função reprodutiva. Por outro lado, o abandono da função reprodutiva é o aspecto comum de todas as perversões. Na verdade, consideramos pervertida uma atividade sexual, quando foi abandonando o objetivo da reprodução e permanece a obtenção de prazer, como objetivo independente. Portanto... a brecha e o ponto crítico da evolução da vida sexual situam-se no fato de esta permanecer subordinada aos propósitos da reprodução. Tudo o que acontece antes dessa mudança de rumo, e igualmente tudo o que a despreza, e que visa somente a obter prazer, recebe o nome pouco lisonjeiro de "pervertido", e como tal é proscrito. (1916-1917, XVI, 316)

Acredito que Freud possa bem proporcionar uma abordagem precisa da relação em nossa linguagem entre perversão e sexo não reprodutivo. Por outro lado, não acredito que a teoria de Freud esteja comprometida com manter essa relação (a meta teoricamente necessária é o prazer, não a reprodução). Além disso, ainda que o descolamento da possibilidade de reprodução seja condição necessária para se considerar a prática como perversa, ele pode não ser suficiente. Além do mais, casais heterossexuais estéreis ou os que fazem uso de contraceptivos teriam de ser considerados perversos (será abordado mais sobre essas questões mais adiante).

Ao se privilegiar o intercurso genital entre adultos, ainda que somente com o propósito de classificar as perversões, está-se fazendo uma escolha com base em normas. A discussão por Freud sobre a reprodução refletia as normas sociais dominantes, o mesmo se aplicando ao fato de que se tratava de normas possivelmente ocultadas. As normas dos liberacionistas sexuais, como Herbert Marcuse e Norman O. Brown, de diversas maneiras podem estar num *continnum* com os padrões erigidos no modelo de Freud. A perversão polimorfa inclui o sadismo? Deveria? Debates contemporâneos acerca dos ideais apropriados de sexualidade não podem ser decididos por simples recorrências à biologia. A "regressão" é indubitavelmente um conceito empírico, mas adquire sentido contra um contexto proporcionado por normas sociais de desenvolvimento (e não normas puramente biológicas de desenvolvimento). Ao classificar as perversões, aplicamos um padrão externo à sexualidade. Isso não implica dizer que não o deveríamos. Implica tão somente dizer que deveríamos ser autoconscientes acerca do que nós estamos fazendo e o porquê. Chamar as perversões de "infantis" é algo que pode efetivamente descrevê-las, mas o imaturo geralmente é visto como inferior. E se tal juízo deve ser seguido, são necessários mais motivos do que os proporcionados pela biologia. Na verdade, se vivemos tempo suficiente, ao final temos de decair. Mais tarde não necessariamente significa melhor.

Mais sobre homossexualidade

A homossexualidade é uma perversão? Se se tomar um critério de conteúdo, estando ele em última instância baseado numa reação de repugnância ou em alguma outra, a resposta deve variar conforme tempo e lugar, fazendo-se defensável que a referida reação de repugnância seja pelo menos tão maleável quanto o desejo ao qual ela se faz reação. Com base num critério de exclusividade e fixação, ela não é nem mais nem menos perversão do que a heterossexualidade de exclusividade equivalente. Tomando-se um critério de desenvolvimento e maturação, de detenção e regressão, a resposta já é menos clara. Há quem diga que a homossexualidade seja um estágio ou fase que, quanto ao desenvolvimento, seja imatura. Não acredito, contudo, que a teoria de Freud (apesar das observações incidentais) o comprometa com tal concepção. Nos *Três Ensaios*, Freud observa que a homossexualidade "possa ou persistir durante toda a vida, ou entrar numa suspensão temporária, ou pode novamente configurar episódio que esteja a caminho de um desenvolvimento normal". E ele prossegue, afirmando que a homossexualidade "pode mesmo fazer sua primeira aparição tarde na vida, após um longo período de atividade sexual normal" (1905d, VII, 137). Nesse caso, a heterossexualidade é que é a fase inicial. E de passagem, na conferência sobre a ansiedade, nas *Novas Conferências Introdutórias sobre a Psicanálise*, Freud observa que "na vida dos homossexuais, que não chegaram a realizar parte do desenvolvimento sexual normal, a vagina é uma vez mais representada [pelo ânus]" (1933a, XXII, 101), e assim presume-se que esteja explicando o motivo pelo qual a vagina é evitada ou (no caso de homossexuais que preferem a sodomia) e o modo como o ânus vem a assumir o lugar da vagina na atividade sexual. Mas o aspecto principal (em 100-101) diz respeito à persistência do erotismo anal em heterossexuais, e a questão de que no curso do "desenvolvimento sexual normal" existe uma equação entre ânus e vagina (ou seja, o intercurso heterossexual implica erotismo anal deslocado), de forma que homossexuais que preferem a sodomia podem, em certo sentido, estar sendo mais diretos. O aspecto a se observar aqui é que o erotismo anal (em suas várias formas) pode ser igualmente importante para homossexuais e heterossexuais.[9] Freud efetivamente afirma que o sexo infantil é caracteristicamente autoerótico (1905d, VII, 182), isto é, não envolve nenhum objeto sexual. A esse respeito, a homossexualidade é claramente não infantil. Mas o caso é que o fetichismo por pés e a bestialidade também envolvem objetos. Alguém concluiria daí que, portanto, eles não são infantis e, portanto, não são perversos? A presença de toda uma pessoa como objeto no caso da homossexualidade sem dúvida faz uma significativa diferença. Uma inversão como essa pode, afinal de contas, ser uma diferença importante da perversão como tal.

Ocasionalmente, Freud parece fazer referências à homossexualidade como uma forma imatura ou estacionada de sexualidade, por exemplo, numa carta em resposta à mãe, que lhe escreveu sobre seu filho homossexual (ver também 1919e, XVII, 182 e 1940a [1938], XXIII, 155-156). Segundo Freud:

> A homossexualidade por certo não é uma vantagem, mas não é nada de que se envergonhar, nem é vício, nem degradação: não pode ser classificada como doença – nós a consideramos uma variação da função sexual, produzida por certa detenção do desenvolvimento sexual.

---

9 Para algumas finalidades, pode ser útil manter a distinção entre inversão e perversão. Com isso fica mais fácil perguntar se é a sua inversão (no objeto) que torna alguns indivíduos perversos (quanto à meta), ou se é sua perversão (quanto à meta) que faz com que alguns indivíduos sejam invertidos (em sua escolha de objeto). Ou, para enunciá-lo de modo um pouco diferente, a questão da perversão pode ser relativamente independente da questão da escolha do objeto (da homossexualidade ou heterossexualidade).

Muitos indivíduos altamente responsáveis dos tempos antigos e modernos foram homossexuais, assim como muitos dos maiores homens entre eles (Platão, Michelangelo, Leonardo da Vinci etc.). É uma grande injustiça perseguir a homossexualidade como um crime – e é também uma crueldade... A análise que posso fazer do seu filho já vai por uma linha diferente. Se ele é infeliz, neurótico, dividido por conflitos, inibido na vida social, a análise pode lhe trazer harmonia, paz de espírito, plena eficiência, quer ele se mantenha homossexual ou passe por mudanças. (1960a, 419-420, 4 de abril, 1935)

Sem o apoio de seus escritos teóricos, a "detenção do desenvolvimento sexual" deve se referir, presumivelmente, à (norma social de) reprodução. Num nível teórico, é só mesmo no caso de lesbianismo que parece haver como que um ponto de estágio específico a ser feito acerca da escolha de objeto. Isso significa que, dadas as premissas básicas da teoria psicanalítica, não está de todo claro por que as mulheres não são todas lésbicas; ou, mas tendenciosamente, como alguém pode amar um homem. Até a fase genital, seu desenvolvimento está em paralelo com o dos garotinhos, e o início das relações objetais deveriam atrelar tanto meninos quanto meninas às mães como figura de apoio preponderante. Ao contrário dos meninos, as meninas supostamente mudam o gênero de seus objetos de amor no decorrer da fase edípica. O tabu do incesto supostamente faz com que os meninos excluam a mãe, mas nem todas as mulheres, como objeto sexual. Sob a pressão do complexo de castração, e por meio da identificação com o pai, os meninos supostamente buscam por uma "menina que seja como a menina que casou com seu querido e velho pai". As meninas, por outro lado, supostamente mudam de um objeto de amor feminino para um masculino. Porque o fazem é algo aberto a várias abordagens: algumas delas apontam para a inveja do pênis (esta que demanda mais elaboração do que se pode proporcionar aqui – em todo caso, abordagens biológicas em termos de uma mudança de interesse do clitóris para a vagina não vão funcionar). Algumas abordagens apontam para a rivalidade com o pai ou mãe do mesmo gênero (algo que as meninas têm em comum com os meninos – e isso tão somente porque o pai ou mãe do mesmo gênero foi antes o objeto primário de dependência e, portanto, de amor). Algumas abordagens apontam para um desejo de agradar a mãe (e isso implica ter um pênis para ela). Qualquer que seja a abordagem que se dê do desenvolvimento psicossexual feminino, existem poucas razões para se considerar a homossexualidade masculina como a implicar detenção ou regressões a uma fase de desenvolvimento anterior, no que seria tão infantil quanto (com base no referido critério) perversa.[10]

Ainda assim, talvez algo mais possa ser extraído da teoria geral do desenvolvimento segundo Freud. Pode se argumentar que existe um sentido no qual o mecanismo básico da escolha de objetos homossexual seja mais primitivo que o mecanismo envolvido na escolha de objeto. Freud distingue os dois tipos básicos de escolha do objeto: anaclítico e narcisista (1914c, XIV, 87-88). Com base no modelo (ou fixação), assim como os instintos do componente sexual desde o início são atrelados à satisfação dos instintos do ego, a dependência da criança em relação aos pais proporciona o modelo para relações futuras. Com base no modelo narcisista, o indivíduo escolhe um objeto conforme ele próprio. Pode parecer óbvio que a escolha de objeto do homossexual seja narcisista, e que a escolha de objeto narcisista seja mais primitiva que a do outro tipo. Mas nenhum lado aí está correto. Enquanto o homossexual certamente tem um objeto que, pelo menos em um aspecto (de gênero ou de genitais) é como ele próprio, existem muitos outros aspectos do indivíduo, no âmbito desses dos quais mesmo a escolha

---

10 Na verdade, alguns analistas, como Michael Balint, insistem que muitas formas da homossexualidade "definitivamente não são permanências de formas infantis da sexualidade, mas sim desenvolvimentos posteriores" ("Perversions and Genitality". Primary *Love and Psycho-analytic Technique* [Londres: Tavistock Publications, 1965], p. 136). Mas deve-se notar que muitas das concepções de Balint não podem ser sustentadas, ou em todo caso não se as pode corroborar. Dos homossexuais, em particular, ele afirma que "eles todos sabem – que, sem intercurso normal, não há real satisfação" (p. 142). O desenvolvimento das concepções psicanalíticas sobre a homossexualidade a contar de Freud é providencialmente descrito por Kenneth Lewes, *The Psychoanalytic Theory of Male Homosexuality* (Nova Iorque: Simon and Schuster, 1988).
O problema mais profundo suscitado pelo lesbianismo (presumindo-se que todos se iniciam com um objeto de amor primário feminino) pode estar em como alguém (mulher ou homem) pode amar um homem. Será a semelhança ou a masculinidade do objeto que importa para um homossexual? E, ainda uma vez, de que modo a masculinidade importa para as mulheres? E para quem quer que seja?

de objeto heterossexual pode ser narcisista de um modo importante. Além disso, os mecanismos da escolha de objeto homossexual são diversos (por exemplo, Freud por vezes confere ênfase à atitude de se evitar a rivalidade com o pai ou com os irmãos), e a semelhança do objeto consigo próprio pode não ser crucial em todos os casos – na verdade, uma dependência do objeto de tipo anaclítico pode ser muito mais proeminente.[11] Que o narcisismo como estágio, no sentido de se tomar como objeto sexual, pode ser mais primitivo do que a escolha de objeto, no sentido de tomar outra pessoa como objeto sexual, isso não faz o tipo narcisista de escolha de objeto ser mais primitivo do que o tipo anaclítico. Em ambos os casos, diferentemente do narcisismo primitivo, o objeto é outra pessoa, assim como, se num modelo a semelhança conta mais, em outro a dependência conta mais. Ainda que o narcisismo seja considerado a primeira forma de escolha de objeto (após o autoerotismo), a dependência se faz presente desde o início (e toda uma escola de psicanálise viria a argumentar que as relações de objeto estão presentes desde o início). O próprio Freud escreveu:

> Em um momento em que os primórdios da satisfação sexual ainda estão relacionados com ingerir alimento, o instinto sexual tem um objeto sexual fora do próprio corpo da criança sob a forma do peito da mãe. Só depois o instinto perde aquele objeto, talvez à medida que a criança seja capaz de formar uma ideia integral da pessoa a quem pertence o órgão que lhe está dando satisfação. Via de regra, o instinto sexual então se torna autoerótico, e só depois que o período de latência tiver passado é que a relação original vai ser recuperada. Assim, há boas razões pelas quais uma criança sugando o peito da mãe se tornou o protótipo de toda e qualquer relação de amor. O encontro de um objeto é na verdade um reencontro. (1905d, VII, 222)

---

11 Entre os mecanismos de escolha de objeto homossexual considerados por Freud, os principais envolvem identificação com a mãe (1905d, VII, 145ss.; 1910c, XI, 98-101; 1921c, XVIII, 108; 1922b, XVIII, 230-231) e um secundário envolve formação de reação contra rivalidade entre irmãos (1922b, XVIII, 231-232). Em outro momento, em conexão com um caso de lesbianismo, Freud fala em "retirada em favor de outra pessoa (1920a, XVIII, 159ss.). Lewes, *The Psychoanalytic Theory of Male Homosexuality*, distingue quatro principais tendências na teorização por Freud da etiologia da homossexualidade.

A homossexualidade não é um retorno aos primeiros modos de relação *mais* do que qualquer outra tentativa de amor.¹²

A Associação Americana de Psiquiatria debateu-se com a questão da classificação da homossexualidade. A classificação não é isenta de implicações práticas, e não surpreende que o debate tenha assumido contornos políticos.¹³ A nosologia não é simplesmente questão de teorias etiológicas. No mínimo, a classificação por vezes assume a forma de padrões sintomáticos e possibilidades de tratamento tanto quanto a etiologia. O argumento contra classificar a homossexualidade como doença poderia bem incluir a noção de que ela *não deveria* ser tratada (qualquer que seja a sua origem) bem como a afirmação política de que a classificação contribui para a discriminação inapropriada (no trabalho, por exemplo – a homossexualidade deveria ser motivo para a demissão? E quanto à esquizofrenia?). Em 1973, A Junta Diretiva da Associação Psiquiátrica Americana votou para que a homossexualidade (como tal) fosse removida da lista de desordens no Manual Diagnóstico e Estatístico de Desordens Mentais (DSM-III, p. 281-282). Não obstante, algo chamado "homossexualidade egodistônica" foi incluído. Isso significa que se um homossexual não deseja a sua condição, ou sofre de angústia em razão de sua condição, ela é vista como uma desordem. Claro está que os critérios de desordem mental empregado pela Associação Americana de Psiquiatria com relação a isso não são "neutros": angustiar-se, não desejar uma condição são estados passíveis de ser remetidos a atitudes sociais (o que produz angústia e, por essa razão, é indesejado em Iowa pode ser muito diferente do que produz angústia e é indesejado em São Francisco – de modo que a homossexualidade pode ser uma "desordem" em

---

12 Há uma difícil passagem em que Freud atrela a homossexualidade a uma fase transicional do narcisismo (1911c, XII, 60-61). Tal é discutido de forma ponderada por J. Laplanche e J.-B Pontalis (*The Language of Psycho-Analysis* [Londres: The Hogarth Press, 1973], p. 259).

13 Os fatos básicos são recontados em J. Marmor, "Epilogue: Homosexuality and the Issue of Mental Illness". *In:* J. Marmor (Org.), *Homosexual Behavior: A Modern Reappraisal* (Nova Iorque: Basic Books, 1980). Uma abordagem jornalística mais detalhada encontra-se disponível em R. Bayer, *Homosexuality and American Psychiatry: The Politics of Diagnosis* (Nova Iorque: Basic Books, 1981). Ver também Lewes, *The Psychoanalytic Theory of Male Homosexuality*, p. 213-229.

Iowa, mas não em São Francisco).[14] Em todo caso, das teorias etiológicas e desenvolvimentistas da psicanálise não se segue que a homossexualidade deva produzir angústia e com isso ser indesejada.

Deve-se reconhecer, contudo, que mesmo se a homossexualidade não implicar nenhum atraso ou inibição de desenvolvimento, mesmo se a homossexualidade for tão "genital" e madura quanto a heterossexualidade,

---

14   Isso pode entrar em conflito com a própria caracterização geral da APA sobre uma desordem mental, que inclui a seguinte restrição: "Quando o distúrbio está limitado a um conflito entre indivíduo e sociedade, isso pode representar um desvio social, que pode ter algo de louvável como pode não ter, sem que se tenha aí uma desordem mental em si mesma" (DSM-III [Washington, D.C.: American Psychiatric Association, 1980], p. 363).
C. Culver e B. Gert (*Philosophy in Medicine: Conceptual and Ethical Issues in Medicine* [Oxford: Oxford University Press, 1982]) levantam dificuldades com as definições e classificações de desordens mentais feitas pela Associação Americana de Psiquiatria, mas são menos perturbados do que deveriam ser pela categoria da "homossexualidade egodistônica". Escrevem eles: "A razão primária pela qual certos comportamentos sexuais recorrentes são doenças está em serem egodistônicos. A pessoa que se envolve no comportamento se vê angustiada por ele. É claro que tal comportamento é também, provavelmente, uma manifestação de incapacidade volicional, mas, mesmo que não o seja, a angústia, se significativa, é suficiente para fazer com que seja considerado como doença. Note-se que nem no caso da angústia nem no de uma incapacidade volicional, a condição sexual vem a ser uma doença por ser sexual, mas muito mais o será por força de algumas outras características associadas à condição. Assim, acreditamos que quando a homossexualidade se qualifica como doença, isso se dá em razão da angústia de experiências pessoais, não em razão das fantasias ou desejos homossexuais da pessoa" (p. 104).
Mas acredito que, por seu próprio critério do que deve contar como uma "doença", eles deveriam ser mais equívocos. Argumentam (p. 95-98) que a dor não deveria ser vista como doença em razão de ter uma "causa de sustentação distinta" (qual seja, uma perda externa – se aquele que sofre vier a acreditar que a perda não foi real, cessam dor e o sofrimento). Desse modo, não está claro se a "homossexualidade egodistônica" seria, em seus próprios termos, uma "doença". O sofrimento (e mesmo a "incapacidade volicional" putativa) apresenta uma "causa de sustentação distinta"? Na verdade, se a sociedade tiver mudado de atitude, o sofrimento pode desaparecer e pode já não se ter a necessidade de sobrepujar desejos. A esse respeito, Culver e Gert escrevem: "Se uma pessoa está sofrendo ou em risco crescente de passar por tribulações principalmente em razão de conflito com seu ambiente social, então esse ambiente social seria uma causa de sustentação distinta de seu sofrimento, e a pessoa, no caso, não teria doença alguma" (p. 94). Se o sofrimento é signo de uma doença, faz-se necessária uma teoria sobre a fonte do sofrimento. Mesmo se supormos que uma mudança nas atitudes sociais em certos casos não anularia o sofrimento, quando um desejo é egodistônico ele o pode ser porque o indivíduo internalizou padrões equivocados. O problema estará então no desejo ou nos padrões (são os dois juntos que produzem a angústia)? O que deveria mudar? O indivíduo pode sofrer de uma autoaversão injustificada (mas talvez socialmente estimulada).

ela não está associada à possibilidade de reprodução, sendo nesse sentido perversa. Qualquer atividade sexual que em seu efeito deva ser desassociada da reprodução pode ser – e tem sido – considerada perversa. Note-se que a relevante dissociação está no efeito, não na finalidade. Se a finalidade das pessoas envolvidas na atividade fosse o que importasse, a maior parte dos intercursos genitais heterossexuais teria de ser vista como perversa. Ao se conferir esse sentido à perversão, contudo, é preciso ter cautela quanto ao que se conclui acerca de pessoas cujas atividades seriam, nesse sentido, perversas. Por um lado, a reprodução seria de fato excluída somente se suas atividades fossem exclusivamente perversas. Por outro, a *criação* dos filhos ser algo socialmente benéfico (os cuidados e a educação dos filhos não são excluídos por ser atividade perversa, isto é, não reprodutiva) depende de circunstâncias (outros aspectos dos pais, e circunstâncias sociais como a superpopulação. Além disso, novas tecnologias reprodutivas podem tornar menos preocupantes as limitações reprodutivas de atividades perversas, assim como novas tecnologias contraceptivas tornaram os perigos da concepção indesejada menos preocupantes na atividade sexual "normal". Qualquer que seja o lugar biológico da reprodução na vida sexual humana, esse lugar não pode estabelecer qual a atitude apropriada ante a atividade sexual humana não reprodutiva. Admitindo-se que a reprodução seja uma das finalidades do sexo, é igualmente certo que a finalidade pode ser alcançada de forma bem-sucedida (sendo garantida a sobrevivência da espécie) sem que se lance mão unicamente do sexo reprodutivo. E na verdade, o sexo normal, isto é, o intercurso genital entre adultos, pode ser multiplamente insuficiente. Pode haver falhas de reciprocidade e de mutualidade, ou de completude interativa (fantasias sexuais particulares podem fazer do intercurso algo mais próximo da masturbação em sua experiência, quando não em seus possíveis efeitos). E isso ainda que o sexo normal no presente sentido, isto é, do tipo que em circunstâncias apropriadas poderia levar à reprodução, possa falhar em seus efeitos reais (a maioria dos intercursos não conduz à gravidez, há o intercurso entre parceiros estéreis, e o uso de contraceptivos muito improvavelmente levará à gravidez). A dissociação das preocupações reprodutivas numa atividade sexual pode tornar inoperante um indivíduo? Não há razões para acreditar nisso. Freud frequentes vezes aponta para as grandes contribuições sociais de homossexuais na história, chegando mesmo a atrelar as contribuições à orientação sexual, mediante a derivação de energias sociais de inclinações homossexuais.[15] Não que Freud seja cego aos defeitos; ele não está assumindo que todos os homossexuais sejam esteios da civilização: "É claro que eles não são... uma 'elite' da humanidade; há pelo menos tantos indivíduos inferiores e inúteis entre eles do que entre os de um tipo sexual diferente" (1916-1917, XVI, 305). A questão de os homossexuais contribuírem ou não para a sociedade pode ser uma questão relevante quanto à atitude apropriada a se tomar ante a homossexualidade, mas o mesmo se pode dizer dos heterossexuais e dos indivíduos de inclinações mistas: não há razão para esperar uniformidade de contribuições no seio de tais grupos. Continua pouco claro se a homossexualidade deveria ou não ser vista como perversão: isso depende do critério de perversão adotado (por exemplo, conteúdo, tendo-se a angústia como indicador; exclusividade e fixação; ou desenvolvimento e maturação, tendo-se a reprodução como indicador), e dados alguns critérios com base nos quais se dá crédito a teorias desenvolvimentistas e etiológicas. Mas parece

---

15 Por exemplo: "É fato bem conhecido que um número razoável de homossexuais se caracteriza por um desenvolvimento especial de seus impulsos instintuais sociais e por sua devoção aos interesses da comunidade... o fato de que a escolha de objeto homossexual de modo não pouco frequente seja proveniente de uma anterior superação da rivalidade com homens não pode ser algo desprovido de relação com a conexão entre homossexualidade e sentimento social" (1922b, XVIII, 232). A conexão mais usual feita por Freud é, evidentemente, a que se tem entre sentimento social e homossexualidade sublimada (em detrimento da homossexualidade ativa): "Tão logo se chega ao estágio de escolha heterossexual de objeto, as tendências homossexuais, ao contrário do que se pode supor, não são desfeitas ou estancadas; são meramente desviadas de sua meta sexual e aplicadas a novos usos. Então se combinam com porções dos instintos do ego e, ao modo de componentes "atrelados", auxiliam na constituição dos instintos sociais, e com isso um fator erótico contribui para a amizade e camaradagem, para o *esprit de corps* e para o amor à humanidade em geral. Até que ponto uma contribuição de fato provém de fontes eróticas (com a meta sexual inibida), é algo que dificilmente se poderia supor tomando como base as relações sociais normais da humanidade. Mas não é irrelevante observar que são precisamente os homossexuais manifestos, e entre eles precisamente os que não se permitem atos sexuais, os que mais se destacam por assumir uma participação particularmente ativa nos interesses gerais da humanidade – interesses eles próprios emanados de uma sublimação de instintos eróticos" (1911c, XII, 61).

claro que, mesmo a homossexualidade sendo vista como perversão, isso por si só não confere motivo para condená-la ou considerá-la pior que a heterossexualidade, como não é razão para desaprová-la em outros ou evitá-la em seu próprio caso.

Fetichismo por pés

Pode-se racionalmente concluir que Freud não apresenta nenhum conceito sistematicamente sustentável de perversão como algo patológico e ainda se deve reconhecer que sua consideração das questões proporciona uma compreensão válida do que se entende por perversão e, o mais importante, do que significa perversão – sua importância psicológica. Se algo é uma perversão de acordo com atitudes prevalecentes, o fetichismo por pés o é, e a discussão por Freud da exclusividade e fixação nos ajuda a compreender o motivo.[16] Mas outros critérios de perversão (conteúdo, maturação, reprodução, completude etc.) sem dúvida garantiriam o mesmo resultado – na verdade, pode ser uma condição de adequação a tais critérios que lhes garantiu esse resultado. A classificação não é um problema. O problema está na compreensão da fonte e do motivo desse tipo de interesse incomum pelos pés.

Em geral, quando confrontados com um desejo que não se compartilha, pode-se simpatizar com o desejo incompartilhado pelo menos na medida em que se tem um sentido do que é desejável num objeto. Parte do mistério do fetichismo está em compreender o valor e a importância associados ao objeto. Realçar o elo do fetichismo com a superestimação mais comum de objetos sexuais (que por sua vez pode ser algo atrelado a narcisismo – 1914c, XIV, 88-89, 91, 94, 100-101) de certo modo aponta para a inteligibilidade do fetichismo (1905d, VII, 153-154), mas ainda nos

---

16 Ao compreender aqui o porquê, também compreendemos o que significa descrever um desejo ou prática como "perversa". O fetichismo pelos pés é geralmente visto como algo repugnante. O que há de incômodo ou perturbador aí é a ideia de que alguém possa estar (sexualmente) interessado somente por pés. Por mais que esse foco possa simplificar a vida, ele parece omitir outras valiosas possibilidades.

deixa querendo saber por que motivo desejos devem tomar direções tão peculiares. Essa questão versa em parte sobre o mecanismo de escolha de objeto, mas, mais importante, é uma questão acerca do sentido de escolha do objeto. O que num pé o torna tão atraente? Por que alguns pés em particular são mais atraentes que outros? Como podem chegar a satisfazer (ou ser vistos como passíveis de satisfazer) necessidades? A psicanálise proporciona respostas. Nos casos centrais, "a substituição do objeto por um fetiche é determinada por uma conexão simbólica de pensamento, da qual a pessoa em questão geralmente não está consciente" (1905d, VII, 155). No caso do fetichismo dos pés, de forma condensada, a psicanálise propõe (entre outras coisas) que "o pé representa um pênis da mulher, a ausência do qual é profundamente sentida" (155ss.). Desse modo condensada, a resposta pode parecer altamente implausível. Mas em seu artigo sobre o fetichismo (1927e, XXI) Freud traça uma cadeia de experiência, fantasia e associação que sugere de que modo um pé pode vir a proporcionar alívio quanto a temores de castração e assim se tornar o foco dos interesses sexuais. Complementada desse modo, ainda assim a história pode parecer implausível. Mas note-se que a questão da plausibilidade entra aqui em dois níveis: um deles é a implausibilidade da crença atribuída ao fetichista (como poderia alguém acreditar em algo tão implausível como ser o pé o pênis faltante na mulher?), e o segundo nível é o da plausibilidade da atribuição das crenças (implausíveis). O gênio da abordagem psicanalítica não está em tornar plausíveis crenças bizarras ou *ad hoc*. O seu gênio está, isto sim, em nos conferir outras razões para atribuir tais crenças a pessoas e em mostrar de que modo em certos casos, eles persistem e conferem direção ao desejo.

Algumas das crenças relevantes (por exemplo, na ubiquidade do genital masculino) podem ser encontradas em teorias sexuais infantis. A maior parte da evidência para tais crenças, bem como para equações simbólicas, vem do estudo das neuróticas – qual seja, como Freud repetidamente observa, "as neuroses são... o negativo das perversões (1905d, VII, 165). Talvez devêssemos fazer uma pausa nesse ponto. O instinto sexual, como vimos, é complexo, tem diversas dimensões (*Ibid.*, 162). Não se trata da energia simples, "sem qualidades", de grande parte das primeiras teorizações de

Freud (168, 217). Assim, é possível reidentificar o "mesmo" instinto em diferentes contextos em razão de a variação no (por exemplo) objeto poder deixar a fonte como, claramente, a mesma. Os instintos, ao contrário das energias sem qualidade, satisfazem uma das restrições conceituais ao "deslocamento": uma mudança no objeto pode ser vista como "deslocamento" (em vez de como mera mudança) somente contra um pano de fundo de continuidade. Uma das coisas que podem ter ocultado a subjacente continuidade entre a sexualidade adulta e a infantil está em ser a criança "polimorfamente perversa" (191) – e o laço com a vida sexual adulta se faz mais claro em relação à sexualidade perversa (intercurso genital heterossexual). De modo semelhante, o papel da sexualidade na neurose foi ocultado em parte por ser a sexualidade implicada tipicamente perversa. Como Freud observa, "as neuroses são, por assim dizer, *o negativo das perversões*" (165) – de modo que a natureza sexual da neurose tende a ficar oculta. O que Freud tem em mente com a famosa fórmula é discernido um tanto mais, num apontamento: "Os conteúdos das fantasias claramente conscientes de pervertidos (que em circunstâncias favoráveis podem ser transformados em comportamento manifesto), dos medos ilusórios dos paranoicos (que são projetados em sentido hostil a outras pessoas) e das fantasias conscientes das histéricas (que a psicanálise revela por trás de seus sintomas) – todos esses coincidem entre si mesmo no nível dos detalhes" (165, n. 2). A fim de tornar essa afirmação persuasiva, é preciso realçar o conteúdo das fantasias inconscientes das histéricas, mas isso é tornado mais simples em razão de que, no caso dos neuróticos, "os sintomas se constituem na atividade sexual do paciente" (163), e de que "pelo menos um dos sentidos de um sintoma é a representação de uma fantasia sexual" (1905e, VII, 47). Assim, a tosse histérica de Dora poderia ser analisada em termos de uma fantasia inconsciente de felação (*Ibid.*, 47-52). Nada disso surpreende muito se se lembrar que a sexualidade neurótica, assim como a sexualidade perversa, é infantil (1905d, VII, 172) – qualquer que seja a forma que o instinto sexual termine por assumir, ele inevitavelmente tem suas raízes na sexualidade infantil.

Voltando ao fetichismo por pés, o que quer que se pense da história psicanalítica, está claro que alguma história se faz necessária. A fixação é, sem mais explicações, por demais peculiar. Para alguém que não compartilha o desejo, é difícil ver ali o que é desejável. Com significados adequadamente ocultados, o desejo ao menos se torna inteligível como desejo. Tal compreensão é demandada para se ter simpatia verdadeira. Segundo o padrão de exclusividade e fixação, o fetichismo é indubitavelmente perverso. Mas isso não é algo que se leve longe, e propomos aqui que o critério de exclusividade e fixação seja ele próprio inadequado quando aplicado de modo muito geral. Por certo que existe algo peculiar quanto ao fetichismo, e, na medida em que a psicanálise pode nos ajudar a compreender essa peculiaridade, pode nos ajudar a chegar a uma atitude apropriada para com as perversões em geral. No caso do fetichismo, se não podemos compartilhar crenças, podemos ver como certas crenças dadas, certos objetos e atividades podem se tornar desejáveis. O fetichismo permite um tipo de negação e aceitação simultânea de fatos desconfortáveis. Daí não se segue que todos os desejos se tornem igualmente não criticáveis uma vez compreendidos. As crenças podem ter implicações mais amplas, e estar de posse das crenças e desejos é algo que pode ter efeitos mais amplos. Assim, algumas perversões podem ser alvos de objeção. Nossos padrões comuns para julgar ação humana e interação humana não caducam diante de perversões; mas o mero fato de haver perversão não é um motivo independente para a crítica de ordem moral. Lembremo-nos: todos os nossos desejos encontram-se igualmente a demandar explicação, todos têm uma história (mais ou menos oculta), podemos apenas nos ver menos necessitados de uma explicação no caso de desejos mais familiares.

Mais uma vez, o fetichismo por pés demanda alguma explicação. Os que desejam rejeitar a abordagem psicanalítica do fetichismo dos pés têm o ônus de proporcionar uma alternativa. Acredito que uma simples abordagem sobre generalização de estímulo faria as vezes. A psicanálise prontamente inclui aspectos associacionistas padrão, por mais que eventualmente também acrescente menos conexões associativas padrão. Por exemplo, Freud observa:

> Em uma série de casos de fetichismo por pés, tem sido possível mostrar que o instinto escopofílico, ao buscar alcançar seu objeto (originalmente os genitais) por sob a roupa, foi estancado em seu

trajeto por proibição e repressão. Por esse motivo, apegou-se a um fetiche sob a forma de um pé ou de um sapato, os genitais femininos (de acordo com as expectativas de infância) sendo imaginados como masculinos. (1905d, VII, 155, n. 2; cf. 1927e, XXI, 155)

Mas Freud também é especialmente cauteloso quanto a dar peso excessivo às primeiras impressões sexuais, muito embora elas fossem o determinante por excelência da direção da sexualidade:

> Todas as observações que tratam desse ponto têm registrado um primeiro encontro com o fetiche no qual já havia interesse sexual estimulado sem que houvesse nada nas circunstâncias associadas a explicar o fato... A verdadeira explicação é aquela por trás da primeira rememoração da aparição do fetiche que reside numa fase submergida e esquecida do desenvolvimento sexual. O fetiche, como uma "memória de tela", representa essa fase, sendo assim dela um remanescente e precipitado. (1905d, VII, 154, n. 2)[17]

As conexões que Freud enfatiza são caracteristicamente providas de sentido, e não meras associações causais. O problema mais geral que se tem com a generalização do estímulo está em ele tender a explicar tanto de menos quanto demais. Por que outras pessoas expostas aos mesmos estímulos

---

17 O problema aqui é mais o problema que se tem com certas outras tentativas behavioristas de explicar fenômenos psicológicos complexos. Por exemplo, em relação ao caso do Pequeno Hans, de Freud, Wolpe e Rachman sugerem "que o incidente a que Freud se refere como sendo meramente o desencadeador da fobia de Hans era na verdade a causa sua inteira desordem" (J. Wolpe e S. Rachman, "Psychoanalytic Evidence: A Critique Based on Freud's Case of Little Hans". *In:* S. Rachman (Org.), *Critical Essays on Psychoanalysis* [Oxford: Pergamon, 1963], p. 216). O incidente em questão foi Hans testemunhar a queda de um cavalo que estava a puxar um ônibus. Ao lado de outros problemas presentes nessa abordagem (ver J. Neu, *Emotion, Thought, and Therapy* [Londres: Routledge and Kegan Paul, 1977], p. 124-135), Freud observou, cinquenta anos antes: "Considerações cronológicas tornam impossível, para nós, dar qualquer grande importância à real causa precipitadora da eclosão da doença de Hans, já que ele mostrara sinais de apreensão muito antes de ver o cavalo do ônibus cair na rua" (1909b, X, 136). Acréscimos posteriores à teoria psicanalítica do fetichismo (incluindo a ênfase nas fases de desenvolvimento anteriores ao estágio fálico) são rastreados por Phyllis Greenacre, "Fetishism" (*In:* I. Rosen (Org.), *Sexual Deviation*, 2ª ed. [Oxford: Oxford University Press, 1979], p. 79-108).

não desenvolvem fixações fetichistas? A psicanálise pode ter problemas também com essa questão: ver 1927e, XXI, 154. Por que os fetichistas tantas vezes se apegam a condições especiais (como o cheiro) de seus objetos preferidos? Quanto a esse ponto, a psicanálise tem algumas sugestões interessantes: ver 1909d, X, 247; e 1905d, VII, 155, n. 2. Se a generalização do estímulo aparece sozinha como mecanismo explanatório, ela pode parecer capaz de explicar resultados particulares reais de uma associação somente se parecer igualmente capaz de explicar qualquer outro resultado de uma dada impressão inicial. Os fatores apontados pelos teóricos do condicionamento são, de modo puro e simples, por demais abrangentes e nada discriminadores. Algo que explicaria tudo não explica nada.[18]

Os desejos do fetichista são, de modo característico, altamente dependentes de pensamento. Ele vê o objeto de fetiche como sendo de um certo tipo, tendo certas conexões. Esse "ver como" é outro aspecto da situação comumente negligenciada pelas abordagens behavioristas.[19] A psicanálise intenta rastrear essas conexões (algumas delas ocultas para o próprio indivíduo) e sua história. Ela busca compreender sua força compulsiva e busca capacitar o indivíduo a especificar de modo mais pleno o que é que ele deseja em relação ao objeto. O pensamento do objeto (incluindo o pensamento da razão para o desejo ou o do aspecto que faz com que o objeto desejado seja desejável) especifica o desejo. Um entendimento adequado dos pensamentos relevantes pode ser uma condição necessária de liberdade, da possibilidade de se alterar o desejo via autocompreensão reflexiva. Uma atenção por demais exclusiva ao comportamento envolvido na sexualidade perversa pode negligenciar o pensamento e, com isso, o desejo por trás do pensamento. Uma vez que pessoas podem observavelmente fazer a mesma coisa por diferentes razões (por vezes uma pessoa quer, enquanto outra pessoa tem de ser paga para participar; os diferentes sentidos do mesmo comportamento podem ser revelados em fantasias associadas, conscientes e inconscientes, e em outros pensamentos), especificações behavioristas de atividade perversa, como abordagens sociológicas de atividade perversa,

---

18 Ver Neu, *Emotion, Thought, and Therapy*, p. 126-127.
19 Ver C. Taylor, *The Explanation of Behaviour* (Londres: Routledge and Kegan Paul, 1964).

podem inevitavelmente deixar de compreender o fenômeno. Se devemos compreender desejos (e atividades) sexuais perversos (e também "normais"), devemos buscar os pensamentos que estão por trás deles.[20]

O mental e o físico

Platão traça uma linha entre o amor físico e o espiritual, pensando o último como mais elevado que o primeiro. A linha entre o físico e o psíquico não corresponde à linha entre o sexual e o espiritual. Afinal, o que quer que se pense acerca de espiritualidade e do psíquico, a sexualidade não é puramente

---

20 Assim como Nagel ("Sexual Perversion"), pretendo dar ênfase especial ao papel dos desejos na perversão. Afinal, a questão de uma atividade ou prática particular, à medida que com ela se envolva um indivíduo particular, dever ser considerada perversa ou não é algo que, de modo característico, depende dos desejos que dão forma a essa prática (muito embora a força desse aspecto possa variar segundo critérios diferentes para perversão e para sexualidade). A descrição, aqui como alhures, é carregada de teoria. Se uma particular ação observável pode ser considerada como "neurótica", isso é algo que depende do modo como é feita, de seu sentido. Uma pessoa que lava as mãos quinze vezes ao dia não precisa ser um obsessivo-compulsivo, ela pode ser um cirurgião. De modo semelhante, uma "chuva dourada" realizada por interesse sexual tem um significado muito diferente no que tange à questão da "perversão" daquela feita como medida de emergência para tratar um ferimento por ouriço do mar. É claro que ações podem ser sobredeterminadas, motivos podem ser entremeados, e motivos podem ser ocultados. Em todo caso, a descrição integral do que alguém está fazendo depende do que ele pensa (consciente ou inconscientemente) que está fazendo e do porquê. Pensamentos e desejos subjacentes são essenciais para se caracterizar a natureza de atividades e práticas.
E novamente, ao se compreender a natureza dos próprios desejos, o papel dos pensamentos dificilmente será superenfatizado. Como conclui Stuart Hampshire, durante um debate sobre o papel do pensamento no desejo:
"O esquema tradicional, que distingue os prazeres dos desejos ponderados, pode se revelar simples demais e refletir de forma por demais grosseira simples ideias morais. Qualquer estudo sobre a sexualidade nos revela que o pensamento, em geral sob a forma da fantasia, inscreve-se numa grande variedade de desejos sexuais, que normalmente são associados a causas físicas. A tradicional equação do desejo físico, ou prazer, com o desejo não pensante não é garantida pela evidência. Tampouco é verdadeiro que os desejos mais reflexivos e plenamente conscientes, que nesse sentido são racionais, sejam necessariamente ou sempre os mais complexos. Pelo contrário, pode haver desejos pré-conscientes e inconscientes que, como se pode demonstrar, são desenvolvidos com base nos próprios processos complexos de pensamento não reflexivo e imaginativo" (*Freedom of the Individual*, 2ª ed. [Londres: Chatto and Windus, 1975], p. 137).

física. Na verdade, se o fosse, poder-se-ia esperar que objetos e metas do desejo sexual fossem fixados pela biologia. Mas enquanto a biologia humana é relativamente uniforme, os objetos e metas de desejo sexual são tão variados quanto a imaginação humana. Existem condições psicológicas para a satisfação sexual. O sexo é tanto uma questão de pensamento quanto de ação. Enquanto o maquinário de reprodução, os próprios órgãos sexuais, os genitais, possuem determinadas estruturas e modos de funcionamento, o desejo sexual assume formas amplamente multifacetadas. A sexualidade é muito mais uma questão de pensamento, ou do psiquismo, que do corpo. Pensar que se possa se livrar da sexualidade pela via negação do corpo é tomar a parte pelo todo. Se seria exagero dizer que todo o sexo se passa na mente, isso seria menos equivocado do que a noção comum de que o sexo é puramente físico. Freud chegou mais perto da verdade ao situar a sexualidade na fronteira ou na ponte entre o mental e o físico. Ao escrever sobre instintos em geral, explicou seu significado:

> Por "pulsão" podemos entender em princípio apenas o representante psíquico de uma fonte endossomática de estimulação que flui continuamente, para diferenciá-la do "estímulo", que é produzido por excitações isoladas vindas de fora. Pulsão, portanto, é um dos conceitos da delimitação entre o anímico e o físico. (1905d, VII, 168)

Assim, o instinto sexual não é equacionado com a energia neutra (como no teorizar anterior de Freud, isto é, em seu *Projeto para uma Psicologia Científica* – 1905a [1895], I). Ele tem direção (meta e objeto) bem como fonte somática e ímpeto (ou força). O instinto envolve necessidades biologicamente dadas e desejos dependentes de pensamento. São nossos pensamentos que especificam os objetos de nossos desejos (por equivocados que possamos estar quanto a eles satisfazerem nossas necessidades reais). Pela via de transformações e deslocamentos de diferentes tipos, nosso instinto sexual assume diferentes direções. Como Freud afirma a certa altura, "em psicanálise, o conceito do que é sexual... vai mais baixo e mais alto do que seu sentido popular. Essa extensão é justificada geneticamente..." (1910k, XI, 222; cf. o debate sobre o "fator mental" em 1905d, VII, 161-162). A análise dos desejos sexuais se inicia com uma necessidade instintual derivada de uma fonte somática. Mas os representantes psíquicos dessa necessidade instintual precisam se desenvolver na história do indivíduo, atraindo-os para toda uma variedade de objetos e metas (modos de satisfação). Dadas as diferentes vicissitudes, nosso dom original instintual se desenvolve em neurose, perversão ou em uma gama de vida e caráter sexual normal. Nosso caráter está entre aqueles atributos (talvez "mais elevados") que Freud situa na sexualidade. Nesse ensaio sobre "caráter e erotismo anal", Freud diz que nós podemos estabelecer uma fórmula para o modo no qual o caráter, em sua forma final, é formado de instintos constituintes: os traços de caráter permanentes são ou prolongamentos não modificados dos instintos originais, ou sublimações desses instintos, ou formações reativas contra eles" (1908b, IX, 175). Não posso aqui perseguir os enigmas suscitados por essas alegadas transformações, e pela explicação psicanalítica do normal,[21] mas deveria ficar claro que nosso caráter sexual determina em ampla medida nosso caráter, quem somos: seja diretamente, conforme sugerido na fórmula, ou indiretamente, como modelo para nosso comportamento e atitudes em outras esferas.[22]

Há toda uma série de lições a ser aprendidas com Freud. Neste ensaio sobre os *Três Ensaios* de Freud eu gostaria de ressaltar um mínimo dessas lições:

1. A sexualidade, longe de ser unificada, é complexa. O instinto sexual é feito de componentes que podem ser especificados ao longo de diversas dimensões (fonte, objeto, meta). É um composto que se desenvolve e muda, e pode prontamente se decompor. Em particular, o instinto é "meramente soldado" a seu objeto.

---

21 Começou a fazê-lo em "Getting Behind the Demons", *Humanities in Society* 4 (1981), p. 171-196 (especialmente 191-192).
22 Como Freud observa ao debater o caso do Homem dos Ratos, "a atitude de um homem nas coisas que dizem respeito ao sexual tem a forma de um modelo com o qual o restante de suas reações tende a se conformar" (1909d, X, 241). O pensamento também se constitui na base para a principal dúvida de Freud sobre a masturbação: "um dano pode ocorrer pelo estabelecimento de um *padrão psíquico* segundo o qual não existe necessidade de tentar alterar o mundo exterior para satisfazer uma grande necessidade" (1912f, XII, 251-252; cf. 1908d, IX, 198-200). Deveríamos talvez observar que ele continua: "Contudo, onde se desenvolve uma reação de amplo alcance contra esse padrão, os traços de caráter mais valiosos podem ser encetados".

2. Os critérios para a perversão são múltiplos, e nenhum deles é verdadeiramente satisfatório se estivermos buscando por um padrão intercultural fundado numa natureza humana comum: não que não existam ideais de sexualidade (com o correspondente critério de perversão), mas elas são excessivamente múltiplas, e devem ser entendidos em conexão com ideais mais gerais para a interação humana.
3. As finalidades, funções e objetivos da sexualidade são múltiplos. Não se trata de uma função puramente corpórea ou biológica. Existe um elemento psíquico significativo que emerge talvez mais claramente em relação às perversões, onde as condições psicológicas para a satisfação sexual são dramaticamente enfatizadas. Aqui podemos encontrar os inícios de um ideal (espinosista-freudiano) defensável na esfera do sexual: a saúde e a maturidade implicam que se venha a saber o que nós realmente desejamos e por que nós o desejamos. Além disso, uma vez que o que nós desejamos depende do que pensamos, se desejamos mudar o que desejamos, talvez tenhamos de mudar o que pensamos.

"Quem somos nós" é revelado em "quem" ou "o que" e "como" nós amamos. A estrutura de nossos desejos emerge no curso da transformação do instinto sexual à medida que aprendemos a viver num mundo repleto de pressões e constrangimentos internos e externos, à medida que aprendemos a viver com os outros e com nós mesmos.

8 Moralidade e o outro internalizado*

Jennifer Church

Frequentes vezes, quando Freud mencionava "moralidade", ele fazia referência às restrições de uma cultura ao comportamento sexual – um código regularmente endossado, ainda que rotineiramente desafiado. Estava profundamente interessado em expor as razões para tais códigos sexuais tão restritivos, e a dinâmica de nossos desvios desses códigos. Ainda assim, para Freud, não é o conteúdo sexual nem a execução social de certos condicionantes que faz a moral; os condicionantes morais são, muito mais, condicionantes que desempenham um papel particular no seio da psicologia dos indivíduos – precisamente o papel do "superego". Se o surgimento de um superego, de acordo com Freud, está atrelado à dinâmica do desejo sexual em geral e do complexo de Édipo em particular, ao final são as propriedades relacionais, e não o conteúdo do superego e não o conteúdo do superego – especificamente, suas relações históricas com outras pessoas, bem como suas permanentes relações com o ego – que fazem dele um superego e um agente de moralidade. Uma abordagem sobre a formação e o caráter do superego é então, ao mesmo termo, uma abordagem da formação e do caráter da moralidade.

Para compreender a abordagem por Freud do superego, e o ideal do ego, que lhe está intimamente relacionado, devemos compreender como se constitui um *self* ou um ego e como as características de outras pessoas podem ser internalizadas para se tornar partes de si mesmo. Essa história configura o pano de fundo metapsicológico crucial para as abordagens por Freud da moralidade, e eu aqui proporciono uma interpretação ligeiramente nova desse pano de fundo nas seções primeira e segunda deste capítulo.

---

* Sou particularmente grata a Sebastian Gardner e Jerome Neu por seus comentários a um primeiro esboço deste ensaio.

A terceira seção discute a situação aparentemente paradoxal em que um outro internalizado retém sua alteridade, e a quarta explora a distinção entre superego e ideal do ego. Na seção final, tentarei situar a abordagem de Freud sobre a moralidade em relação a algumas opções disponíveis, e a defenderei contra algumas prováveis objeções.

Consciência e os desvios do desejo

De acordo com Freud, nossos desejos ou pulsões fundamentais são poucos, sendo os muitos e variados desejos que regularmente experimentamos o resultado de seus desvios e transformações mais ou menos elaborados.[1] Em sua constituição mais básica, um desejo é direcionado para algum objeto ou fim cuja realização provoca a satisfação do desejo e a liberação da energia que o sustenta. Contudo, se o objeto ou fim não é alcançável, o desejo buscará liberação mediante objetos substitutivos. Quase qualquer objeto pode substituir outro enquanto a pessoa de alguma forma associa ambos, mas quanto mais próximas e ricas forem as associações – aparências similares, proximidade física, nomes que soam de modo semelhante etc. –, mais satisfatórias e estáveis serão as substituições.[2] Um único desejo pode ser desviado em diversos novos objetos, e diversos desejos distintos podem ser defletidos num único objeto; são os chamados processos primários de

---

1 A concepção de Freud sobre a natureza e o número de pulsões básicas muda com o tempo e nunca é muito precisa. Em "Os Instintos e suas Vicissitudes", ele sugere que existem dois grupos de pulsões primárias – as pulsões sexuais e as de autopreservação, acrescentando que "essa suposição não tem o estatuto de postulado necessário... é meramente uma hipótese de funcionamento" (1915c, XIV, 120-121). Em *A Civilização e seus Descontentes* (1930a, XXI, 59), a distinção crucial veio a ser aquela entre Eros e Tanatos, pulsões de preservação da vida e de destruição da vida. Ver a nota de Freud revisando a evolução de sua posição ao final de *Além do Princípio do Prazer* (1920g, XVII, 60-61), e ver suas *Conferências Introdutórias* (1916-1917, XV, 413), onde ele deduz a importância de se especificar a similaridade *versus* diferença das pulsões básicas.
2 Os efeitos de reforço às associações múltiplas entre um objeto original do desejo e objetos substitutos é especialmente claro na análise de Freud de alguns de seus próprios sonhos, por exemplo, em *A Interpretação dos Sonhos* (1900a, IV, 282-284), e em sua análise da obsessão do Homens dos Ratos, por exemplo, em "Um Caso de Neurose Obsessiva" (1909d, X, 213-217).

deslocamento e condensação – processos que se dão automaticamente, conduzidos pela pressão do desejo desencadeado e recompensado pelo prazer do equilíbrio recuperado. Contudo, uma vez que quase todos os objetos substitutos são imperfeitos, a aquisição de um objeto substituto raramente resulta na completa satisfação do desejo original; assim sendo, o desejo original tenderá a se manter ativo até certo ponto, e os processos de desvio e condensação continuarão indefinidamente.

A "lógica" inconsciente do desejo – de substituição por meio de associação – muitas vezes está em descompasso com a lógica do pensamento consciente. Quaisquer que sejam as semelhanças qualitativas entre uma marca na toalha de mesa hoje e a desejada marca nas propagandas de anos atrás, nós sabemos conscientemente que a primeira não é substituta da última.³ Isso porque pensamentos conscientes (isto é, pensamentos que são parte do sistema Cs e governados pelos chamados processos secundários) são sensíveis ao ordenamento temporal, às leis causais e às desanalogias – são como que responsáveis pelos condicionantes da realidade – enquanto pensamentos inconscientes (isto é, pensamentos que são parte do sistema Ics) respondem unicamente às demandas de imaginação e prazer, para os quais ordenamento temporal, leis causais e fatos negativos são irrelevantes.⁴ Se jamais podemos estar conscientes de todos os nossos conscientes, e se a consciência frequentes vezes nega a um desejo o seu objeto (ou, na verdade nega o próprio desejo), algum crédito à lógica inconsciente do desejo, bem como sua reversão, fazem-se inevitáveis. No fundo, ademais, é por se recorrer ao conflito e à flutuação entre esses dois modos de pensamento – entre processamento consciente e inconsciente, ou entre pensamento de acordo com o princípio de realidade e pensamento de acordo com o princípio do prazer – que Freud procura explicar uma série de casos de (aparente) irracionalidade.⁵

---

3   Aqui também me refiro ao caso de uma mulher cujo marido foi impotente na noite de núpcias, discutido por Freud em suas *Conferências Introdutórias* (1916-1917, XVI, 261-264).
4   Esses contrastes entre processos mentais consciente e inconsciente são enunciados de modo mais explícito em "Dois Princípios do Funcionamento Mental" (1911b, XII, 215) e em "O Inconsciente" (1915e, XIV, 186).
5   Eu discuto e defendo o que Freud chama de "características especiais do sistema Ics" e o

Atreladas à capacidade de pensamento consciente encontram-se duas outras capacidades relacionadas: (1) a capacidade de reconhecer a sua própria subjetividade – reconhecer os pensamentos de alguém como pensamentos, ou o ponto de vista de alguém como um ponto de vista, e (2) a capacidade de usar a linguagem. Freud é bastante explícito quanto a cada uma dessas conexões. Processos inconscientes, afirma ele, "equacionam realidade de pensamento com realidade externa e deseja a sua satisfação" (1911b, XII, 225) de tal modo que "a antítese entre o subjetivo e o objetivo não existe a partir da primeira" (1925h, XIX, 237). Com relação à linguagem, Freud escreve, "a apresentação consciente compreende a apresentação da coisa, mais a apresentação do mundo que a ela pertence, enquanto a apresentação inconsciente é a apresentação unicamente da coisa... [Uma] apresentação não é posta em palavras... se mantém doravante no inconsciente" (1915e, XIV, 207; ver também 1923b, XIX, 20, 25). A afirmação não é meramente a de que a consciência emprega uma linguagem, mas sim que é o emprego de uma linguagem que torna alguém consciente. Contudo, Freud não explica por que a capacidade de reconhecer a subjetividade e a capacidade para a linguagem deveriam ser ambas correlacionadas com a consciência e, na verdade, decisivas para se ter consciência. A seu favor, podemos aventar o seguinte: um ponto de vista subjetivo é um ponto de vista pela mesma razão que faz uma linguagem ser uma linguagem – qual seja, é capaz de representar o mundo como sendo de certo modo podendo o mundo ser ou não daquele modo; tanto sujeito quanto linguagem têm de ser capazes de representação à distância e, o mais importante, devem ser capazes de representação equivocada. Reconhecer a subjetividade e usar a linguagem como linguagem pressupõem ambos o reconhecimento dessa possibilidade – a possibilidade de representação equivocada e, assim sendo, a própria possibilidade da representação. É o reconhecimento dessa possibilidade que, para Freud, parece se constituir na essência da consciência.[6]

---

faço levando em conta a sua análise do caso Schreber e do Homem dos Lobos em minha contribuição em *Freud: Problems of Explanation* (Londres: Routledge and Kegan Paul, no prelo).

6 Freud de fato escreveu um artigo sobre a consciência, mas este se perdeu. Está claro que, à época em que redigiu "O inconsciente", o termo "consciência", alinhado ao sistema Cs, havia assumido para Freud um sentido um tanto técnico. Quão semelhante seu conceito

Essa interpretação do que Freud tem em mente com "consciência" ajuda a explicar a passagem, por Freud, do contraste consciente/inconsciente para o contraste ego/id: se o surgimento da consciência é equivalente ao surgimento de um reconhecimento da própria subjetividade, tal é também equivalente à identificação e delineamento de um *self* ou de um ego. O id, por contraste, é uma variedade de desejos inteiramente direcionados a seus objetos e de todo alheios a seu caráter subjetivo.

A interpretação presente da noção de consciência de Freud pode nos ajudar a explicar duas outras afirmações feitas por Freud, que de outro modo soam enigmáticas: (1) a afirmação de que *emoções* têm de ser conscientes e (2) a afirmação de que pensamento é ação *experimental*.[7] À medida que um impulso se mantém inconsciente, ele será livremente desviado de um objeto para outro sem que se considere a sua relevância causal para o objeto original de um desejo, e imediatamente expedirá ações direcionadas a esses objetos sem levar em conta o êxito provável de tais ações. O impulso ou desejo, à medida que se mantém inconsciente, não será mantido ou suspenso a depender de uma aparição futura de seu objeto original ou de uma oportunidade para ação mais efetiva. A emoção, contudo, parece exigir tal frustação e suspensão do desejo; na raiva, por exemplo, as pulsões mais imediatamente destrutivas são restringidas para fora, enquanto internamente são sustentadas. A emoção estabelece um local de ação subjetivo em oposição a um objetivo. Assim também com o pensamento. No pensamento, eu crio um estado de coisas desejado mais internamente do que externamente (eu o *imagino*, eu o *represento*), e isso me capacita a experimentar várias possibilidades e resultados anteriores ao compromisso com qualquer um deles. Assim se tem que no pensamento, como na emoção, eu recuo para um reino subjetivo. Mas uma vez que o contraste entre o subjetivo e o objetivo, ou entre o imaginário e o real, podem ser apreendidos somente pela

---

teórico seria de nosso conceito comum de consciência (ou do conceito alemão já diferente de *Bewusstsein*) é uma questão em aberto.

7 Com relação a (1), ver a seção III de "O inconsciente" (1915e, XVI, 177-179). Com relação a (2), ver "Dois Princípios do Funcionamento Mental" (1911b, XII, 219); *A Interpretação dos Sonhos* (1900a, IV, V); "Chistes" (1905c, VIII, 191-192); e "Negação" (1925h, XIX, 237).

consciência (como Freud a compreende), tanto a emoção quanto o pensamento (*versus* desejo e crença, ou impulso e cognição) de fato dependerão da consciência.

O interior e o exterior

Ao se atingir um senso de *self* – isto é, ao atingir a consciência, ou atingir um ego –, as fronteiras entre mim e as outras coisas têm de ser traçadas. Fixar as fronteiras físicas e psicológicas de um *self*, contudo, é um processo complicado e contínuo. O desejo é possessivo, busca incorporar coisas de que gostamos em nós mesmos, ao mesmo tempo em que se renega coisas de que não gostamos, buscando expeli-las de nós mesmos. Num nível bastante básico, isso se manifesta em nossas tentativas de atrair objetos desejáveis para nossos corpos e para dentro de nossos corpos, enquanto se tem um empurrar para fora ou para trás de objetos que desgostamos (a preocupação das crianças com vários orifícios corpóreos não se deve meramente ao fato de serem eles locais de sensações vívidas; capazes de ingerir, reter ou expelir material, são também locais de cativantes ambiguidades no tocante ao que é e ao que não é meu, ao que pertence e não pertence a mim). Num nível mais abstrato, porém, tem-se aí propriedades que são possuídas ou renegadas de acordo com o desejo: tendemos a atribuir traços desejáveis a nós mesmos (nós os "introjetamos"), enquanto atribuímos traços indesejáveis a coisas fora de nós mesmos (nós as "projetamos"). Assim, por exemplo, uma criança verá a sua dificuldade com um brinquedo como um problema com o brinquedo, não consigo própria, e ainda assim verá uma realização proporcionada pela intervenção de um pai como sua própria realização, não a do pai ou mãe – tendência que não está, obviamente, limitada às crianças e que deverá ser revertida quando a autoconfiança for solapada.

Com a capacidade de reconhecer outras pessoas como todos psicológicos – personalidade que combinam tanto propriedades boas quanto ruins de modos distintos, vem a possibilidade de internalizar não apenas propriedades individuais de outrem, mas personalidades inteiras. Quando tomo uma pessoa inteira em vez de um aspecto selecionado de alguma pessoa como objeto de meu desejo, a posse ou incorporação daquele objeto demanda a internalização de uma inteira personalidade; com isso a satisfação de meu desejo requer que eu fantasie a presença interna da pessoa desejada, mais do que meramente das propriedades desejadas daquela pessoa. O resultado é a presença interna não apenas dos aspectos amados, mas também dos aspectos odiados do outro internalizado; ao adquirir imaginativamente aquele que eu desejo, posso também me remeter à continuada presença de muito do que desprezo.

Quanto às pessoas que internalizo, isso vai depender de quais pessoas são mais regularmente objetos de desejo intenso, mas insatisfeito – aquelas que mais regular e intensamente desejo possuir ou controlar, ainda que, de modo geral, eu seja incapaz de as possuir ou controlar. De modo característico, e de início, o outro internalizado será a mãe ou o pai, já que, de modo característico, eles são os mais fortes objetos de desejo, como são as pessoas a quem primeiramente se vê como todos psicológicos. Eventualmente, e em princípio, contudo, qualquer outro influente pode ser internalizado. Observe-se, porém, que a minha incapacidade de plenamente possuir o controlar outros é que a um só tempo demonstra a independência deles em relação a mim e cria a necessidade de se recorrer à fantasia a fim de satisfazer meus desejos; desse modo, alguma experiência de conflito entre meus desejos e ações e os de outra pessoa são pré-condição para a minha internalização daquela pessoa. A internalização do outro é um meio de *imaginariamente* possuir e reter uma pessoa desejada, que, *de fato*, não pode ser possuída ou retida.

A internalização de uma pessoa desejada é uma alternativa a, e, com efeito, um compromisso entre duas outras opções que se tem diante de uma frustração: desvio do desejo para novos objetos (externos) e retirada para o narcisismo (pelo qual a própria pessoa se torna o novo objeto de desejo).[8] É-se continuamente confrontado com uma escolha entre redirecionar desejos para fora, operação que jamais é de todo bem-sucedida, e redirecionar

---

8 Ver a discussão de Freud sobre essa possibilidade em "O narcisismo: Uma Introdução" (1914c, XIV, 69) e em "Luto e Melancolia" (1917e, XIV, 239).

desejos para dentro, retirando-se efetivamente do mundo. A internalização proporciona uma terceira alternativa; afinal de contas, com a internalização os desejos se mantém direcionados para seu objeto original, mas tal objeto é retirado do mundo exterior e "alojado" dentro de si.

Identificação e alteridade

A internalização do outro não necessariamente origina um superego. Até que ponto somos capazes de simplesmente acrescentar desejos e traços de personalidade do outro aos nossos ou de substituir nossos desejos e traços anterior com os de outra pessoa, a internalização de um outro muito mais virá a redundar numa espécie de fusão com aquela pessoa. Contudo, dada a frequência do conflito entre os desejos e personalidades de diferentes pessoas, e dada a dificuldade de renunciar a seus desejos e disposições mais básicos, a internalização do outro via de regra engendrará alguns conflitos internos. Isso introduz uma questão, familiar às atuais discussões sobre identidade pessoal e autoilusão, acerca de como duas personalidades aparentemente distintas e conflitantes podem, não obstante, constituir uma única pessoa.

Essa questão, Freud não a tomou por improdutiva, passível de ser respondida por mera estipulação. De modo explícito ele rejeitou a ideia de que o contraste entre estados mentais conscientes e inconscientes, por exemplo, não poderia ser respondida com base no modelo de dois *selves* em interação, pois, pela sua visão, o inconsciente, ou o id, de modo algum é um *self*.

> Esse processo de inferência... conduz logicamente à assunção de outra, uma segunda consciência, unida ao self, com a consciência que se conhece. Mas, uma consciência da qual seu próprio possuidor nada sabe é algo muito diferente de uma consciência pertencente a outra pessoa, sendo questionável se tal consciência, carecendo, como carece, de sua característica mais importante, merece qualquer discussão que seja... [O] que está provado não é a existência de uma segunda consciência em nós, mas a existência de atos físicos carentes de consciência. (1915e, XIV, 17)

Na visão de Freud, o inconsciente ou o id não podem ser considerados um self separado porque, como já sugerimos, criar um self vai de mãos dadas com o tornar-se consciente. Assim, muito embora as pulsões do id (do sistema Ics), por certo que em algum importante sentido, são minhas, elas não são partem de meu ego ou de meu self até que sejam admitidas pela consciência.

Um outro internalizado pode claramente estar alinhado ou com o sistema Cs ou com o sistema Ics, a depender de seus desejos e crenças serem reconhecidos ou não. Sua alteridade, contudo, dependerá de sua oposição ao self consciente. A oposição que se dá inteiramente no inconsciente não apenas deixa de ser oposição ao self, mas, o que vem redundar na mesma coisa, deixa de se sustentar como oposição para, como vimos acima, imediatamente se resolver por meio de deslocamento e condensação. À medida que um outro internalizado é inconsciente, sua oposição a si mesmo equivalerá a uma rebelião contra a arregimentação imposta pela consciência; pois a consciência é simplesmente a agência por meio da qual o material previamente inconsciente confronta o princípio de realidade, e por meio do qual se impõe a prudência. À medida que um outro internalizado é consciente, por outro lado, tal equivalerá a um conjunto de desejos de segunda ordem com relação aos desejos conscientes, de primeira ordem. Em qualquer um dos casos, o outro internalizado retém sua alteridade somente à medida que direciona seus desejos mais para aspectos do *self* do que para objetos no mundo externo – daí se tem um superego (um "Über-Ich"). O superego vem a ser precisamente aquela porção de uma pessoa que se mantém oposta ao ego ou crítica a ele.

Reconhecer o superego – isto é, tornar-se consciente dele sem na verdade se identificar com ele – é algo que depende de se reconhecer seu papel como aquele que supervisiona o ego. De início, é claro, ele é outra pessoa – os pais, em particular – que "supervisionam" nossas ações e decisões; e quando elas são internalizadas, é bem em seu papel como supervisores que eles conservam a independência do *self* necessária para um superego, ou para uma "consciência" moral.

Podemos rejeitar a existência de uma capacidade original, por assim dizer, natural de distinguir o bom do mau. O que é mau, frequentemente, não é de modo algum o que é prejudicial ou perigoso ao ego; pelo contrário, pode ser algo desejável pelo ego e prazeroso para ele. Aqui, portanto, está em ação uma influência estranha, que decide o que deve ser chamado de bom ou mau... Uma grande mudança só se realiza quando a autoridade é internalizada através do estabelecimento de um superego. Os fenômenos da consciência atingem então um estágio mais elevado. Na realidade, então devemos falar de consciência... (1930a, XXI, 124, 125)

Minhas primeiras observações acerca da consciência e da linguagem podem agora nos ajudar a explicar porque o superego é caracteristicamente vivenciado como uma voz interior. Os pontos de vista têm de ser espacialmente distinguidos, de modo que olhar para mim mesmo de outro ponto de vista demanda que eu próprio me veja em relação com um outro real ou imaginário que se mantenha fora de meu *self* físico. O que o outro "vê" em mim, nesse caso, dependerá do que é publicamente exibido e do que é visível do ponto de vista da vantagem particular ocupada pelo outro. Modificarei meu comportamento em resposta a um outro que continua a ser concebido como externo a mim. Por outro lado, uma outra voz não precisa ser vivenciada como espacialmente externa a mim; para ser distinto de mim, basta que se enderece a mim ou que entabule uma conversa comigo. Assim, diferentemente do olhar do outro, a *voz* do outro pode me influenciar enquanto eu meramente delibero sobre o que fazer; ela influenciará meras *intenções* de agir. O superego, como voz interior, supervisiona meus desejos conscientes (portanto articulados), e não apenas os resultados desses desejos; ele comenta sobre o que o meu ego é, não só sobre o que ele *faz*.

Originalmente, a renúncia do instinto resultou do medo de uma autoridade externa: renuncia-se às satisfações de alguém a fim de não perder seu amor. Se alguém realizou essa renúncia, essa pessoa como que renuncia à autoridade, não devendo restar nenhum sentimento de culpa. Com o medo do superego, o caso é diferente. Aqui, a renúncia instintual não é suficiente, já que o desejo persiste a não pode ser acobertado pelo superego. Assim, apesar da renúncia que se fez, sobrevém um sentimento de culpa. (*Ibid.*, 127-128)

Juízos e ideais

Freud concebeu o superego como um juiz severo – na verdade mais severo do que os pais ou outras autoridades das quais ele derivou. Eu já sugeri duas razões para isso. Em primeiro lugar, são somente aquelas partes do outro que se põem acima e contra o *self* que, quanto internalizadas, retém sua alteridade. Os aspectos de um outro internalizado que facilmente se fundem com um *self* preexistente não serão vivenciados como o outro; serão assimilados no ego (ou no id) em vez de contribuir para o caráter de um superego. Em segundo lugar, diferentemente dos juízes reais de nossas ações, o crítico interno que é o superego observa cada pensamento nosso, e com isso reconhece a abrangência de nossos pecados. No entanto, aí se tem outra razão importante para a severidade do superego de acordo com Freud. Um dos aspectos de nossos pais (e dos adultos em geral) que mais cobiçamos é o seu poder. Como crianças, buscamos o controle de nosso ambiente, mas somos constantemente confrontados por outros que exercem poder maior e procuram nos controlar. Além disso, por maior que possa ser o poder de um adulto, uma criança necessariamente o perceberá como ainda maior, uma vez que o poder dos adultos tende a ser mais evidenciado ao lidarem com as crianças e uma vez que a intervenção dos adultos tende a manter o foco somente nesses desejos – desejos sexuais e desejos agressivos, por exemplo – que são mais intensos. O desejo pelo poder dos pais torna-se assim razão de primeira grandeza para a internalização de uma figura parental, e a figura do pai internalizado faz-se assim particularmente poderosa. Observe-se, porém, que o poder dos pais, agora (imaginariamente) possuído mediante internalização, mantém-se poder exercido sobre o ego ou o *self* da criança. Isso permite a ocorrência de duas coisas, a fortalecer a severidade do ego ainda mais. Em primeiro lugar, o superego pode se alinhar com o id em seu ataque ao ego.

> A maneira pela qual o superego surge explica como é que os primitivos conflitos do ego com as catexias objetais do id podem ser continuados em conflitos com o seu herdeiro, o superego. Se o ego não alcançou êxito em dominar adequadamente o complexo de Édipo,

a catexia energética do último, originando-se do id, mais uma vez irá atuar na formação reativa do ideal do ego. (1923b, XIX, 38-39)

E:

Com isso o superego está sempre próximo do id e pode atuar como seu representante em face do ego. (*Ibid.*, 48-49)

Em segundo lugar, à medida que a criança projetou sua própria agressividade e hostilidade em relação a um dos pais naquele pai ou mãe, ela tem de lutar com tal hostilidade à medida que é direcionada para si mesmo:

Sua agressividade é introjetada, internalizada; na realidade, ela é devolvida para o lugar de onde veio – ou seja, é direcionada para o próprio ego. Ali ela é assumida por uma porção do ego, que se dispõe contra o restante do ego como superego, e que agora, sob a forma de "consciência", está pronta para acionar contra o ego a mesma agressividade severa que o ego teria desejado para se satisfazer junto a outros indivíduos, a ele estranhos. (1930a, XXI, 123)

Assim como Freud enfatiza os aspectos severos e agressivos do superego, ele também por vezes parece lhe atribuir um papel mais positivo. Reconhece que nós tanto admiramos como tememos nossos pais, e falamos de um "ideal do ego", bem como de um superego.[9] Ao que tudo indica, ambos são aspectos intimamente relacionados de um fenômeno único, à medida que ambos vêm a ser por meio da internalização das qualidades do outro que se deseja, mas não se pode ter. E assim como uma concepção do poder de um pai ou mãe pela criança é via de regra um exagero, também o é a concepção da criança da virtude do pai ou mãe; o ideal do ego se põe à parte do *self* parcialmente em razão de seu caráter idealizado.[10]

---

9 A introdução do editor a "O Ego e o Id" (1923b, XIX, 9-11) relata vários estágios no desenvolvimento por Freud da noção de ideal do ego e superego.
10 Em seu ensaio "Sobre o Narcisismo: Uma Introdução" (1914c, XIV, 94), Freud também descreve a formação de um ideal do ego como um meio de recuperar o narcisismo perdido da infância: "Ele não está disposto a esquecer a perfeição narcisística de sua infância; e quando,

Em seu papel de juiz, o superego se põe acima do self como uma crítica agressiva, enquanto em seu papel de um ideal, se põe acima de alguém como possibilidade à qual esse alguém aspira. Em resposta ao superego como ideal, o ego vivencia um anseio de melhorar, enquanto em sua resposta ao superego como juiz, o ego vivencia a angústia do fracasso antecipado.[11]

Tomando-se um ponto de vista da questão, esses dois lados do superego podem ser vistos como a cooperar; um deles dispondo os padrões, o outro os impondo. Infelizmente, porém, quanto mais forte é cada aspecto, com mais probabilidade ele será mais atuante do que qualquer outro. Ao se apresentar como um objetivo inatingível e então se condenar por não ser tudo o que se deveria ser, tem-se posto o estágio para um debilitador sentido de fracasso e autoaversão.

> Quanto mais virtuoso um homem é, mais severo e desconfiado é o seu comportamento, de maneira que, em última análise, são precisamente as pessoas que levaram mais longe a santidade as que se censuram da pior pecaminosidade. Isso significa que a virtude perde direito a uma certa parte da recompensa prometida; o ego dócil e continente não desfruta da confiança de seu mentor, e é em vão que se esforça, segundo parece, por adquiri-la. (1930a, XXI, 125-126)

Por mais que Freud visse a criação de um superego e de um ideal do ego como essenciais à moralidade e à própria civilização, ele se preocupava com os resultados da crescente força destes na civilização e religião

---

à medida que cresce, ele é perturbado pelas admoestações de outros e pelo despertar de seu próprio juízo crítico, de modo que já não pode manter aquela perfeição, busca recuperá-la sob a nova forma de um ideal do ego. O que ele projeta como seu ideal é o substituto do narcisismo perdido de sua infância, quando ele foi o seu próprio ideal".

11 O termo que traduzimos como "consciência" é o termo alemão *Gewissenangst*. Freud fez da angústia componente explícito desse conceito e relaciona-o ao complexo de Édipo: "Da mesma forma que o pai se tornou despersonalizado sob a forma do superego, o medo da castração, a qual se encontra nas mãos dele, se transformou numa angústia social ou moral indefinida. Mas essa angústia está oculta. O ego foge dela obedientemente, executando as ordens, precauções e penitências que lhe foram inculcadas. Se ele foi impedido de agir assim, é imediatamente dominado por um sentimento extremamente aflitivo de mal-estar, que pode ser considerado como um equivalente de angústia e que os próprios pacientes compararam a ela" ("Inibições, sintomas e angústia", 1926d, XX, 128).

europeias. A presença de demandas internas e ideias internos excessivos tende a nos debilitar com frustração e desejo que, ao final, estão fadados a irromper em delinquência rebelde – individualmente e como sociedade.[12] Assim, um despertar do superego e do ideal do ego foram vistos por Freud como em geral desejáveis. Para realizá-lo, ele favorecia pais e códigos sociais mais lenientes. Além disso, e mais importante, ele favorecia o fortalecimento e a expansão do ego – ou seja, reconhecer conscientemente e prudentemente controlar mais aspectos de si mesmo – de modo a arrefecer o caráter opressivo do superego de alguém. Na verdade, à medida que se é capaz de realmente compreender o caráter do superego de alguém – suas fontes e suas táticas – torna-se capaz ou de se desembaraçar de suas demandas (percebendo o quão irrealistas são essas demandas, por exemplo) ou fazendo dessas demandas as suas próprias demandas (com isso transformando o superego em ego).

Moralidade

Freud considerava a presença de um superego – de um crítico e ideal interno – e a presença de um sentido moral como sendo uma e a mesma coisa. É uma equação tentadora, uma vez que a moralidade é considerada de modo a exigir ações que se opõe ao seu próprio autointeresse. A existência de um superego explica como acontece de podermos atuar a serviço de algo acima e além de nosso próprio autointeresse – ou seja, os interesses do ego – apesar da ausência de qualquer execução ou recompensa externa, e explica como se dá que podemos sentir instados – isto é, comandados – a agir contra o nosso autointeresse.

Nem todas as concepções de moralidade exigem que atos morais sejam atos que se opõem ao autointeresse ou o desconsideram, tampouco todas as concepções de moralidade insistem em que atos morais sejam vivenciados como obrigatórios. A abordagem da moralidade por Aristóteles,

---

12 Essa preocupação é plenamente desenvolvida nos capítulos finais de *A Civilização e seus Descontentes* (1930a, XXI, 59).

por exemplo, não faz essas suposições. Contudo, a identificação por Freud de um sentido moral com um superego só faz sentido se a moralidade for a um só tempo zelosa e desprovida de *self*. Se esta se parece a uma concepção excessivamente estreita (e excessivamente alemã) da moralidade, duas coisas podem ser ditas em favor de Freud. Em primeiro lugar, existem muitas maneiras diferentes e controversas de distinguir questões morais de questões éticas em termos mais gerais. Fixar as fronteiras da moral é ao menos em parte uma questão estipulativa, e as estipulações implícitas na abordagem da moralidade por Freud certamente não são atípicas no pensamento contemporâneo. Em segundo legar, deve-se lembrar que Freud não está endossando a moralidade que ele busca analisar. Ele não sustentou que um sentido moral mais forte fosse sempre algo melhor (fosse para nós mesmos, fosse para os outros); na verdade, conforme observado acima, ele costumava recomendar um enfraquecimento do superego e, portanto, um despertar de nosso sentido moral.[13]

A concepção da moralidade por Freud – a envolver atos opostos ao autointeresse ou indiferentes a ele, e a envolver um sentido de obrigação ou dever – podem ser aceitos, obviamente, sem que se aceitasse a sua identificação de um sentido moral com um superego. Kant, por exemplo, buscava derivar obrigações opostas ao autointeresse tão somente das obrigações da razão. Sua posição, no entanto, suscita questões dizendo respeito ao meio pelo qual as obrigações são sentidas – a base motivacional para a moralidade. A dispensa indiscriminada, da parte de Kant, de inclinações como base para a moralidade (porque isso tornaria os deveres mais contingentes do que necessários) parece nos deixar sem base alguma; seu apelo à vontade parece apenas invocar um tipo especial de inclinação – uma espécie que paira livre de autointeresse, operando mais *sobre* o *self* (fenomênico) do que *a partir* dele. Todavia, é precisamente isto que Freud buscava apreender em sua abordagem do superego: a possibilidade de um agente interno que transcenda e atue no *self* vivenciado. Sua abordagem do superego é uma

---

13 Esse alerta também deve ajudar a relatar algumas objeções ao retrato por Freud das mulheres como tendo um senso moral mais fraco que os homens (em razão de seus complexos de Édipo ou de Electra menos resolvidos). Inferioridade moral, nesse sentido, parece-se a algo bom segundo Freud.

contraparte naturalista da abordagem por Kant do *self* numênico, com os comandos do superego a substituir os comandos da vontade. Assim sendo, em alguns aspectos importantes a posição de Freud deveria ser vista como estando mais a acomodar a de Kant do que a competir com ela.

Por certo que continua a haver preocupações com relação ao conteúdo e à legitimação das demandas do superego. O superego na verdade mais promove os comandos (não raro arbitrários) de pessoas particularmente influentes do que os comandos (supostamente) imparciais da razão. Pode o nosso sentido moral depender tão completamente das personalidade e pronunciamentos daqueles que internalizamos? A resposta de Freud, eu suspeito, seria outra questão: do que mais se estaria a depender? Uma vez que se aceita o naturalismo, o apelo aos processos de internalização parece inevitável. Deve se lembrar, contudo, que os pais internalizados tendem a ser idealizações dos pais reais. Uma percepção de um pai ou mãe pela criança é exagerada e simplificada de diversas maneiras, e depois que o pai ou mãe foi internalizado, sua personalidade continuará a se desviar da do pai ou mãe real – tanto porque já não mais depende da realidade externa daquela pessoa como porque gradualmente se tornará um amálgama de múltiplas personalidades diferentes que se internalizaram ou estejam sendo internalizadas de modo semelhante. Assim, o superego, muito embora baseado em indivíduos muito particulares, tende a se tornar um representante mais abstrato de autoridades sociais e ideais sociais em geral. Por essa razão, é improvável que o superego de alguém pudesse ser formado de modo tal que, de modo regular, comandasse a perversidade. O que quer que façam os pais tomados em si mesmos, os comandos que dão aos filhos e os ideais que esposam para os filhos tendem a estar de acordo com os da sociedade tomada em sentido amplo; e ainda que os pais deixem de esposar e reforçar as normas da sociedade, outros eventualmente contribuirão para formação de um superego de modo a torná-lo mais alinhado com as normas sociais. Obviamente que isso não garante que todo superego comande apenas coisas boas. Mas isso será verdade para qualquer abordagem de um sentido moral: o que eu sinto ou penso que devo fazer nem sempre será o que realmente devo fazer. O poder e o apelo da abordagem da moralidade de Freud, ao menos como eu a apresentei aqui, não dependem de suas fontes especificamente sexuais – a história de como o superego emerge do complexo de Édipo, ou a equação da angústia moral com a angústia por castração, por exemplo. Seu poder e seu apelo estão mais em sua capacidade de conferir sentido à zelosa ausência de *self* no seio de uma psicologia naturalista. Freud realiza-o por meio de uma abordagem da internalização de outros, uma abordagem que procurei elaborar e defender. Quer se o aceite ou não como uma abordagem da moralidade, tal deve ajudar a esclarecer um importante aspecto de nossa psicologia – qual seja, os meios pelos quais a imaginada presença do outro pode (para o bem ou para o mal) continuar a controlar nossas próprias ações e intenções.

9 Freud sobre as mulheres*

Nancy J. Chodorow

Historicamente, a escrita psicanalítica e a linguagem do dia a dia têm se referido à "mulher" como uma entidade unitária; a psicanálise tem comparado "o homem" a "a mulher", "o menino" a "a menina". A escrita pós-modernista feminina recente tem nos ensinado a ser cautelosos quanto a tais referentes singulares e às teorias que os empregam. A psicanálise, em particular, tem sido criticada pela classe limitada e pela localização cultural de seu padrão clínico – das "mulheres" empíricas em relação às quais sua teoria supostamente universal da feminilidade tem sido desenvolvida. Quando interrogamos os escritos de Freud, contudo, vemos que suas referências a "mulher" – bem como outras referências psicanalíticas – estão em diálogo com uma abordagem enfaticamente cultural de um sem-número de "mulheres". As descrições das mulheres, e de suas interações com elas, compreendem uma ampla gama de caraterísticas, um panteão de deusas e mortais, tipos característicos mais ou menos elevados, a complementar e acompanhar em glória ou ignomínia Édipo, Narciso, Moisés e outros. Também vemos mulheres historicamente específicas, nomeadas ou não nomeadas, dos séculos XIX e início do XX, em casos e vinhetas clínicas.

Este ensaio enumera essas mulheres. Descrevo uma série de eixos implícitos que as diferenciam. Freud descreve a mulher como sujeito de sua própria psique, isto é, como experienciadora viva do *self* e dos processos psíquicos conscientes e inconscientes, como sujeitos de si mesmas. A mulher como sujeito expande-se para a mulher como sujeito-objeto, isto é, como objeto de sua própria subjetividade, à medida que ela internamente se relaciona e se identifica com ou contra outra mulher internamente vivenciada.

---

* Agradeço a Elizabeth Abel e Joseph Lifschutz pelas tão proveitosas sugestões.

A mulher como sujeito e sujeito-objeto contrasta com a mulher como objeto na psique masculina. Freud nos ilustra, de maneira clínica e teórica, de que modo os homens vivenciam as mulheres, e de que modo também nós mesmos podemos, ao examinar seus escritos sobre mulheres, encontrar chaves para desvendar como são caracterizadas ou imaginadas pelos homens. Freud também expande sua investigação sobre a mulher como sujeito ou objeto psicológico, levando em conta a posição da mulher no tempo sócio-histórico e da mulher como objeto de atribuição ou categorização cultural.

Por fim, Freud demonstra para nós um leque de possíveis posições no âmbito da psicologia e da organização social de gênero e sexualidade. Em seus escritos sobre a sexualidade e sobre o desenvolvimento, em seus casos e em suas teorias sociais, as mulheres são garotas jovens, mães (de filhas e de filhos), filhas de mães, filhas de pais; elas são heterossexuais, lésbicas, de sexualidade inibida ou completamente frígidas, mães-padrão ou objetos sexuais ao modo de prostitutas de homens desejosos ou temerosos. A diversidade se põe como alguma resposta à crítica da singularidade. Mas ela sugere que, muito embora afirmações sobre classe e base cultural limitada possam ser bastante precisas, ao olhar somente para categorias culturais e sociais fora das relações de gênero, perde-se toda uma enorme complexidade e multiplicidade de identidades e posições sociais que a mulher tem em seu interior. Tematizar Freud sobre as mulheres é um bom lugar para começar a delinear essa complexidade e multiplicidade.

Ao mesmo tempo, não serei a primeira pessoa a sugerir algumas flagrantes limitações – escotomas, para usar um termo do próprio Freud – em sua abordagem. O maternal, ao modo de preocupação forte, de sentimento intenso, e a identidade nas mulheres na condição de sujeitos é algo quase que inteiramente ausente, juntamente com o reconhecimento ou tratamento adequado da fixação infantil à mãe. De crucial importância vem a ser uma abordagem do desejo da mulher madura e da heterossexualidade, que a faz, na melhor das hipóteses, inibida; na pior das hipóteses, seu desejo e sua sexualidade são vistos inteiramente por olhos masculinos.

Este ensaio é sobre os escritos de Freud sobre mulheres. Como indico, esses escritos têm sido contestados desde o seu aparecimento. Ademais, tanto de dentro do campo da psicanálise como de fora dele, têm sido alvo de muita revisão, novas formulações, desafios e mudanças, ainda que muitos psicanalistas continuem a aceitar muitas partes ou a integralidade dos escritos de Freud sobre o assunto. Daí já se têm novas formulações que já ultrapassam meu foco neste texto.[1]

Mulheres como sujeito

Tomo as mulheres como sujeito aqui para fazer referência ao que via de regra se tem em mente quando se pensa um *self*, um ator, agente, como aquele que vivencia. Não estou preocupada com abordagens contemporâneas que problematizem tal *self* ou tal agente, mas sim, de modo puro e simples e em geral, distinguir esse sujeito psicológico, social ou cultural de um objeto visto ou vivenciado por um outro que é, para ele ou para ela, o conhecedor que se vivencia numa investigação ou abordagem. Distingo cinco abordagens da mulher nos escritos de Freud: em primeiro lugar, a mulher teórica na teoria desenvolvimentista; em segundo lugar, a mulher clínica; em terceiro, a mulher como objeto-sujeito – a mulher teórica e clínica tal como ela a si mesma se representa internamente e como se vivencia como objeto; em quarto lugar, as mulheres tal como social e historicamente posicionadas; e em quinto lugar, as mulheres como criadoras da técnica e da compreensão psicanalíticas.

Mulheres teóricas na teoria desenvolvimentista

Convencionalmente, quando investigamos os escritos de Freud sobre as mulheres, estamos mais preocupados com sua abordagem desenvolvimentista da mulher e da feminilidade – a psicologia feminina ou sexualidade.

---

1 Para uma visão geral dos escritos psicanalíticos modernos sobre mulheres, ver "Psychoanalytic Feminism and the Psychoanalytic Psychology of Women", cap. 9 em meu *Feminism and Psychoanalytic Theory* (Cambridge: Polity Press; New Haven, Connecticut: Yale University Press, 1989).

O desenvolvimento da mulher aqui é reconstruído com base em casos clínicos adultos, sua subjetividade é observada e interpretada como feminilidade genérica. Nos termos de Daniel Stern, a abordagem de Freud quanto a esse aspecto, juntamente com as primeiras abordagens psicanalíticas, versa sobre a menina e mulher "clínica" à medida que Freud reconstrói seu desenvolvimento a partir de uma narrativa de vida construída por meio de transferência e de interpretações. Não é uma abordagem de menina "observada", observada desde a infância por analistas ou psicólogos desenvolvimentistas.[2] Como Stern observa, esse tipo de teorização psicanalítica é "patomórfica e retrospectiva":[3] de modo retrospectivo, ele isola questões clínicas adultas como definidores gerais de fases e estágios normativos de desenvolvimento, bem como questões de personalidade e identidade centrais durante todo o período de vida. Na definição que trago aqui, a menina ou mulher cujo desenvolvimento está sendo retrospectivamente descrito não é empiricamente clínica – um paciente ou mais pacientes reais; em vez disso, ela é o sujeito feminino teórico de Freud, ou sujeito teórico de feminilidade teórica.

Freud descreve sua teoria sobre o desenvolvimento da mulher, ou sobre o desenvolvimento da feminilidade, numa série de artigos escritos e publicados durante um períodode aproximadamente dez anos a contar do início dos anos 1920 até o início dos anos 1930: "A dissolução do complexo de Édipo" (1924d, XIX), "Algumas consequências físicas da distinção anatômica entre os sexos" (1925j, XIX), "Sexualidade feminina" (1931b, XXI) e a Conferência 33 das *Novas Conferências Introdutórias* (1933a, XXII), "Feminilidade". Além disso, Ruth Mack Brunswick afirma em "The Preoedipal Phase of the Libido Development" que a sua abordagem é baseada em anotações datilografadas tomadas após debates com Freud no início dos anos 1930.[4]

Nesses escritos, Freud subsume o que mais tarde ele chamaria de "gênero" ou "identidade de gênero", sob sexualidade ou identidade sexual. "Feminilidade" e "sexualidade feminina" são assim equivalentes, e aquilo com

---

2 Daniel N. Stern, *The Interpersonal World of the Infant* (Nova Iorque: Basic Books, 1985), p. 13-23.
3 *Ibid.*, p. 19.
4 Brunswick, "The Preoedipal Phase". *In:* Robert Fliess (Org.), *The Psychoanalytic Reader* (Nova Iorque: International Universities Press, 1948), p. 231-253.

que a psicanálise presumivelmente pode se preocupar é, em suas palavras: "estive descrevendo as mulheres apenas na medida em que sua natureza é determinada por sua função sexual. É verdade que essa influência se estende muito longe; contudo, não desprezamos o fato de que uma mulher possa ser uma criatura humana também em outros aspectos" (1933a, XXII, 135). Existem diversos resultados possíveis para o desenvolvimento sexual da mulher, mas a "feminilidade normal" (*Ibid.*, 126), que é o resultado preferido, é uma heterossexualidade que leva à passividade e a uma centralização na vagina como órgão de resposta e excitação sexuais. Para atingir sua feminilidade normal, uma menina realiza três mudanças em seu desenvolvimento: do modo ativo ao passivo, da meta "fálica" ou clitoridal para a vaginal, e da mãe (lésbica/homossexual) para o pai (heterossexual) como objeto.

Freud desenvolveu sua teoria posterior em dois estágios. Nos artigos de 1924 e 1925, é de forma bastante explícita que ele inicia com uma norma masculina e com ela compara o desenvolvimento feminino. Os focos de suas discussões sobre a sexualidade feminina são a sexualidade fálica originária da menina, seu complexo de castração, e a simplicidade de sua configuração edípica: "O complexo de Édipo na menina é muito mais simples que o do pequeno portador do pênis; segundo a minha experiência, raramente vai além de se tomar o lugar da mulher e adotar uma atitude feminina para com seu pai" (1924d, XIX, 178). Seu complexo de castração – inveja do pênis – conduz ao complexo de Édipo; do complexo de Édipo jamais ela desiste de forma absoluta, como no caso do menino, já que de sua parte não tem castração a temer. A educação, a intimidação e a ameaça da perda do amor motiva alguma renúncia aos desejos edípicos, mas ela não desenvolve o mesmo superego forte nem efetivamente desiste de sua organização genital infantil; seus desejos simplesmente se adaptam com o tempo. Freud não o diz dessa maneira, mas poder-se-ia inferir que sua renúncia gradual em decepcionar desejos edípicos poderia ser a responsável pela menor insistência das pulsões libidinais femininas em comparação com as masculinas: essa notável falta de desejo sexual feminino na feminilidade normal resulta de uma espécie de atrofia de desejo pós-edípica. Na verdade, nesse modelo o desejo feminino se mantém somente para o órgão perdido (o pênis), e não para o objeto sexual (o pai ou os homens tomados de modo mais genérico). O desejo faz-se assim rapidamente transferido para o desejo por um bebê, a simbolizar o pênis, do pai, de preferência um bebê menino que traga consigo o pênis faltante. Com isso, Freud explica a maior parte do que via de regra temos em mente, e o que ele de forma explícita tem em mente, em se tratando de feminilidade, e isso envolve tanto a heterossexualidade da menina – ela se volta ao pai para ter um pênis (= criança) – e seus desejos maternais – o desejo dela por um filho (= pênis) como um produto colateral secundário da inveja do pênis. Ele também introduz a problemática saída masculina, qual seja, a da menina que, quando é obrigada a desistir do pai, em vez disso se identifica com ele.[5]

A centralidade da inveja do pênis nessa abordagem não pode ser superestimada. Freud contrasta a reação da menina ante a diferença genital entre os sexos com a do menino. A primeira reação do menino é a de negação ou desaprovação; ele não vê nada (em outro escrito, Freud já descreve o modo como sua reação se transfere para o fetichismo masculino, o crescimento da tentativa do homem em fantasiar um falo feminino e de negar a ameaça de sua própria castração). No caso normal, ele gradualmente aceita a evidência de seus sentidos, uma vez que a ameaça de castração o aterroriza, fazendo-o acreditar que também ele poderia ficar sem o pênis e que há criaturas sem pênis no mundo humano. Os primeiros interesses sexuais e a curiosidade do menino podem dizer respeito ou à diferença genital entre os sexos, ou ao enigma sobre a origem dos bebês.

A menina, por sua vez, "comporta-se de modo diferente. Ela faz seu julgamento e toma a sua decisão num lampejo. Ela viu e sabe que ela não tem e gostaria de ter" (1925j, XIX, 252); "ela desenvolve, ao modo de uma cicatriz, um sentimento de inferioridade" (253). Ambos os sexos desenvolvem

---

5 De acordo com Elizabeth Young-Bruehl, há uma boa razão para se acreditar que o modelo clínico da menina que compulsivamente se masturba, à medida que luta com a inveja do pênis e, presume-se, com a preocupação com o pênis, bem como a menina que leva Freud a "creditar uma instância única" (1925j, XIX, 256) ao complexo da masculinidade: é Anna Freud, cuja segunda análise imediatamente precedeu os escritos de Freud e seu artigo de 1925 (Young-Bruehl, *Anna Freud* [Nova Iorque, Summit Books, 1988], cap. 2). Discutirei as complexidades das bases clínicas das teorias de Freud mais adiante neste ensaio.

um desprezo pelas mulheres – o menino, desenvolve "horror pela criatura mutilada ou o desprezo triunfante em relação a ela", enquanto a menina "o desprezo sentido pelos homens por um sexo que é menos num aspecto tão importante" (252 e 253). A menina renuncia à sua masturbação clitoridal, um lembrete doloroso de seu estado castrado, e por fim, durante a puberdade, instiga em si mesma uma "onda de repressão" (255) que substitui sua sexualidade "masculina" pela feminilidade. Num caso bem-sucedido, ela continuamente luta com demandas autoeróticas compulsivas no decorrer da puberdade e ao adentrar sua análise adulta. Diferentemente do menino, os primeiros interesses sexuais da menina sempre dizem respeito à questão da diferença genital, mais do que à questão sobre de onde vêm os bebês.

Freud retorna a esses temas em "Análise Terminável e Interminável" (1937c, XXIII, 250-253). Sugere ali que o desesperado desejo feminino por um pênis gera o "mais forte motivo para vir em busca de tratamento [psicanalítico]" e se constitui num "substrato" biológico, uma resistência final, inanalisável para a psicanálise. Ele afirma que a luta dos homens contra a submissão passiva a homens, a significar castração, tem uma posição equivalente quanto ao substrato. Ambas as instâncias estão centradas no "repúdio da feminilidade" e no sentido do pênis.

Em seu artigo de 1925, Freud começa por investigar a "pré-história" do complexo de Édipo – as condições em ambos os sexos que conduzem ao seu surgimento – mas é em artigo de 1931, "Sexualidade feminina", que sua busca se faz mais plenamente desenvolvida. Em todos os três artigos, assim como na conferência, "Feminilidade", Freud assinala que está escrevendo sob pressão. Faz referência implícita às cirurgias a que se submeteu, em razão do câncer, e do temor da morte. Debate explicitamente os desafios das feministas, fala dos outros autores da área ávidos por se agarrar a meias verdades (presumivelmente, para publicar antes dele), fala dos desafios a sua posição por Horney e Klein (e, presumivelmente, por Jones), e das bem-vindas contribuições de mulheres analistas que compartilhem de sua perspectiva. As contribuições desse último grupo instigam especialmente o artigo de 1931. Sua principal contribuição é uma extensiva reavaliação e discussão da relação pré-edípica entre mãe e filha, que precede a viragem da menina para o pai e também conduz a ela. A castração ainda é reconhecida, mas não está no centro de investigação nesse trabalho. Freud reconhece que o trabalho das mulheres analistas com pacientes – ele se refere especialmente a Jeanne Lampl-de Groot e Helene Deutsch – fizeram-no reconhecer uma fixação intensa, de longo prazo, exclusiva, apaixonada e pré-edípica, caracterizado por desejos fálicos (ativos, clitoridais).[6] Nessa reformulação, o pai subitamente declina em importância libidinal, à medida que agora é visto como "não muito mais... do que um incômodo rival" (1931b, XXI, 226), e surge a enigmática questão sobre por que motivo a menina renuncia à sua fixação à mãe. Freud conclui, de fato, que o complexo de Édipo feminino jamais é tão absoluto na menina como é no menino: "É somente na criança do sexo masculino que encontramos a fatídica combinação de amor por um dos pais e simultaneamente o ódio ao outro, tomado como rival" (229). Dessa fixação em muitos casos não se renuncia completamente, e muitas mulheres transferem o caráter de sua fixação à mãe para suas fixações ao pai e ao marido.

Uma leitura do complexo de Édipo feminino aqui viria a privilegiar Perséfone, separada do pai, mas sempre mantendo a fixação à mãe, Deméter. Tal leitura é certamente amparada pelas abordagens de 1931 e 1933, bem como pelas abordagens de que Freud se vale e por escritos psicanalíticos posteriores. Freud, contudo, também realça a conversão do amor em hostilidade e o volume de ressentimento que a menina vem a alimentar em relação à mãe. A mãe não dá nem pode dar reciprocidade à exclusividade intensiva do amor de infância com suas demandas totalizantes, mas não específicas, por satisfação; ela não parece alimentar suficientemente, tem outros filhos, estimula a atividade sexual para então proibi-la e, por fim, é responsável por não prover a filha com um pênis. Freud confunde os destinos diferentes das fixações da filha e do filho, por vezes de acordo com o maior peso atribuído ao fato de somente a filha ter recebido o abalo extra

---

6 Ver Jeanne Lampl-de Groot, "The Evolution of the Oedipus Complex in Women", 1927, In: *The Development of the Mind: Psychoanalytic Papers on Clinical and Theoretical Problems* (Nova Iorque: International Universities Press, 1965) e Helene Deutsch, *The Psychology of Women*, vol. 1, *Girlhood* (Nova Iorque: Grune and Stratton, 1944), que resume o trabalho inicial de Deutsch.

de não ter pênis, por vezes permitindo que tal amor tão intenso – presumivelmente também do menino, à medida que ele não estiver aterrorizado pela ameaça de castração – esteja fadado a desaparecer pelo simples fato de ter sido tão intenso.

A saída "normal" aqui é a feminilidade tal qual a descrevi, mas Freud realça duas saídas não femininas, uma delas sendo a repugnância à sexualidade à medida que a menina desiste (ou luta com, em masturbação clitoridal) de sua sexualidade fálica juntamente com suas identidades com suas identidades masculinas, a outra se dando à medida que "ela se agarra com desafiante autoassertividade à sua masculinidade ameaçada" (229). Em ambos os casos, ela renuncia à mãe como objeto sexual e objeto de fixação sem se voltar ao pai mais como objeto sexual do que como objeto de identificação. Assim, a abordagem de Freud de uma saída edípica não resolvida está mais próxima do modelo de Atena que do de Perséfone. É o modelo da filha que se identifica integralmente com o pai, que não reconhece a mãe e se mantém como objeto sexual, quando não autoeroticamente, virginal.

A mulher clínica

Freud não apenas usa material clínico de maneira explícita e implícita em sua abordagem reconstrutiva do desenvolvimento feminino e da sexualidade feminina. Em seus casos, fragmentos e vinhetas clínicas, as mulheres são também empíricas, reais, frequentes vezes nomeadas, sujeitos específicos na situação analítica. Temos delas um sentido vívido e provavelmente nossas próprias fantasias do que gostamos. Que se pense aqui em Dora, o caso feminino mais famoso de Freud, lutando para nomear sua própria história e a própria situação psicológica sua e de sua família, não ouvida feito Cassandra, sacrificada e trocada pelo pai como Ifigênia (1905e, VII). Dora é filha do pai e da mãe na pior das situações, uma vez que melancolicamente espera por amor e satisfação de uma mãe e de uma mãe substituta que na realidade é a amante do pai. Conscientemente, ela nega o desejo sexual – ou expressa-o de modo sintomático; inconscientemente, sua fixação primária é homossexual, estando no nível desenvolvimentista de uma paquera adolescente, que associa o desejo de fusão e de dispensar cuidados ao desejo sexual. É rejeitada por Freud, que a trata como uma mulher objetivamente má, vingativa e já inteiramente adulta, e não como uma adolescente confusa, por ele referida, ao menos parcialmente, pelo nome de uma ama da família.[7]

Anna O., que na verdade é paciente mais de Breuer do que de Freud, é também filha do pai, mas vítima das circunstâncias e de seus próprios conflitos e desejos internos, e não de manipulação e sacrifício consciente (1895d, II, 21-47). Sofremos com ela quando está cuidando do doente, quando se sente culpada pelo desejo de fuga para dançar, quando seu braço paralisado se transforma em cobra (simbolizando o pênis, como Freud vai considerar mais tarde), quando se mostra incapaz de beber ou de comer, de falar alemão ou mesmo de falar, quando é tomada por várias paralisias psiquicamente instigadas, quando alterna estados de consciência de criança e mulher adulta. Ficamos aliviados com sua cura e satisfeitos em saber quão bem-sucedida será a forma como ela conduzirá a vida, como feminista ativa e trabalhadora social.

De modo mais vago ficamos sabendo de Fraulein Elizabeth von R., de Frau Emmy von N. e de Miss Lucy R., e ainda mais vago de Katharina, Fraulein Rosalia H. E Frau Cacilie (todas em 1895d, II, 48-181), do caso de homossexualidade numa mulher (1920a, XVIII), das muitas mulheres nas *Conferências Introdutórias de Psicanálise* (1916-1917, XV e XVI). Emmy von N., atormentada por sintomas de conversão histérica e repleta de autorrecriminações, também lida com amplas propriedades e casas, supervisiona os cuidados e o bem-estar das duas filhas, é uma mulher inteligente e com "um caráter irrepreensível e um modo de vida bem governado" (1895d, II, 103). Frau Cacilie, cujo caso é condensado por razões de confidencialidade, sofre de uma "violenta neuralgia facial" (*Ibid.*, 176), alucinações e outros sintomas histéricos, e ainda é bem-dotada

---

7 Sobre Dora, cf. Charles Bernheimer e Claire Kahan (Orgs.), *Dora's Case: Freud – Hysteria – Feminism* (Nova Iorque: Columbia University Press, 1985). Sobre Dora como adolescente, ver especialmente o cap. 2 extraído de Erick H. Erikson, "Reality and Actuality: An Address". Sobre o nome de Dora, ver especialmente o cap. 9 de Jane Gallop, "Keys to Dora" e Hannah S. Decker, "The Choice of a Name: 'Dora' and Freud's Relationship with Breuer", *Journal of the American Psychoanalytic Association* 30 (1982), p. 113-136.

artisticamente, erudita, dona de uma intelectualidade abrangente. Elizabeth von R., tal como Anna O., é apegada a um adoentado pai a quem tinha de cuidar, está em conflito entre uma tristeza pela doença do pai e desejo de passar o tempo com os prazeres sociais de uma adolescência tardia, desenvolve dores histéricas na perna, relacionadas à assistência ao pai, e mais tarde sente culpa por estar apaixonada pelo cunhado. Freud sugere-nos que os cuidados de enfermaria, a responsabilidade de uma mulher frequentes vezes desempenham um papel na gênese da histeria, à medida que a fadiga de enfermeira se combina com a necessidade de suprimir toda emoção e à medida que a imobilidade forçada pode levar ao florescimento de fantasias. Miss Lucy R., uma governanta, assim como Elizabeth von R., sofre de conflitos relacionados a desejos eróticos e sentimentosde rejeição, nesse caso por parte de seu empregador. O trauma de Katharina é mais direto, uma vez que quase foi vítima de incesto e testemunhou o pai conquistar incestuosamente a prima dela; Rosalia. H também sofria de aproximações sexuais indesejadas, ainda que não, ao que tudo indica, de estupro ou sedução.

Em todos esses casos, vemos o início da compreensão por Freud da implicação do desejo sexual (de maneira mais explícita nos casos de Anna O., Elizabeth von R. e Lucy R.) e de trauma sexual (um acontecimento explícito nos casos de Katharina e Rosalia H.; trauma como conflito nos outros três) na gênese da histeria. Com ele, vemos a referida gênese primeiramente nas vidas reais das mulheres individuais. A sexualidade é também um fator em casos de mulheres não nomeadas: o "caso de homossexualidade", no qual desenvolveu desejo por uma mulher de personalidade instável, em parte, como reação aos sentimentos para com o pai dela; a vergonha sexual na vinheta de caso da mulher cujo sintoma obsessivo consistia em correr para um quarto e chamar a dama de companhia de uma posição em que esta pudesse ver uma mancha numa toalha de mesa, simbolizando, de forma compensatória, a mancha que não havia em seus lençóis de núpcias quando o marido recém-casado teve um acesso de impotência (1916-1917, XVI, 261-264); a garota que obsessivamente arrumou roupa de cama e travesseiro simbolizava sua separação da mãe e do pai e a substituição de si própria ou pela mãe ou pelo pai no leito parental (*Ibid.*, 264-269).

Num estudo de pesquisa, entrevistei muitas mulheres membros da segunda geração de analistas – que fizeram seu treinamento nos anos 1920 e 1930 – e diversas entre elas afirmaram que o que as atraiu para o campo foi o fato de Freud ver mulheres mais como objetos sexuais do que como objetos.[8] Nos *Estudos sobre Histeria* e outras vinhetas clínicas, temos algum lampejo dessa subjetividade sexual, uma subjetividade que, conforme indiquei, não está presente na abordagem por Freud da mulher teórica como sujeito. Não estou sugerindo que nesses casos as mulheres sejam espíritos sexualmente livres – em sua maior parte elas são afligidas pela dor física e mentaldos sintomas histéricos ou pela predominante insistência da neurose obsessiva – mas sua sexualidade claramente não é nem feminino-passiva, isto é, sem prazer, nem tampouco, com a exceção do caso da homossexualidade masculina (seguindo a definição de Freud da masculinidade em mulheres). A inibição ou frigidez por convenção caracteriza o neurótico, mas a conflituosa sexualidade descrita em alguns desses casos não se adéqua ao modelo assexual que Freud descreverá mais tarde.

Mulher como sujeito-objeto

Ao considerar a mulher como sujeito-objeto, ou objeto para um *self* que constrói e reconstrói sua subjetividade, somos levados a considerar com mais profundidade a relação entre mãe e filha e seus significados para a filha. Não podemos considerar a relação do ponto de vista da mãe. Possivelmente, em razão da centralidade das abordagens genética e reconstrutiva em psicanálise, na qual o foco está na criança em desenvolvimento à medida que esse desenvolvimento está ocorrendo ou à medida que é (re)construído, possivelmente, pode-se argumentar, em razão da incapacidade real de Freud de se identificar com mães, seus escritos revelam uma falta de interesse pela relação parental do ponto de vista dos pais, e em especial da mãe (o pai, afinal de contas, ameaça castrar o filho; a mãe simplesmente

---

8 Cf. "Seventies Questions for Thirties Women", cap. 10 do meu *Feminism and Psychoanalytic Theory*.

senta passivamente à medida que sua sexualidade imaginada passa do fálico ao castrado e à medida que ela é e não é objeto de apego ou de desejo sexual do filho ou da filha). Com as inquietações de Frau Emmy von N., ficamos sabendo de suas filhas, assim como ficamos com as preocupações da mãe de Anna O. e dos pais de Fraulein Elizabeth von R. A relação entre mãe e filha, contudo, é uma relação vista do ponto de vista da filha.

Existe uma complexidade única de experiências identificatórias e objeto-relacionais e tarefas para a filha à medida que ela estreita sua relação com a mãe. Clinicamente, Freud nos descreve o apego de Dora a mãe e a Frau K., bem como o da menina que é o tema de seu artigo sobre a homossexualidade feminina. Ele nos conta que todas as crianças originalmente vivenciam a importância do seio como primeiro objeto e dos primeiros cuidados maternais. A teoria posterior de Freud, seguindo em especial Lampl-de Grott, argumenta que a menina se mantém na posição edípica negativa – apegada à mãe – por um longo tempo. Ela pode jamais renunciar a esse apego completamente e por certo não dissolve seu complexo de Édipo de modo tão absoluto quanto o menino.

Ainda que descreva esse longo período de apego, Freud também descreve o modo como a menina intensa e vigorosamente se volta para a mãe – sua mãe que negou seu leite, amor e o falo. Na visão da filha, durante esse período desse desenvolvimento, a mãe sonegou o que poderia ter escolhido dar. A menina dá voltas e voltas. Em primeiro lugar, todas as crianças pensam que todo mundo é anatomicamente constituído como elas. Em seguida ela fica sabendo que algumas pessoas têm pênis, enquanto ela não tem. Supõe que sua mãe tem e que ela terá quando crescer. Então percebe que jamais terá um, e – Freud não é claro nesse ponto – acredita ou que a mãe optou por nunca lhe dar ou que ela própria não o tem, ou que, embora não tenha, pudesse arranjar as coisas de modo que a filha o tivesse. Em qualquer caso, há um grande desapontamento e um radical distanciamento da mãe. A filha, tal como o filho, introjeta uma imagem da mãe e do seio como objeto; para a filha, em sua psique, a mãe é objeto ambivalentemente amado e odiado.

Mas a resolução edípica, tal como Freud a descreve (assim ela se parece em termos genéricos, por mais que possivelmente ele fale só do menino), envolve identificação com o pai do mesmo sexo de modo que o próprio ego se faça transformado por meio dessa identificação. A garota, nesse caso, tem de se identificar com a mesma mãe que é objeto de fixação ambivalente, narcísico (um objeto como o *self*), a fim de atingir sua "feminilidade normal". A mãe tem de ser tomada tanto como sujeito quanto como objeto. Mas o que deveria ser o ideal do ego, o objeto-tornado-sujeito materno que é tomado como "feminilidade normal" é uma subjetividade castrada, negadora. Essa subjetividade castrada, negadora torna-se, como saída do processo identificatório, parte do *self* da menina, ainda que o objeto identificatório se mantenha, psicologicamente, como objeto de amor e ódio equivalente.

Mulheres como social e historicamente posicionadas

Quando pensamos nos escritos de Freud sobre mulheres na condição de sujeito, costumamos ter em mente a abordagem desenvolvimentista da mulher teórica, ou, vez por outra, as descrições ricamente entramadas de mulheres clínicas. Em ambos os tipos de abordagem, mas especialmente na última, podemos encontrar também duas outras abordagens das mulheres como sujeitos, das mulheres como sujeitos sócio-históricos e das mulheres como contribuidoras da psicanálise.

Como psicanalista, Freud está mais interessado nos mundos internos psíquicos, nas autoconstruções e nos conflitos da mulher. Contudo, ele também é um homem de seu tempo, em especial nos escritos que precedem suas discussões de meados de 1920 sobre a sexualidade feminina, as quais expressam opiniões firmes acerca da situação social de mulheres e da sexualidade. Mencionei a vinculação por Freud entre os cuidados junto ao leito de um enfermo e a histeria. Freud se mostra firme em sua forte defesa da moralidade e das íntegras qualidades e capacidades das mulheres a quem os neurólogos e psiquiatras contemporâneos consideram degeneradas, moral e mentalmente contaminadas, em suma, inferiores, como resultado de sua hereditariedade. Em seu discurso inicial sobre "Moralidade Sexual Civilizada e Nervosismo Moderno", ele elabora uma poderosa crítica às restrições induzidas pelas vias social, cultural e familiar à sexualidade das mulheres (e dos homens) e à armadilha que o casamento é para muitas mulheres (1908d, IX). Tais mulheres, criadas em ambientes sexualmente restritivos e mantidas perto das famílias, de repente são confiadas a casamentos com homens que foram eles próprios cerceados, cuja sexualidade tem sido autoerótica ou comprometida com objetos desprovidos de base (sobre isso, mais se dirá adiante), homens, enfim, que, por suas próprias razões, de modo apenas improvável seriam parceiros compassivos para uma iniciação sexual e para um casamento com mulheres bem constituídas. Uma vez que todos os sintomas neuróticos e a personalidade de um modo geral resultam, segundo a concepção de Freud, de fatores interiores, passíveis de ser remetidos aos primórdios do desenvolvimento e da constituição –, ele dá a entender que a neurose feminina pode resultar ou ser facilitada por essa situação marital, uma vez que a sintomatologia neurótica possibilita a suspensão de uma situação difícil, ao mesmo tempo em que expressa angústia. Freud aponta para a problemática situação das mulheres de classe média alta, que ele classifica como "no térreo e no primeiro andar" (o que agora podemos chamar de "para cima, para baixo"). Descreve duas meninas de diferentes classes sociais que se envolvem numa brincadeira sexual na infância, a menina da classe social mais baixa como parte de seu próprio caminho para uma heterossexualidade normal e saudável, a da classe mais alta como atormentada pela culpa e educada segundo os ideais da pureza e da abstinência, tal quadro sendo um prelúdio a uma inibição e neurose sexual (1916-1917, XVI, 352-354).

A defesa da homossexualidade por Freud encontra-se em paralelo com sua defesa da histeria. Em *Três Ensaios Sobre a Teoria da Sexualidade* (1905d, VII), e mais tardeem "A Psicogênese de um Caso de Homossexualidade em uma Mulher" (1920a; XVIII), ele argumenta que a escolha de objeto homossexual está num *continuum* com a heterossexualidade – "deve-se lembrar que a sexualidade normal também depende de uma retração na escolha do objeto" (151); que todo o mundo é bissexual – "em todos nós, durante a vida, a libido normalmente oscila entre objetos masculinos e femininos" (158); que a homossexualidade não necessariamente tem que ver com anormalidade física, uma vez que as pessoas de todas as orientações sexuais podem apresentar características sexuais secundárias do outro sexo; e que muitos homossexuais são pessoas de destaque no campo moral e intelectual.

Sua própria paciente lésbica é "uma garota bonita e inteligente de 18 anos, pertencendo a uma família de boa reputação" (147), e "de modo algum doente" (150). A história de seu desenvolvimento da escolha de objeto homossexual, pela via do ciúme da mãe grávida, do desejo por um bebê do pai, e da raiva dele por não lhe proporcionar um, é uma história banal do desenvolvimento edípico. A intensa fixação da garota à mãe pressagia a mudança de Freud do ano de 1931 quanto à ênfase teórica. Freud distingue aqui, mais claramente do que em qualquer outra parte de seu escrito, identidade de gênero – como ele afirma, "as características sexuais e a atitude sexual do sujeito" (170) – da escolha de objeto, argumentando que tanto uma mulher "masculina" quanto uma "feminina" podem amar mulheres. Aqui Freud se mostra um tanto surpreendido e um tanto distraído com o voluntarismo e a independência de sua paciente, incluindo, como no caso de Dora, as tentativas da parte dela de enganá-lo e de frustrar a análise. Ela é descrita como uma "garota espirituosa, sempre pronta a brincar e a discordar" e uma "feminista [que] sentia ser injusto que garotas não desfrutassem da mesma liberdade que os meninos" (169), ainda que sua inveja do pênis fosse enfatizada. Freud é simpático em relação aos pais dela, mas, ao que tudo indica, realmente concordava com sua condenação à escolha de objeto da filha e ao desejo dos pais de mudá-la somente uma vez que também ele pensa que ela teria escolhido (em parte por motivo de vingança) como objeto de amor uma pessoa de moral e comportamento ambíguos.

Mulheres como criadores da técnica e da compreensão psicanalítica

As mulheres não são apenas sujeitos de seu desenvolvimento psicológico e experiência clínica ou social e sujeitos culturais. Os textos de Freud sobre mulheres e feminilidade deixam claros os modos pelos quais as mulheres, na condição de pacientes e analistas, ajudaram a criar a teoria e a técnica psicanalíticas, e não raro ele é generoso ao reconhecer tais contribuições. A "limpeza de chaminé" de Anna O. criou a cura pela fala (*talking cure*); as reclamações de Emmy von N. sobreas interrupções de suas associações por Freud, e a incapacidade de Elizabeth von R. em responder à hipnose conduziram ao método da associação livre. As mulheres histéricas ensinaram a Freud as variedades da formação de sintoma, com Cacilie mostrando o quanto as associações simbólicas de palavras poderiam ser transformadas – um olhar "penetrante" da avó levando a uma dor na região da testa, o sentir de "punhalada no coração" para uma dor no peito, um insulto, ou "tapa na cara", "para neuralgia facial" (1895d, II, 178-181). A detecção da fonte da aversão a fumaça de cigarro de Miss Lucy R. e o pudim queimado e a incapacidade de Anna O. em beber água ajudaram a criar a teoria do trauma sobre a formação de sintoma e a prática técnica (não mais rigidamente empregada) de voltar passo a passo à origem de cada sintoma. As mulheres ajudaram a criar e a tornar visível a transferência e a contratransferência – Freud vê claramente a transferência erotizada de Anna O. a Breuer e mesmo a contratransferência de Breuer, para a qual ele só virá a ter um nome muito tempo depois; ele toma a transferência da mulher paciente para o médico homem como "paradigmática e emblemática da transferência em geral" (1912b, XII). As mulheres também criaram ou inspiraram essas transferências que eram invisíveis a Freud – ele não associa as preocupações de Miss Lucy R. com a fumaça do cigarro a ele próprio estar fumando. É de modo notório que ele não vê sua virulenta contratransferência negativa para com Dora, nem sua transferência melancólica e paternal a pairar em direção a Elizabeth von R., por cujo futuro ele próprio estava interessado a ponto de procurar um convite para um baile ao qual ela foi convidada e reconhecer, arrependido, que "depois daquilo, seguindo inclinação sua própria inclinação, ela casou com outra pessoa" (1895d, II, 160).[9]

E na condição de analistas, as mulheres também foram responsáveis por uma contribuição direta às compreensões de Freud sobre as mulheres, bem como por outros aspectos da teoria e da técnica psicanalíticas. Um

---

9 Quanto a esse aspecto, estou em dívida com Joseph Lifschutz (aula em classe).

debate sobre essa contribuição transcende o escopo deste capítulo, a não ser pela necessidade de se observar uma confusão (ver mais adiante) dizendo respeito a até que ponto as mulheres analistas fizeram essas contribuições como colegas ou, de maneira direta e indireta, como pacientes de Freud.

Mulher como objeto

Quando pensamos sobre Freud e as mulheres, de modo característico nos vem à mente a sua conceitualização do desenvolvimento feminino ou da sexualidade feminina. Fiz uma revisão dos escritos em que ele trata dessas conceitualizações. Acredito, contudo, que um tratamento mais forte, mais abrangente das mulheres nos escritos de Freud vão dizer respeito ao que podemos considerar como sendo a mulher na psique masculina – a mulher como objeto, não como sujeito.

Tal afirmação é autoevidente de várias maneiras: Freud era, afinal de contas, um homem. Qualquer abordagem sobre as mulheres por ele produzida acabaria mesmo sendo uma abordagem sobre mulheres vistas pela mente de um homem. Mas eu quero dizer algo diferente. Eu me refiro ao fato de que Freud nos proporcionou, tanto explícita quanto implicitamente, abordagens psicodinâmicas sobre como os homens veem as mulheres, ou certas mulheres, na condição de objeto ou semelhante a isso, e sobre o que a feminilidade e as mulheres estão a significar na psique masculina. Existe algo de intuitivamente mais convincente nessas abordagens da mulher como objeto na psique masculina do que nas da mulher como sujeito, e, na verdade, tais abordagens não parecem ter sido lá muito criticadas na literatura psicanalítica (ou na feminista) desde Freud. Escritores de ambos os sexos parecem mais ou menos concordar e tecer elaborações sobre as afirmações de Freud nessa área, em flagrante contraste com o modo como sobretudo as mulheres escritoras, mas também escritores do sexo masculino, contradisseram quase todas as afirmações de Freud sobre as mulheres na condição de sujeito.[10] Também vamos voltar à questão sobre até que ponto

---

10 As áreas de aceitação que tenho em mente incluem, por exemplo, discussões sobre o

a visão de Freud sobre a mulher como sujeito pode ser considerada como uma imagem da mulher cuja experiência é vista ou imaginada por um homem, mas, exceção feita a quando tal for inevitável, esta não será nossa preocupação até o final deste capítulo.

Manifesto, tratamentos explícitos das mulheres como objeto

Deve-se aqui atestar reconhecimento a Karen Horney, que em seus debates sobre "The Flight from Womanhood" e "The Dread of Woman", cobriu a maior parte do que precisa ser dito sobre esse assunto.[11] À medida que o tratamento de Freud para o desenvolvimento masculino e a masculinidade estão centrados no complexo de castração masculino, pode-se dizer que ele está preocupado, mesmo obcecado, com o sentido do feminino, da diferença sexual e do que marca essa diferença na psique masculina. A presença do pênis distingue o masculino e "como precaução, a natureza fez atrelar... uma porção de seu narcisismo àquele órgão particular" (1927e, XXI, 153; remanejei a estrutura da sentença).

Freud discute sobre as mulheres como objetos sexuais para homens em "Um Tipo Especial de Escolha de Objeto Feita por Homens (Contribuições à Psicologia do Amor, I)" (1910h, XI) e em "Sobre a Tendência Universal à Depreciação na Esfera do Amor (Contribuições à Psicologia do Amor, II)" (1912d, XI) – a abordagem desenvolvimentista de Freud nesse caso implica que sua tendência "universal" seja encontrada inteiramente em homens. Homens, como ele sugere, cindem as mulheres simbólica e eroticamente em mães, ou em mães e irmãs, por um lado, e prostitutas, por outro. As primeiras não podem ser sexualmente desejadas, embora supostamente sejam um tipo de mulher com quem um homem deveria casar, e as segundas, muito embora sejam marital e socialmente proibidas, podem

---

fetichismo masculino, análise do medo masculino e/ou o desprezo às mulheres e abordagens dos problemas em escolha de objeto heterossexual e experiência heterossexual.
11 Ver "The Flight from Womanhood: The Masculinity Complex in Womenas Viewed by Men and by Women", 1926; e "The Dread of Woman", 1932, ambos encontrados em *Feminine Psychology* (Nova Iorque: W. W. Norton, 1967).

ser sexualmente desejadas. À medida que uma mulher simboliza a mãe, ela é uma escolha edipicamente proibida, uma indicação de uma fixação levada longe demais. Dar suas escapadas para uma mulher que é ou age como uma prostituta é algo que protege a ideia defensivamente construída da pureza sexual da mãe e nega o desejo edípico. Ou então, equaciona-se a mãe a uma prostituta, desse modo dando ao filho acesso a ela juntamente com seu pai. A impotência psiquicamente derivada segue a mesma linha de raciocínio, de modo que os homens se tornam impotentes com mulheres que são como sua mãe ou representem fisicamente sua mãe. Freud aqui nos proporciona a psicodinâmica de uma cisão de há muito presente na cultura, na literatura e na organização social ocidental. Na verdade, a esposa deve, por fim, conferir reciprocidade à sua disposição, pelo marido, como mãe sexual, como "um casamento não é tornado seguro até que a mulher tenha sido bem-sucedida em fazer do marido seu filho e em atuar como uma mãe para ele" (1933a, XXII, 133-134).

Alguns homens não param no simples expediente de separar as mulheres sexuais das assexuais; eles se veem obrigados a negar a constituição sexual feminina completamente. O "fetichismo", afirma Freud, é "um substituto... de um pênis particular e muito especial" (1927e, XXI, 152), o pênis que a mãe certa vez pensou em ter. Todos os meninos se embatem com o reconhecimento da castração feminina – originalmente da mãe. Os fetichistas resolvem a luta por meio da desaprovação, ou negação, criam um fetiche que externamente representa o falo maternal e isso vem em apoio a tal desaprovação. A desaprovação também entra no reino da mitologia, como as cobras da "cabeça da medusa" (1940c, XVIII) a condensar a significação, por um lado dos genitais da mulher madura e, por outro, de muitos pênis, que por sua vez representam tanto a castração (em razão daquele que se perdeu) e a negação da castração (pois há muitos pênis). A cabeça decapitada da Medusa, os genitais femininos castrados evocam o horror e mesmo a paralisia – um lembrete da castração – no homem que olha para ela, mas essa paralisia é também uma ereção, desse modo assegurando que o pênis ainda está lá. Essa breve vinheta em duas páginas capta o extremo horror da castração e o potencial destrutivo das mulheres e dos genitais femininos que

Freud em outros escritos refere com palavras mais amenas como "desprezo".

A mãe fálica é importante também no desenvolvimento feminino – a garota, quando pela primeira vez aprende sobre diferença social, acredita que a mãe tem um pênis e que ela também terá quando crescer; para ambos os sexos, a mãe pré-edípica é vista por Freud como "fálica", isto é, ativa. Mas o reconhecimento da castração da mãe parece algo mais permanentemente traumático para o menino: "Nenhum ser humano é poupado do medo da castração ante a visão do genital feminino" (1927e, XXI, 154). A menina, como vimos, acaba sendo muito mais traumatizada pela castração dela própria. Na visão de Freud, uma solução mais drástica para o conflito sobre a castração da mãe que o fetichismo – que ainda permite uma escolha de objeto heterossexual, com o fetiche acrescentado como falo – é a homossexualidade, na qual o próprio parceiro possui o falo diretamente.[12]

Assim como as mulheres teóricas e a feminilidade, as próprias mulheres clínicas se apresentam nos escritos de Freud tanto como objeto quanto como sujeito. No sonho de "Irma" (1900a, IV, 96-121), diversos médicos injetam, apalpam, minuciosamente examinam e tentam curar Irma, curar Irma, que recalcitrante e indiretamente procura sabotar procura sabotar os esforços para curá-la. Mulheres serviçais – Grusha, vista de trás enquanto curvada para esfregar o chão (1918b, XVII, 90-96), as governantas Fraulein Peter e Fraulein Lina permitindo que seus pequenos encarregados brincassem com seus genitais, Lina a espremer abscessos das nádegas à noite (1909d; 1955a, X, 160-161) – desempenham papéis importantes na formação da sintomatologia neurótica tanto em *O Homem dos Lobos* quanto em *O Homem dos Ratos*, e especificam clinicamente as cisões de classe descritas nas "Contribuições à Psicologia do Amor". E "classe" aqui se entremeia a gênero e sexualidade na formação do desejo erótico masculino.

A postura de Freud considerada de dentro da psique masculina em direção tanto à mulher abstrata quanto às mulheres clínicas concretas e sua facilidade de identificação com homens nessa posição produz o que para

---

12 Em *The Psychoanalytic Theory of Male Homosexuality* (Nova Iorque: Simon and Schuster, 1988), p. 78, Kenneth Lewes observa que todas as crianças pré-edípicas são homossexuais psiquicamente masculinos, uma vez que são imaginadas por Freud como sexualmente fálicas e sexualmente desejosas de uma mãe fálica.

muitos comentadores pareceu ser uma notável amoralidade em suas visões sobre o comportamento masculino. Eu aqui me refiro não tanto sua desistência da hipótese da sedução – parece claro que sua exoneração do comportamento de Fliess para com Emma Eckstein ("Irma") foi inconsciente e que ele fez sua reviravolta por razões tanto teóricas quanto sociais e evidenciais, mas por certo ele esteve bem ciente de abusos sexuais de crianças e da prevalência do incesto. Refiro-me mais especificamente a casos clínicos particulares. Freud raras vezes observa que o pai de Dora passou sífilis à mãe dela e que sua doença pode ter afetado também a saúde dos filhos, e ele não condena nem o pai dela por a ter entregue, quando tinha quatorze anos, a um homem já adulto, nem Herr K., que estava disposto a aceitar o presente e tentou seduzi-la. O caso de Paul Lorenz, *O Homem dos Ratos*, é apresentado com objetividade entremeada por empatia, quando então se tem uma magistral apresentação da fenomenologia da neurose obsessiva. Mas Freud menciona apenas de passagem, como um fato interessante, que Lorenz pode ter seduzido a irmã e certamente se sentiu livre para seduzir e usar uma série de outras mulheres, por vezes com drásticas consequências, levando-as ao suicídio. No caso da vinheta do "querido e velho tio", que tinha o hábito de levar filhas jovens de seus amigos para sair, arranjava pretextos para que tivessem de passar a noite e as masturbava, Freud observa apenas quanto a criação de equivalência simbólica entre dinheiro limpo ou sujo e mãos limpas ou sujas e o possível problema de as mãos estarem sujas, em vez de propriamente comentar onde estavam as mãos do homem (1909d, X, 197-198).

A mulher como objeto implícito, latente na psique masculina

A mãe não apenas é explicitamente representada na abordagem de Freud sobre a psique masculina. É representada também de modo implícito, ou de forma latente. Em *A Civilização e seus Descontentes*, Freud contrasta o "sentimento oceânico" com o anseio pelo pai como estando na origem do sentimento religioso (1930a, XXI, 64-73). Esse sentimento oceânico, a ressoar com "narcisismo sem limite" (72), em contraste com o qual o sentimento do ego maduro na vida posterior se parece mais a um "resíduo reduzido" (68), é muito claramente, embora não seja enunciado como tal, o sentimento original da criança para com a mãe (ver "Sobre o Narcisismo: Uma Introdução", 1914c, XIV). Não é o anseio pela mãe, pela unicidade narcisística perdida, que gera a necessidade religiosa, mas o anseio pelo pai. Esse anseio resulta do "desamparo infantil" (72) diante do medo, e, conforme se desdobra a abordagem de *A Civilização e seus Descontentes*, torna-se claro que o medo de Freud refere-se ao medo edípico e ao medo de castração, mais precisamente ao medo do menino em relação ao pai, entremeado a seu amor por ele. O que se inicia aqui como um sentimento impessoal oceânico, sustentado por seres humanos genéricos de ambos os sexos, revela-se contrastado com uma relação especificamente masculina com o pai, que Freud assim vê, e de modo enfático, como mais importante que a relação com a mãe para o menino.

Ainda que menos explicitamente reconhecida que a mãe, esta que significa o narcisismo ilimitado da infância, a mãe idealizada é simbolizada pelo seu seio e, por vezes, pelo amor perfeito. Em flagrante contraste com a denigração e com o desprezo pela mãe que ele retrata em outro momento, em contraste com sua minimização da importância dessa relação primeva em *A Civilização e seus Descontentes*, Freud afirma também que "sugar o seio da mãe é o ponto de partida de toda a vida sexual, o protótipo não igualado de toda e qualquer satisfação sexual futura [...]. Não posso lhe dar ideia da influência crucial desse primeiro objeto sobre a escolha de cada objeto posterior, ou dos efeitos profundo que ele exerce em suas transformações e substituições mesmo nas regiões mais remotas de nossa vida sexual" (1916-1917, XVI, 314). Esse ato de sugar independe de gênero, porém Freud mais tarde sugerirá que a satisfação nesse período e sua sequela posterior podem se diferenciar de acordo com o gênero. É difícil separar a realização de desejo masculina da descrição objetiva da psique feminina quando ele nos diz que "uma mãe só conhece uma satisfação ilimitada em sua relação com um filho [do sexo masculino]; entre todas as relações humanas, este é o mais perfeito, o mais livre de ambivalência" (1933a, XXII, 133).

No Panteão de Freud, assim, as imagens masculinas da mãe parecem oscilar entre Afrodite, como doação integralmente erotizada de amor maduro heterossexual, e talvez com um toque de narcisismo, em amor para com o filho e seu pênis, e, alguém como Hera, mais vingativa, forte e insistente, ressentida com os homens e suas traições. Essa mãe é não apenas castrada ela própria, como ela também castra, ou ameaça castrar, tanto o filho quanto a filha. Em contraste com a escrita junguiana, Deméter, a mãe que ama a filha e faz o luto por sua perda, não pode ser encontrada em parte alguma.[13]

A mulher tal como sua subjetividade e caráter são imaginados na psique masculina

Em "O Tabu da Virgindade" (Contribuições à Psicologia do Amor, III",1918a, XI), Freud sugere que as mulheres que não sejam mães, ex-virgens recentemente defloradas, podem castrar um homem ou tomar seu pênis. No caso das ex-virgens, isso se daria em vingança por sua dolorosa defloração. Por isso, em muitas culturas, a tradição é *jus primae noctis*: o direito de homens fortes, poderosos, mais velhos, realizarem a defloração de uma noiva. De passagem, Freud sugere que uma virgem pode de fato acabar física ou emocionalmente ferida em sua primeira experiência ou intercurso; em outra passagem ele examina com mais vagar a inveja do pênis, bem como a sua própria e problemática socialização sexual. A fim de edificar nosso sentido de horror, ele invoca a decapitação (castração) de Judite e Holofernes: um marido, que tem de viver com a mulher por algum tempo, deveria ser poupado da vingança ou da raiva dessa última. Mas Freud encontra-se muito mais certo da parte da fantasia masculina vigente na tradição: "Sempre que um homem primitivo erige um tabu, ele sente algum perigo, e está fora de dúvida que um pavor generalizado das mulheres seja

---

13 Ver C. J. Jung e C. Kerenyi, *Essays on a Science of Mythology: The Myth of the Divine Child and the Mysteries of Eleusis* (Princeton, Nova Jersey: Princeton University Press, 1963), e Erich Neumann, *The Great Mother* (Princeton, Nova Jersey: Princeton University Press, 1963) (2ª ed.). Sobre Hera na psique masculina, ver Philip Slater, *The Glory of Hera* (Boston: Beacon Press, 1968).

expresso em todas as regras que pautam uma atitude esquiva. O homem tem medo de se ver enfraquecido pela mulher, infectado pela feminilidade dela... O efeito exercido pelo coito, de descarregar tensões e causar a flacidez, pode ser o protótipo do que o homem teme" (198-199). Pior ainda, parece que a impotência e a falta de desejo sexual que Freud sugere nas duas primeiras "Contribuições à Psicologia do Amor" é a possibilidade de total enfraquecimento e "infecção" pela feminilidade. O marido jovem e inocente tem de ser protegido de tal ameaça psíquica. Nesse contexto, devemos perguntar se a reação imaginada da garota não é quase que inteiramente a de um homem a imaginar como ele se sentiria se por ocasião do intercurso ele fosse lembrado de sua falta de um pênis.

Desse modo, assim como o ressentimento pela defloração, uma versão final imaginada pela psique masculina sobre a mulher como sujeito é apresentada por Freud como verdade objetiva acerca das mulheres. Freud nos descreve toda uma variedade de traços que caracterizam as mulheres e que ele atribui inteiramente à inveja do pênis e à falta de pênis na mulher: vergonha do corpo dela; ciúme, que resulta diretamente da própria inveja; um sentido minorado de justiça a resultar do fraco superego feminino que jamais se forma, porque a menina não teme a castração e tampouco renuncia aos anseios edípicos ou internaliza proibições sexuais; o narcisismo e a vaidade, como o amor de si que o homem centraliza em seu pênis, torna-se defensivamente difundido por todo o corpo feminino (1925j, XIX, 257). O próprio Freud chega a observar que as feministas de seu tempo, como também dos tempos que viriam, acusavam-no de um viés masculino em suas concepções. A esse respeito, em possível contradição com o fato de ele apoiar seus casos em descobertas clínicas, ele reconhece haver ali "traços característicos que os críticos de todas as épocas têm trazido contra as mulheres" (*Ibid.*). Na condição de homem cultural, Freud parece então ter tomado de empréstimo toda uma variedade de atitudes culturais (masculinas) acerca da mulher, cujas origens ele então, coincidentemente, demonstra terem surgido no desenvolvimento feminino.

Por fim, somos conduzidos de volta para onde iniciamos, a teoria da feminilidade. Em diversos momentos de seus escritos, Freud afirma que a atividade-passividade é a melhor aproximação da masculinidade-feminilidade, mas na verdade ele está muito mais centrado na distinção "falicamente provido" ou "falicamente castrado": as mulheres são homens castrados. Não sou a primeira pessoa a perguntar de onde vem a excessiva preocupação de Freud com a castração e com o pênis – órgãos masculinos e uma ameaça à integridade do corpo masculino, esta que é verificada por ele próprio e seus futuros comentadores em psicanálise. Tomando-se a própria abordagem de Freud, temos boas razões para pensar que tal preocupação vem do menino, que, assim como Freud se pergunta sobre a feminilidade, se pergunta, como observa um comentador, "o que é a feminilidade – *para os homens?*".[14] Procurei isolar aqui as mulheres como sujeito, as mulheres como objeto de sua própria subjetividade e as mulheres como objetos explícitos na psique masculina, mas ficamos com o problema que versa sobre qual parte da construção freudiana da mulher como sujeito é efetivamente construída com base no ponto central da teoria freudiana da sexualidade, com base numa norma masculina explícita e implícita. Estaria Freud, como sugere Horney, perguntando de que modo um homem, ou um menino, se sentiria se fosse alguém sem um pênis? Aqui, a mulher como sujeito manifesto se torna, possivelmente, a projeção latente do homem.

Freud afirma, é óbvio que muito corretamente, que sua teoria vem da experiência clínica, e ele sustenta essa asserção valendo-se também dos escritos de diversas mulheres analistas. Mas a questão da experiência clínica nos primórdios da psicanálise é complicada. Para começar, essas diversas mulheres analistas – Deutsch, Lampl-de Groot e Mack Brunswich –, elas próprias foram analisadas por Freud (como Marie Bonaparte, que mais tarde desenvolveu o que foi considerado uma ortodoxia freudiana sobre a feminilidade). A exemplo do que se passa em todos os analisandos, essas mulheres analistas se mantiveram transferencial e efetivamente atreladas. Lampl-de Groot, ainda que proporcione as bases para uma teoria radicalmente nova, não põe em questão a alegação por Freud da centralidade do

---

14 Shoshana Felman, "Rereading Femininity", *Yale French Studies* 61 (1981), p. 21. Felman também observa que abordagens de autoria de mulheres, como a presente abordagem, na verdade se perguntam "o que a questão 'O que é a feminilidade – *para os homens?*' significa *para as mulheres?*" (*Ibid.*).

complexo de castração feminino. Na verdade, ela revê quase tudo o que ele escreveu antes de modestamente sugerir, com base em dois casos, a possibilidade de algo ter sido deixado por Freud, ao menos nesses dois casos. Em seus próprios escritos, Deutsch e Anna Freud proporcionaram evidências de seu desejo de agradar a Freud pelo tipo de teorias que elas criaram, e foram levadas a se incumbir dessa abordagem também por outros.

Além disso, à medida que a literatura sobre os psicanalistas se expande, nós nos damos conta da frequência com que os primeiros escritos eram autobiográficos. Os primeiros analistas na verdade não tinham muitos casos, e uma pessoa se conhece melhor a si mesma, mesmo à medida que não se conheça. Freud é bastante explícito quanto ao fato de sua teoria do complexo de Édipo ter evoluído de sua própria autoanálise; sua *Interpretação dos Sonhos* se afirma como uma abordagem clássica da criação em teoria psicanalítica por meio da autoanálise. Não sabemos quantas vezes ele pode ter se usado como caso sem o reconhecer. Outros escritos já não são tão cândidos. A autobiografia de Deutsch e sua biografia deixam claro a base autobiográfica, traduzida em abordagens de casos fictícios, de grande parte de sua teoria da feminilidade, e Deutsch é, entre as primeiras mulheres escritoras sobre mulheres, uma líder na defesa e no apoio das teorias da inveja do pênis primária, do narcisismo, do masoquismo e da passividade. Uma biografia recente de Anna Freud sugere que os artigos de Freud de 1924 e 1925 sobre psicologia feminina, bem como o artigo do início de sua produção "Bate-se numa Criança: Contribuições ao Estudo das Perversões Sexuais" (1919e, XVII) surgem, ao menos parcialmente no primeiro caso e é provável que inteiramente no último, de sua análise de sua filha, cujos próprios escritos com base em fantasias de ser espancada e em altruísmo são eles próprios autobiográficos, ainda que apresentados ficticiamente como casos. Tanto Deutsch quando Anna Freud, em textos que agora temos disponíveis, afirmam com algum nível de detalhe sua raiva e seu ciúme pelas respectivas mães, que eram todas más, sua idealização dos pais, que eram virtualmente todos bons.[15]

---

15 Sobre as bases autobiográficas dos escritos de Deutsch e de Anna Freud, ver Helene Deutsch, *Confrontations with Myself* (Nova Iorque: Norton, 1973), Paul Roazen, Helen Deutsch (Nova Iorque: Anchor, 1985), Nellie Thompson, "Helene Deutsch: A Life in Theory", *Psychoanalytic Quarterly* 56 (1987), p. 37-53, e Young-Breuhl, *Anna Freud*.

Sendo assim, a experiência clínica com pacientes mulheres, desde o final da Primeira Guerra Mundial até meados dos anos 1920, pouco antes de seus escritos sobre a feminilidade, versou em parte sobre aquelas mesmas mulheres que escreveram autobiograficamente e sobre suas próprias pacientes, à medida que estas que amparavam e auxiliavam o fundador da psicanálise a criar seu posicionamento. As análises feitas por Freud dessas jovens mulheres seguidoras, incluindo a jovem que lhe era mais próxima e mais querida – Anna – teriam ou não afetado a sua teoria? Até que ponto as percepções autobiográficas e teóricas dessas mulheres, que se refletiam em seus escritos sobre a feminilidade, foram afetadas por suas análises com Freud – um Freud que, como sabemos a partir de seus relatos clássicos, estava longe de abominar tecer interpretações a seus pacientes com base em teorias previamente concebidas? Essas compreensões, que ao menos nos casos de Deutsch e Anna Freud traduziram-se em abordagens fictícias de pacientes, como também em teoria, ao menos em parte devem ter se originado de interpretações e reconstruções feitas por aquela mesma poderosa e carismática pessoa que mais tarde usou seus textos como corroboração independente de seu próprio posicionamento. Elas podem bem ter estado a refletir sua própria experiência nos textos – certamente são mulheres com a configuração particular de amor e ódio pelo pai e pela mãe por elas descrita, e são mulheres que, por uma série de razões, expressam inveja ou desejo em relação a um pênis ou expressam desejos sexuais masoquistas. Contudo, elas apresentam seus escritos em termos universais como a caracterizar a feminilidade *per se*, e também Freud, por razões teóricas, igualmente se valeu desses seus escritos.

O problema aqui não é a base parcialmente autobiográfica desses primeiros escritos psicanalíticos. Foi apenas recentemente que, sob o nome de contratransferência, os analistas se mostraram dispostos a se abrir publicamente a um amplo escrutínio. Conforme estou a assinalar, grande parte das primeiras teorias psicanalíticas (não especulo sobre a teoria psicanalítica de hoje em dia) teve base autobiográfica, e no caso da teoria da feminilidade, como também alhures, a oposição (Horney, por exemplo) quase que com certeza extraiu também uma implícita compreensão autobiográfica.[16] Minha intenção está em chamar a atenção para as complexidades especiais que existem no caso das concepções de Freud sobre a psicologia das mulheres, e para o amparo clínico e teórico de que ele se vale para fazer suas concepções, que não são desenvolvidos de modo assim tão independente. Podemos apenas começar a desemaranhar as convolutas interações em teoria da criação que aqui se apresentam.

Freud afirmou que a sua compreensão das mulheres era "obscura e incompleta", mas não obstante ele desenvolveu uma teoria de amplo escopo sobre a feminilidade, tratou de muitas mulheres clinicamente e com elas debateu. Admiramos a maior parte de suas abordagens clínicas, sua defesa incisiva das mulheres histéricas, e sua condenação das condições que conduzem à repressão e à histeria em mulheres. Admiramos também sua tolerância e compreensão das variações em escolha de objeto e em subjetividade sexual. Ainda não somos capazes de avaliar por completo sua teoria da feminilidade – na verdade, muitas avaliações se mostram extremamente problemáticas.

Em contraste, a compreensão por Freud das atitudes masculinas para com mulheres e a feminilidade de modo algum parece obscura e incompleta. Ela se revela específica, informativa, persuasiva, precisa e clara, a cobrir engenhosamente toda uma variedade de formações sexuais, representacionais e neuróticas. Elas iluminam para nós, com paixão, empatia e sob plena luz do dia, os mistérios da psique masculina.

---

16 Ver Susan Quinn, *A Mind of Her Own: The Life of Karen Horney* (Nova Iorque: Summit Books, 1987).

10 Freud e a compreensão da arte

Richard Wollheim

Freud abre seu engenhoso e revelador ensaio sobre o *Moisés* de Michelangelo com uma isenção de responsabilidade. Disse não ter mais conhecimento de arte do que um leigo ou que um amador: nem em sua atitude para com a arte, nem no modo como vivenciou as atrações dela, ele era um conhecedor. E prossegue:

> Não obstante, as obras de arte exercem sobre mim um poderoso efeito, especialmente a literatura e a escultura e, com menos frequência, a pintura. Isto já me levou a passar longo tempo contemplando-as, tentando apreendê-las à minha própria maneira, isto é, explicar a mim mesmo a que se deve o seu efeito. Onde não consigo fazer isso, como, por exemplo, com a música, sou quase incapaz de obter qualquer prazer. Uma inclinação mental em mim, racionalista ou talvez analítica, revolta-se contra o fato de comover-me com uma coisa sem saber porque sou assim afetado e o que é que me afeta. (1914b, XIII, 211)

E então, como se por um momento de consciência que pode parecer estar impondo suas próprias peculiaridades pessoais, uma peculiaridade de seu próprio temperamento, sobre um sujeito com seu próprio código, com seus imperativos, ele se apressa em admitir o que chama de "fato aparentemente paradoxal" de que "precisamente algumas das mais impressionantes criações da arte continuam a ser enigmas insolúveis a nosso entendimento". Diante dessas obras sentimos admiração, assombro e perplexidade. Freud prossegue com aquela ironia a que se permitia ao falar de modos estabelecidos de pensar:

Possivelmente, alguém que escreva sobre estética já descobriu ser esse estado de perplexidade intelectual a condição necessária para que uma obra de arte atinja seus maiores efeitos. Tenho a maior relutância em acreditar na necessidade dessa condição. (1914b, XIII, 211-212)

Quem quer que tome contato com o estilo de Freud reconhecerá, a um só tempo, algo de característico nessa inteira passagem, no modo fácil e informal com que desde o início ele ganha a confiança do leitor: também como traço característico se tem que Freud seria incapaz de renunciar a esse modo natural de escrever mesmo quando, como aqui, a obra com que estivesse envolvido devesse ao final ser publicada de maneira anônima.

Não obstante, em que pese todo esse desembaraço, a passagem por mim citada é problemática. Existem duas questões que ela de pronto suscita e para as quais se requer algum tipo de resposta, se quisermos recorrer a elas para ter um acesso às próprias concepções de Freud sobre a arte. A primeira é a seguinte: quando Freud nos diz que para ele há uma peculiar dificuldade em se obter prazer numa obra de arte, ainda que não consiga explicar para si a fonte desse prazer, devemos tomar essas palavras – como ele diz desejar que façamos – como uma admissão puramente pessoal? Ou é isso que constitui para Freud a peculiaridade de sua situação ser simplesmente a compreensão mais profunda que ele próprio sente ter da natureza e da realização humana: que a atitude para com a arte, da qual ele não consegue se desvencilhar, é a atitude que deve resultar naturalmente para quem quer que fosse afetado pela psicanálise, e que é somente na ignorância da psicanálise que qualquer outra atitude – por exemplo, a de se deleitar em perplexidade – possa ser concebida? E a segunda questão, que forma de entendimento ou explicação Freud tinha em mente? De modo mais específico, sabemos que, por volta de 1913, data do ensaio sobre Michelangelo, Freud já havia submetido grande número de fenômenos psíquicos, tanto normais quanto patológicos, a escrutínio psicanalítico: sonhos, erros, piadas, sintomas, a própria psiconeurose, fantasias, mágica. Desse modo, seria natural perguntar, na medida em que se conte com um padrão de explicação, quais desses fenômenos serviria de modelo, se é que algum serviria, para a compreensão da obra de arte?

À primeira questão devo retornar mais tarde. Enquanto isso, eu gostaria de chamar a atenção para uma passagem de outro ensaio, certamente não menos famoso, que Freud escreveu sobre um grande artista, "Uma Lembrança Infantil de Leonardo da Vinci", que data da primavera de 1910. Ao escrever sobre a curiosidade insaciável de Leonardo, Freud cita dois enunciados do próprio artista, ambos sobre o efeito de só se poder amar ou odiar de maneira tênue e débil a não ser que se tenha pleno conhecimento do objeto de seu amor ou ódio. E então prossegue:

> O valor nesses comentários de Leonardo não está em olhá-los como reveladores de fatos psicológicos importantes pois o que eles afirmam é, obviamente, falso e Leonardo era tão sabedor disto quanto nós. Não é verdade que os seres humanos protelam o amor ou o ódio até adquirirem conhecimento mais profundo e maior familiaridade com o objeto desses sentimentos. Ao contrário, amam impulsivamente, movidos por emoções que nada têm a ver com conhecimento e cuja ação, muito ao contrário, poderá ser amortecida pela reflexão e pela observação. Leonardo, portanto, poderia, no máximo, querer dizer que o amor praticado por seres humanos não seria tão desejável e irrepreensível: dever-se-ia amar controlando o sentimento, sujeitando-o à reflexão e somente permitir sua existência quando capaz de resistir à prova do pensamento. Percebemos, assim, que procurou mostrar-nos como ele próprio procedia e demonstrar que todos deveriam tratar o amor e o ódio como ele o fazia. (1910c, XI, 74)

Agora, deve-se enfatizar que os dois enunciados de Leonardo de que Freud discorda não se referem simplesmente a amores e ódios pessoais: são endereçados ao que sentimos acerca de algo na natureza. Na verdade, ao longo dessas duas passagens em que Freud cita Leonardo – ou em todo caso Freud as toma como sendo de Leonardo –, ele defende-se expressamente contra a acusação de que uma atitude científica em relação ao trabalho de criação evidencia frieza ou irreligião. Se, desse modo, a assim compreendida atitude de Leonardo é pensada por Freud como a merecer essas restrições, vale situar tais restrições na perspectiva da atitude do próprio Freud em relação à arte, tal como a temos entendido até agora, e nos perguntarmos por que elas aí não se aplicam.

Voltando-se agora para a segunda dessas duas questões, devo antecipá-la sutilmente dizendo que Freud parece encontrar toda uma variedade de modelos adequados a fenômenos mentais para a interpretação da arte: isso na tentativa de explicar a arte que ele ora assimila a esse, ora àquele fenômeno psíquico, para cuja compreensão ele já havia divisado o seu próprio esquema explicativo. A riqueza da estética de Freud reside na sobreposição dessas várias sugestões; muito embora, como veremos, o modo como as sugestões devam ser encaixadas é uma questão a que Freud pouco vem atentar. Contudo, antes que quaisquer dessas duas questões surgidas no ensaio de Michelangelo possam ser respondidas, há uma terceira a demandar nossa atenção. É a questão do texto que devemos consultar e da avaliação ponderada que deles devemos fazer para se chegar a uma avaliação ponderada das concepções de Freud. Além dessa óbvia prioridade, a questão tem a vantagem adicional de, se considerada a tempo, poder poupar nosso tempo mais tarde. Afinal de contas, a pura e simples revisão dos escritos de Freud sobre arte e seu relativo peso poderiam nos mostrar onde se encontram seus pontos de real interesse: tal revisão poderia nos mostrar o tipo ou os tipos de compreensão que ele buscava e a importância que lhes atribuía. Nesse sentido, ela poderia nos poupar de certos erros.

Ora, a primeira coisa a ser observada acerca dos escritos de Freud sobre a arte é que alguns deles tratam de arte de modo apenas periférico. Um fato que emerge da biografia de Ernest Jones é o de que o próprio Freud, com toda a sua ausência de arrogância, sentia como se estivesse possivelmente se esvanecendo do mundo, para ser um dos grandes, para pertencer a um panteão da raça humana; por essa razão, foi não mais do que natural que seus pensamentos pudessem frequentes vezes se voltar para grandes figuras do passado, e foi por isso que o funcionamento interno de seu gênio veio a ser uma de suas recorrentes ambições. Freud, como se pode imaginar, escreveu *sobre* Leonardo estando no mesmo espírito em que mais tarde, num dos momentos mais sombrios da civilização europeia, veio a escrever *a* Einstein: foi a comunhão consciente de um grande homem a outro.

O que estou a propor, assim sendo, é que o ensaio sobre Leonardo – e uma série de proposições do mesmo tipo poderia ser feitas para o ensaio sobre Dostoievsky – é preliminarmente um estudo em biografia psicanalítica: e a conexão com a arte é quase que exaurida pelo fato de que o sujeito da biografia, por acaso, vem a ser um dos maiores artistas da história, assim como um dos mais estranhos. E se nos voltarmos para o texto deste ensaio, e se ignorarmos as contribuições diretas para a teoria psicanalítica, que são inseridas como que parenteticamente, veremos que o estudo se divide em duas partes.

Existe, antes de mais nada, a reconstrução da infância de Leonardo e a evidência pela qual se reconhece ter sido uma infância pobre: e então se tem a história da vida adulta de Leonardo, que é, por óbvio, adequadamente documentada, mas deliberadamente apresentada por Freud de modo tal que suscetível de ser conectada a acontecimentos anteriores. Em outras palavras, visto como um todo, o ensaio é uma tentativa de exibir – ainda que obviamente não seja capaz de provar, mas em todo caso, como nos estudos de caso, uma tentativa de exibir – a dependência das capacidades e proclividades adultas em relação ao infantil, particularmente em relação à sexualidade infantil.

De modo mais específico, a dependência das experiências posteriores em relação às anteriores é elaborada em termos de pontos de fixação e regressões sucessivas. Para Leonardo são atribuídos dois pontos de fixação. O primeiro, ou anterior, foi estabelecido nos anos passados na casa da mãe, quando, na condição de filho ilegítimo, vivenciava seu amor dividido, e aconteceu de ser atraído para uma precocidade sexual da qual devem ter sido manifestações uma intensa curiosidade sexual e um elemento de sadismo. Com o tempo, contudo, uma conjunção de fatores internos e externos – o próprio excesso do amor do menino pela mãe, e sua recepção na residência mais nobre do pai e da madrasta quando tinha cinco anos – ocasionaram uma onda de repressão na qual o feliz erotismo de sua infância se findou. Ele superou e, ainda assim, preservou o sentimento para com a mãe mediante, em primeiro lugar, uma identificação com ela, e depois pela busca, como objetos sexuais, não de outras mulheres, mas de garotos que com ele se assemelhassem. Temos aqui o segundo ponto de fixação de Leonardo, numa idealizada homossexualidade: idealizada, porque ele ama garotos tão somente da forma como sua mãe o amou, ou seja, de forma sublimada.

É tendo essa imagem da infância como pano de fundo que Freud então revê e interpreta as sucessivas fases da vida adulta de Leonardo. Houve primeiramente uma fase em que ele trabalhava sem inibição. Na sequência, e de modo gradual, seus poderes de decisão começaram a falhar, e sua criatividade esmoreceu sob as incursões de uma curiosidade excessiva e inquietante. Por fim, houve uma fase em que seus dons se passaram a se reiterar numa série de obras que se tornaram justificadamente célebres em razão de sua qualidade enigmática. Freud então segue a conectar essas duas fases com regressões sucessivas, do modo mesmo como se lhe tornou familiar desde os *Três Ensaios Sobre a Teoria da Sexualidade*. Em primeiro lugar tem-se uma regressão para uma homossexualidade forte, embora totalmente reprimida, na qual a maior parte da libido, valendo-se de passagens dispostas numa fase ainda anterior, procura e encontra uma saída na busca por conhecimento – muito embora, como vimos, isso tem um pesado custo para a condução geral de sua vida. Ainda assim, tal é superado por uma regressão à mais primeva das fixações. Ou por meio de transformações internas de energia ou por feliz acidente, Freud sugere uma conexão com a mulher que serviu de modelo para a *Mona Lisa* – Leonardo, agora com a idade de cinquenta anos, volta a desfrutar do amor da mãe de um modo que lhe permita uma nova liberação de criatividade.

Agora, em associação com essa tentativa de interpretar a vida adulta de Leonardo à luz de certos padrões da infância, a que Freud recorre para pensar certas obras de Da Vinci, todas extraídas de sua fase posterior: a *Mona Lisa*, as versões de Paris e Londres da *Madona com o Menino e Sant'Ana*, e as pinturas posteriores de figuras andrógenas. Se lermos cuidadosamente a seção relevante do ensaio de Freud (seção IV), veremos qual é o seu procedimento. Ele usa a evidência fornecida pelas pinturas para confirmar a relação por ele postulada entre essa última fase da atividade de Leonardo e um certo "complexo" infantil, como Freud o teria referido naquela data. Observe-se que Freud não faz uso da evidência das imagens para estabelecer o complexo infantil – isso depende de fontes secundárias e da chamada "memória infantil", da qual o ensaio deriva seu título: ele a usa para estabelecer um liame entre o complexo e alguma outra coisa. Mas podemos perguntar: de que modo as pinturas citadas por Freud proporcionam evidência? E a resposta é a de que a evidência por elas fornecidas vem de certos aspectos internos e de algumas associações certa ou aparentemente óbvias desses aspectos. De modo que, na pintura do Louvre, Freud associa o sorriso de Sant'Ana à figura terna da mãe de Leonardo; à semelhança de idade entre Sant'Ana e a Virgem ele associa a rivalidade entre a mãe de Leonardo e sua madrasta; e à forma piramidal pela qual as duas figuras estão próximas uma da outra são associadas a uma tentativa, da parte de Leonardo, de reconciliar "as duas mães de sua infância".

Espero ter dito o suficiente para mostrar quão enganador é dizer, como por vezes se diz, que no ensaio de Leonardo Freud dispõe um padrão para a explicação da arte com base no modelo da interpretação dos sonhos. É verdade que, no curso do referido ensaio, com certas qualificações bastante definidas, Freud trata uma série de obras de arte do modo mesmo como gostaria que fossem tratadas se fossem sonhos; as qualificações são as de que as associações que ele invoca não são livres e de que as associações acabam por levar a um complexo já estabelecido. Mas nada sugere que o pensamento de Freud de que esse é o modo adequado de tratar obras de arte quando se quer explicá-las como obras de arte: tudo o que podemos seguramente concluir é que ele pensou essa questão como um meio adequado de tratá-las se quisesse usá-las como evidência biográfica. Na verdade, existem peças auxiliares de evidência a sugerir que o interesse de Freud pelo ensaio de Leonardo fosse acima de tudo biográfico. Isso por certo está de acordo com a recepção do esboço original do ensaio, recebido – e presumivelmente solicitado – quando foi lido na Sociedade Psicanalítica de Viena poucos meses antes de sua publicação.[1] As minutas revelam que na discussão foi apenas Victor Tausk que se referiu ao artigo como "uma grande crítica de arte", e também como uma obra de psicanálise. Sua observação foi desprezada.

---

1 *Minutes of the Vienna Psycho-analytic Society*, Hermann Nunberg e Ernst Federn (Orgs.) (Nova Iorque, 1962-), vol. II, p. 338-352.

Ainda uma vez, tanto no esboço original como no ensaio final, o aspecto mais enfatizado por Freud nas obras de Leonardo por certo não será um aspecto estético, mas sim será o fato de, em boa medida, terem ficado inacabados. E por fim, deve ser significativo que Freud não fez virtualmente tentativa alguma de identificar na obra da última fase qualquer correlato ao fato de que, muito embora também essa fase marcasse uma regressão, não obstante se tratou de uma regressão que possibilitou uma nova liberação de criatividade.

Se agora mais uma vez nos voltarmos ao ensaio de Leonardo sobre o *Moisés* de Michelangelo, com o qual iniciei aqui, nós nos veremos envolvidos com uma empresa completamente diferente.[2] Na verdade, se considerarmos ambos os ensaios como (*grosso modo*) estudos em expressão, parecerá como se estivessem a marcar duas extremidades do espectro de sentido que esse termo ocupou na estética europeia. Afinal, se o próprio ensaio sobre Leonardo se ocupa da expressão no sentido moderno – isto é, com o que o artista expressa em suas obras, ou com a *expressividade* de Leonardo –, então o ensaio sobre Michelangelo diz respeito à expressão no sentido moderno – isto é, diz respeito ao que é expresso pelo objeto do trabalho, ou seja, a expressividade de Moisés. A distinção, obviamente, é assim por demais simplificada, sendo significativo o fato de existir uma contínua teoria da expressão na estética europeia.

Passemos a observar por um momento o problema que a grande estátua de Michelangelo oferece ao espectador voltado à percepção fisionômica. Podemos expressá-lo numa distinção usada por Freud – e, é claro, de qualquer modo nosso objetivo é chegar o mais próximo possível do problema tal como ele o concebeu – e perguntar inicialmente se o *Moisés* é um estado de caráter ou um estado de ação. Os críticos que favoreceram essa segunda interpretação ressaltaram a ira de Moisés e alegaram que a figura sentada estaria para entrar em ação, com isso se libertando de sua raiva pela infidelidade dos israelitas. A raiva é evidente, argumenta Freud, mas o movimento projetado não é indicado na estátua e ademais viria a

---

2 Sobre o ensaio de Freud, ver Hubert Damisch, "Le Gardien del'Interprétation", *Tel Quel* 44 (1971), p. 70-84; e 45 (1972), p. 82-96.

contradizer o plano composicional do túmulo para o qual foi pretendido. Já os críticos que favoreceram a primeira interpretação da estátua – isto é, que a tomaram por um estudo de personagem – ressaltaram a paixão, a potência, a força implícita na representação de Michelangelo. Tal interpretação pode se manter livre de implausibilidade, mas para Freud ela pareceu deixar descoberta grande parte dos detalhes da estátua e é insuficiente ao relacionar o interior com o exterior. A interpretação de Freud é a de que deveríamos ver a figura de Moisés não como a irromper em fúria, mas como tendo justamente controlado um sentimento de raiva. Ao vê-la como um estudo sobre ação suprimida, esta que vem a ser um autocontrole, podemos vê-la também como um estudo de personagem e, ao mesmo tempo, evitar qualquer inconsistência com indicações composicionais.

"Estamos aqui inteiramente de volta", escreveu Ernst Gombrich sobre esse ensaio, "à tradição de apreciação da arte do século XIX",[3] e essa tradição ele parcialmente caracterizava como a se referir a sua preocupação com o "conteúdo espiritual" da obra de arte. O evidente conservadorismo do método de Freud no ensaio de Michelangelo confere amplas garantias ao juízo de Gombrich, e ainda assim creio que, se se olhar cuidadosamente para o texto de Freud haverá algumas contraindicações ali dispersas, as quais deveriam nos advertir contra a tomá-las – o que posso dizer? – de modo por demais definitivo.

É uma questão de algo mais do que o interesse local que faz Freud expressar sua profunda admiração pelos escritos críticos de um historiador da arte que ele encontrara pela primeira vez sob o nome de Ivan Lermolieff. Esse pseudônimo, mais tarde ele veio a descobrir, mascarou a identidade do grande Giovanni Morelli, fundador do conhecimento científico rigoroso em obras de arte. Agora era Morelli que, mais do que ninguém, trouxera a noção de um "conteúdo espiritual" em descrédito. Admitia-se que o que se objetara a Morelli no fundo não foi um conteúdo espiritual como critério de valor ou de interpretação, mas seu emprego na determinação da autoria de uma pintura particular; e foi para corrigi-lo que ele divisou seu próprio método alternativo, que consistia primeiramente em elaborar para cada

---

3 E. H. Gombrich, "Freud's Aesthetics", *Encounter* 26, n. 1 (janeiro de 1966), p. 33.

pintor um programa de formas, mostrando de que modo ele representava o polegar, o lóbulo da orelha, o pé, a unha e outras detalhes que tais, para então combinar todo e qualquer suposto trabalho atribuído a um dado pintor contra esse programa particular a detalhar item por item. Não obstante, tão logo o método de Morelli foi aplicado para determinar autoria, a velha ideia de conteúdo espiritual foi achacada a ponto de não haver esperança de recuperação.

Assim, vale observar que foi precisamente esse método, com tudo o que ali se faz envolvido na reversão dos valores estéticos tradicionais, que Freud admirava tanto em Morelli.[4] Tampouco a admiração de Freud foi mera generalidade. Completamente à parte de sua pergunta intrigante, mas irrespondível, sobre o caráter anônimo do ensaio de Michelangelo, pode não ter tido como um de seus determinantes uma rivalidade inconsciente com Morelli. Na busca da fisionomia, Freud parecia ter usado um método que nitidamente era o que Morelli desenvolveu para estabelecer questões de apreciação artística. A atenção, em certa medida, autoconsciente a minúcias, à medida, ao detalhe anatômico sugere que, por mais que os objetivos críticos fossem conservadores, os métodos que ele estava preparado para imaginar ao atingi-los não foram tão limitativos. O problema é o ponto no qual se terá de retornar. E, por fim, deve-se observar que Freud, tanto no início como no final de seu ensaio, esforça-se para relacionar, ainda que sem indicar precisamente de que modo, a fisionomia de Moisés com uma intenção de Michelangelo.

E agora eu desejo me voltar ao terceiro longo ensaio que Freud escreveu sobre arte ou sobre um artista (excluo o ensaio de Dostoievski porque, muito embora tenha quase a extensão do ensaio sobre Moisés, ele contém pouco do objeto que lhe dá nome). No verão de 1906, Freud tivera sua atenção atraída pela intermediação de Jung, a quem ainda não encontrara, para um conto do dramaturgo e novelista Wilhelm Jensen (1837-1911), do norte da Alemanha, conto que se intitulava *Gradiva*. Muito embora Freud

---

4 Ver Richard Wollheim, "Giovanni Morelli and the Origins of Scientific Connoisseurship", reunido em *On Art and the Mind* (Cambridge, Massachusetts: Harvard University Press, 1973), p. 177-201. Ver também Jack J. Spector, "The Method of Morelli and its Relation to Freudian Psychoanalysis", *Diogenes* 66 (verão de 1969), p. 63-83.

se referisse à obra como "não tendo em si nenhum mérito particular", o que parece um juízo acertado, o conto evidentemente o intrigou à época e por volta de maio do ano seguinte, vindo a se tornar tema de um ensaio, "Ilusões e Sonhos na *Gradiva* de Jensen". Infelizmente, na *Standard Edition* das obras de Freud, ou seja, em sua tradução inglesa, não se seguiu a prática que se tinha no original, de publicar juntamente com o texto de Freud também o conto de Jensen. O leitor que se fia no resumo de Freud provavelmente não chegará a ter uma apreciação plena e profunda da sutileza com que ele interpreta o texto. No resumo, texto e interpretação estão em tamanha profundidade, que acabamos por dar a interpretação como natural.

A *Gradiva* de Jensen recebe o subtítulo de "Uma fantasia pompeana" e relata a história de um jovem arqueólogo alemão, Norbert Hanold, que se retraíra do mundo a tal ponto que seu único apego era uma pequena placa comemorativa romana de uma garota caminhando num passo elegante e distintivo, que ele vira pela primeira vez no museu de antiguidades de Roma e da qual ele comprara uma réplica. Chamou-a de Gradiva, e em torno dela passou a fazer girar a fantasia de que tinha vindo de Pompeia, e depois de algumas semanas de buscas inteiramente vãs sobre sua andadura e distinção ou sobre qualquer outra coisa, partiu para a Itália, sob a intensa influência de um sonho no qual observava Gradiva a perecer no terremoto de Pompeia. Em sua viagem para o sul, as coisas se lhe mostraram intoleráveis, em razão dos intermináveis casais alemães em lua de mel também das moscas. Como podemos discernir, ele detesta o desregramento tanto do amor quanto da vida. Inevitavelmente, passa a andar à deriva por Pompeia e, no dia seguinte ao meio-dia, entrando na casa que, em fantasia, atribuíra a Gradiva, vê o duplo da garota representada em sua tão amada placa. Devemos acreditar quese trata de uma alucinação ou de um fantasma? Na verdade, nem um nem outro; como Norbert Hanold se dá conta, é uma pessoa viva, muito embora ela continue a agradá-lo com a crença de que ambos se conheceram em outra vida e de que ela tinha morrido havia muito tempo. Há outro encontro, havendo dois outros sonhos adicionais, e no entremeio se tem a pressão sobre Hanold, que tem de aceitar o quanto de sua fantasia está se mostrando real. Por fim há uma revelação, e desta feita Hanold está preparado para a verdade. A garota é uma amiga de infância que sempre fora apaixonada por ele. Já ele, pelo contrário, reprimira seu amor por ela e só permitira que este se manifestasse em seu apego à placa, que, estimada em tantos de seus aspectos, alguns projetados por ele enquanto outros devem ter sido vistos como causas de sua atração inicial por ela, revela-se agora, a placa, como a refletir a garota. Até mesmo o nome que ele concedeu à placa, "Gradiva", foi uma tradução do nome dela, "Bertgang". Ao final da história, sua ilusão se fez dissipada, sua sexualidade reprimida então irrompe, tendo a garota recuperado "seu amigo de infância que fora desenterrado das ruínas" – imagem que obviamente é de apelo inexaurível para Freud, que a ele sempre novamente recorre, cada vez que elabora sua comparação favorita dos métodos da psicanálise com os da arqueologia.

É natural pensar em "ilusão e sonhos" como a residir na mesma linha de investigação que a do ensaio posterior, sobre Michelangelo, que, no entanto, em certo ponto se projeta par além desse. Ambos os ensaios são estudos sobre a personalidade ou estado de espírito do tema que se expressa numa obra de arte, mas no ensaio de Jensen a investigação é seguida no que parece ser um flagrante grau de literalidade. "Um grupo de pessoas", é assim que se inicia, "que acreditava terem sido os mistérios básicos do sonho decifrados pelos esforços do autor do presente trabalho, sentiu certa vez sua curiosidade se voltar para a questão da classe de sonhos que nunca haviam sido sonhados – sonhos criados por escritores imaginativos e por eles atribuídos a personagens no decorrer de uma história (1907a, IX, 7). E Freud então prossegue no embate com essa questão num tal nível de detalhe, apresentando uma análise alentada dos dois sonhos de Hanold, que o leitor pode sentir, ao chegar ao último enunciado do ensaio, que este poderia muito bem ter chegado antes. "Mas temos de parar aqui", escreve Freud, "ou podemos realmente esquecer que Hanold e Gradiva foram apenas criaturas na mente de seu autor" (1907a, IX, 93).

Mas tal reação da parte do leitor – ou a sensação de que Freud aqui seria culpado de má aplicação da sua técnica de interpretação dos sonhos, já que equivocadamente assimilou personagens de ficção a personagens da vida real – seria inapropriada. Ora, está a se desconsiderar um fato importante, mesmo surpreendente: o de que os sonhos de Hanold podem ser interpretados, que existe evidência suficiente para fazê-lo. É claro que esse fato é puramente contingente, uma vez que não teríamos nenhuma razão geral para antecipá-lo. Não obstante, é assim que se passa. Tomado de modo geral, o que está em questão pode ser lançado ao se comparar a interpretação do sonho no ensaio sobre Jensen com a passagem do ensaio sobre Leonardo onde, como vimos, Freud se põe a interpretar algumas das obras tardias do pintor, de algum modo seguindo a analogia dos sonhos. Agora, o primeiro, pode-se argumentar, é desfavoravelmente comparado ao segundo. Afinal de contas, quem quer que aceite as ideias principais da teoria freudiana concordará que em princípio deve haver um meio de obter o conteúdo latente das obras de Leonardo, as duas questões abertas versando sobre se a evidência permite que tal seja feito na prática e, em caso afirmativo, se Freud foi bem-sucedido em fazê-lo.[5] Contudo, é possível que não haja garantia de correspondência para se obter o conteúdo dos sonhos de Hanold, já que seus sonhos não são sonhos reais. Assim sendo, esse argumento é perfeitamente aceitável se o que ele assinala vem a ser a necessidade de não se ter evidência adequada para a decifração dos sonhos de Hanold. Mas a descoberta de Freud é a de que essa evidência na verdade existe, e essa descoberta é não apenas a pressuposição com base na qual se baseiam as várias interpretações de sonho no ensaio de Jensen, mas também o aspecto mais importante acerca desse ensaio.

Uma vez aceito esse aspecto, o esforço de Freud em decifrar as ilusões e sonhos de Norbert Hanold, longe de ser meramente um produto da confusão entre ficção e realidade, pode ser visto como autêntica contribuição à crítica. Isso porque se tem a indicação dos passos pelos quais, de maneira explícita para certo tipo de leitor, implícita para outro, as crenças e desejos de Hanold são revelados – e quanto a isso faz-se clara referência a um aspecto estético de *Gradiva*. E agora pode-se ressaltar um aspecto análogo para as pesquisas fisionômicas de Freud no *Moisés* de Michelangelo. Isso porque

---

5 Para uma discussão sobre detalhes do texto de Leonardo, ver Meyer Schapiro, "Leonardo and Freud, na Art Historical Study", *Journal of the History of Ideas* 17, n. 2 (abril de 1956), p. 147-178; e K. R. Eissler, *Leonardo da Vinci, Psychoanalytic Notes on the Enigma* (Londres, 1962).

nesse estudo Freud deve ser visto não apenas como estando a nos revelar as camadas psíquicas mais profundas de uma representação particular, mas a indicar como essas camadas, sobretudo a mais profunda entre elas, são reveladas na estátua correspondente. E agora talvez possamos visualizar um modo pelo qual Freud diverge, ainda que apenas numa questão de ênfase, da apreciação do século XIX. Pois Freud encontra-se ao menos tão interessado no modo pelo qual o conteúdo espiritual de uma obra de arte é tornado manifesto quanto pelo próprio conteúdo espiritual: e quando consideramos os modos "triviais" pelos quais ele pensou o conteúdo profundo como a se manifestar com maior probabilidade, a divergência visivelmente cresce.

Vamos ficar por um momento com as artes nas quais a revelação do personagem – e com o personagem estamos no âmbito da própria obra, não no do artista que a concebeu – é um aspecto estético significativo. Agora, esse aspecto não pode ser considerado sem restrições, ou então ele deixaria de ter interesse estético. Deve haver algum elemento na obra que em todo o caso abranda, ou controla o andamento da revelação. Ora, Freud chega a dizer alguma coisa sobre esse outro fator de controle – a inter-relação de ambos? Na *Gradiva*, o fator de controle não é difícil de identificar: é o crescimento da autoconsciência de Norbert Hanold ou, como Freud o chama, sua "recuperação", que é em parte um processo interno e em parte realizado por meio da ação de Gradiva. Agora, Freud tinha uma afeição por esse compromisso artístico particular; há ali uma natural pungência, e ele também exige uma afinidade óbvia com o tratamento psicanalítico. No tocante à inter-relação dos dois fatores, ou a em que medida o autor onisciente está habilitado a ultrapassar seus personagens confusos ou autoconscientes, Freud, em todo caso de maneira implícita, tem algumas observações interessantes a fazer quando escreve sobre as observações ambíguas que abundam na *Gradiva*. Por exemplo, quando Hanold encontra pela primeira vez a aparente *assombração* de Pompeia, em resposta à sua primeira fala ele diz: "Eu sabia que sua voz soava assim" (1907a, IX, 84). A sugestão de Freud é a de que o uso da ambiguidade por um autor para revelar a personalidade da personagem antecipadamente ao processo de autoconhecimento é justificado à medida que a ambiguidade expressa na revelação corresponde a uma parcela reprimida de autoconhecimento.

Freud, contudo, não deseja impor o padrão de revelação controlado pelo ritmo do autoconhecimento sobre todas as artes às quais ele procura conferir sentido. Naquele que é talvez seu escrito sobre arte mais interessante, algumas poucas páginas intituladas "Personagens psicopatas no palco", escrito em 1905 ou 1906, mas publicado apenas postumamente, Freud discorre sobre as composições literárias em que a corrente alternada é proporcionada pela ação ou pelo conflito.

Uma questão relevante que Freud trata nesse breve ensaio é a de quão explícita é a nossa compreensão do que nos é revelado. A visão de Freud é a de que tal não precisa ser explícito. Na verdade, mesmo nos dramas psicológicos mais profundos, gerações de espectadores acharam difícil dizer o que tinham entendido. "Na verdade", escreve Freud de modo envolvente, "o conflito no *Hamlet* é tão eficazmente oculto, que cabe a mim desenterrá-lo" (1942a [1905-1906], VII, 310).[6] Na verdade, a questão de Freud vai além disso. Não é caso que, de modo puro e simples, nossa compreensão não precisa ser explícita, mas que em muitos casos existem perigos em explicitação, pois a explicitação poderia suscitar resistência se o personagem sofresse de uma neurose que fosse compartilhada por seu público. De modo que aqui temos outra virtude do que eu chamei de corrente alternada – qual seja, que ela serve ao que Freud chama de "o desvio de atenção". E um modo eficaz pelo qual podemos fazê-lo é mergulhando o espectador ou o leitor num redemoinho de ação do qual ele obterá a excitação, ao tempo mesmo em que se mantém protegido do perigo. Outro fator a contribuir para esse mesmo fim é o prazer no jogo que é proporcionado por meio da arte: o elemento do "jogo livre", que tinha sido tão ressaltado na estética idealista.

E talvez a essa altura deveríamos apenas, por um momento, lançar um olhar retrospectivo ao ensaio sobre Michelangelo. Afinal, podemos visualizar uma razão pela qual em certas circunstâncias pode ser não meramente aceitável, mas na verdade melhor, que a revelação de expressão deve ser

---

6 Ver também Jean Starobinski, "Hamlet et Freud", *In:* Ernest Jones, *Hamlet et Oedipe*, tradução de Anne-Marie Le Gall (Paris, 1967).

alcançada por meio de pequenos toques, por meio das trivialidades a que tanto Morelli quanto Freud, embora por diferentes razões, tanto peso atribuíram. Pois essas trivialidades podem mais facilmente burlar as barreiras da atenção.

E agora ainda uma vez se faz necessário mudar nosso ponto de vista. Afinal de contas, o desvio de atenção, tal como vínhamos considerando, pareceria pertencer ao que pode ser chamado de "relações públicas" da obra de arte. Ou seja, seu objetivo parece ser o de garantir a popularidade para a obra, ou, mais negativamente, evitar a desaprovação ou mesmo se evadir à censura. Contudo, se agora olharmos para esse processo tomando-se o ponto de vista do artista, podemos ser capazes de vê-lo em sua contribuição para o caráter estético da obra. Mas primeiramente temos de ampliar um tanto nossa análise. Em *Sobre a História do Movimento Psicanalítico*, Freud escreveu: "O primeiro exemplo de uma aplicação do modo analítico de pensamento para os problemas da estética esteve presente em meu livro sobre os chistes" (1914d, XIV, 37; cf. 1913j, XIII, 187). Agora, tornamo-nos familiarizados com a ideia de que *Os Chistes e sua Relação com o Inconsciente* poderia ter feito uso deles para explicar alguns dos problemas da arte, mas talvez não se levasse suficientemente em conta que o crédito dessa iniciativa devesse ser do próprio Freud.

Freud distinguiu três níveis do chiste, cada qual assinalando um estágio sucessivo em seu desenvolvimento. Todos os três níveis se dispõem num substrato de jogo primitivo, que de início entra em operação com a aquisição de habilidades na infância – isolemos entre elas, para lhe dedicar atenção, a habilidade da fala. O jogo gera o que Freud chama de prazer funcional, o prazer derivado de se usar uma capacidade humana de maneira ociosa, com isso exibindo maestria sobre ela. Ascendendo sobre esse substrato, o nível mais baixo é o *gracejo*, um jogo de palavras ou conceitos com uma única concessão ao juízo crítico: ele faz sentido. Um gracejo é um modo lúdico de dizer alguma coisa, mas essa "alguma coisa" não precisa ser de interesse intrínseco. Quando o que foi dito demanda interesse por si só, passamos ao segundo nível, e temos a piada. A piada é construída em torno de uma ideia, muito embora a ideia, insiste Freud, não faça contribuição alguma ao prazer específico à piada. O prazer – em todo o caso no nível em que nos diz respeito – deriva inteiramente do elemento do jogo, e a ideia é aqui a de conferir respeitabilidade ao inteiro empreendimento ao equivocadamente se conferir crédito ao prazer. E agora passamos o terceiro nível – a *piada tendenciosa*. Com a piada tendenciosa todo o maquinário que consideramos até aqui – qual seja, o gracejo com uma ideia a protegê--lo – é ele mesmo usado para proteger uma finalidade reprimida, seja ela sexual ou agressiva, que busca se descarregar. Mas se temos de nos haver com esse complexo fenômeno, devemos discriminar papéis. Tanto gracejos quanto piadas não tendenciosas são práticas sociais, mas seu lado social não suscita problemas reais, nem é de grande importância. Mas com a piada tendenciosa ele já é importante. Vamos ver como isso se dá. Quem conta a piada faz uso dele para desviar a atenção do impulso que busca expressão, e da piada se espera que lhe proporcione isso por meio da descarga de energia que possa garantir. Mas, infelizmente, a única pessoa para a qual a piada não pode realizar isso é aquela que a conta: é algo que tem a ver com o fato de que aquele que conta a piada evita de se lançar livremente à possibilidade de jogo que ela oferece. A piada é incompleta em si mesma, ou, mais diretamente, aquele que conta a piada não pode rir de sua própria piada. De acordo com isso, se a piada deve satisfazer à finalidade do contador tendencioso, ele precisa de um ouvinte para rir da piada – muito embora esteja claro que com o ouvinte há um perigo, ainda que no sentido inverso, pois à própria abertura do convite ao jogo se pode fazer frente com censura, se o jogo for excessiva e flagrantemente estendido. Daí a presença da ideia que é demandada para se desviar sua atenção do jogo, de modo que ele possa rir da piada. E sua risada atua como licença ao contador em sua finalidade ulterior. Se a piada cai por terra ou se lhe nega aclamação, o contador se sentirá incapaz de garantir ao impulso reprimido a liberação que sub-repticiamente ele havia prometido. Não é possível saber em que medida essa análise da piada tendenciosa pode ser aplicada à arte, e talvez não fosse o caso de demandar uma resposta geral. Contudo, parece haver dois aspectos passíveis de sustentar um paralelo. Em primeiro lugar, o que Freud chama de "incompletude racial" da piada traça um paralelo, em termos psicológicos, com o que frequentes vezes é chamado de caráter institucional da arte – também vindo a sugerir, talvez, o maquinário psicológico em que reside aquela instituição. A arte é (entre outras coisas) o que é reconhecido como arte, e a abordagem por Freud da piada tendenciosa pode nos permitir ver aí uma razão extra pela qual deve ser assim, como pode nos permitir uma nova avaliação de sua importância. Em segundo lugar, há um paralelo entre a incerteza em quem ouve a piada quanto à fonte de seu prazer, e o desvio de atenção que é baseado no espectador da obra de arte. E isso nos ajudaria a deixar claro por que o "desvio de atenção" deveria ser um aspecto estético da obra de arte, e não apenas um lance barato visando a popularidade.

A esse ponto vale observar que estamos agora em posição melhor para considerar a primeira das duas questões que surgiram de minha citação inaugural – quando eu disse, vocês lembrarão, que não estava claro até que ponto a ênfase de Freud na compreensão como pré-requisito de apreciação foi um reconhecimento puramente pessoal ou se indicou uma posição teórica. Aqui então já fomos suficientemente longe para ver qual parte da compreensão de como uma obra de arte nos afeta está em reconhecer a confusão ou ambiguidade sobre a qual esse efeito em parte depende. Um dos perigos da psicanálise, mas também um daqueles do qual ela a todo tempo nos adverte, está em, ao tentar obter clareza acerca de nosso estado psíquico, torná-lo mais claro do que ele é.

Na verdade, ao que tudo indica o "desvio de atenção" demandado do espectador da obra de arte é muito mais radical e profundo que a demanda correspondente feita ao ouvinte da piada. Isso porque o espectador não apenas usa o conteúdo aberto da obra de arte para desviar sua atenção do elemento do jogo, mas também tem de usar o elemento do jogo para desviar sua atenção do conteúdo mais perturbador ou latente da obra de arte. Quanto a isso, ele combina em si mesmo os papéis do contador e do ouvinte da piada tendenciosa. Freud, ao se dissociar da teoria tradicional de que uma perplexidade intelectual se faz ingrediente necessário na atitude estética, pode ter preparado o caminho para uma abordagem da arte, e de nossa atitude para com ela, que se revele mais completa e mais profundamente desafiadora para uma visão ingenuamente racionalista.

E isso nos conduz a uma questão ampla, para a qual boa parte deste ensaio se endereçou. Podemos colocá-la perguntando, afinal, se existe, de acordo com Freud, algo no funcionamento da arte que se dê em paralelo com a finalidade que encontra, ou que busca expressão em tantos outros fenômenos mentais por ele estudado se em vários modelos fornecidos para seu exame da arte: seria a piada tendenciosa, o sonho, o sintoma neurótico? Para isso a resposta de Freud é "não". O artista certamente se expressa em sua obra – e como não o faria? Mas o que ele expressa não é a simplicidade de um desejo ou impulso.

Freud foi conduzido a isso por duas considerações um tanto elementares que, não obstante, são importantes. A primeira é a de que a obra de arte não tem o caráter imediato ou direto de uma piada, ou de um erro, ou de um sonho. Ela não se serve de uma redução na atenção ou na consciência para se tornar o repentino veículo de desejos enterrados. Em razão de todo o apego de Freud à tradição centro-europeia do romantismo, uma obra de arte continuava a ser para ele o que historicamente sempre tinha sido: uma obra de arte. E a segunda consideração é a de que a arte, e entenda-se a arte em seus cumes mais elevados, para Freud não se conectava àquela outra via, mais ampla, pela qual desejo e pulsões se impõem em nossa vida: a neurose. "Esquecemos por demais facilmente", relata-se que Freud teria dito, "de que não temos nenhum direito de posicionar a neurose no pano de fundo onde quer que uma grande realização estiver envolvida".[7] As *Minutas da Sociedade Psicanalítica de Viena* mostram Freud repetidamente protestando contra a equação fácil do artista e do neurótico.[8] Mas uma vez que abandonamos essa equação, perdemos toda a justificativa para pensar a arte como a exibir motivação única ou unitária. Pois fora da inflexibilidade comparativa da neurose não há nenhuma forma imutável que nossos personagens ou temperamentos possam assumir. Há constante vicissitudes de sentimento e impulso, de formação e reformação de fantasia, ao cabo das quais é certo que tendências muito gerais ditarão padrões a si mesmas, mas com uma flexibilidade da qual, como sugere Freud, o artista é particularmente adepto.

---

7 *Minutes*, vol. II, p. 391.
8 *Ibid.*, p. 9-10, 103, 189, 224-225.

E, por fim, devemos nos lembrar que para Freud a arte, por mais que seja expressiva, não é puramente expressiva. Ela é também construtiva. Mas aqui deparamos com uma insuficiência ou com uma lacuna na abordagem da arte por Freud, que se reduplica em sua abordagem mais geral da mente e apenas lentamente se deixa preencher. Para compreender esse quadro, temos de olhar rapidamente para o desenvolvimento da noção do inconsciente e dos mecanismos inconscientes segundo Freud. De início a noção do inconsciente entra na teoria de Freud em conexão com a repressão. Então a noção prolifera, e o inconsciente se torna idêntico ao modo de funcionamento mental chamado "processo primário". Por fim, Freud reconheceu que certas operações inconscientes exerciam um papel que não se exauria nem nos processos de defesa, nem no papel desempenhado nesse processo contínuo da mente. Portanto, as construções inconscientes um papel construtivo a desempenhar em vinculação de energia ou, o que teoricamente é um processo relacionado, na constituição do ego. Foi o estudo da identificação, no qual Freud incluiu a projeção, que pela primeira vez o levou a revisar suas perspectivas. Mas nenhuma sombra desse novo desenvolvimento foi lançada sobre as perspectivas de Freud sobre as artes, pela simples razão de que não existiam estudos aprofundados sobre arte naquele período. O inconsciente aparece na abordagem da arte por Freud como a proporcionar técnicas de ocultação ou possibilidades de jogo. Numa série de célebres passagens, Freud equaciona arte com a recuperação ou reparação ou com o caminho de volta à realidade.[9] Mas em parte alguma ele indicou o mecanismo pelo qual isso se daria. Somos levados a acreditar que época em que ele se viu teoricamente em posição de fazê-lo, as fontes de ócio e energia necessárias já não estavam disponíveis para ele.

---

9 Ver 1908e [1907], IX, 153; 1910a [1909], XI, 50; 1911b, XII, 224; 1913j, XIII, 187-188; 1916-1917, XVI, 375-377; 1925d [1924], XX, 64.

11 A antropologia de Freud: uma leitura dos "livros culturais"

ROBERT A. PAUL

Como podem as compreensões da psicologia individual obtidas por meio das técnicas de psicanálise iluminar a vida cultural, coletiva das pessoas em sociedade? Freud voltou a essa questão ao longo de toda a sua carreira numa série de obras por vezes referidas como "livros culturais"; estes incluem *Totem e Tabu* (1912-1913); *Psicologia das Massas e Análise do Ego* (1921c); *A Civilização e seus Descontentes* (1930a); e *Moisés e o Monoteísmo* (1939a). Neste ensaio, faço uma exposição dessas obras na qual ressalto sua unidade, sua evolução à medida que a própria teoria psicanalítica se desenvolvia e o que eu considero seu argumento central. Também pretendo mostrar como aspectos vitais a esse argumento central, não obstante as muitas dificuldades desses livros, apresenta ao estudante contemporâneo da sociedade e da cultura, pode contribuir de poderosas maneiras para a nossa compreensão da existência social humana.

Antes de nos voltarmos aos próprios livros culturais, porém, desejo iniciar chamando a atenção para o fato de que Freud desde o início se mostrou preocupado com a vida cultural em comum. Dos projetos de livro em que ele passou a se empenhar tão logo completou sua autoanálise, os que desempenharam papel tão crucial em seu desenvolvimento cultural, três foram abordagens não clínicas de fenômenos normais em que se fazem visíveis os funcionamentos de processos de pensamento inconscientes, ou seja, sonhos (1900a), atos falhos (1901b) e chistes (1905c). O efeito dessas obras é o de solapar a própria distinção entre o normal e o neurótico e mostrar que processos de pensamento não racionais são um aspecto normal e essencial da vida humana.

Esses três livros são certamente "culturais", à medida que exploram aspectos de pensamento, do discurso e da simbolização compartilhados na área pública da sociedade ocidental. Contudo, não se dirigem de forma explícita à questão sobre como a cultura e a sociedade humana são de modo geral constituídas (muito embora o exame de piadas, em particular, envolva uma fina compreensão do contexto social e das estratégias interpessoais envolvidas em se contar piadas).

Também deve ser ressaltado já de início que a própria psicologia individual de Freud jamais foi o sistema isolado, internamente vedado, que por vezes foi caricaturizado por seus detratores. Como ele escreve na Introdução à *Psicologia das Massas*:

> Na vida mental do indivíduo o outro encontra-se muito regularmente implicado, como modelo, objeto, ajudante, adversário; e com isso a própria psicologia individual, nesse sentido ampliado, mas inteiramente justificável, é ao mesmo tempo uma psicologia social. (1921c, XVIII, 69)

Além disso, pode-se bem considerar os ensaios "culturais" de Freud sobre arte, literatura e mito como sendo todos fenômenos inegavelmente "culturais". É verdade que, em muitos casos, Freud trata os personagens nas obras como se fossem indivíduos cujas motivações e cuja psicodinâmica exemplificasse descobertas clínicas, enquanto em outras, como nos estudos de Leonardo (1910c) e Dostoievski (1928b), sua atenção tenha se voltado para a psicologia do artista por trás da obra. Em outros casos ainda, por exemplo, na obra sobre folclore de coautoria de Oppenheim (1957a [1911]), Freud deixa claro que ele considera o simbolismo do inconsciente encontrado em sonhos e nos sintomas neuróticos como incrustados na linguagem, e desse modo tal simbolismo permeia o discurso cultural público, de modo que o folclore é passível de interpretação psicanalítica.

Um caso particular do referido simbolismo público no mito merece atenção especial, em razão de sua centralidade e da posição de Freud ser tantas vezes mal compreendida. Quando em *A Interpretação dos Sonhos* ele discute o tema dos desejos de morte inconscientemente sentidos por crianças em relação a pai ou mãe, faz alusão ao *Édipo Rei* de Sófocles, mas sem ser o caso aí de ver a peça como manifestação da psicologia de Sófocles, nem de examinar os supostos motivos e a psicodinâmica do próprio Édipo. É mais o caso de fazer ver como a peça faz as vezes de fantasia coletiva, publicamente constituída a corresponder às fantasias inconscientes de incesto e rivalidade abrigadas por cada membro do público como resíduos reprimidos da infância. Os críticos que exultaram com o fato de que o próprio Édipo não poderia ter seu complexo de Édipo não compreenderam do que se trata: nós, seres humanos e não personagens ficcionais como Édipo, cujas façanhas são altamente irreais, temos complexos de Édipo; com isso, a peça faz as vezes do que Clifford Geertz chama de uma história que as pessoas contam sobre si mesmas.[1] No *Édipo Rei* nós esquematizamos e condensamos um aspecto de nossa existência, e com base nesse texto público aprendemos a compreender a nós mesmos e a fazer de nós mesmos quem somos.

O que proponho trazer à luz é que, se lermos os livros culturais de Freud como a substituir sua busca pelas origens históricas com um foco em tais esquemas de fantasia – individualmente vivenciadas, mas também coletivamente compartilhadas, comunicadas e transmitidas ao modo de representações simbólicas e de modelos filogenéticos –, os principais argumentos acabam por assumir força persuasiva.

O ensaio de 1907, "Atos Obsessivos e Práticas Religiosas", pode ser visto como uma abertura para livros culturais, como uma demonstração da ideia de Freud de que neuroses e fenômenos culturais podem ser comparados de modo útil (1907b, IX). Nesse artigo, Freud ressalta os paralelos entre os cerimoniais privados de neuróticos obsessivos e as observâncias rituais da religião (e deve-se supor que ele tenha em mente sobretudo o catolicismo e o judaísmo). Tais cerimônias são semelhantes no sentido da culpa engendrada caso seu cumprimento seja negligenciado, mas diferem uma vez que num caso ele varia de pessoa para pessoa, sendo privado, enquanto no outro é estereotipado e coletivo.

A aparente distinção que o ritual neurótico, diferentemente do religioso, ser sem sentido desaparece quando se percebe que a superfície de

---
1 Clifford Geertz, *The Interpretation of Cultures* (Nova Iorque: Basic Books, 1973), p. 448.

trivialidade e de absurdo dos rituais obsessivos são o resultado de deslocamentos e de outras distorções simbólicas e uma ideia que em sua origem era perfeitamente clara (enquanto a maioria dos religiosos praticantes tampouco suspeita do significado simbólico profundo dos rituais por eles desempenhados).

É de maneira dinâmica, argumenta Freud, que os dois se assemelham, uma vez que se baseiam na renúncia a impulsos instintivos. Mas diferem quanto ao instinto a que se está renunciando: enquanto na neurose é exclusivamente o instinto sexual que é suprimido, na religião são os instintos da busca de si mesmo, socialmente nocivos. Nesse estágio relativamente inicial de seu pensamento, Freud propõe existirem duas classes de instintos cuja oposição está na origem do conflito psicodinâmico. Um deles é o instinto sexual – ou libido–, o outro é a classe dos instintos do ego, que dizem respeito à sobrevivência do organismo, e dentre eles o mais importante exemplar é a fome. Os instintos do ego são egoístas no sentido literal e atentam sempre ao bem-estar do *numero uno*; a libido, em contraste, serve à finalidade do genoma e da espécie ao garantir a cópula procriativa (muito embora isso esteja longe de ser sua única realização na vida real).

No ensaio, Freud apresenta a incisiva formulação segundo a qual se pode descrever a neurose obsessiva "como uma religiosidade e religião individual ao modo de uma neurose obsessiva" (1907b, IX, 126-127). Isso eu creio que seja a essência de seu pensamento acerca da civilização: a religião é a neurose da civilização, o preço que as pessoas civilizadas pagam pelas renúncias instintivas delas demandadas. Mas não é apenas neurose; é especificamente uma neurose do tipo obsessivo-compulsivo.

Estamos tão habituados a ouvir que Freud elaborou suas ideias por meio do tratamento da histeria, comum entre as mulheres de sua clientela, que podemos ser levados a esquecer que, à época em que voltou sua atenção às questões culturais, via-se consideravelmente mais interessado na neurose obsessiva. É possível que algum ímpeto viesse de sua autoanálise, mediante a qual veio a encontrar em si mesmo um obsessivo. Em todo o caso, os dois únicos casos publicados completos que ele próprio tratou foram os que ele diagnosticou como obsessivos: *O Homem dos Ratos* (1909d) e *O Homem dos Lobos* (1918b [1914]). Em uma de suas grandes obras teóricas finais, *Inibições, Sintomas e Angústia*, de modo muito explícito ele afirma que "a neurose obsessiva é inquestionavelmente o assunto mais interessante e recompensador da pesquisa analítica" (1926d [1925], XX, 113).

Uma vez que o que é agora chamado de transtorno de personalidade obsessivo-compulsiva (mas não a neurose obsessivo-compulsiva de pleno direito) via de regra é vista mais em homens do que mulheres, pode-se entender o aparente privilégio concedido por Freud à psicodinâmica obsessiva como expressão de seus próprios vieses na questão dos sexos. Sem dúvida que há verdade nessa compreensão; ao mesmo tempo se deve ter em mente que o problema do qual é um sintoma – a dominação masculina e sua ubiquidade história e intercultural – é também um problema que as ideias teóricas de Freud ajudam a explicar. Se "civilização" é algo que razoavelmente se compreende com base no modelo da dinâmica obsessiva – se, ademais, essas dinâmicas são características dos homens, e se, por fim, as qualidades dessa constelação de conflitos levam à necessidade de controle e de isolamento do pensamento em relação ao afeto, isso perfaria um longo caminho rumo à explicação do fato enigmático da desigualdade de gênero universal. Que o próprio Freud não estivesse isento das condições neuróticas e culturais que foi capaz de diagnosticar, isso não invalida a sua contribuição para a compreensão das condições em que ele e nós nos encontramos.

O vínculo entre neurose obsessiva e origens entremeadas de religião, sociedade e moralidade civilizada é o tema central da próxima e mais importante obra de Freud sobre a aplicação da psicanálise ao estudo da cultura, qual seja, *Totem e Tabu* (1912-1913, XIII). O subtítulo da obra, "Alguns pontos de acordo entre as vidas mentais dos selvagens e os neuróticos", tem sido suficiente para envenenar a atmosfera entre antropólogos e psicanalistas já há mais de um século; ainda uma vez, porém, perdemos mais do que ganhamos se permitimos que os aspectos datados e objetáveis da obra nos ceguem para a sua contribuição positiva.

Freud aceitou a noção prevalecente no pensamento antropológico de seu tempo, de que a história cultural deveria ser compreendida como uma progressão não linear de estágios mais elevados de civilização, e de que os povos contemporâneos não ocidentais, não letrados estavam "muito próximos do homem primitivo, muito mais próximos do que nós" e que "sua vida mental deve ter para nós um interesse peculiar se estivermos corretos ao ver neles uma imagem bem preservada de um estágio primevo de nosso próprio desenvolvimento" (1912-1913, XIII, 1). Com essas suposições ele não se diferenciava das autoridades a quem recorria, incluindo Frazer, Tylor, McLennan, Lang, Marett e, para essa questão, Durkheim (de quem Freud consultou as *Formas Elementares da Vida Religiosa* [1912] sem, ao que tudo indica, ter ficado particularmente impressionado).[2]

No próprio pensamento de Freud, os paralelos que ele traça entre obsessão e civilização ancoravam-se na suposição de que a história da civilização poderia ser comparada ao tempo de uma vida humana, e que os costumes dos povos mais próximos da infância da raça poderiam ser compreendidos em analogia a fantasias, conflito e neuroses próprias de fases da infância individual. Essas concepções já não são mais sustentáveis – não obstante, devemos tomá-las como base para a leitura da obra de Freud e para encontrar nosso caminho em direção a uma interpretação mais plausível e mais útil do que ele via.

O primeiro dos quatro ensaios que compõem essa obra, "O Horror ao Incesto", mostra que os povos aborígenes australianos – "os mais atrasados e miseráveis entre os selvagens" – se não estão preocupados em regular a vida sexual, vão longe para evitar o incesto. Suas regras de casamento, sistemas de separação e hábitos de abstinência são os equivalentes culturais às proibições do incesto aplicadas à psique de cada indivíduo por meio da ação do superego estabelecida na esteira da resolução do complexo de Édipo.

No segundo ensaio, "Tabu e Ambivalência Emocional", os "tabus" dos polinésios e de outros povos são comparados às proibições e cerimoniais da neurose obsessiva. A ambivalência dinâmica central da neurose obsessiva é a situação em que cada relação afetiva é compensada por uma subcorrente equiparável, mas em geral inconsciente, de hostilidade para com a mesma pessoa. As proibições e rituais do obsessivo são necessárias para se proteger

---

2 Emile Durkheim, *Les Formes Elementaires de la Vie Religieuse: Le Systeme Totemique en Australie* (Paris: F. Alcan, 1912).

o amor e os entes queridos de um perigo que, uma vez que emana de si mesmo, está sempre presente. A proibição primária se volta contra o toque, que originalmente é entendido no sentido sexual como masturbação, mas é estendida a qualquer tipo de contato. As fantasias sexuais surgidas com a masturbação conduzem à ameaça de castração em retaliação pelos desejos assassinos contra o rival edípico; os impulsos sexuais e hostis são reprimidos, mas o deslocamento leva a um constante "ver a página". O resultado são os medos obsessivos de contágio e as medidas preventivas de isolamento, nos quais os pensamentos são mantidos apartados uns dos outros e dos sentimentos que lhes são apropriados (para mantê-los livres do "toque").

Freud mostra que os "estados de tabu" em muitas sociedades remete a pessoas e coisas tabu serem vistas como "contagiosas", e isso se passa ao longo de constantes deslocamentos. Além disso, pessoas e situações envoltas em tabu são aquelas suscetíveis de evocar pulsões egoístas e hostis, tais quais as que são reprimidas na ambivalência emocional da neurose obsessiva.

Tendo mostrado os "pontos de concordância", Freud se volta às diferenças entre tabus rituais e proibições obsessivas. Em primeiro lugar, ainda há, como em 1907, a diferença entre os instintos proibidos. Na neurose, diz Freud, é um impulso sexual que tem de ser controlado (porque traz consigo pensamentos hostis que são uma fonte de risco). No caso dos tabus culturais, a proibição está no toque, não no sentido sexual, mas "no sentido mais geral de ataque, de controlar, de se autoafirmar" (1912-1913, XII, 73). As pulsões proibidas são então uma "combinação de componentes egoístas e eróticos em totalidades de um tipo especial" (*Ibid.*). O que essa combinação pulsional única pode ser ficará mais claro a seguir.

Uma segunda diferença, como no artigo de 1907, é a de que a neurose é uma "caricatura" de uma forma cultural –, as neuroses "se esforçam para alcançar por meios privados o que é realizado em sociedade por esforço coletivo" (*Ibid.*). Porém, Freud dessa vez vai mais longe e afirma que instintos sexuais são inadequados para unir pessoas em sociedade; esse trabalho é mais bem realizado pelas demandas de autopreservação.

Antes de mais nada, parece contraditório afirmar que instintos egoístas deveriam ser mais adequados para levar pessoas a se unir em grupos sociais do que os libidinosos. Penso que a confusão se deve ao estado de transformação em que a teoria instintual de Freud se encontrava à época: ele estava para abandonar a distinção entre instintos do ego e instintos libidinais e substituí-los por um único instinto, a libido, que poderia ser direcionado ou para o *self* ou para um objeto (1914c). Com isso, os instintos "de autopreservação" se revelam a um só tempo "egoístas" e "libidinosos". A "totalidade de um tipo especial" a que eles fizeram referência seria então o narcisismo, investimento libidinal do *self*. Assim, os instintos sociais, a essa altura do pensamento de Freud, fazem-se derivativos dos narcisistas.

A questão é elaborada no terceiro ensaio, "Animismo, Mágica e a Onipotência dos Pensamentos". Tanto o "selvagem" quanto o neurótico obsessivo, propõe Freud, atuam como se acreditassem que desejos equivalessem a feitos, que podem exercer efeitos reais sobre o mundo sem qualquer ação, e quando agem mal podem e devem ser punidos como atos ruins. Às ideias sobre coisas, em suma, é concedido igual valor que às próprias coisas. O mágico e o "animismo" – que é a postulação de um mundo externo provido de alma – dos quais se diz que tipificam a sociedade "primitiva" correspondem à convicção, tão característica dos neuróticos obsessivos, de que eles são culpados como assassinos em razão de desejos hostis por eles mantidos secretamente, em geral de modo inconsciente. A base dessa atitude é a supervalorização narcisista de sua própria psique e de seu poder de determinar acontecimentos. Em ao menos parte da mente o princípio de realidade é rejeitado como sendo um arroubo excessivamente narcisista (uma vez que não ampara a ilusão da onipotência); as satisfações ilusórias e o *ersatz control* são aderidos à neurose. A constante necessidade de controle e defesa é demandada precisamente porque o neurótico acredita ser perigoso – uma convicção que reside na crença de que desejos são atos.

Até aqui o livro tem sido sobre "tabu". No quarto ensaio, certamente o mais conhecido e mais notório, chegamos por fim ao "totem". O ensaio é chamado de "O Retorno ao Totemismo na Infância". Nele, Freud se propõe a resolver o que era então – mas por certo não seria por muito mais tempo – uma importante questão antropológica, qual seja, como se relacionam o totemismo e a exogamia, qual vem primeiro e sob quais circunstâncias. A obra em quatro volumes de James Frazer, *Totemismo e Exogamia*, foi considerada um trabalho de suprema importância (hoje é raramente lida), e estudiosos se esforçavam para posicionar os dois fenômenos em algum lugar da progressão universal de estágios evolucionários, que então era aceita para se caracterizar o desenvolvimento da religião e da sociedade.³ O "totemismo" refere-se amplamente a essas ideias de acordo com as quais certos grupos de pessoas estão associados a espécies animais, e para com elas deve-se observar algum tipo de relação e/ou proibição: a "exogamia" se refere à instituição pela qual se exige o casamento com uma pessoa de fora do grupo (em qualquer nível que possa ser definido), proibindo-se o casamento com pessoas do grupo. Assim, por exemplo, numa sociedade americana contemporânea, a família nuclear é exogâmica, uma vez que não se pode casar com um irmão, com pai ou mãe, ou com um filho.

Após uma revisão conscienciosa da literatura (à qual o leitor contemporâneo dedica atenção apenas superficial, os debates de há muito tendo sido completamente substituídos), Freud propõe a sua própria teoria da origem tanto do totemismo quanto da exogamia. Tomando esses dois aspectos e as proibições que lhes vêm associadas sendo os principais alicerces da vida social primordial, ele deseja mostrar que o mandamento de não matar o animal totêmico, interpretado como deslocamento para o pai, bem como a regra de não se casar com alguém do grupo, são, respectivamente, negações dos dois grandes desejos edípicos – matar o pai (assumindo aqui um ego masculino) e "casar" com a mãe. Assim, a instituição da sociedade reside nas medidas tomadas para se suprimirem os desejos do complexo de Édipo.

Freud apresenta seu argumento como se este emergisse de uma consideração sobre três diferentes teorias e observações: a concepção de Darwin das unidades sociais originais nas quais os seres humanos podem ter vivido; a teoria de Robertson Smith do festim sacrificial totêmico; e as observações de Freud (1909b) e de Ferenczi sobre fobias animais em garotinhos.⁴ O último nomeado serve para provar que o animal totêmico é de fato o pai,

---

3 James G. Frazer, *Totemism and Exogamy* (Londres: Macmillan, 1903).
4 Charles Darwin, *The Descent of Man*, 2 vols. (Londres: J. Murray, 1871). William Robertson Smith, *Lectures on the Religion of the Semites* (Londres, 1894). Sandor Ferenczi, "Ein Kleiner Hahnemann", *Internationale Zeitschrift fur Psychoanalyse* 1 (1913), p. 240.

uma vez que em crianças, assim como, presumivelmente, na "infância da raça", os animais frequentes vezes representavam o pai castrador às voltas com ideias fóbicas. A análise de Robertson Smith é trazida para se mostrar que festins totêmicos, nos quais um animal proibido é morto em meio a pranto e júbilo, são aspectos da suposta religião original da humanidade.

A contribuição de Darwin para o cenário é sua sugestão (de fato bastante plausível, quando não necessariamente correta) de que os seres humanos primitivos provavelmente viviam em bandos compostos de um único adulto do sexo masculino mais as mulheres e sua prole, aos quais ele era capaz de controlar e defender de adversários. Os jovens do sexo masculino seriam repelidos tão logo estivessem sexualmente maduros, tornando-se assim rivais potenciais; depois de viver uma vida solitária, também eles, por sua vez, iriam estabelecer uma unidade de acasalamento com uma ou mais mulheres. De acordo com Darwin, tal arranjo evitaria os riscos de uma consanguinidade por demais próxima. Na verdade, esse modelo é uma descrição razoavelmente precisa da organização social dos gorilas.

A própria teoria de Freud entretece juntos esses fios a fim de propor que numa era fatídica, de inauguração da cultura humana e da sociedade, os jovens do sexo masculino excluídos rebelaram-se contra o pai, conduzidos pelo desejo pelas mulheres deste, por ressentimento pela sua tirania, e uma nova confiança talvez surja da posse de alguma arma nova (alhures propus que essa nova arma em si mesma teria capacidade de cultura).[5] Mataram e comeram o pai, e por identificação obtiveram algo de sua autoridade. A refeição totêmica reproduz esse "fato memorável e criminoso, que foi o início de tantas coisas – de organização social, de restrições morais e de religião" (1912-1913, XIII, 142).

Uma vez alcançado seu objetivo e passada a sua hostilidade, o amor dos irmãos pelo pai imolado passou ao primeiro plano, e, em remorso, e por um medo da guerra de todos contra todos, à qual a sucessão de outro modo conduziria, estabelecem as primeiras proibições em nome do patriarca agora deificado: não se deve matar o animal totêmico (pai) e não se deve cometer o que, pela primeira vez, se torna o crime de "incesto" com mulheres cuja

---

5   Robert A. Paul, "Did the Primal Crime Take Place?", *Ethos* 4 (1976), p. 311-352.

desejabilidade instigasse a revolta, ou seja, as consortes do pai. As simultâneas tristeza e alegria do ritual totêmico representam os dois lados da ambivalência: o rito a um só tempo reproduz o triunfo e expia o crime. A proibição do incesto *ipso facto* inaugura a exogamia e a necessária troca de esposas entre grupos, enquanto a memória do pai morto se torna a base para o novo sistema moral, autorizado pela culpa sentida pelos irmãos em razão de seu ato.

Freud sugere que a memória do ato original se manteve no inconsciente humano e continua a subjazer à sociedade humana e a se impor a ela, estando baseada no tabu do incesto e na adoração coletiva das divindades gradualmente "mais elevadas": em primeiro lugar os animais, depois o herói, os deuses politeístas, e finalmente o superpatriarca do monoteísmo judaico-cristão (e islâmico). O matriarcado, tido amplamente como um estágio importante na evolução da sociedade, escorrega desajeitadamente para o interregno depois que o pai foi morto e antes que os irmãos viessem às testemunhas e estabelecessem a organização social civilizada.

O mito de Freud da horda primeva impressionou toda uma hoste de observadores e críticos por ser considerado inoportuno e exagerado; e certamente, de nosso ponto de vista, os vários argumentos baseados na suposição de um paralelo entre a evolução da sociedade e a maturação de um indivíduo – bem como em hipóteses acerca do matriarcado, o estágio totêmico da religião e assim por diante – perderam todo o interesse, à exceção do histórico. O que procuro fazer ver, contudo, é que por trás do melodrama reside a observação persuasiva de que as fantasias edípicas da infância humana, baseadas em impulsos sexuais e agressivos no seio da família nuclear, têm ambos uma base cultural e filogenética, como seria de esperar dado que evoluímos sob condições de seleção natural para um preparo físico máximo, incluindo aí o fator reprodução. A horda primeva provavelmente jamais existiu, mas ela representa, em termos ideais, a fantasia de que qualquer pessoa do sexo masculino numa espécie sexualmente reprodutora como a nossa pode *aspirar* a ela em seu autointeresse narcisístico e reprodutivo: de ser pai de uma prole com o maior número possível de mulheres e eliminar da competição todos os rivais do sexual masculino privando-os e – de um modo ou de outro – "castrando-os".

Esse acordo é muito bem adequado à reprodução entre mamíferos sociais, sendo adotado como prática usual por criadores de ungulados e outros animais de rebanho pelo mundo afora, como observei em outra parte.[6] Os criadores recriam a hora primeva em seus rebanhos emprenhando todas as fêmeas com um ou mais garanhões, enquanto os machos remanescentes são mortos e comidos, castrados ou subjugados para trabalho forçado.

Uma vez tendo eles chegado à teoria da horda primeva, Freud continuou a organizar suas ideias sobre cultura e sociedade em torno dela. Em sua próxima obra importante sobre cultura, *Psicologia das Massas e Análise do Ego* (1921c), ele combina sua contribuição anterior sobre narcisismo (1914c), a ideia sobre a horda primeva e a nova teoria pulsional dual que propusera no ano anterior em *Além do Princípio do Prazer* (1920g). Uma nova teoria pulsional se fazia necessária desde o colapso da velha dualidade numa perspectiva unitária, com a libido como único impulso instintual. Essa situação deixou a libido sem um antagonista entre as pulsões, fazendo com que Freud se sentisse em falta, tendo de encontrar uma sustentação biológica para o conflito endêmico que encontrara na psicologia humana. As novas pulsões de 1920 são Eros, a subsumir a antiga libido, e uma nova pulsão, Tanatos, o impulso para destruição e morte.

Essa última não desempenha nenhum papel ativo na *Psicologia das Massas*; a versão revisada de Eros, contudo, contribui com alguns novos contornos para a teoria de Freud sobre cultura e sociedade. Como vimos, o amor sexual em seu estado puro conduz à gratificação transitória e não pode constituir a base para vínculos sociais duradouros. Só mesmo impulsos eróticos parcialmente inibidos quanto à meta podem transformar o interesse sexual em amor e parceira de longo prazo. O casal sexual, então, põe-se numa posição equívoca entre narcisismo e psicologia das massas: um par unido em amor genital é uma unidade mínima autocontida, antitética ao crescimento de unidades maiores. O próprio pai primevo foi um narcisista puro, no sentido de que gratificava cada desejo, incluindo os sexuais, tão logo surgiam. Estritamente falando, ele não leva uma existência social

---

6 Robert A. Paul, *The Tibetan Symbolic World: Psychoanalytic Explorations* (Chicago: University of Chicago Press, 1982).

no sentido humano; mesmo suas uniões com suas consortes tinham como base apenas prazer momentâneo, e não relações duradouras de objeto. Foram mais os irmãos que, em razão da privação sexual que lhes era imposta pelo pai ciumento, vieram a experimentar pela primeira vez a vida social tal como a conhecemos.

Impedidos pelo pai repressor de atingir satisfação genital com mulheres, os irmãos formaram laços entre si baseados na libido inibida em sua meta, por vezes ela própria se expressando em laços eróticos homossexuais entre eles. Esse amor inibido em sua meta se tornou parte do que os cimentou como um grupo duradouro. Mas o narcisismo ainda uma vez aumenta o amor de objeto, por meio do processo de identificação. Forçado a renunciar a seu próprio narcisismo, cada homem jovem se agarra em fantasias ao criar a imagem de sua própria perfeição comprometida como um "ideal do ego" (um antecipador do superego, conceito que apareceu pela primeira vez em *O Ego e o Id* [1923b]). Isso por sua vez se baseia na imagem do pai primevo de pleno direito que ele próprio gostaria de ser, imagem esta que lhe é preservada em memória cultural e filogenética. Incapaz de realizar esse ideal, e vendo a futilidade de competir com os irmãos por supremacia, ele converte a rivalidade de irmãos, mediante formação da reação, num sentido de igualdade e de solidariedade de grupo, raciocinando que "se não se pode ser o favorito, pelo menos ninguém mais o será" (1921c, 120).

Como seu ideal do ego, ele introjeta um líder que é, ou pelo menos é equivocamente tomado por uma realização daquilo a que ele aspira. Seus companheiros fazem da mesma forma, e com isso compartilham de um mesmo ideal do ego, identificando-se ao líder na tentativa de moldar seu próprio ego a uma semelhança em relação ao admirado. O resultado em tudo é semelhante a se ter o mesmo ideal do ego e egos semelhantes, razão pela qual são capazes de se identificar um com o outro e assim amar um ao outro de modo mais próximo a um narcisismo do que ao amor de objeto. Esse amor inibido em sua meta a se alastrar para outros que sejam vistos como si mesmo é a base para laços sociais de longa duração. Uma vez que a horda primeva não mais existe, os líderes que emergem não são verdadeiros pais narcisistas primevos, mas simulacros destes que podem intimidar, fascinar, aterrorizar e inspirar amor num grupo. A presciência de Freud com relação ao fascismo, que à época estava para emergir, foi realmente algo estranho.

Uma implicação dessa análise, não escrita por Freud, mas com implicações de amplo alcance para a antropologia, é a de que a vida social entre os seres humanos é estruturada em dois eixos. Existe um eixo do acasalamento heterossexual conduzindo à reprodução biológica, e existe o eixo da sociedade formada por relações de identificação de meta inibidas baseadas na libido, e esse eixo não é nem heterossexual nem homossexual, e sim "revela uma completa desconsideração pelas metas da organização genital da libido" (1921c, 141).

Segue-se então necessariamente que os laços sociais da "horda dos irmãos", que na verdade se constituem na "cola" mais duradoura da sociedade, devem ser derivados dos empenhos eróticos pré-genitais inibidos na meta e sublimados ou transformados por meios de formação de reação em formas culturais. Esses elementos pré-genitais incluiriam os componentes oral e dependente, o anal e sadomasoquista, e o exibicionista e narcisista da sexualidade humana, que aparecem na infância antes dos componentes genitais.

Toda e qualquer sociedade tem de reconciliar as reivindicações e princípios do eixo genital e os do eixo pré-genital da sociedade. Assim, em algumas sociedades não ocidentais, não letradas, as duas vertentes são visivelmente separadas; existe uma sociedade de homens diferente da do reino da reprodução heterossexual. As duas são vinculadas pelo fato de que os homens mais velhos são a um só tempo pais e mantenedores casados, e também membros de alto nível da sociedade masculina. O simbolismo ritual de tais sociedades masculinas é frequentes vezes repleto de um imaginário erótico pré-genital sublimado.

À época em que Freud escreveu *A Civilização e seus Descontentes*, em 1930, sua teoria passara por algumas revisões. Ele introduzira o modelo estrutural tripartite ego-id-superego da psique em *O Ego e o Id* (1923b); e por fim deparou com a implicação de sua teoria instintual tardia, segundo a qual a agressão, pura e simplesmente, é um impulso instintivo que está em pé de igualdade com o instinto sexual. Em 1930, para dizer com certeza, Freud ainda vê cultura e sociedade a surgir do amor e do trabalho conjunto – mas esse amor é cada vez mais compreendido como derivado de um narcisismo primário que considera toda outra pessoa como um potencial inimigo, rival ou inibidor da própria liberdade; é só mesmo mediante formação de reação que a agressividade advinda em defesa desse narcisismo se converte no amor ambivalente que caracteriza a sociedade.

Os primeiros a impedir nosso narcisismo ilimitado foram nossos pais. Nós internalizamos sua autoridade proibitiva como superego, e o mantemos energizado fazendo uso de nossa própria agressividade, agora voltada contra nós mesmos, a fim de nos amedrontarmos para sermos "bons" e renunciarmos a nossos desejos edípicos, olhos postos na segurança e a fim de evitarmos as punições da perda do amor e da castração.

Agora finalmente Freud encontra uma fundamentação em sua teoria dos instintos, visando a ambivalência da neurose obsessiva e da civilização: o objeto de amor inibido em sua meta e a identificação narcísica como vínculos de grupo encontram-se desconfortavelmente no topo de uma corrente reprimida de ódio e destrutividade, a inibição dos quais impõem à sociedade as defesas "obsessivas". O grande interesse pela beleza, pela limpeza, pela ordem e pelo amor aos inimigos, tão centrais à concepção de civilização (judaico-cristã) trai o fato de que a cultura deve trabalhar horas extras para inibir e, por formação de reação, defender-se das necessidades sádicas violentas e anais que surgem quando o narcisismo é infringido.

Para Freud, a fonte do superego que atua como guardião interno a serviço mais dos interesses da civilização do que da nossa própria felicidade vem a ser, na obra de 1930, um misto tanto de nossa própria agressividade inibida e não convertida em agressão quanto do fato de uma autoridade externa punidora. Mais uma vez, nossa descendência da hora primeva, e nossa memória compartilhada do pai primevo e seu assassinato prepararam-nos (homens) para responder a nossos próprios pais não menos titânicos com o temor e o terror que o pai original inspirava, para tanto bastando que fosse visto.

Com *Moisés e o Monoteísmo* (1939a [1937-1939]), o principal livro da obra tardia de Freud, a viagem está completa e a teoria da cultura pode ser vista em sua forma plenamente desenvolvida. Na abordagem dessa obra, leitores têm tido a atenção desviada por uma infinidade de dificuldades (e a questão do motivo pelo qual ele a escreveu, no período da ascensão do nazismo, não é a menor delas). Uma leitura atenta do livro revelará, segundo acredito, que nem a questão da nacionalidade de Moisés, nem a de ter havido dois Moiséses, nem se Moisés teria sido um seguidor de Akhnaton, nem mesmo se Moisés teria sido morto numa revolta é a ideia central do argumento. Em vez disso, o livro é uma nova exposição da teoria da horda primeva, desta feita explicitamente constituída no contexto da história da civilização judaico-cristã. Aqui pela primeira vez se expõe a analogia entre neurose obsessiva e história religiosa ocidental.

O padrão análogo, repetido nos níveis individual e coletivo, é a sequência: "trauma inicial – defesa – latência – irrupção da neurose – retorno parcial do material reprimido" (1939a, 80). O trauma é uma experiência esmagadora de natureza sexual, agressiva e narcisista; no indivíduo, são as fantasias edípicas, na sociedade, o próprio crime. O trauma original provoca uma compulsão ativa a se repetir e, ao mesmo tempo, um esforço para se defender contra o impulso a repetir. Após se manter relativamente dormente por algum tempo, o conflito entre impulsos e defesa ressurge sob certas circunstâncias (como no sono ou na doença, quando um instinto recebe força extra, como a libido quando atua na puberdade, ou quando acontecimentos recentes fazem alguém lembrar do material reprimido).

Numa neurose obsessivo-compulsiva típica, o trauma inicial lega um conflito entre desejos hostis sentidos como ações e o medo de perigo, sob a forma de castração retaliatória. A fim de evitar o perigo, são instituídas defesas, incluindo formação de reação, pela qual o desejo hostil é convertido num elevado senso de justiça e de moralidade; incluindo isolamento, pelo qual pensamentos e afetos são mantidos à parte e ideias deixadas desconectadas para evitar que se torne a vivenciar toda a fantasia; e incluindo anulação, pela qual o impulso que constantemente se faz valer demanda ser neutralizado com ritual expiatório. A latência é alcançada na infância média com a instalação do superego e com o progresso das capacidades cognitivas, mas a adolescência apresenta novas tensões instintuais conduzindo à irrupção do conflito reprimido em sistemas neuróticos a representar uma formação de compromisso entre desejos ambivalentes a se expressar e se defender dos impulsos.

Se, por uma questão de clareza de exposição, aceitamos a analogia entre cultura e vida individual, a sequência comparável seria a seguinte: em primeiro lugar se tem o assassinato primevo, o trauma a estabelecer agressão e sendo motivado por impulsos sexuais e narcisistas. A compulsão em repetir a ação é evitada pelas defesas estabelecidas ao modo de proibições sociais ao incesto e ao assassinato do representante deificado do pai; essas renúncias são forçadas pela memória compartilhada do patriarca morto, cuja autoridade internalizada empodera o superego cultural. Após um período de desenvolvimento e latência, algumas circunstâncias históricas, as convulsões da era bíblica produzem uma rememoração do crime primevo. Em resposta à ameaça de retorno da situação traumática e da temida retaliação da memória ainda viva da deidade enciumada, que visita os pecados do pai em relação aos filhos ao longo de gerações, são empreendidas ações e observâncias que, ao modo de formações de compromisso, a um só tempo expressam e se defendem do lado hostil das relações ambivalentes no âmbito da sociedade e em relação à autoridade que a mantém. Essas observâncias se tornam, em primeiro lugar, a elaborada lista de regras, de proibições e de observâncias rituais do judaísmo; e então a tentativa dramática, mas em última instância fracassada de se libertar dos representados pelo cristianismo. Este, ainda que ostensivamente objetive a anulação da culpa primeva por meio do sacrifício, e com isso tornando desnecessário o código de leis, em vez disso acaba por aprofundar a culpa ao reconhecer que mesmo os desejos rebeldes, bem como os atos rebeldes, demandam punição e um esperado perdão.

Estou completamente convencido de que Freud chegou à construção do crime primevo não pela leitura de Robertson Smith e Darwin, mas pela realização do ritual cristão central, o da eucaristia, o mesmo tipo de análise e reconstrução de acontecimentos primevos que ele teria realizado se a mesma constelação de ideias e ações lhe tivesse sido apresentada como fantasia ou cerimônia de um paciente individual obsessivo. O sacrifício infinitamente repetido de um filho "inocente" só poderia ser a resolução de uma culpa neurótica dizendo respeito a um assassinato original do pai (ou do desejo de morte em relação a ele) pelo líder de um "bando de irmãos". No ritual, a inocência do rebelde é proclamada ao mesmo tempo que sua culpa é confessada por sua execução; o desejo original de parricídio é encenado à medida que o filho morto é invocado como idêntico ao pai deificado. Minha suposição de que o crime primevo é uma reconstrução do ritual cristão é amparada pela seguinte citação de Freud:

> Da maneira pela qual, no cristianismo, essa redenção é conseguida – pela morte sacrificial de uma pessoa isolada, que, desse modo, toma sobre si mesma a culpa comum a todos – *conseguimos inferir* qual pode ter sido a primeira ocasião em que essa culpa primária, que constitui também o primórdio da civilização, foi adquirida. (1930a, 136; itálico nosso)

O próprio Freud por certo que reconheceu que a maior dificuldade em se tratar a civilização como se fosse um indivíduo capaz de ter uma neurose está na questão de como chegamos a supor que as pessoas contemporâneas possam ser motivadas e mesmo compelidas pelas memórias de acontecimentos que se deram não em suas próprias vidas, mas na história antiga. Muito embora atores humanos, e não uma hipostaziada "civilização" ainda sejam os sujeitos do drama freudiano, esse esquema demanda que estejam a agir em nome de um conhecimento que, ao que tudo indica, não podem ter obtido pela experiência direta. Como isso se passa?

Em *Totem e Tabu*, contrariamente à opinião altamente disseminada, Freud não sugere nem mesmo insinua que a memória do crime primevo continue ao longo de gerações mediante a "herança de características adquiridas". Enquanto ele pensa que deva haver herança de algumas disposições psíquicas, argumenta que estas devem ter recebido "algum tipo de ímpeto na vida do indivíduo antes de poderem ter emergido na operação atual" (1912-1913, XIII, 158). E muito embora não pense que "a comunicação e a tradição diretas" sejam as responsáveis pela transmissão de memórias, não se volta para a herança genética, e sim mais para a codificação de ideias inconscientes em *simbolismo cultural*, um modo de armazenamento de informação que, assim como a informação genética, mas de modo independente dela, é transmitido através das gerações. Vale citar a passagem, relevante em toda a sua extensão, uma vez que as más compreensões do texto chegam a ser lugar-comum:

> A psicanálise nos mostrou que todos possuem, na atividade mental inconsciente, um aparato que os capacita a interpretar as reações de outras pessoas, isto é, a desfazer as deformações que os outros impuseram à expressão de seus próprios sentimentos. Uma tal compreensão inconsciente de todos os *costumes, cerimônias e dogmas* que restaram da relação original com o pai pode ter possibilitado às gerações posteriores receberem sua herança de emoção. (158; itálicos nossos)

Em outras palavras, todo mundo pode realizar inconscientemente a análise que Freud realiza, digamos, na missa, como pode divinizar sua real mensagem emocional, que ele ou ela então usa para conferir forma específica a suas fantasias altamente reprimidas – como eu proponho que também era o que se passava no público enquanto assistia ao *Édipo Rei*.

À medida que sua carreira se desenvolvia, Freud ficava cada vez mais convencido de que, tomada por si só, a herança cultural simbolicamente disfarçada em ritos, símbolos e mitos tomados não poderia dar conta da força das fantasias edípicas, razão pela qual ele insistia na herança filogenética. Mas dizer que algo é herdado filogeneticamente não é o mesmo – como toda a biologia atesta – que dizer que há uma exigência de "herança de características adquiridas". Como Freud observa, uma comparação com o caso dos animais mostra que também eles "preservaram memórias do que foi vivenciado por seus ancestrais" (1939a [1937-1939], 100). Isso equivale a dizer que o castor tem uma "memória" filogenética de como os castores que o antecederam construíam represas; a ave migratória tem uma "memória" filogenética das constelações do céu noturno usadas como sinais por seus ancestrais. A questão do mecanismo pelo qual essa "memória" foi adquirida é domínio da genética e da teoria evolucionista, de modo algum é problema unicamente de Freud.

Com isso concluo que é muito possível supor que os seres humanos tenham uma predisposição filogenética a construir fantasias e a lhes associar afetos como se elas fossem vitalmente reais de acordo com o cenário da hora primeva – se esse estado de coisas algum dia existiu de fato ou não, ou se a constelação filogeneticamente herdada seria uma "memória" em sentido estrito, nesse caso o conhecimento inato que o pássaro tem das estrelas e o modo de responder a elas é literalmente uma "memória" de algo vivenciado por seu primeiro ancestral. Se os "eventos" simbolizados, por exemplo, na Eucaristia, aconteceram de fato algum dia ou não é um ponto discutível; relevante é que cada geração seja capaz de atuar como se tivesse compreendido o sentido do ritual e como se estivesse sob a peremptória influência dos impulsos e medos que ele encena.

Podemos ver, então, que Freud supõe que as "memórias" e fantasias na raiz de nossa civilização são conduzidas ao longo de três canais – o pessoal, o cultural e o filogenético. O indivíduo tem uma memória no sentido literal de sua própria e real experiência edípica infantil. Essa memória pessoal é formada contra o pano de fundo que também lhe dá forma, qual seja, por um lado as disposições filogenéticas humanas específicas da espécie que remontam a nossos dias de primata social, mas pré-cultural; por outro lado, pelas formas simbólicas culturalmente herdadas – os "costumes, cerimônias e dogmas" – em que são codificadas as tradições particulares da cultura.

A memória pessoal pode perdurar apenas pelo ciclo de uma vida, inscrita como é no tecido de um organismo mortal. Mas a civilização tem continuidade em razão de memórias, fantasias, mitos e ideias poderem viajar através de gerações ao longo de dois caminhos paralelos. Um deles é genético, e para a sua continuidade depende da reprodução sexual; o outro é cultural e envolve a codificação de informação em veículos externos – símbolos no sentido mais amplo –, dos quais o mais altamente carregado atrai energia dos impulsos libidinais, agressivos e narcisistas da infância.

Esse "modelo de herança dual" de transmissão de informação[7] através de gerações responde pela existência dos dois eixos da sociedade a que me referi acima: o heterossexual é necessário para desempenhar a reprodução

---

7 Robert Boyd e Peter Richerson, *Culture and the Evolutionary Process* (Chicago: University of Chicago Press, 1985) e Robert A. Paul, "The Individual and Society in Biological and Cultural Anthropology", *Cultural Anthropology* 2 (1987), p. 80-93.

(genética) sexual, enquanto o "bando de irmãos" está atrelado à libido inibida em sua meta convertida em sublimações culturais. Esses dois devem cooperar minimamente para reproduzir a totalidade da sociedade humana, mas entre eles há uma tensão inerente. Como diz Freud, "a civilização se comporta com a sexualidade como um povo ou estrato de sua população que subjuga por outro para a sua exploração. O medo de uma revolta pelos elementos suprimidos leva a medidas cautelares mais estritas" (1930a, 107).

Se, como pensamos que deve ser, rejeitamos a historicidade literal do crime primevo, bem como a ideia de a história da civilização ser como a maturação da infância rumo a estágios comparáveis aos que se tem numa vida individual, não podemos aceitar, como valor de face, a analogia de Freud entre a religião judaico-cristã e a neurose obsessiva. Mas eu proponho que nossa rejeição desses aspectos do pensamento cultural de Freud não nos leve a ignorar o fato de que os paralelos por ele citados são altamente persuasivos, a indicar que as fantasias, impulsos, defesas e simbolismos observados clinicamente em personalidades obsessivas, e culturalmente nos ritos, símbolos e tradições de nossa civilização, estejam intimamente relacionados, se não forem idênticos. A diferença entre eles continuaria a ser a de que em instituições religiosas o conflito instintual e seu resultado se convertem na função construtiva de unir um grupo de indivíduos rudes numa sociedade duradoura entrelaçados pelas mais fortes das emoções instintivas, ou seja, a libido, a agressividade e o narcisismo. Na neurose o mesmo trabalho é feito em benefício de ninguém.

Se aceitamos que a memória individual da fantasia nuclear da infância e seu resultado se façam preparados e aumentados pela influência de ambas as predisposições genéticas – a natureza e a extensão destes ainda há de ser determinada pela pesquisa – e pela tradição cultural encarnada em formas e práticas simbólicas; e se aceitamos, além disso, as implicações das obras culturais de Freud, de que existem dois eixos sociais a representar os dois diferentes modos de transmissão de informação através de gerações – o genético, sexual e o cultural baseado na libido não reprodutiva –, então também chegamos a um amparo teórico perfeito ao modelo tripartite da psique. A ação do próprio organismo (o ego) negocia sua via ao longo da realidade, sempre instado pelos imperativos (em geral conflituosos) do "programa" sexual, diretamente instintivo, filogenético (o id); e pelo "programa" assexual, não genital, cultural (o superego). Indivíduos, bem como as sociedades e as culturas por eles formadas devem levar em conta as necessidades de todos esses em qualquer compromisso efetivo. Investigar as vias pelas quais o fazem (ou deixam de fazê-lo) é o projeto para uma etnografia comparativa sistêmica ainda a ser empreendida.

12 A teoria tardia de Freud sobre a civilização: mudanças e implicações

John Deigh

Na última fase de sua obra, Freud passou a dar cada vez mais atenção a questões sobre civilização, sobre suas raízes e efeitos sobre a psicologia humana. Ele estava particularmente interessado em saber se a civilização como um todo ajudou ou impediu os seres humanos em sua busca pela felicidade, e lidou com essa questão em dois livros muito conhecidos, *O Futuro de uma Ilusão* e *A Civilização e seus Descontentes*, o primeiro dos quais ele escreveu em 1927 e o segundo em 1930. Este ensaio é um estudo sobre as diferenças entre as concepções que ele expressou nesses dois livros. As diferenças indicam uma mudança de perspectiva, e o ensaio representa uma tentativa de se compreenderem as razões por trás dessa mudança.

I

O Futuro de uma Ilusão termina em tom otimista. Em breves linhas, a esperançosa conclusão de Freud foi a seguinte: assim como os indivíduos saudáveis deixam para trás suas atitudes infantis à medida que amadurecem, à medida que a razão passa a desempenhar papel mais importante no governo de suas vidas, também as sociedades saudáveis, à medida que amadurecem, devem sobrepujar suas práticas primitivas, uma vez que a ciência passa a desempenhar papel mais importante no governo de suas vidas. Três anos depois, quando escreveu *A Civilização e seus Descontentes*, o otimismo de Freud havia diminuído. Terminou a obra de maneira sombria. Ninguém, observou Freud, nesta era de grandes avanços tecnológicos, pode estar confiante em que a luta entre forças de doação e de destruição da vida que formam nossa civilização não terá um ruinoso resultado. Sem dúvida que a ascensão dos nazistas e fascistas durante os anos que separam uma obra de outra explica em parte essa mudança de perspectiva. Mas outras de suas reflexões sobre a natureza da civilização também ajudam a explicá-lo. À época da conclusão de *A Civilização e seus Descontentes*, Freud tinha vislumbrado problemas no desenvolvimento da civilização para os quais a ascendência da ciência não seria um remédio óbvio. A prática primitiva em que *O Futuro de uma Ilusão* se concentra é a da religião. Freud vê a religião como a demandar e extrair da humanidade sacrifícios desnecessários de felicidade, fazendo-o a serviço de crenças irracionais. Assim, seu otimismo ao prever seu declínio e posterior substituição por práticas menos cruéis e mais racionais. Freud baseou esse otimismo numa analogia que ele discerniu entre religião e neurose obsessiva (1927c, XXI, 42-44). Pela sua perspectiva, o grau de detalhe em que a analogia pode ser mantida, tanto com relação às origens e com relação aos sintomas, garante que se atribua à civilização o mesmo processo pelo qual os indivíduos superam as neuroses obsessivas comuns na infância. Em essência, esse processo conta com o gradual abandono de crenças desejantes e fantasiosas que são formadas em tenra idade sob as pressões de sentimentos e impulsos potentes que ainda não foram domados e canalizados, e isso ocorre mediante o desenvolvimento da razão. Esse desenvolvimento traz reflexões cada vez mais inteligentes sobre a natureza das coisas e sobre a confiança cada vez maior em tais reflexões; como resultado se tem o sistema de crenças irracionais que mentes imaturas naturalmente criam e a ele aderem dando lugar a uma visão mais perfeita do mundo. Com isso, as obsessões que são seus produtos também perdem o poder de influência. Assim, de modo correspondente, quando práticas sociais dependem, para a sua vitalidade, de um sistema de crenças que é similarmente irracional e similarmente se origina de um pensamento imaturo, o desenvolvimento da ciência, isto é, de uma razão institucionalizada, deve exercer efeito análogo. As práticas devem declinar tal como o sistema de crenças de que dependem, dando vasão a teorias mais acabadas sobre o mundo. Para Freud, a religião era uma dessas práticas, e a diminuição de sua influência, por essa razão, um sinal benfazejo.

É claro que Freud reconheceu que a religião se estendia para áreas do pensamento que estão além do escopo da ciência e reconheceu a importância histórica de seus ensinamentos e doutrinas nessas áreas. Mas não se mostrou nem um pouco impressionado com as defesas da religião que esses fatos invocavam. Em particular, não se mostrou impressionado com a defesa que invocava a importância dos ensinamentos e doutrinas da religião no campo da ética, ou seja, em seu papel tradicional em proporcionar fundações para a moralidade. Os defensores da religião interpretaram esse fato como uma verdade necessária, enquanto Freud o interpretava como verdade meramente histórica. Consequentemente, ele rejeitou a premissa que subjazia à sua defesa, de que impiedade significava a moralidade, e desmereceu como infundado o medo comum do qual eles gostavam de se aproveitar, o de que se Deus deixasse de estar nas vidas dos homens, nada seria proibido, e o inferno inteiro se liberaria. A moralidade, acreditava Freud, poderia ter fundações outras que não a vontade de Deus, e, de acordo com isso, ele pensava que havia uma possibilidade de que seres humanos pudessem aprender a aceitar as proibições e exigências da moralidade sem primeiramente investi-las de importância religiosa (1927c, XXI, 40-41).

A bem da verdade, Freud não pensou que essa possibilidade existisse para todo e qualquer estágio da civilização. Contudo, ele de fato pensou que ela existisse num estágio adiantado. E mais uma vez, na analogia entre religião e neurose obsessiva ele encontrou razões para ser otimista. O mesmo processo pelo qual o crescimento da ciência conduz ao declínio da religião deveria também ampliar o papel da razão na regulação das relações humanas. A aceitação racional de proibições e exigências necessárias para a existência da civilização, aceitação baseada numa avaliação crítica dos seres humanos e seu lugar na natureza, deveria assim substituir a aceitação baseada em ilusões sobre tais questões, ilusões essas que durante muito tempo serviram para aliviar certos medos profundamente incrustados que persistiam desde a tenra infância. Em seu momento mais otimista, *O Futuro de uma Ilusão* antevê um tempo em que as proibições e exigências morais não apenas são despojadas de sua importância religiosa, mas também sujeitas a desbaste e revisão a serviço da felicidade humana. Quando vier esse tempo, escrevia Freud, os seres humanos estarão amplamente reconciliados com a civilização (*Ibid.*, 44).

Quão diferente de sua atitude em *A Civilização e seus Descontentes*! Ainda assim pode-se dizer que Freud havia sido cegamente otimista na obra anterior, só depois vindo a abrir os olhos. Isso porque em seu último capítulo ele expressou uma percepção de que suas esperanças por uma maior felicidade humana podiam elas próprias se fundar em ilusões acerca da razão. Em particular, concedeu que poderia estar superestimando o poder da razão de controlar as forças emocionais que conferiam à religião caráter análogo ao da neurose obsessiva. Então, é possível que a dúvida implícita a essa concessão estivesse a inquietá-lo mais e mais, vindo por fim a redundar em sua mudança de atitude. Se em *A Civilização e seus Descontentes* ele não voltou à analogia e a suas implicações, assumiu questões acerca de moralidade e forças emocionais que fizeram dela fator tão poderosíssimo na vida interior dos seres humanos. E à medida que ponderava sobre essas questões, cada vez mais via a moralidade, independentemente de suas fundações, como fonte irremediável de infelicidade humana. Sua visão, ao final, deixa pouco espaço para a esperança de que seres humanos, guiados pela razão, pudessem refazer a moralidade como instrumento de sua felicidade, desse modo a amplamente reconciliá-la com a civilização.

A primeira indicação clara em *A Civilização e seus Descontentes* sobre as dúvidas de Freud acerca da possibilidade de tal reconciliação aparece nas proximidades do início do capítulo 3. Tendo rastreado a infelicidade humana em três fontes: o caráter degenerativo de nossos corpos, o caráter implacável da natureza, e as relações humanas, Freud observou:

> Quanto à terceira fonte, a fonte social de sofrimento, nossa atitude é diferente. Não a admitimos de modo algum; não podemos perceber por que os regulamentos estabelecidos por nós mesmos não representam, ao contrário, proteção e benefício para cada um de nós. Contudo, quando consideramos o quanto fomos malsucedidos exatamente nesse campo de prevenção do sofrimento, surge em nós a suspeita de que também aqui é possível jazer, por trás desse fato,

uma parcela de natureza inconquistável – dessa vez, uma parcela de nossa própria constituição psíquica. (1930a, XXI, 86)

Essa suspeição imediatamente dá origem a uma nova ideia, que se torna o principal tema do ensaio:

> Quando começamos a considerar essa possibilidade, deparamo-nos com um argumento tão espantoso, que temos de nos demorar nele. Esse argumento sustenta que o que chamamos de nossa civilização é em grande parte responsável por nossa desgraça e que seríamos muito mais felizes se a abandonássemos e retornássemos às condições primitivas. (*Ibid.*)

A partir daqui, ao longo do capítulo 4, Freud procede a desenvolver sistematicamente esse tema. Assim, no capítulo 5, ele começa a se aproximar da suspeita da qual o tema emanara.

O argumento do capítulo 5 assinala uma ruptura definitiva com o ponto de vista que dá forma a seu otimismo anterior. A propensão de homens a se agredir uns aos outros, o apetite do homem pela brutalidade e pela crueldade, que não constam do argumento de *O Futuro de uma Ilusão*, faz sua aparição nesse capítulo, sendo reconhecida por Freud como uma ameaça à civilização de tamanha magnitude que, para subjugá-la, a sociedade deve impor demandas igualmente excessivas e pouco razoáveis a seus membros. Em outras palavras, para que a sociedade civilizada controle a agressividade humana, algumas das demandas de sua moralidade devem ser, ao que tudo indica, excedidas, no tocante às restrições e aos sacrifícios por elas exigidos, demandas que razoavelmente se poderia esperar que os seres humanos aceitariam e cumpririam com base numa reflexão madura sobre o que seria de seu próprio interesse ou de interesse comum. Freud faz atentar para esse aspecto da seguinte maneira:

> Em consequência dessa mútua hostilidade primária dos seres humanos, a sociedade civilizada se vê permanentemente ameaçada de desintegração. O interesse pelo trabalho em comum não a manteria unida; as paixões instintivas são mais fortes que os interesses razoáveis.

A civilização tem de empenhar esforços supremos a fim de estabelecer limites para os instintos agressivos do homem e manter suas manifestações sob controle por formações psíquicas reativas. (112)

Freud chegou a essa conclusão a partir da reflexão sobre até que ponto a sociedade civilizada fomenta fixações de afeição – laços libidinais, em suas palavras – entre seus membros. Para Freud, toda a afeição é originalmente sexual, e por isso as fixações de afeto que não são abertamente sexuais indicam a influência de um fator adicional. Na ausência de tal fator, pensava Freud, a sociedade civilizada consistiria de pessoas sexualmente acasaladas, trabalhando juntas cooperativamente com base em interesses comuns criados pelas necessidades da vida, porém desconectadas em outros campos. Que isso manifestadamente não é o caso, que no interior da sociedade civilizada as amizades e afeições estendem-se em ampla medida, a ponto de incluir forasteiros e estrangeiros, isso significa que algum fator adicional, "perturbador", tem de estar em funcionamento (108-109). E Freud conclui que esse fator foi a agressividade humana: para se preservar dessa força destrutiva, a civilização tinha de fomentar e sustentar uma disseminada afeição entre seres humanos, numa tarefa que necessariamente implicava que fossem feitas demandas excessivas de boa vontade humana e de autocontrole.

Como exemplo revelador, Freud trouxe o mandamento de se amar o próximo como a si mesmo. Adotando o ponto de vista de alguém que jamais tivesse ouvido esse mandamento, ele argumentou que este seria enigmático, mesmo paradoxal. O amor, na verdade, foi algo de especial, algo a ser dado somente aos que lhe fossem merecedores, não algo que se pudesse dar "a torto e a direito" sem drasticamente diluir seu valor aos que o recebessem. Além disso, haver-se-ia de concordar, a demanda por certo não seria a de uma pessoa sã, considerando quão egoístas e pouco amorosos os seres humanos poderiam ser; afinal de contas, as vantagens de se tratar pessoas inteiramente estranhas com o mesmo amor e preocupação que se tem por si mesmo seriam pequenas e improváveis, enquanto os perigos seriam bem o oposto. Em outras palavras, para um indivíduo racional preocupado com seu próprio bem-estar, mesmo um indivíduo suficientemente maduro para perceber a necessidade de se trabalhar cooperativamente com outros, tal exigência pareceria pouco razoável e extrema. Em que pese sua preeminência e autoridade na moralidade de nossa civilização, Freud manteve sua posição (tendo resumido sua própria manifestação e ponto de vista), testificando a importância para a sociedade civilizada de atrelar libidinalmente seus membros. Tais laços entre os membros são necessários ao modo de um freio em seus próprios impulsos hostis.

Uma vez Freud tendo concluído que a civilização não poderia, sem fazer exigências desse tipo, realizar a tarefa vital de fomentar e sustentar fixações afetivas entre seres humanos, essa ruptura com as perspectivas esperançosas por ele expressadas em *O Futuro de uma Ilusão* se fazia completa. Em seu cerne, tais perspectivas incluíam a ideia de que os seres humanos poderiam aprender a aceitar proibições da moralidade e exigências de motivos racionais, fazendo-o independentemente de qualquer crença religiosa. Os motivos aventados por Freud consistiam em considerações movidas por interesse próprio, que surgiam em circunstâncias nas quais a sobrevivência e a felicidade de cada um dependiam de cada qual atuar cooperativamente com outros.[1] As circunstâncias da sociedade civilizada são circunstâncias precisamente desse tipo, e as proibições e exigências centrais de sua moralidade, como as proibições de matar e do uso da violência, por exemplo, e as exigências de honestidade e respeito pela propriedade constituem, da perspectiva do interesse próprio, termos eminentemente razoáveis de cooperação para um indivíduo posto em tais circunstâncias. Com isso Freud poderia contemplar os homens como vindo a estar, por fim, amplamente reconciliados com a civilização: uma vez tendo chegado a um entendimento realista de si próprios e da conjectura em que estão inseridos, poderiam assim reformar a moralidade que regulava suas relações sociais de modo que fossem excluídas todas as proibições e exigências com base nas quais, da perspectiva do interesse próprio, se houvessem constituídos termos pouco razoáveis de cooperação. A suposição implícita, na qual residia a esperançosa perspectiva, por certo era o de que a exclusão de tais proibições e

---

1 Ver 1927c, XXI, 40-41, onde Freud descreveu as razões práticas que levaram os homens a aceitar uma proibição de assassinato, extraindo desse caso a lição de que proibições e exigências morais de modo geral poderiam ser fundadas nas referidas práticas, sobretudo as da "necessidade social".

exigências não seria algo danoso à coesão social, e por isso a suposição faz as vezes de divisor de águas entre as perspectivas de *O Futuro de uma Ilusão* das de *A Civilização e seus Descontentes*. O argumento que pusemos em tela, o qual se tem a partir do capítulo 5 da obra posterior, rejeita a suposição. Para repetir a conclusão do argumento, em razão da propensão dos homens a se agredirem uns aos outros, "o interesse de se trabalhar em conjunto não a manteria [a sociedade civilizada] coesa, já que as paixões instintivas são mais fortes que as dos interesses da razão" (112). Deveríamos observar que não é incidental a esse argumento ele representar a propensão dos homens a se agredirem uns aos outros como uma disposição instintual. Freud não teria considerado a agressão humana algo *invariavelmente* resistente à regulação por proibições e exigências que, da perspectiva do interesse próprio, constituíssem termos razoáveis de cooperação social se as tivesse considerado meramente como forma de conduta que os homens ou tivessem adotado ou dela se apartado à medida que a considerassem como servindo ou não a seus interesses. Para que o argumento funcionasse, a agressividade humana tinha de ser, de uma só vez, parte central e permanente da experiência humana – e Freud desafiou seus leitores a negar que ela o fosse. Em particular, a agressividade tinha de ser um fenômeno que não viesse a desaparecer em ampla escala numa sociedade mais justa ou num ambiente mais hospitaleiro. Consequentemente, não seria nem o mero fato da agressividade humana nem seu volume que iria conduzir Freud a sua conclusão, mas sim o caráter instintivo da propensão que lhe estivesse por trás. Além disso, quanto mais primitivo e independente fosse o instinto agressivo que deu propensão a esse caráter, mais forte o argumento de Freud; e não há dúvida de que quando Freud introduziu seu argumento, ele concebeu o instinto agressivo como virtualmente primitivo e independente de outros instintos (122).[2] Dez anos antes, em *Além do Princípio do Prazer*, Freud revisara sua teoria dos instintos de um modo que deu lugar a um instinto agressivo desse tipo e, pelo argumento que agora estamos considerando, ele veio complementá-la.[3]

---

2   A razão para o qualificador "virtualmente" é dada na nota 3.
3   A revisão aqui referida é a introdução por Freud do instinto de morte em sua teoria

Todavia, nenhuma das revisões feitas por Freud em *Além do Princípio do Prazer* entra no argumento de *O Futuro de uma Ilusão*. Na obra posterior, em particular, Freud não menciona especificamente a agressão como fonte de quaisquer demandas não razoáveis que a civilização fizesse a seres humanos ou que configurassem obstáculo a uma reconciliação com ela. Essa omissão sugere que a subsequente ruptura de Freud com as perspectivas esperançosas daquela obra pudesse ao menos ser em parte atribuída ao fato de ele vir a aceitar, de maneira convicta, o instinto agressivo como virtualmente primitivo e independente. Na verdade, se fosse o caso de se ler *O Futuro de uma Ilusão* ao modo de uma reversão a um estágio muito anterior do pensamento de Freud sobre instintos, o estágio em que os dividiu em duas classes separadas, do sexo e da autopreservação, quando então concebeu a agressividade a derivar e a depender de uma ou outra, poder-se-ia então citar as revisões feitas por ele em *Além do Princípio do Prazer* a fim de explicar sua subsequente perda de otimismo.

Um claro balanço dessa explicação tem de começar com algumas observações gerais sobre a teoria de Freud acerca dos instintos. Não importando o estágio de seu desenvolvimento, essa teoria pressupõe, como algo básico à compreensão de fenômenos instintivos, uma distinção entre comportamento reflexo, comportamento que é imediata resposta a algum estímulo exterior, e comportamento motivado, isto é, comportamento que resulta de algum mote interior. Pelo modo como Freud elaborou a distinção, o primeiro é o produto do sistema nervoso, o último o produto do

---

(1920, XVIII, 38-41). O instinto de morte, como o nome sugere, é de caráter destrutivo e originalmente direcionado a si mesmo. Na teoria de Freud, contudo, os instintos são de pronto modificados e, sobretudo, de pronto se apegam a novos objetos. Assim, muito embora originalmente direcionados a si mesmo, o instinto de morte pode facilmente ser girado e direcionado para fora, para outras pessoas. Quando isso acontece, o instinto assume a forma de um instinto externamente destruidor ou de agressividade. Freud inicialmente tomou o sadismo como um caso singular da transformação do instinto de morte em instinto agressivo, exemplo cujo componente erótico manifesto é explicado pela fusão do instinto sexual com esse instinto agressivo. Ver 1920g, XVIII, 53-54; 1923b, XIX, 40-41; e 1924c, XIX, 163-164. Por fim, em *A Civilização e seus Descontentes*, Freud atribuiu atos de hostilidade e destruição que não fossem nitidamente sádicos (isto é, que não manifestassem interesses eróticos) a essa transformação do instinto de morte em instinto de agressividade. Ver 1930a, XXI, 117-122, onde Freud revisou esses e outros desdobramentos de sua teoria dos instintos.

instinto (1915c, XIV, 118-120). De acordo com isso, toda a motivação humana, isto é, todos os desejos e interesses humanos, podem ser rastreados e assim conduzidos a instintos primitivos. É claro que é possível ter de se dar a marcha à ré ao longo de diversas transformações ao se rastrear um desejo ou interesse de volta a seu instinto original, mas que tal se deva originar em algum instinto segue-se diretamente de um princípio que está implícito na distinção que a teoria pressupõe, qual seja, o princípio de que toda a energia motivacional nada mais é do que energia instintiva.

Assim, no estágio mais inicial de sua teoria – estágio esse que, como estou sugerindo, Freud pode ter revertido na escrita de *O Futuro de uma Ilusão* –, todos os desejos e interesses humanos podem ser rastreados aos instintos do sexo e da autopreservação. Um modo útil, ainda que confessadamente simplificador de conferir sentido a essa tese é o de que a motivação humana em todos os casos seja no fundo ou sexual ou autointeressada. E agora, considerando essa tese, haveria a possibilidade de que seres humanos, tão logo chegassem a uma compressão madura e realista de si próprios e de suas circunstâncias, poderiam coletivamente reformar as proibições e exigências que estivessem a regular suas relações sociais. Desse modo, termos assim constituídos de cooperação social não iriam parecer algo além do que se pudesse esperar. Na verdade, essa esperança é substancialmente a mesma dos utilitaristas clássicos que, tomando os motivos altruístas e egoístas como categorias básicas em que incidem todas as motivações humanas (ou seus elementos), viram a possibilidade de os seres humanos ilustrados reformarem suas instituições políticas de modo que, ao tempo mesmo em que fizessem preservar a coesão social, capacitassem a sociedade mais a promover do que impedir os interesses das pessoas à felicidade. Para Freud, é claro que, nesse estágio primevo de sua teoria, os motivos altruísticos e egoístas, quando tomados como básicos, estariam a representar os instintos sexuais e de autopreservação. Ao fazer essa substituição pode-se dizer que, tal como os utilitaristas clássicos, ele viu a possibilidade de seres humanos ilustrados, ao passarem em revista as proibições e exigências da moralidade, rearranjassem suas relações sociais. Esses rearranjos, enquanto mantivessem preservada a coesão social, serviriam ao interesse desses seres humanos por felicidade, ou seja, garantiriam uma possibilidade decente de adquirir e satisfazer desejos cuja satisfação, ainda que ao custo de diversas revogações, gratificasse seus instintos sexual e de autopreservação. Assim, sob tais arranjos, os seres humanos se fariam amplamente reconciliados com a civilização: nenhuma das proibições e exigências desta levaria à renúncia do instinto para além do que, da perspectiva do interesse próprio ilustrado, pareceria razoável. Assim, a esperança que Freud expressava em *O Futuro de uma Ilusão* pareceria ter uma âncora numa versão de sua teoria dos instintos que, à época, ele rejeitara.

Evidentemente que ainda há a questão da agressividade. Contudo, conforme mencionei acima, na primeira versão de sua teoria, Freud concebeu a agressividade como derivada ou dos instintos de sexo ou dos de autopreservação, ou como dependente de um ou de outro. De modo específico, ele concebeu o instinto de agressividade como um instinto de controle, que seria um componente de um ou outro desses instintos primitivos. Na condição de componente dos instintos autopreservativos, o instinto de agressividade leva uma pessoa a exercer poder sobre seu entorno ao tentar satisfazer suas necessidades de sobrevivência (1905d, VII, 193, n.1; 1915c, XIV, 137-139; 1930a, XXI, 117). Na condição de componente dos instintos sexuais, ele leva uma pessoa a conquistar objetos de seu desejo sexual quando esses objetos resistem a seus encantos (1905d, VII, 157-158).⁴ Portanto, com base nessa versão de sua teoria o instinto de agressividade, qualquer que seja o problema que ele cria ao reconciliar seres humanos com a civilização, não cria um problema a mais, além dos instintos primitivos dos quais ele é componente. Consequentemente, não é utópico pensar que seres humanos ilustrados possam coletivamente instituir proibições e exigências para regular suas relações sociais de modo que, ao preservar a coesão social, propiciem a elas uma chance decente de gratificar seus desejos básicos de união sexual e de bem-estar pessoal; desse modo, não é utópico

---

4 Note-se que Freud aqui explica o sadismo como ocorrendo quando "o componente agressivo do instinto sexual... se torna independente e exagerado". Assim, de certo modo, sua explicação posterior (ver nota 3), que introduz a ideia da fusão de instintos distintos, sexual e agressivo, inverte a explicação em seu estágio mais primevo, este que se vale da ideia de um dos instintos componentes a se desvencilhar dos outros.

pensar que tais seres humanos possam aprender a moderar as tendências agressivas inerentes àqueles desejos, fazendo com que tais tendências não se configurem em grave ameaça à sociedade. E em sentido inverso, se se pensar que, em razão dessas tendências agressivas, existam graves problemas em se reconciliar seres humanos à civilização, problemas que não surgiriam na ausência de tais tendências, então haverá boas razões para abstrair o instinto agressivo de outros instintos e concebê-lo como primitivo e independente deles. Assim, a introdução de um instinto agressivo desse tipo numa teoria que antes reconhecera como primitivos e independentes somente os do sexo e da autopreservação poderia explicar um recuo de perspectivas esperançosas acerca de os seres humanos virem a se reconciliar com a civilização. Em outras palavras, as revisões que Freud fez em *Além do Princípio do Prazer*, à medida que de modo implícito introduziram em sua teoria um instinto de agressividade concebido como virtualmente primitivo e independente, poderiam explicar seu recuo posterior em relação a tais perspectivas. Pura e simplesmente, a explicação seria a de que introduzir esse instinto foi algo que removeu a âncora que as referidas perspectivas encontravam na teoria, ainda que aplicá-la ao recuo de Freud em *A Civilização e seus Descontentes* requeresse uma retrodatação, tendo-se aí, no caso, *O Futuro de uma Ilusão*.

II

Até aqui seguimos o argumento principal de *A Civilização e seus Descontentes*, até o ponto em que Freud concluiu que a sociedade civilizada, a fim de se preservar a si mesma da destrutividade da agressão humana, teve de fomentar e sustentar fortes laços comunais entre seus membros, tarefa que necessariamente envolveu exigências excessivas de boa vontade e autocontrole. A conclusão de Freud, então, foi pensada para se estabelecer que, se é o caso de se preservar a coesão social, o conjunto de proibições e exigências que regulam as relações sociais em civilização tinha de incluir algo advindo da perspectiva do autointeresse, mesmo do autointeresse ilustrado, a fim de parecer razoável. Em outras palavras, a esse ponto se revelou que a moralidade seria um obstáculo inevitável à reconciliação dos seres humanos com a civilização.

Ocorre que Freud não parou aí. A essa altura, sua conclusão foi a de que a moralidade representava um obstáculo à reconciliação dos homens com a civilização, em razão de seu conteúdo; mas ele também viu que isso representava um obstáculo, e na verdade um obstáculo maior em razão de seu modo de regulação. E reconheceu também que o obstáculo nesse caso, como também no outro, resultava dos modos pelos quais a civilização contém e controla a agressividade humana. Os dois capítulos finais de *A Civilização e seus Descontentes* ampliam o argumento a essas conclusões, com isso trazendo a uma conclusão o desenvolvimento do principal tema da obra.

Pelo modo de regulação da moralidade eu tenho em mente diversos aspectos da maneira com que a moralidade governa nossa vida: a autoridade dessas proibições e exigências, seu rigor, sua internalização e a vigilância de seu governo. Esses aspectos se fazem acompanhar de uma consciência, que é o agente da moralidade no interior de nossa personalidade, os funcionamentos dessa consciência Freud assinalou em sua teoria do superego (1923b, XIX, 35-37; 1930a, XXI, 123; 1933a, XXII, 66). Um breve resumo deveria bastar para esclarecer até que ponto esses aspectos se fazem refletir numa consciência. Assim, antes de mais nada, a autoridade da consciência reflete a autoridade da moralidade, proporcionando a evidência dessa autoridade em sua atividade judicial e punitiva. Violar um ditado de consciência é derrubar em si mesmo suas reprimendas e irritações, que podem ser severas e implacáveis. Em segundo lugar, a importância de sua autoridade corresponde ao rigor das proibições e exigências que ela impõe, e a consciência tem tradicionalmente desfrutado da reputação de exercer a autoridade suprema sobre seu detentor. De modo correspondente, assim sendo, o rigor das proibições e exigências que ela faz cumprir tradicionalmente tem sido visto como de rigor máximo; todas as demais normas sociais e preocupações pessoais devem se submeter a proibições e exigências morais sobre questões relativas ao modo como uma pessoa deveria agir. Em terceiro lugar, a consciência, à medida que é o agente da moralidade no interior de sua própria moralidade, é o produto da internalização das proibições e exigências da moralidade, e o grau de sua internalização é indicado pelo grau com que a consciência, ao exigir obediência e punir a desobediência, opera independentemente da direção e da pressão externa. Por último, não é possível o indivíduo se ocultar de sua consciência, que na supervisão dos próprios pensamentos e sensações é aquela que tudo vê, que demonstra a sua vigilância e, desse modo, a vigilância com que a moralidade governa nossa vida. Para usar um paralelo com Freud, a consciência é "como uma guarnição numa cidade capturada", que a civilização instalou em nossa personalidade para nos acompanhar de perto e nos manter na linha (1930a, XXI, 123-124).

Por certo que um floreio retórico não substitui um argumento. A analogia ilustra a consciência como uma força antagonista em nossa vida, e nossa súmula desses quatro traços característicos da consciência sugere em grande parte a mesma imagem. Mas enquanto a consciência pode ter parecido e ainda parecer um oponente hostil, um sufocador de seus próprios desejos e um produtor de angústia e problemas, escapar dela traria verdadeiro alívio e paz de espírito, e se seu caráter pode por isso dar razão a se pensar que a civilização, ao implantar uma consciência em cada um de nós, opõe sua moralidade contra nossa própria felicidade, resta a mostrar que a oposição entre as duas não se dissolveria tão logo a razão obtivesse ascendência na sociedade civilizada. Desse modo, se o funcionamento da consciência deve ser prova de que o modo de regulação da moralidade é em si mesmo (ou seja, à parte do conteúdo da moralidade) um inevitável obstáculo à reconciliação dos seres humanos com a civilização, faz-se necessário algum argumento para mostrar que o antagonismo a dividir uma pessoa em relação à sua consciência não vai ceder à razão. Os capítulos finais de *A Civilização e seus Descontentes*, nos quais Freud aborda o modo como o indivíduo adquire consciência proporciona o argumento.

Freud restringiu sua abordagem ao desenvolvimento desse aspecto da personalidade na tenra infância.[5] Em seus traços essenciais, a abordagem

---

5 O que esboço aqui é um extrato de uma exposição mais acabada dessa mesma abordagem, que realizei em outra parte; ver meu artigo "Remarks on Some Difficulties in Freud's Theory of Moral Development", *International Review of Psycho-Analysis* 11 (1984), p. 207-225, especialmente 208-215.

descreve o modo como as crianças vêm a ter atitudes e sentimentos ambivalentes para com os pais, e o modo como essa ambivalência se transforma numa situação emocionalmente difícil. Então se propõe que uma consciência se forma a partir do modo pelo qual a criança resolve essa situação. Dito brevemente, a condição das crianças pequenas é a do desamparo e da completa dependência de seus pais por proteção e nutrição. Como resultado, elas formam vínculos fortes e amorosos com os pais. Amam-nos como os próprios poderosos protetores e provedores dos primórdios de sua vida, e veem essa proteção e provisão como sinais certeiros do amor dos pais. Além disso, é óbvio, veem os pais como autoridades supremas sobre suas vidas, e obedecem-lhes com base no medo, medo da punição com que eles as ameaçam ante a desobediência, mas, o mais importante, medo da perda do amor parental, que para as crianças tal punição implica. Consequentemente, ao aprender a obedecer à autoridade parental, as crianças adquirem uma capacidade rudimentar de distinguir entre o certo errado. Mas nesse estágio elas ainda não adquiriram consciência; pois à medida que seu motivo para obediência é o medo de perder o amor, ainda não internalizaram nenhuma das proibições e exigências que os pais depositaram nelas. Portanto, diferentemente de alguém que possui uma consciência, uma criança pequena nesse estágio pode por vezes se sentir segura comportando-se mal, porque está confiante de que o mau comportamento não será descoberto. Em outras palavras, as crianças, à medida que ainda não possuem uma consciência, ainda não são passíveis de ser importunadas por mau comportamento, à parte o medo que possam sentir de serem descobertas. Uma vez que ainda não possuem uma consciência, não são passíveis de um sentimento de culpa. Com relação a esses aspectos, Freud escreve diretamente: "Uma grande mudança se dá somente quando a autoridade é internalizada mediante o estabelecimento de um superego. É quando o fenômeno da consciência atinge um estágio mais elevado. Na verdade, só chegando a esse ponto é que deveríamos falar de consciência ou de um sentimento de culpa" (1930a, XXI, 125). Explicar como se dá essa grande mudança, como essa autoridade parental se torna autoridade internalizada torna-se o objeto da abordagem de Freud.

A chave para essa explicação está na ambivalência. Por um lado, as crianças amam seus pais como os mais importantes benfeitores de sua vida. Por outro, desenvolvem um cabedal de hostilidade em relação a eles se tomados como autoridades que regularmente os impedem de satisfazer suas necessidades e desejos. Essas circunstâncias, além do mais, são instáveis. A obediência à autoridade parental provoca medo porque frustra necessidades instintivas, e com isso a criança direciona sua raiva aos pais, a quem ela vê como responsáveis por sua frustração. Ao mesmo tempo, ela não pode dar vazão a essa raiva por medo de perder o amor parental, sendo assim forçada a suprimi-la. Com isso, mais uma vez as necessidades instintivas, neste caso as necessidades de um instinto agressivo, devem ser frustradas com vistas ao interesse de preservar o amor parental, e aí se tem uma frustração adicional a produzir uma raiva adicional, e assim por diante. Desse modo, as circunstâncias da criança pequena vêm desaguar numa hostilidade não atenuada em relação aos pais, bem como em manifesto amor por eles. E em razão da instabilidade dessas circunstâncias, a hostilidade da criança cresce em intensidade, quando não em sentimento, e desse modo a ambivalência torna-se cada vez mais difícil de conciliar. A criança resolve essa situação emocionalmente difícil, por fim, pela identificação com os pais. Incapaz de escapar dessas autoridades ou de depô-las e ao mesmo tempo preservar seu amor, ela as incorpora como que em sua personalidade e investe essa porção de sua personalidade de toda a hostilidade que foi incapaz de liberar. Assim, uma consciência severa, um superego duro é formado como autoridade externa a se tornar internalizada na criança. Para citar Freud:

> É provável que, na criança, se tenha desenvolvido uma quantidade considerável de agressividade contra a autoridade, que a impede de ter suas primeiras – e, também, mais importantes – satisfações, não importando o tipo de privação instintiva que dela possa ser exigida. Ela, porém, é obrigada a renunciar à satisfação dessa agressividade vingativa e encontra saída para essa situação economicamente difícil com o auxílio de mecanismos familiares. Através da identificação, incorpora a si a autoridade inatacável. Esta transforma-se então em

seu superego, entrando na posse de toda a agressividade que a criança gostaria de exercer contra ele. (1930a, XXI, 129)

A ideia central contida nessa explicação é a de que a consciência deve a sua severidade inicial à grande quantidade de hostilidade que, à época de sua gênese, desenvolveu-se na criança. Essa ideia, por essa razão, identifica o instinto agressivo como fonte original do poder que implicitamente se atribui a uma consciência ao se caracterizá-la como severa.

Em contraste com isso, a alternativa natural à ideia, a hipótese rival de que a severidade inicial da consciência de uma criança é uma continuação de um tratamento severo que a criança recebeu dos pais, as autoridades externas, com base em cujo comportamento sua consciência é modelada, não identifica nenhum instinto específico como fonte original de tal poder. Freud, contudo, rejeitou essa hipótese rival porque ela implica que quanto mais severa é a consciência de uma criança pequena, mais rigorosos são os pais; e a observação mostrava que mesmo crianças de pais muito lenientes desenvolveram consciências severas. Além do mais, embora Freud não expressasse esse aspecto, a hipótese rival não se adequa aos fenômenos tais como Freud os compreendia: a ideia de que a severidade da consciência é meramente uma continuidade do tratamento severo que se recebeu de um dos pais é incongruente com a perspectiva de que uma mudança radical nas capacidades emocionais e motivacionais de alguém se dá com a aquisição de uma consciência.

Segundo a hipótese proposta por Freud, então, a consciência extrai seu poder inicial do depósito de hostilidade que foi erigido como resultado de a criança pequena ter repetidas vezes suprimido seus impulsos agressivos, e isso passa a funcionar para redirecionar aquela hostilidade de seu objeto original, exterior, que são os pais da criança, para um novo objeto, interno – a própria criança. Esse redirecionamento da hostilidade estabelece a consciência como uma força antagonista na vida do indivíduo, e o antagonismo manifesta-se caracteristicamente em "má" consciência ou em senso de culpa. Freud além disso propôs que o mesmo processo explicasse como a consciência continuava a ser uma força antagonista na vida do indivíduo, após o depósito inicial de hostilidade ter se exaurido. Na verdade, com a aquisição de uma consciência, a criança é regularmente forçada a renunciar à satisfação de necessidades e desejos a fim de satisfazer às demandas da consciência, e muitas dessas necessidades e desejos derivam integral ou parcialmente do instinto agressivo do indivíduo. Desse modo, a consciência se renova esvaziando o poder dos impulsos agressivos que são suprimidos no processo de apaziguamento: ela toma a agressividade que é direcionada para fora, para os objetos do mundo e, usando sua energia para suas demandas, reprimendas e irritações, faz voltar a agressividade àquele que a possui. Como Freud observa de modo sumário, "a consciência surge por meio da supressão de um impulso agressivo, e... é subsequentemente reforçada pelas supressões posteriores do mesmo gênero" (1930a, XXI, 130).

Por isso, o trabalho real da consciência, como Freud o representou em *A Civilização e seus Descontentes*, é bloquear e defletir o instinto agressivo do possuidor, de modo que ela não realize sua meta destrutiva. A civilização, sustentava Freud, implanta uma consciência em cada um de nós para fazer esse trabalho. Somos então convidados a ver a consciência como um dispositivo pelo qual a civilização engenhosamente converte em seu favor pulsões antissociais que são parte do cabedal de todo ser humano nativo e que, se a esses impulsos fosse permitido realizar suas metas, criariam um ambiente por demais hostil para que a vida civilizada avançasse. E de fato, na visão de Freud, implantar esse dispositivo em cada um de nós é o método mais importante de que faz uso a civilização para desarmar as forças agressivas de todos nós que ameaçam destruí-la (1930a, XXI, 123).

A visão de Freud, agora deve estar claro para nós, constitui-se num argumento em favor da noção de que os funcionamentos de uma consciência não podem ser de todo trazidos para o controle da razão de seu possuidor. E se o argumento se encontra apenas implícito no texto, pode-se facilmente reconstruir seus últimos estágios. Assim, para começar, a tese acerca do trabalho real da consciência põe em causa o ideal de uma consciência madura a funcionar a serviço da felicidade de seu possuidor. Por mais que seja característica da maior parte dos indivíduos, pode não ser bem-sucedida em cumprir com sua função real uma consciência que não perturbe o indivíduo com lembretes e advertências com mais frequência ou insistência do que seria razoavelmente necessário, que não faça acusações injustificadas, que não censure meros pensamentos e desejos, e que não critique ou condene mais duramente do que a conduta do indivíduo mereça. Pois ela pode não usar toda a energia de nossos impulsos agressivos para preservar a civilização da hostilidade e da brutalidade da qual seres humanos são capazes e que raramente ameaçam sua coesão. Além disso, uma vez que a consciência extrai seu poder diretamente das pulsões do instinto de agressividade, o nível de sua atividade é, até um grau significativo, função do volume da agressividade que foi suprimida, e, desse modo, num grau correspondente, ele independe de regulação racional. Em outras palavras, a razão, uma vez que não pode vir entre consciência e a fonte de seu poder, exerce influência apenas limitada sobre sua severidade.[6]

O último aspecto tampouco é uma conclusão puramente teórico. Freud, como vimos, encontrou evidência para a sua abordagem na observação de que mesmo crianças de pais muito lenientes desenvolvem consciências severas. Além disso, ele ficou surpreso com a observação comum de que quanto mais virtuosa uma pessoa é, mais duramente sua consciência a trata (1930a, XXI, 125-126).[7] Esse paradoxo, como ele o chamou, faz um convite aberto a uma explicação psicanalítica, e ele a usa para intentar sua hipótese de que os impulsos instintivos, a cuja supressão a consciência obriga, fornecem a ela um novo poder para obrigar a supressões subsequentes. Assim, ambas as observações guiaram o pensamento de Freud à medida que ele elaborava a sua abordagem. A primeira implica que a severidade de uma consciência pode exceder qualquer modelo de autoridade razoável e justa apresentada pelos pais de uma criança, enquanto a segunda implica que a sua severidade, contrária à razão, não é proporcional à culpa real que se tem. Cada uma delas, por essa razão, proporciona evidência da influência limitada da razão sobre a severidade da consciência, e restou a Freud

---

6 Freud observou-o ainda mais claramente em *O Ego e o Id*. Desse modo, escreveu: "Embora ele [o superego] seja acessível a todas as influências posteriores, preserva, não obstante, através de toda a vida, o caráter que lhe foi dado por sua derivação do complexo paterno – a saber, a capacidade de manter-se à parte do ego e dominá-lo" (1923b, XIX, 48; ver também 1923b, XIX, 55-59).

7 Ver também 1923b, XIX, 54.

determinar, usando os recursos de sua teoria, o fator instintivo em ação e seu método de operação.

Aproximando-se do final de seu debate sobre a consciência em *A Civilização e seus Descontentes*, Freud declarou que sua intenção fora "representar o sentimento de culpa como o mais importante problema no desenvolvimento da civilização, e de demonstrar que o preço que pagamos por nosso avanço em termos de civilização é uma perda de felicidade pela intensificação do sentimento de culpa" (1930a, XXI, 134). Nosso sentimento de culpa, na concepção de Freud, expressa o antagonismo que nos aparta de nossa consciência; e uma vez que a consciência usa o poder do instinto agressivo para fazer esse trabalho, esse antagonismo, conforme ele argumentou, é inerente a seu funcionamento. Por essa razão, a moralidade, devendo seu modo de regulação às civilizações avançadas, ou seja, à internalização da autoridade, longe de ser algo que os seres humanos possam reformular como instrumento de sua felicidade, torna-se fonte intransigente de infelicidade humana. Para Freud, esse argumento, ainda mais que o argumento do capítulo 5, confirmou a suspeita que ele alimentou no início de sua investigação. O instinto agressivo é aquela "porção de natureza inconquistável" – aquela "porção de nossa própria constituição psíquica" – que derrota todo e qualquer esforço que fazemos para regular nossas relações sociais de um modo que venha a fomentar nossa felicidade. A essa altura, o afastamento por Freud das conclusões otimistas a que chegou em *O Futuro de uma Ilusão* se faz maximamente pronunciada.

III

A extração dessas conclusões por Freud suscita questões de que ele próprio não se ocupou. Sobretudo, suscita uma questão acerca do quanto de otimismo por ele expresso em *O Futuro de uma Ilusão* acaba por ser implicitamente rejeitado em *A Civilização e seus Descontentes*. Como vimos, ele rejeita a conclusão otimista sobre os seres humanos virem finalmente se reconciliar com a civilização, mas a questão versa sobre se ele igualmente rejeita a conclusão otimista acerca dos seres humanos por fim virem a sobrepujar suas ilusões acerca de si mesmos e de seu lugar no mundo. Especificamente, estaria ele a recusar a conclusão sobre os seres humanos virem, por fim, a recusar suas crenças religiosas? Vale lembrar que Freud baseou essas conclusões em parte na ideia de que a moralidade poderia ter outras fundamentações que não a vontade de Deus e que os seres humanos poderiam aprender a aceitar suas proibições e exigências à luz dessas outras fundamentações. E uma vez que ele pensava esses fundações alternativas como a criar a possibilidade de revisar a moralidade a serviço da felicidade humana, com isso reconciliando os seres humanos com a civilização, o argumento de *A Civilização e seus Descontentes*, ao lançar uma dúvida sobre essa possibilidade, indiretamente ele desafia sua ideia subjacente, de que tais fundamentações sejam uma alternativa real às doutrinas religiosas (ou seja, que a noção de seres humanos aprendendo a aceitar proibições e exigências morais à luz de tais outras fundamentações, em detrimento de doutrinas religiosas, é uma possibilidade real). Portanto, as outras conclusões em que Freud baseou essa ideia são igualmente postas em causa. Não obstante, a questão sobre se o argumento está a implicitamente rejeitá-las ou não, é algo ainda a se ponderar.

Que o argumento recuse a conclusão geral acerca dos seres humanos, por fim, virem a superar as ilusões sobre si mesmos e seu lugar no mundo, é algo que parece razoavelmente claro. A infelicidade e o desejo de escapar, que naturalmente a acompanham, dá origem a uma necessidade de ilusão quando a infelicidade é profunda e o prospecto de escapatória e nulo; e *A Civilização e seus Descontentes*, em sua conclusão, coloca os seres humanos bem nessa condição. É evidente que, ao menos em termos abstratos, é possível que com o avanço de ciência e razão na sociedade civilizada as pessoas possam aprender a resistir coletivamente às pressões dessa necessidade, mas o otimismo nesse domínio não poderia se basear com firmeza em tal especulação. Tendo em mente, assim sendo, o efeito corrosivo do cinismo sobre o espírito humano, podemos concluir que o argumento de *A Civilização e seus Descontentes* tem como implicação a continuada importância da ilusão de se manter a autoridade da moralidade. Que o argumento tenha essa implicação, contudo, não é algo a significar a implicação da importância continuada de crenças religiosas para se manter a autoridade da moralidade. Afinal de contas, é possível que outras crenças possam servir a tal finalidade. Consequentemente, mantém-se aberta a questão sobre se o argumento recusa ou não a conclusão específica acerca de os seres humanos virem a abandonar suas crenças religiosas.

Observe-se que, se o argumento não entra em conflito direto com os principais motivos pelos quais Freud extraiu essa conclusão, a analogia entre religião e neurose obsessiva conjuga-se com a sua compreensão de como os indivíduos que passaram por tal neurose conseguiram superá-la. E tanto mais, implica a continuada existência de um motivo para crenças religiosas que, de acordo com as perspectivas otimistas de *O Futuro de uma Ilusão*, estava fadado a desaparecer. E se a existência continuada desse motivo claramente deixa mais incerta a inferência por analogia de Freud, ela não elimina a base de sua conclusão. A conclusão, sendo assim, não é recusada pelo argumento.

Ao mesmo tempo, sua base seria um tanto instável se as crenças religiosas fossem as únicas a poder plausivelmente satisfazer esse motivo. Ou seja, se a necessidade de ilusão que a infelicidade advinda da posse de uma consciência criou pudesse plausivelmente ser satisfeita somente por crenças religiosas – especificamente a crença num deus todo-poderoso em cujos comandos as proibições e restrições morais se originaram, a obediência a eles vindo proporcionar esperança de proteção e alívio do sofrimento, então o poder perseverante da religião pode bem se mostrar suficientemente grande para fazer frente ao ceticismo da ciência, mesmo à medida que ciência e razão expandem sua influência. Em outras obras, a conclusão de Freud acerca do eventual declínio da religião, conclusão esta que ele reafirmou em trabalhos posteriores (por exemplo, 1933a, XXII, 168) seria muito menos ameaçada pelo argumento de *A Civilização e seus Descontentes* se crenças seculares, que estabeleceram os alicerces da autoridade moral e prometeram recompensas à aquiescência a proibições e exigências, pudessem substituir, no psiquismo dos seres humanos, as crenças religiosas que serviram a essas finalidades.

Além disso, nos escritos de alguns filósofos modernos pode-se encontrar ideias que, se tivessem aceitação disseminada, presume-se, sob algum formato popularizado, far-se-iam adequados deslocamentos seculares dessas crenças religiosas. E aqui penso particularmente nas ideias que emergiram com a ascensão das instituições democráticas no ocidente. Essas ideias, cuja elaboração clássica se dá em obras de Rousseau e Kant, constituem-se num credo igualitário.[8] Com base nesse credo, todo e qualquer ser humano plenamente racional é capaz de, em princípio, em virtude de seus poderes racionais, reunir-se a outros seres humanos similarmente racionais para formar uma república democrática na qual todos participam como cidadãos iguais e legiferantes. E, mais do que isso, o credo proporciona a salvaguarda para que cada um de nós venha a efetivamente se reunir a outros sob a regra comum da moralidade; a comunidade moral que assim formamos é uma realização dessa república democrática nocional. Em conformidade com isso, as proibições e exigências da moralidade são proibições e exigências que impomos a nós mesmos: originam-se em leis que nós, como legisladores dessa comunidade, fazemos e adotamos. De modo correspondente, então, a autoridade da moralidade deriva de nossa própria autoridade legislativa. Isso significa que ela deriva da soberania da comunidade sobre seus membros, soberania da qual cada um de nós compartilha, na condição de membro de sua legislatura. Por essa razão, a anuência às proibições e exigências da moralidade bem a ser a obediência a leis que se dá a si mesmo. Desse modo, ao se levar uma vida moral – aquiescendo plenamente às proibições e exigências da moralidade com base no reconhecimento de sua autoridade – chega-se a um tipo de liberdade que Rousseau chamou de liberdade moral e Kant chamou de autonomia. É a liberdade que vem de não se estar sujeito a nenhuma autoridade exterior, de ser governando por nenhuma outra lei a não ser as que são feitas por si próprio. E a satisfação interior que tal liberdade traz mais do que compensa a perda da gratificação de necessidades e desejos instintivos que a obediência à lei moral ocasiona.[9] Ao menos assim o credo promete.

---

8 Especificamente, *O Contrato Social* de Rousseau e *Fundamentação da Metafísica da Moral* e *A Crítica da Razão Prática* de Kant.
9 Ver Rousseau, *The Social Contract and Discourses*, tradução de G. D. H. Cole (Nova Iorque: E. P. Dutton 1950), p. 18-19; e Kant, *Critique of Practical Reason*, tradução de L. W. Beck (Indianápolis: Bobbs-Merrill, 1956), p. 121-123.

A bem da verdade, essas ideias não correspondem de maneira tão estrita às circunstâncias da criança pequena quanto as crenças religiosas que elas substituiriam, e por essa razão não respondem tão diretamente às crenças e medos que os seres humanos trazem dessas situações para a fase adulta. Deus, afinal, é um análogo muito mais próximo dos pais de nossa tenra infância do que a legislatura suprema de uma república democrática, e a proteção e alívio do sofrimento que Deus proporciona chegam muito mais perto dos benefícios do amor parental que a liberdade moral e a satisfação interior que ela proporciona. Não obstante, essas ideias, uma vez que poderiam estabelecer os alicerces da autoridade moral e prometer substancial recompensa por se obedecer a suas leis, poderiam ser legítimos descendentes das crenças da criança pequena acerca da autoridade parental e da benevolência parental e, sendo assim, poderiam ser os análogos dessas crenças no seio do credo igualitário. Consequentemente, apesar de sua distância maior em relação às circunstâncias da tenra infância, ainda poderiam vir a substituir as crenças religiosas à medida que estas, sob a pressão de uma cultura científica em expansão, tornaram-se cada vez mais difícil de aceitar.[10] Essa conclusão, aqui deve ficar claro, não se pretende uma predição. A questão é meramente a de mostrar que, no arcabouço da teoria de Freud, ela representa uma real possibilidade e, como tal, impede que o otimismo de Freud acerca do eventual declínio da religião seja solapado pelo argumento de *A Civilização e seus Descontentes*. A ironia de tudo isso, porém, é a de que a ética de Kant, que Freud gostava de citar por sua aparente expressão de moralidade religiosa tradicional (1933a, XXII, 61 e 163),[11] de fato não é afeita

---

10 Pode-se ver também sua substituição das crenças religiosas como um desenvolvimento posterior na internalização por seres humanos das proibições e exigências da moralidade. Em conformidade com isso, a substituição da legislação de Deus pela autolegislação, da ideia de que leis morais se originam na autoridade de Deus pela ideia de que se originam na própria autoridade de quem as impõe resultaria na identificação com a sua própria consciência. E se a identificação nesse caso seria mais uma figura interna do que externa, não obstante, tendo em vista a grande tensão criada pela posse de uma consciência, isso pareceria suscetível de explicação psicanalítica ao modo de (ainda uma vez) identificação com o agressor. Além disso, é condizente com crença de Freud, de que o crescimento do intelecto e a crescente internalização da moralidade são características do avanço da civilização. Ver 1933b, XXII, 214-215.

11 Essa visão da ética de Kant encontra-se implícita também na observação de Freud, de que o Imperativo Categórico é o herdeiro do Complexo de Édipo; 1923b, XIX, 35 e 1924c, XIX, 167.

a tal moralidade e na verdade resgata a conclusão de Freud sobre o ocaso da religião com base nas implicações de seu próprio argumento posterior.

IV

Este ensaio examinou a mudança da perspectiva de Freud segundo a qual se revela a diferença entre suas reflexões em *O Futuro de uma Ilusão* sobre o desenvolvimento da civilização e suas reflexões em *A Civilização e seus Descontentes* sobre o mesmo tema. Mudanças que tiveram lugar na teoria de Freud ajudam a explicar essa mudança, que, no entanto, não foi uma mudança que se deu em si mesma. Na verdade, em obra importante concebida na sequência *Novas Conferências Introdutórias à Psicanálise*, Freud parece ter retornado à perspectiva expressa em *O Futuro de uma Ilusão*. Assim, em sua última conferência, que resume o argumento de *O Futuro de uma Ilusão*, ele escreveu:

> Nossa maior esperança para o futuro é que o intelecto – o espírito científico, a razão – possa, com o decorrer do tempo, estabelecer seu domínio sobre a vida mental do homem. A natureza da razão é uma garantia de que, depois, ela não deixará de dar aos impulsos emocionais do homem, e àquilo que estes determinam, a posição que merecem. (1933a, XXII, 171)[12]

Contudo, não há quaisquer reflexões teóricas novas a acompanhar esse aparente restabelecimento da esperança que antes alimentava. Em particular, nada é dito para modificar sua abordagem dos efeitos agressivos do instinto sobre o conteúdo da moralidade e do modo de regulação ou para sugerir como, apesar desses efeitos, a moralidade poderia ter fundamentações que a capacitassem como instrumento da felicidade humana. Freud, pelo que pareceu, não apreciou muito as implicações de seu argumento em *A Civilização e seus Descontentes*.

---

12 Cf. 1933b, XXII, 213.

13 Em justiça a Freud: apontamento crítico a *Fundamentos da Psicanálise*, de Adolf Grünbaum*

DAVID SACHS

O provocativo livro de Adolf Grünbaum, *Fundamentos da Psicanálise*,[1] em curto espaço de tempo foi alvo de recepção impressionante. As primeiras peças críticas do autor sobre o assunto provocaram um alvoroço entre seus públicos, e esses públicos incluíam filósofos, psicanalistas e outras pessoas interessadas. Conforme o esperado, algumas dessas peças foram incorporadas ao livro; na verdade, em razão delas, sua aparição foi antecipada por sentimentos que iam da efusividade ao repúdio. Todavia, nenhum desses sentimentos extremos se fez imiscuir no tom respeitoso da maior parte do amplo comentarismo sobre o livro. Foram diversas as razões para tal. Entre elas, a familiaridade de Grünbaum com fases importantes da obra de Freud, em especial as que conduziram ao nascimento da psicanálise para o público, no início do século. O livro de Grünbaum também revela um conhecimento de diversos entre os textos tardios de Freud e dos desdobramentos psicanalíticos pós-freudianos. Além disso, proporciona um compêndio das críticas que o pensamento de Freud evocou. Portanto, numa medida interessante, mas desproporcionada, um terço do livro é voltado a indiciar construtos hermenêuticos de Freud, sobretudo os de Habermas e de Ricoeur. Por fim, mas certamente não menos importante, Grünbaum traz a esses tópicos, e a outros a ele relacionados, um caráter incansável de rara estirpe, que se revela na discursividade e na polêmica.

---

* Os editores do *The Philosophical Review* e o meu colega, Jerome Schneewind, fizeram sugestões salutares a este ensaio. Sou grato a eles e a William Taschek pelo incentivo e pela orientação.
1 *The Foundations of Psychoanalysis: A Philosophical Critique* (Berkeley: University of California Press, 1984), p. xiv, 310.

Os signos visíveis do impacto dos escritos de Grünbaum sobre a psicanálise incluem o que relato a seguir. Em 1984, quando o livro apareceu, também vieram à lume, como que a acompanhá-lo, um volume de um bem conhecido psiquiatra (ver nota 12 deste capítulo) que responde a algumas das acusações contra a terapia analítica que Grünbaum enunciava em suas primeiras peças e novamente no livro em questão. Em 1985, Grünbaum ministrou as Conferências Gifford; elas foram anunciadas como decorrência dos *Fundamentos da Psicanálise*. A edição de junho de 1986 do *The Behavioral and Brain Sciences* traz uma apreciação por Grünbaum de seu próprio livro, juntamente com uma série de debates acerca dele, e de réplicas do autor a questões levantadas. A meu ver, como era compreensível, a energia e a ampla erudição da obra atraíram comentários favoráveis. Quase que desde o início ela apresentava a aura de um "acontecimento" na crítica filosófica à psicanálise e efetivamente assim se revelava. Também assegurava algo que acredito ainda não ter se produzido: um exame de pretensões suas como "[...] crítica aos fundamentos da psicanálise de Freud" (p. 1).

I

A preocupação central do livro de Grünbaum são as credenciais clínicas da psicanálise (o enunciado é de sua autoria). Ele emprega regularmente o epíteto "clínico" para fazer referência ao que ocorre na hora psicanalítica. Assim, de modo bastante plausível, dados clínicos excluem tanto descobertas experimentais quanto epidemiológicas; com muito menos plausibilidade, excluem toda informação proporcionada pelos pais de um paciente ou por outras pessoas que eventualmente o conheçam. Pelas credenciais dos dados clínicos, Grünbaum tem em mente as evidências que tais dados fornecem – ou deixam de fornecer – às teorias mais importantes de Freud. Segundo a visão de Grünbaum, nenhuma evidência para as tais teorias pode ser haurida unicamente de dados clínicos. Talvez essa seja a principal afirmação do livro, afirmação que é claramente implicada pela última sentença do *abstract* do autor: "Se existe evidência empírica para as principais doutrinas psicanalíticas, ela não pode ser obtida sem bem elaborados estudos extraclínicos de um tipo que em sua maior parte ainda não foi tentado".[2] A bem da verdade, Grünbaum avista uma fenda de luz na escuridão de evidências. E ele afirma: "[...] de um modo geral, dados do divã *adquirem* importância probativa quando são independentemente corroborados por descobertas extraclínicas ou quando indutivamente concordam com tais descobertas [...]" (p. 266). Conforme o autor então considera, os dados clínicos "[...] de modo algum são irrelevantes quanto à probabilidade. Mas isso apenas condicionalmente confere relevância *potencial* a resultados intraclínicos [...]" (*Ibid.*; todos os itálicos em citações do texto de Grünbaum são de sua própria autoria). Algumas páginas depois, contudo, ele é pessimista quanto ao valor "potencial" das descobertas advindas do divã.

Ora, como Grünbaum chega a essa avaliação dos dados clínicos de Freud?

II

Seu esforço em deflacionar o valor dos dados clínicos de Freud se faz acompanhar de uma tentativa única de inflacionar seu papel na empreitada freudiana. É óbvio que um bem-sucedido esforço deflacionário teria sido tanto mais revelador fosse bem lograda a tentativa inflacionária. Dois exemplos eloquentes desse último caso devem ser examinados já em um primeiro momento. Ambos são leituras equivocadas de Freud:

(I) Numa conferência de 1917 Freud afirmou: "Na verdade, os conflitos [de um paciente] só serão bem resolvidos, e suas resistências, vencidas, se as ideias antecipatórias que ele recebe [de seu analista] se adequarem ao que nele é real" (1916-1917, XVI, 452).[3] Tal enunciado, Grünbaum o chama de "uma asserção ousada da *indispensabilidade causal* da compreensão psicanalítica para a conquista [...]" da psiconeurose; e afirma que disso

---

[2] Adolf Grünbaum, "Precis of the Foundations of Psychoanalysis: A Philosophical Critique", *Behavioral and Brain Sciences* 9 (1986), p. 217. Para uma afirmação de mesmo efeito sobre o livro, ver p. 278.

[3] São minhas as interpolações entre colchetes. Cf. Grünbaum, p. 139.

"[...] resulta não apenas a inexistência de remissão espontânea da psiconeurose, mas também que, se houver qualquer cura que seja, o caráter terapêutico da psicanálise para tais desordens é único em comparação a quaisquer terapias que com ela rivalizem" (p. 139, 140; cf. p. 159).

O enunciado de Freud, contudo, foi pensado somente para caracterizar o tratamento psicanalítico e para afastar a acusação de que ele funciona unicamente por sugestão. O que ele diz é equivalente ao seguinte: a não ser que as sugestões que um analista faz a seu paciente correspondam a fatos sobre ele, não se chegará a uma compreensão de seus conflitos, e suas resistências não serão vencidas. Assim compreendido, o enunciado de Freud não tem implicações com relação ao fracasso ou ao êxito de modos não psicanalíticos de terapia ou da possibilidade de remissão espontânea. Na verdade, três páginas antes, na mesma conferência, Freud observa, falando dos resultados das técnicas de sugestão hipnóticas que empregara de meados da década de 1880 a meados da de 1890: "Evidentemente que por vezes as coisas se passavam tal como se desejaria: após uns poucos esforços, o êxito se fazia completo e permanente. Mas as condições a determinar resultado tão favorável continuam desconhecidas". Essa observação contradiz o que afirma Grünbaum acerca da "ousada asserção" de Freud. E a seu favor, ele cita a comentário (p. 156). Como lida com isso? Apesar do estilo franco e direto, ele repetidas vezes diz ser "críptico" e de modo bem pouco relevante cita um caso de 1892, no qual o efeito do tratamento hipnótico de Freud não foi por ele próprio denominado "permanente".[4] Obviamente que nenhuma dessas críticas aborda o teor mesmo da observação de Freud: a observação de que por vezes o êxito terapêutico do tratamento hipnótico era mesmo completo e duradouro.

Além da passagem de 1917, há uma passagem de 1909 que, segundo Grünbaum, também traz a implicação de que o tratamento psicanalítico é causalmente indispensável para a conquista da psiconeurose. Mas a passagem de 1909, assim como a de 1917, é compatível com o êxito terapêutico em outros tipos de tratamentos.[5] Quanto às remissões espontâneas: as

---

4 *Pace* Grünbaum; ver p. 156-157. Cf. 1892-1893, 1, 117-128.
5 Também se deveria observar que Freud ocasionalmente observou que no futuro a

principais desculpas de Grünbaum por imputar a alegação de indispensabilidade causal a Freud – as passagens de 1909 e 1917 – de modo algum recaem sobre remissões espontâneas, fenômenos cuja ocorrência Freud jamais negou. Na verdade, em 1913, a meio caminho entre 1909 e 1917, ele explicitamente afirma a ocorrência de remissão espontânea dos principais tipos de desordem acessíveis ao tratamento psicanalítico (1913j, XIII, 165). Essa afirmação é decisiva contra a atribuição de Grünbaum da alegação de indispensabilidade causal a Freud.

(II) Numa conferência de 1916, Freud, após enunciar que a terapia psicanalítica era impotente em face das ilusões, disse: "Ainda que a psicanálise se mostrasse tão desprovida de êxito em toda e qualquer forma de doença nervosa e psíquica, ainda assim ela se manteria completamente justificada como instrumento insubstituível de pesquisa científica". Grünbaum cita a afirmação e a seu respeito considera: "Mas diante do desafio da sugestionabilidade, esse enunciado é uma peça gratuita de estratégia de vendedor [...]" (p. 141). Ainda assim, no mesmo conjunto de conferências, Freud, ainda uma vez falando sobre pacientes com ilusões, afirma:

> E não devemos deixar de assinalar que grande número de descobertas na análise, *que de outro modo poderiam ser suspeitas de serem produtos da sugestão*, confirmam-se, uma a uma, a partir de outra fonte irrepreensível. Nossos fiadores nesse caso são aqueles que sofrem de demência precoce e paranoia, *os quais, naturalmente, estão acima de qualquer suspeita de serem influenciados pela sugestão*. As traduções de símbolos e de fantasias, que esses pacientes nos apresentam, e

---

psiconeurose pode se mostrar acessível à intervenção física, esta que se presume ser um ou outro regime farmacológico dos dias de hoje. Ver 1916-1917, XVI, 436 e 1925c [1924], XIX, 214-215. Na p. 156, Grünbaum discute a passagem encontrada em 1916-1917, XVI, 436, mas deixa de ver que ela é incompatível com sua alegação de indispensabilidade causal. Em 1917, Freud falou dos êxitos terapêuticos "... que poderiam não ter sido alcançados por nenhum outro procedimento" a não ser a terapia analítica (1916-1917, XVI, 458; cf. 1923a [1922], XVIII, 250). Observe-se que Freud está a se jactar na mesma conferência em que menciona êxitos anteriores, obtidos com a sugestão hipnótica; é-se levado a supor que os demais procedimentos a que faz alusão eram praticados quando ele fez a afirmação (Cf. 1933a, XXII, 153). Grünbaum cita a afirmação (p. 142) e acrescenta, sem fundamentar que Freud, ao fazê-la, rejeita a possibilidade de remissões espontâneas.

que neles irromperam na consciência, coincidem fielmente com os resultados de nossas investigações acerca do inconsciente dos que apresentam neurose de transferência; e, assim, confirmam a correção objetiva de nossas interpretações, sobre a qual tantas vezes se lançam dúvidas. (1916-1917, XVI, 453; itálicos nossos)[6]

Essa passagem mostra que a afirmação que Grünbaum chama de "gratuita" foi enunciada por Freud com toda a devida seriedade. Ela dá razão a Freud no tocante a alegação de que ainda que a psicanálise se mostrasse impotente quanto à neurose de transferência, a descoberta da coincidência de muitas de suas "associações livres" com os devidos reconhecimentos da parte dos não sugestionáveis psicóticos seria um avanço científico. A passagem também mostra que Freud tentou fazer frente à acusação de sugestionabilidade fiando-se no reconhecimento dos psicóticos para confirmar o caráter isento de sugestão de associações idênticas feitas pelos sugestionáveis neuróticos. Mais ainda, a passagem é um exemplo importante da dependência de Freud em relação a dados que não desempenhavam nenhum papel terapêutico: dados proporcionados por psicóticos que eram radicalmente não suscetíveis à terapia analítica.

O apelo de Freud ao reconhecimento dos psicóticos vem falsear a alegação de Grünbaum, de que "[...] a atribuição de êxito terapêutico ao desfazimento de repressões [...] foi a fundamentação, a um só tempo lógica e histórica, tendo em vista a importância dinâmica central que aquela ideação inconsciente adquiriu em teoria psicanalítica [...]" (p. 182). Ignorando aquele exemplo de uma fundação não terapêutica para os princípios de Freud, Grünbaum equivocadamente afirma que o pai da psicanálise "[...] conferiu a mesma sanção epistêmica às etiologias clínicas das duas subclasses de psiconeuroses [...]", quais sejam, as neuroses de transferência e as neuroses narcisistas, psicóticas (p. 141). Mas a passagem de Freud deixa claro que os dados fornecidos pelos psicóticos intratáveis lhe eram garantias da correção de muitas de suas interpretações, de modo que não fariam um par lógico ou epistêmico com os dados que diziam respeito aos neuróticos.

---

6 Cf. 1901b, VI, 255; idem, nota 2; 1905d, VII, 165-166, nota 2; 1915c, XIV, 197; 1925d [1924], XX; 60ss.; 1933a, XXII, 22-23.

Os exemplos (I) e (II) são instâncias cruciais dos esforços inflacionários de Grünbaum. Ambos tentam engrandecer o importante papel desempenhado, para Freud, por dados de desfecho terapêutico. Mais tarde se tornou óbvio que o modo como Grünbaum inflaciona seu papel dá-se, em ampla medida, em razão das fontes ligeiramente extraclínicas do apoio às doutrinas de Freud. No entanto, antes de mais nada vou me ater à principal tentativa de Grünbaum de deflacionar o valor daqueles dados: a acusação de sugestão.

III

O elemento central do livro de Grünbaum é seu segundo capítulo, "Freud validou seu método de investigação clínica?". Visto como de teor crítico a Freud, o capítulo compreende duas partes importantes. Na primeira, Freud é alvejado com um argumento que Grünbaum chama de "argumento da adequação". Embora o argumento seja a principal alegação por Grünbaum de uma originalidade na exegese freudiana, não vou enunciar nem discutir o mérito da avaliação de Grünbaum sobre esse aspecto. Basta observar que o argumento não pode ser instalado a não ser que se atribua a Freud a alegação de indispensabilidade causal e, conforme já argumentei, essa atribuição não se justifica.[7] Na segunda parte, Grünbaum apresenta a conjectura, familiar, de que os dados clínicos de Freud podem remeter à sugestionabilidade de seus pacientes, razão pela qual não sustentariam as doutrinas psicanalíticas.

Contudo, ao longo do tempo a acusação de sugestão é, sim, incômoda. Freud assim o pensava, e Grünbaum cuidadosamente nos lembra de que ele assim o fazia (cf. p. 130-139). No entanto, Grünbaum é discreto com relação às advertências de Freud no tocante à sugestão. Em 1909,

---

7 Uma vez que nem a alegação nem o argumento que dela depende podem ser encontrados nos textos de Freud ou ser dele derivados, não surpreende que, como diz Grünbaum, "[...] os autores que escreveram sobre Freud simplesmente deixaram de levar em conta que ele apresentava esse argumento [...]" (p. 171). De acordo com a história de Grünbaum, Freud "desmente" a alegação em 1926 (cf. p. 160, 172).

Freud sarcasticamente reclama da "grande [...] economia de pensamento realizada pela palavra de ordem "sugestão". "Ninguém sabe", acrescentou, "e ninguém se importa com o que é a sugestão, de onde ela vem, ou quando ela surge" (1909b, X, 102). Setenta e cinco anos depois, as inúmeras recorrências de Grünbaum à sugestão são um caso a ser analisado; elas são desacompanhadas de qualquer debate sobre a origem ou sobre o caráter da sugestão. Uma vez que Grünbaum não especifica a natureza ou os limites dos fenômenos relevantes, sua repetição da acusação se mostra tão vaga quanto às referências anteriores ao mesmo fator sugeridas por outros críticos. Não obstante, a acusação não pode ser desconsiderada; Freud, ainda que de modo não muito articulado, tentou fazer frente a ela diversas vezes; sua tentativa mais acabada de responder a ela merece discussão.

Nessa tentativa, muito embora prefira o termo "transferência" a "sugestionalidade", Freud fala de sugestão psicanalítica.[8] Em sua primeira defesa contra a acusação, ele contrasta a terapia analítica com a pura sugestão, dizendo que em "[...] qualquer outro tipo de tratamento passível de sugestão, a transferência é cuidadosamente preservada", e, no entanto, "[...] ao final de um tratamento analítico a própria transferência tem de ser clarificada; e se o êxito é assim obtido ou se ele se mantém, ele residirá não na sugestão, mas no alcance, por seus meios, de uma superação de resistências internas" (1916-1917, XVI, 453). Em sua segunda defesa, ele argumenta que "a aceitação de sugestões em pontos individuais sem dúvida é desincentivada pelo fato de que durante o tratamento estamos lutando o tempo todo contra resistências que são capazes de transformar a si próprias em transferências negativas (hostis)" (1916-1917, XVI, 453). Na sua terceira defesa, que ocorre na mesma passagem e em diversos outros momentos, Freud expressa a sua confiança na coincidência de associações livres de neuróticos com os reconhecimentos de psicóticos.

Essa passagem é repetidas vezes citada por Grünbaum (p. 143) quando ele discute os esforços de Freud em distinguir a terapia analítica dos modos de tratamento puramente sugestivos. Conforme argumentei na seção

---

8 Freud afirma que "a sugestão pode ser rastreada na transferência" (1916-1917, XVI, 451; cf. 1925d [1924], XX, 42).

II deste capítulo, se Grünbaum não tivesse ignorado a terceira defesa de Freud, ele poderia ter evitado alguns erros básicos acerca das visões deste; e além disso, uma vez que em parte alguma ele responde a essa defesa, sua acusação de sugestão parece muito menos do que – para usar seu epíteto – ameaçadora. Contra a primeira defesa de Freud, Grünbaum elabora uma crítica de alguma força. Observa que ali, enquanto procura responder à acusação de sugestão, Freud apela à concepção psicanalítica de resolução da transferência do paciente; e diz que, ao fazê-lo, o criador da psicanálise estaria a argumentar de modo "viciosamente circular": "Afinal de contas, está claro que a dissecção psicanalítica da submissão diferencial do paciente a seu médico, por si só, pressupõe a validade empírica da própria hipótese cuja confirmação espúria pelas respostas clínicas do analisando estava em questão desde o início!" (p. 144).[9] Para Freud, como essencial à resolução da transferência se tinha que o paciente fosse convencido de que em sua transferência ele tinha estado a "[...] *revivenciar* relações emocionais que tiveram sua origem nas primeiras fixações de objeto, durante o período reprimido de sua infância" (1925d [1924], XX, 43).[10] Uma vez que essa convicção pode se dever a sugestões do analista, o primeiro ponto da defesa de Freud cai por terra; como diz Grünbaum, tem-se aí uma "petição de princípio" (p. 144).

A objeção, obviamente, é de caráter formal. Ela não toca na questão substantiva, qual seja, a de que quando um paciente se torna convencido do que ele é, em sua transferência, "revivenciado", a sua convicção se faz responsavelmente alcançada e é uma convicção razoável, e ainda, possivelmente, correta?[11] Vários padrões mais ou menos inconscientes de relação

---

9 Se, na sentença de Grünbaum substituirmos, digamos, "a assim chamada transferência" por "submissão diferencial" e se eliminarmos o uso ocioso de "espúrio" – o essencial da sentença pode ficar menos claro.
10 Citado de maneira mais completa em Grünbaum, p. 143.
11 Ver 1912b, XII, 100ss. Para uma série de casos, Freud alegou "confirmação objetiva" de primeiras fixações em objetos diagnosticadas em análises (1926e, XX, 216). A confirmação objetiva foi "informação de pais ou enfermeiros" (*Ibid.*), informação de um tipo que Grünbaum, por decreto terminológico, exclui como sendo extraclínica (cf., por exemplo, p. 39, 262-263 e cf. 1916d, XIV, 313). Que as primeiras fixações desempenharam seu papel em neuroses de pacientes e foram revivenciadas em suas transferências, aí se tem, obviamente, questões

que desfiguram as vidas de muitas pessoas sugerem que uma resposta afirmativa frequentes vezes seria plausível; mas nenhum filósofo da ciência ou da mente, até onde sei, tem feito avançar nossa compreensão da questão que a psicanálise suscita, ou questões que lhe sejam aparentadas.

Exceto por sua observação de que uma das três defesas favoritas de Freud contra a acusação de sugestão seja uma petição de princípio, o segundo capítulo de Grünbaum não inclui nada de original que seja pertinente com a acusação.[12] É manifesto o modo como ele não reconhece as outras duas defesas de Freud.[13]

IV

O principal ataque de Grünbaum a Freud é a afirmação de que os dados clínicos por si sós não podem vir em apoio a teorias psicanalíticas, já que *todos podem* ter sua origem na sugestão. É de modo compreensível que ele apresenta ainda outras razões para questionar tais dados, bem como as doutrinas que Freud acreditava que eles ajudassem a confirmar. As razões adicionais de Grünbaum são enunciadas na parte II de seu livro, e apresentadas como um conjunto de críticas às visões freudianas sobre a repressão. Uma avaliação adequada dessas visões requer uma perspectiva muito mais ampla do pensamento de Freud do que Grünbaum permite. A estreiteza da perspectiva de Grünbaum é evidente desde o início. Ele começa falando das "credenciais da teoria psicanalítica" (p. xi), mas poucas linhas depois,

---

adicionais (ver também 1920g, XVIII, 20-23).

12 O *Hypothesis and Evidence in Psychoanalysis* de Marshall Edelson (Chicago: University of Chicago Press, 1984) traz sumário e crítica bastante úteis das denúncias que Grünbaum, tanto no segundo capítulo como em outros momentos, deriva de outros autores. Ver, em Edelson, p. 52-53 e cap. 9.

13 Não assumo a difícil segunda defesa na passagem de Freud da qual acima esbocei um excerto. Num capítulo posterior, é com cuidado inusual que Grünbaum discute uma das principais formulações de Freud a esse respeito (p. 275-277; ver especialmente o alto da p. 277), para então, de modo decepcionante, incorrer em circularidade ao meramente repetir a acusação de sugestão. Ver p. 277; cf. p. 32, 129, 240-242. E traz ainda uma recorrência aos "defeitos da associação livre" (p. 277); debato esses supostos defeitos na seção IX.

e de forma regular a partir dali, rotula a psicanálise como "teoria clínica" (cf. p. xii, 3, 5, 6, 7, 8 *passim*). Suponho que ele se valha do rótulo de sua suposição de que a teoria é "*clinicamente* baseada" (p. 5) mas as citações que arrola em apoio à suposição são transparentemente inadequadas (ver p. 5-6). Nessa seção, procuro indicar brevemente quão limitada é a suposição, e sugiro uma perspectiva abrangente dos materiais em que Freud se fiou.

Em 1915 Freud falou de "[...] a ampla base de nossas observações, a repetição de impressões semelhantes das mais variadas esferas da vida mental" (1916-1917, XV, 67). Se buscássemos na crítica de Grünbaum algum reconhecimento da ampla base das observações de Freud – tomando-se exemplos de Grünbaum levando em conta as "impressões similares" que Freud reuniu a partir de esferas altamente diferentes da vida mental –, recorreríamos a seus capítulos que abordam Freud versando sobre parapraxias e sonhos. Mas antes de chegar a eles, somos prevenidos. Grünbaum anuncia que deseja "[...] argumentar em favor da tese a seguir: ainda que a defesa *terapêutica* original da etiologia da repressão da neurose na verdade se tenha revelado empiricamente viável, os modelos de compromisso por Freud, de parapraxias e de conteúdo de sonho manifesto, seriam *extrapolações equivocadas* daquela etiologia, precisamente por carecerem de toda e qualquer base terapêutica já desde o início" (p. 187-188). Essa tese certamente é original; uma paráfrase pode torná-la mais clara: na ausência de uma contraparte à terapia para os fenômenos normais de paráfrases e sonhos, Freud não tinha razão para pensar que a repressão tivesse um papel na ocorrência de quaisquer desses fenômenos.[14] Em outras palavras, uma vez que, assim sendo, sonhos e parapraxias não são comparáveis a desordens clinicamente tratáveis, não há garantia para se afirmar sobre quaisquer deles que podem ocorrer sob a forma de conflito e compromisso inconsciente entre um desejo ou motivo para resistência a ele. Essa tese é o caso mais extremo da insistência de Grünbaum de que somente dados, que Freud a um só tempo estivesse autorizado e se mostrasse disposto a extrair, seriam dados de resultados terapêuticos. Na verdade, à parte os dois capítulos sobre parapraxias e sonhos, e uma observação solitária de Freud com relação a chistes – na

---

14 Discuto a tese na Seção VIII.

qual incorpora um erro fundamental[15] –, Grünbaum em momento algum discute a convicção de Freud, de que ele tinha encontrado aplicações e confirmações de suas doutrinas fora da esfera da prática clínica. Assim, um leitor que não estiver ciente do espectro da obra de Freud não fica sabendo por Grünbaum que Freud tentou mostrar como suas doutrinas tanto cresceram à luz de fenômenos tão diversos quanto manifestações psicóticas, de orientação social, de piadas, de tabus, de práticas e credos religiosos, de mitos, de folclore, das chamadas ações sintomáticas, de diversificados itens literários e biográficos, quanto foram sustentados por eles. Como seria de esperar, essas fontes de apoio às visões de Freud diferem de valor – algumas são impressionantes, outras negligenciáveis.[16]

Tal leitor pode ficar surpreso ao saber que em 1909, enquanto reportava um histórico de caso, Freud afirmou: "O êxito terapêutico, no entanto, não é nosso objetivo primário [...]" e que já em 1932 ele observou: "Jamais fui um entusiasta da terapia" (1909b, X, 120; 1933a, XXII, 151). É claro que Freud sempre sustentou que a prática terapêutica, em especial a experiência do fracasso terapêutico, era inestimável para o desenvolvimento da psicanálise. Mas não se pode apreciar as reservas de Freud quanto à terapia se se desconsidera, e é o que Grünbaum efetivamente faz, a proclamação de Freud de que desde "[...] a data de *A Interpretação dos Sonhos* a psicanálise [...] não foi apenas um novo método de tratar as neuroses [...] foi também uma nova psicologia [...]", que a psicanálise tinha "se tornado o nome de uma ciência – a ciência dos processos mentais inconscientes".[17]

De acordo com o título do seu livro, Grünbaum afirma que sua crítica examinar as fundações "postulacionais" da teoria da motivação inconsciente

---

15 Grünbaum, p. 61. Cf. 1905c, VIII, p. 172 *et ca.* e p. 203-205, 234. A passagem na página 172, onde Freud expõe sua visão de que os chistes, diferentemente dos sonhos, não "criam compromissos", desaprova a asserção de Grünbaum de que Freud via os chistes como "formação de compromisso". A passagem é conclusiva e esclarece observações posteriores de Freud na p. 203-205; a passagem na p. 234, tomada em sentido estrito, é irrelevante para a questão. Igualmente úteis são 1915d, XIV, 151; 1915e, XIV, 186; e 1925d, XX, 65-66.
16 Freud acreditou que pudesse "[...] recorrer ao fato de existir uma íntima conexão entre todos os acontecimentos mentais – fato esse que garante que uma descoberta psicológica, mesmo num campo remoto, será de valor imprevisível em outros campos" (1905c, VIII, 15).
17 Ver 1924 [1923], XIX, 200; 1925d, XX, 70; cf. 1915e, XIV, 173; 1940b [1938], XXIII, 282.

de Freud (cf. p. xii). Para se vero quanto a alegação é exagerada, basta considerar a "suposição" básica de "[...] uma aplicação estrita e universal de determinismo à vida mental [...]", um determinismo que, na ausência de déficit orgânico, é ele próprio psíquico.[18] De modo programático, Freud tentou conferir à suposição algum conteúdo e força mediante suas várias tentativas de mostrar que "[...] processos mentais são em si inconscientes e que de toda a vida mental apenas alguns atos e porções individuais são conscientes"; e além disso, aqueles processos inconscientes determinam a vida mental que possuímos (1916-1917, XV, 21, 109; 1915e, XIV, 166, 167). Sendo assim, a suposição seria em si incipiente ou inoperante, e se o esforço de Freud em substanciá-la seria equivocado ou supérfluo? Ou, as observações e doutrinas de Freud vêm amparar – e em caso afirmativo, em que medida o fazem – seu postulado de determinismo psíquico? Se há quaisquer questões que sejam de caráter funcional, são bem essas; Grünbaum não as menciona.[19]

V

Grünbaum anuncia seu terceiro capítulo como um louvor aos argumentos de Freud em favor da alegação de que a repressão é um fator causal em psiconeurose (ver, por exemplo, p. 177, 194). A maior parte do capítulo, contudo, é uma história encapsulada da desilusão de Freud com a noção de repressão e com as técnicas clínicas a ela relacionadas, compartilhadas por ele e Josef Breuer, antes que Freud propriamente fundasse a psicanálise. O capítulo também repete a questão que Grünbaum enunciou em páginas anteriores e contém, além de detalhes incidentais, algumas notas promissórias que podem servir como agenda para grande parte dos capítulos posteriores do

---

18 Ver, por exemplo, 1910a [1909], XI, 29, 38, 52; e 1901b, VI, 242, 253-254. Dever-se-ia enfatizar que o determinismo de Freud no que diz respeito à vida mental foi proposto e teleológico. Ver, por exemplo, 1901b, VI, 240.
19 De caráter igualmente fundacional, mantendo-se, porém, quase intocada por Grünbaum, é a tentativa de Freud de estender a noção de ação subintencional à formação de sintomas neuróticos, sonhos, parapraxias *et al*. Ver p. 77ss.

livro. As principais devem ser aqui selecionadas: (a) "[...] a mera *existência* do mecanismo psíquico da repressão [...] está ainda muito longe de seu papel freudiano de patógeno genérico, de instigador de sonho e de procriador de paradoxos" (p. 188);[20] (b) Sem "a sua *legitimação* pela presumida dinâmica terapêutica de repressões anuladoras... ou por algum outro alicerce epistêmico ainda desconhecido, nem mesmo as torções ou aproximações devem persuadir um ser racional de que associações livres podem *certificar* agentes patogênicos ou outras causas! Afinal, sem a enunciada *fundação* terapêutica, esse tributo epistêmico às associações livres até agora reside em nada além de uma ofuscante falácia causal" (p. 186). Até onde posso afirmar, (a) e (b) expressam as principais apreensões de Grünbaum quando às alegações de Freud de que conflitos inconscientes entre desejos e resistências a desejos contribuem para psiconeuroses e outros fenômenos psicológicos, e de que a técnica da associação livre, se adequadamente manejada, pode muitas vezes desvelar tais conflitos.

Nos capítulos a seguir, Grünbaum esclarece e emprega (a) e (b), mas em vão se passaria em revista o terceiro capítulo em busca de uma apreciação fundamentada da "etiologia da repressão" madura de Freud, esta que ele expôs pela primeira vez na virada do século, passando a reforçá-la e alterá-la a partir dali.

VI

Entre as principais obras de Freud, *A Interpretação dos Sonhos* e *A Psicopatologia da Vida Cotidiana*, se avaliadas de forma justa, são as que mais exigem cuidado e tato.[21] Tampouco se as pode apreciar sem um sentido

---

20 Como Grünbaum observa, antes de Freud outros pensadores sustentaram a existência da repressão. Grünbaum não nos conta que espécie de itens mentais estavam sujeitos a repressão de acordo com esses pensadores anteriores. Como em (a) acima, ele fala como se a repressão pode ser observada *in vacuo*.

21 O mesmo grau dessas qualidades tem de ser exercitado ao se ler as versões truncadas e revisadas por Freud dessas obras em suas *Conferências Introdutórias sobre Psicanálise*. As conferências, por vezes, tanto implícita quanto explicitamente, refletem-se nas obras, e lê-las lado a lado pode ser expediente útil.

abalizado pelas duas outras obras importantes de Freud que apareceram na mesma meia década de espantosa produtividade: *Os Chistes e sua Relação com o Inconsciente* e *Três Ensaios Sobre a Teoria da Sexualidade*. O negligenciado livro sobre os chistes é um depoimento claro e convincente da visão de Freud sobre os processos de pensamento inconscientes; e os ensaios sobre a sexualidade são indispensáveis para a sua visão do material do pensamento inconsciente, isto é, os desejos eróticos e hostis e a resistência a eles. Grünbaum, contudo – e aqui de modo algum ele está sozinho –, não percebe as inter-relações das quatro obras. Em vez disso, mantém o foco nas objeções às quais ele imagina que *A Psicologia da Vida Cotidiana* estaria vulnerável, para então atacar *A Interpretação dos Sonhos*.

Ao inserir a *Psicopatologia* antes da *Interpretação*, Grünbaum segue a prática expositória de Freud.[22] Bem cedo no decorrer do século XX, Freud se convenceu de que a sua mais persuasiva introdução à psicanálise estava na abordagem dos *Fehlleistungen* (atos falhos), ou seja, das parapraxias da vida cotidiana; anomalias da memória, lapsos linguísticos, visuais e de escrita, ações atrapalhadas e – o que a meu ver é a prova mais acabada – parapraxias combinadas.

Na *Psicopatologia*, Freud evita exemplos que requeiram psicologia "profunda". Muito embora ele use o termo "repressão", frequentes vezes o emprega intercambiavelmente com "supressão". No primeiro dos dois exemplos, ele faz intenso uso da técnica da associação livre, mas em ambos os casos as associações culminam em material que é suprimido em vez de reprimido.[23] Assim como se tem com tais casos se tem também com a maioria dos outros exemplos das parapraxias na *Psicopatologia*: Não são exemplos do surgimento de ideias ou afetos profundamente "reprimidos".[24] Não obstante, grande parte do material que Freud apresenta na

---

22 Ver, por exemplo, 1915e, XIV, 166; 1916-1917, XV, 25-79.
23 Para Freud, o abismo entre o suprimido (ou, em termos mais gerais, o pré-consciente) e o reprimido (ou, em termos mais gerais, o inconsciente), não era intransponível. Como ele disse, "de forma espontânea ou sem nossa assistência, um pode ser transmutado no outro" (1940a [1938], XXIII, 164).
24 Em conformidade com isso, Grümbaum fala de alguns dos exemplos de Freud como "casos propedêuticos" e "prolegômenos didáticos". Ver p. 199-201; cf. p. 205.

Psicopatologia ilustra os princípios psicanalíticos básicos. Como afirmei, entre os fenômenos por ele discutidos, as parapraxias combinadas são particularmente notáveis – ao menos como um meio de me empurrar para um ponto de vista psicanalítico. Contudo, o capítulo que Freud lhe dedica é exíguo.[25] Para ajudar a suplementá-lo, devemos aqui brevemente discutir certos fenômenos estreitamente afinados com as parapraxias combinadas, a saber, as parapraxias acumuladas.

Alguns leitores do presente escrito podem ter tido, aproximadamente, experiências do seguinte tipo: nos dias que antecedem um compromisso que uma pessoa antecipa com angústia, de modo bastante atípico ela pode esquecer alguns itens cruciais, digamos, primeiro a carteira e depois as chaves. E eis que então a pessoa – e isso é bem pouco comum para ela – marca outro compromisso que, sem que se perceba no instante em que o marcou, coincide com o primeiro. Então ela tenta ligar para o indivíduo com que marcou o segundo encontro e adiá-lo; ou telefona depois, quando o encontro já tiver passado.

Esse tipo de exemplo de parapraxias acumuladas é, como sugeri, até bem familiar. Se questionarmos nossos conhecidos a esse respeito, poderemos ficar sabendo de uma série de exemplos similares. Esse que esbocei aqui – extraído de um caso real – tem valor de evidência, e das seguintes maneiras: em primeiro lugar, ao ressaltar uma disposição para se sentir mais ansioso nos momentos que antecedem o encontro no que na experiência propriamente vivenciada – disposição que ajuda a explicar a resistência a se honrar o encontro; em segundo lugar, o estranho esquecimento de itens importantes, episódios emblemáticos de resistência, frações de simbolismo que Freud, por mais que seja improvável que tenha sido o primeiro a notar, foi o primeiro a empregar de forma sistemática. Na *Psicopatologia*, Freud faz seguidas advertências a esse simbolismo (sua abordagem mais acabada a respeito se tem nas *Conferências Introdutórias*, capítulo X).

De modo semelhante, em seu capítulo sobre as parapraxias, Grünbaum não menciona símbolos freudianos; e, em sua discussão sobre *A Interpretação*

---

25 No mesmo texto, mais acima, Freud apresenta vários outros exemplos de parapraxias combinadas: ver 1901b, VI, 34-35, 171, 221, 222. Tanto o próprio capítulo quanto os exemplos anteriores foram acrescentados após a primeira edição.

dos Sonhos, assume-os apenas para deixá-los à parte (p. 220-221). O modo como os deixa de parte deve ser examinado. Depois de dizer que Freud "[...] enfatiza que os símbolos interpessoalmente significantes desempenham papel apenas auxiliar, subordinado em interpretação de sonhos em face da "significância decisiva" das associações livres do sonhante [...]" (p. 220), Grümbaum acrescenta: "Assim, quando o simbolismo do sonho interpessoal está presente no conteúdo manifesto, sua tradução interpretativa pode produzir apenas *fragmentos* para a interpretação. Portanto, tendo como finalidade examinar as credenciais de sua interpretação dos sonhos, será suficiente limitar nossos comentários ao modo como ele se fia no método da associação livre como via epistêmica para a alegada causa motivacional do sonho" (p. 221).

Na verdade, nas *Conferências Introdutórias* Freud afirmou que "a interpretação baseada num conhecimento de símbolos não é uma técnica que pode substituir a associativa ou competir com ela. Tal interpretação se constitui num suplemento à outra e produz resultados que só podem ser usados quando nela introduzidos" (1916-1917, XV, 151). Grünbaum (p. 220) se refere a essa passagem e também à página que a antecede; o que ele não percebe é que na página anterior Freud afirma: "Somos então levados a reconhecer que sempre que nos aventuramos a fazer uma substituição desse tipo [isto é, uma substituição simbólica], chegamos a um sentido satisfatório para o sonho, ao passo que ele se mantém sem sentido, a cadeia de pensamento sendo interrompida à medida que nos abstemos de intervir dessa maneira".[26] Grünbaum observa que nos primeiros parágrafos do mesmo capítulo, bem como no penúltimo, Freud afirma que "[...] mesmo que não houvesse censura no sonho, ainda assim os sonhos não nos seriam facilmente inteligíveis, já que ainda seríamos confrontados com a tarefa de traduzir a linguagem simbólica dos sonhos na linguagem de nosso pensamento desperto. Assim, o simbolismo é um *segundo e independente fator* na distorção dos sonhos, juntamente com a censura no sonho" (XV, 168; itálicos nossos; cf. 149-150, e IV, xxvii).

A meu ver, Grünbaum não deveria ter rebaixado e então ignorado o "segundo e fator independente" de Freud na interpretação dos sonhos, fator

---

[26] Os colchetes são meus. A precipitação de Freud é qualificada em 1900a, V, 353.

que igualmente frequentes vezes desempenha um papel crucial na interpretação dos sintomas neuróticos, parapraxias, obras literárias etc. A bem da verdade, com relação à interpretação dos sonhos, se se pudesse mostrar a total ausência de valor epistêmico da associação livre, isso poria em questão a maior parte dos procedimentos de Freud acerca dos sonhos; contudo, como Freud sugere, isso deixaria intacta a interpretação de seus elementos simbólicos. Em todo caso, Grünbaum em nenhum outro momento do livro discute as concepções de Freud sobre o simbolismo, concepções estas que, aliás, Freud só veio a desenvolver na segunda década do século.

Se o menosprezo de Grünbaum pelo simbolismo parece enigmático, sugiro que ele possa ser explicado como segue. Quando Freud enuncia de que modo ele veio a conhecer o sentido dos símbolos, ele não está a se fiar em achados clínicos. A posição é muito mais a inversa:

> Aprendemos a partir de fontes muito diversas – de contos de fadas, de mitos, de bufonarias e anedotas, do folclore (isto é, do conhecimento dos usos populares e costumes, da maneira de falar e das canções) e de expressões idiomáticas, poéticas e coloquiais. Em todas essas direções encontramos o mesmo simbolismo e, em alguns deles, podemos entendê-lo sem maior erudição. Se adentrarmos nos detalhes dessas fontes, encontraremos tantos paralelos com simbolismo onírico, que *não podemos deixar de nos convencer de nossas interpretações*. (XV, 158-159; itálicos nossos; cf. por exemplo, XII, 335-337; V, 351)

Aí se tem, de modo panorâmico, a base epistêmica para o notório simbolismo de Freud, e uma das bases evidenciais para a sua prática madura da interpretação em geral. Mais uma vez, o simbolismo não se encontra fundado em dados clínicos ou, *a fortiori*, em dados clínicos confinados a exemplos de êxito terapêutico. Consequentemente, eu deduzo, Grünbaum estaria a dispensá-lo. E fazê-lo é desconsiderar uma das fundamentações da psicanálise.[27]

---

[27] Nas páginas 220-221, Grünbaum por duas vezes fala do "simbolismo interpessoal de sonho" e fala uma vez do "simbolismo interpessoalmente significante". Teria sido instrutivo se ele tivesse indicado a base epistêmica para a alegação de que símbolos são interpessoalmente significantes.

VII

Segundo a concepção de Freud, parapraxias combinadas concorrem e em alguns casos cooperam na tentativa de satisfazer o mesmo desejo. As parapraxias acumuladas – é a expressão de que estou me valendo – repetidamente expressam ou fazem alusão a um desejo, podendo também funcionar para satisfazê-lo. (Em meu exemplo das parapraxias acumuladas, o compromisso que a mulher esqueceu era com o ginecologista e dizia respeito a uma questão carregada de angústia). As parapraxias únicas ou tentam satisfazer um desejo ou expressá-lo ou aludi-lo.

Tanto as parapraxias únicas quanto as combinadas citadas por Freud frequentes vezes envolvem esquecimento – atípicos e passíveis de causar perplexidade. Seu primeiro exemplo na *Psicopatologia*, o "Signorelli', é uma parapraxia única de esquecimento de um nome próprio. Exemplifica um conjunto de dois aspectos: antes de esquecer o nome, via de regra se o tinha a seu comando, assim como toda uma pletora de outros nomes, incluindo nomes menos familiares; ocorre que um ou mais nomes substitutos, nomes que se sabe que são incorretos, se intrometem; algum detalhe conectado à pessoa cujo nome se está tentando lembrar faz-se fixado ou então pode ser mais ou menos isolado e vívido; quando se recupera o nome, ato contínuo se percebe que é o correto. Esse conjunto de aspectos fenomenológicos dificilmente nos parecerá estranho.

Em tais casos, bem como em outros, semelhantes, dizemos que "sabemos" o nome, e somos confundidos pela sua súbita inacessibilidade à consciência. Por vezes suspeitamos de um motivo para nosso estranho esquecimento: um ou outro fator desagradável associado ao portador do nome. Freud confere ímpeto a essa suspeita por meio da nova elaboração a que a submete, mas é absurdo supor que ele fosse o primeiro a alimentá-la. E é óbvio que ele tampouco foi o primeiro a notar os tais tendenciosos esquecimentos.

Em 1933, Freud enfatizou a independência do simbolismo: "Uma vez que sabemos como traduzir esses símbolos, e o sonhante não, apesar de os ter usado, pode acontecer que o sentido de um sonho por vezes se torne claro tão logo ouvimos o texto do sonho, mesmo antes de termos feito quaisquer esforços para interpretá-lo [...]" (1933a, XXII, 13).

As inovações que Freud introduz em sua discussão do caso "Signorelli" podem ser brevemente resumidas: o contexto no qual o nome foi esquecido foi diretamente precedido por uma conversa ou pensamento sobre outro tópico, tópico este que o esquecedor interrompeu ou suprimiu; os nomes substitutos são deslocamentos do nome esquecido, ou lhe são alusivos ou fonêmicos, ou ambos; além de tais associações externas, um conteúdo interno, desagradável, associativamente relacionou o último tópico, sobretudo o portador do nome esquecido e do detalhe vívido, ao tópico anterior, interrompido; o conteúdo desagradável ensejou o esquecimento do nome (ver VI, 1-7, especialmente p. 6; 12, n. 2; 13, n. 1; 20-21; 22; cf. V, 530).

Acerca desse esquema, Freud diz que ele ocorre com "frequência incomum" nos casos em que se está tentando recuperar um nome anomalamente esquecido, e outros nomes vêm à mente, dos quais se sabe que são incorretos (VI, 7). A fim de avaliar tal alegação, far-se-ia necessário, antes de mais nada, uma seleção imparcial de relatos relevantes e cuidadosos. Até agora, nenhuma compilação foi feita.

Em sua breve discussão sobre o primeiro exemplo de Freud, Grünbaum segue Sebastiano Timpanaro.[28] Nenhum deles percebe o conjunto distintivo dos aspectos fenomenológicos do exemplo; consequentemente, nenhum deles vê que o exemplo como um todo é que está a demandar uma explicação. Tampouco Grünbaum em momento algum chega a discutir o esquecimento tendencioso, a tendência psicológica ilustrada pelos exemplos iniciais de Freud e por uma hoste de casos que ele passa a citar. No entanto, o fato de Grünbaum não ter se ocupado do primeiro exemplo de Freud poderia ser desconsiderado se suas críticas do segundo exemplo de Freud, exemplo que em grande parte se parece com o primeiro, não se mostrasse desprovido de fundamentos. Antes de substanciar esse juízo, será útil considerar os primeiros dois exemplos com algum detalhe, e isso vale também para discutir o esquecimento tendencioso de um modo geral.

---

28   Ver Grünbaum, p. 195-196. O livro de Timpanaro, *The Freudian Slip* (Atlantic Highlands, Nova Jersey: Humanities Press, 1976) é elucidativo com relação às generalizações otimistas de Freud acerca de deslizes na escrita e na visão (ver 1901b, VI, 271-273; 1940b [1938], XXIII, 284). É de escasso valor quanto ao tema principal do *Psicopatologia: Distúrbios e Peculiaridades da Memória* (ver, por exemplo, 1916-1917, XV, 60).

Muito embora Freud não o problematize explicitamente, seu segundo exemplo, o caso "aliquis", apresenta o mesmo conjunto de aspectos fenomenológicos que o primeiro (ver VI, 12, n. 2 e 13, n. 1).[29] Ambos esses exemplos são pensados para se ilustrar o conflito entre um desejo ou motivo inconsciente e uma meta consciente. O desejo inconsciente é o de manter suprimido um pensamento que provoca angústia; a meta consciente é a de formular outro pensamento, e é evidente que para fazê-lo se depende da sua própria memória para palavras e nomes. Mas de fato – e um fato não reconhecido – o pensamento posterior inunda o desejo inconsciente. O desejo então vem impedir a meta ao desencadear um curioso lapso de memória. Pode-se ter aí, em maior ou menor medida, um impedimento: uma vez que uma palavra ou nome constituinte é estranha e perturbadoramente esquecido, o pensamento pode estar perdido; no outro extremo, o pensamento, apesar do lapso de memória, pode ser retomado e perseguido. Uma vez que o desejo inconsciente via de regra é bem-sucedido apenas em certa medida, e a meta consciente apenas em parte pode ser obstruída, Freud denomina tais lapsos de "compromissos" ou "formações de compromisso" (ver VI, 4, 234, 277-278).

De acordo com Freud, os casos "Signorelli" e "aliquis" ilustram tanto o conflito quando o compromisso. Em cada caso, uma sequência de associações, externas e internas, associa o lapso ao desejo inconsciente. Cada

---

29 Uma diferença entre os dois casos deve ser enfatizada: O contexto no qual "aliquis" se fez esquecido não foi diretamente precedido por um tópico que o esquecedor suprimiu. Como resultado, o segundo exemplo de Freud pode servir de modelo para um espectro mais amplo de casos, casos dematerial suprimido ou em questão de pouco tempo ou no curso de um intervalo estendido (cf. 1916-1917, XV, 65).

Existem umas poucas diferenças menores, devidas ao fato de que o segundo exemplo versa sobre esquecer um pronome numa citação em latim. Freud era apaixonado pela citação, um verso da *Eneida* de Virgílio (IV, 1, 625) e sem dúvida a conhecia em sua forma correta. Há alguns anos se conjecturou, e um artigo recente surpreendentemente exorta a conjectura, que o lapso de memória registrado no exemplo foi na verdade o de Freud; que ele teria inventado o interlocutor a quem o atribui. Grünbaum se refere ao artigo mas opta por "tomar o texto de Freud como valor de face" (p. 190). É claro que ele não escolheu assim, que não poderia acusar Freud de "conduzir" o interlocutor. Não obstante, Grünbaum faz a acusação umas três vezes (p. 30, 58, 192); e diversas de suas outras críticas do exemplo são, como ele diz, independentes da acusação de sugestão (ver p. 208 *et supra*). Uma delas, contudo, também pressupõe que se tome o texto de Freud como "valor de face": duvidando, assim, que o interlocutor – diferentemente de Freud – costume ter a estrofe de Virgílio a seu dispor (p. 195).

sequência converge para a recuperação consciente do desejo, ou então é completada por essa recuperação, e isso juntamente com a percepção de que, uma vez que o desejo está em discordância com o pensamento, ele o impede. Tais percepções não se dão sem afeto, que pode ser, ou abertamente limitado, ou marcadamente intenso.

Se se estiver disposto a afirmar a ocorrência do esquecimento tendencioso, então – talvez de modo surpreendente –alguns dos principais aspectos da discussão de Freud desses primeiros dois exemplos deverão parecer razoáveis. Particularmente, o esquecimento tendencioso frequentes vezes pressupõe um desejo ou motivo e uma meta em conflito com ele. Sobretudo, no esquecimento tendencioso, o motivo deve *inconscientemente* prevalecer, ainda que modo apenas temporário. Portanto, a alegação de Freud de que o conflito tende a resultar num "compromisso" é não raras vezes amparada pelos casos de esquecimento tendencioso que com mais probabilidade forem amplamente reconhecidos, ou seja, exemplos de intenções ou experiências de esquecimento quando se tem um motivo patentemente autointeressado para esquecê-los.[30] Por exemplo, a relutância inconsciente em se devolver um objeto emprestado pode ocasionar, quanto à própria devolução, um esquecimento desconcertante, mas meramente intermitente (cf. VI, 230-231).

Nesta seção e na precedente estive discutindo diversos tipos de fenômenos que Grünbaum negligencia plena ou parcialmente. Exemplos desses fenômenos muitas vezes parecem passíveis de ser explicados pelos princípios de Freud dizendo respeito a supressão e repressão. Nenhum deles se baseia em descobertas clínicas. Eles incluem parapraxias combinadas e acumuladas, simbolismo freudiano, o conjunto distintivo de aspectos fenomenológicos de certos tipos de esquecimento e tendências

---

30 Charles Darwin fornece um caso notável de tal esquecimento em sua *Autobiografia*: "Durante muitos anos tenho seguido uma regra de ouro, qual seja, a de que quando deparava com um fato publicado, com uma nova observação ou pensamento que se opunha a meus resultados gerais, sem falta e de uma só vez eu lhe fazia um memorando; pois por experiência descobri que tais fatos e pensamentos eram muito mais suscetíveis de me fugir da memória do que os favoráveis [aos resultados gerais da pesquisa]". Citado por Freud, 1901b, VI, 148, n. 3. Devo notar que Freud se mostra especialmente interessado por casos de esquecimento tendencioso que "[...] ocorrem em pessoas que não estão exaustas, nem distraídas, nem excitadas, mas, segundo todos os aspectos, em seu estado normal [...]" (1916-1917, XV, 29; cf. 45).

normais de esquecimento em geral. Grünbaum desconsidera-os quando discute a *Psicopatologia*, e a isso vêm se acrescentar suas acusações infundadas contra a obra, de modo que o capítulo a ela dedicado se torna um desserviço. Passarei agora a essas acusações.

VIII

Na seção IV, mencionei uma acusação de Grünbaum dirigida tanto à *Psicopatologia* quanto à *Interpretação dos Sonhos*. O leitor pode recordar seu epíteto à referida crítica: "extrapolação equivocada". Um enunciado demonstrativo de tal crítica pode ser obtido de uma de suas sentenças: "[...] conforme eu... expliquei... em... minhas críticas à teoria das parapraxias de Freud, seu modelo de compromisso... reside numa *extraposição equivocada*; pois ele nem mesmo tenta aduzir nenhuma contraparte ao *resultado* terapêutico [...]" (p. 231).[31] Conforme afirmei, Freud sustentou que numa parapraxia há um perturbador desejo inconsciente e uma finalidade consciente que por ele é perturbada; e que uma parapraxia é, de modo característico, um "compromisso" entre eles. Ele sustentou, além disso, que sonhos geralmente se adequam a esse padrão (ver, por exemplo, 1916-1917, XV, 66, 130). Além disso, achava que os sintomas psiconeuróticos eram modelados de acordo com ele.[32] A acusação de Grünbaum é a de que Freud não procura encontrar outro aspecto de semelhança: uma contrapartida ao resultado terapêutico para as parapraxias e também para os sonhos. Uma vez que Grünbaum equivocadamente alega que também os chistes, de acordo com Freud, são "compromissos", ele poderia também ter acusado Freud de não ter encontrado "curas" para eles.

---

31 Uso "resultado" em vez do "apoio" de Grünbaum. Por "apoio terapêutico" tomo o que ele entende por resultado terapêutico, seja ele influenciado por tratamento psicanalítico ou, de fato, por sugestão.

32 Existem atributos relacionados compartilhados por sintomas neuróticos, sonhos e parapraxias. E importante, Freud afirma que eles tanto podem ser construídos por deslocamento, como por condensação, ou por ambos, ou seja, os processos cujos efeitos Freud mais persuasivamente exibe em seu tratamento de chistes tendenciosos (ver 1905c, VIII, 90-177).

A acusação de Grünbaum é, por óbvio, um artefato de sua insistência em que Freud teria estado limitado aos resultados terapêuticos ao buscar sustentação para suas doutrinas. Além disso, em seus próprios termos a acusação é surreal. Consideremos as parapraxias. Freud as caracteriza como segue: elas têm de ser "momentâneas e temporárias" e não exceder "os limites do normal". Devem ser intromissões transitórias e pouco frequentes no que nós via de regra, em pensamento e em ação, tanto acreditamos ter sob nosso comando como de fato o fazemos (ver 1901b, VI, 239). Mas que contrapartida ao resultado terapêutico poderia haver para um desfavorável "momentâneo e temporário" que ocorra dentro dos limites da normalidade? Em primeiro lugar, consideremos um sonho comum. O que seria uma "cura" para aquela entidade evanescente?[33] Para ter certeza, se parapraxias ou sonhos se repetissem de forma inquietante ou se fossem suficientemente graves para ser contabilizados como sintomas neuróticos, Freud tentaria lidar com eles de forma terapêutica (ver, por exemplo, 1901b, VI, 39). Na virada do século, interpretá-las fazia parte de seu procedimento regular.

Enquanto discute o caso "aliquis", o próprio Grünbaum sugere uma contrapartida ao resultado terapêutico para uma parapraxia: descobrir um desejo reprimido ao qual uma parapraxia fosse atribuída poderia, segundo ele, "ser terapêutico" no sentido de capacitar o paciente a ele próprio corrigir as parapraxias *e* evitar sua repetição ou outras parapraxias no futuro" (p. 193). Ele parece pouco consciente dos obstáculos de sua sugestão, (i) repetições de uma parapraxia ou de parapraxias relacionadas logo seriam estendidas para além da normalidade (parapraxias combinadas e acumuladas evidentemente se encontram na fronteira entre o paraprático

---

33 O leitor pode se perguntar: "de que modo Grümbaum tentou motivar sua denúncia"? Pois esse leitor pode encontrar a resposta se for a uma passagem das p. 192-193 do livro de Grünbaum. Ali Grünbaum afirma que Freud tentou preencher uma certa "flagrante lacuna inferencial *prima facie*" (p. 192); e para fazê-lo aventou duas hipóteses, hipóteses que supostamente demandam contrapartidas. Mas Grünbaum não apresenta evidência textual – não há nenhuma a ser apresentada – de que Freud pensava haver uma lacuna inferencial, ou, consequentemente, hipóteses demandadas para preenchê-la. Pelo contrário: Freud pensou que não haveria lacuna; que uma sequência de associações livres para uma parapraxia ou sonho poderia mostrar que o desejo ou os desejos perturbadores revelados pela sequência haviam motivado a parapraxia ou sonho. (Ver por exemplo, o "aliquis" 1901b, VI, ii; e cf. Seção IX, neste capítulo).

e o neurótico). (ii) Grünbaum aplica a sua sugestão a uma classe particular de parapraxias: o esquecimento de palavras ou nomes (curiosamente, ele desconsidera exemplos por Freud de pessoas a recuperar, mediante sequências de associação, nomes que elas tinham esquecido de forma anômala. Ver 1916-1917, XI, 110-112).[34] Na verdade Freud proporciona um análogo ao *tratamento* terapêutico que a um só tempo está nos limites da normalidade e é aplicável às parapraxias de modo geral: a entrada na consciência do desejo, que é carregada de afetos e conduz à parapraxia, é uma entrada frequentes vezes alcançada pela associação livre. Esse análogo pertence a todo e qualquer tipo de parapraxias, incluindo aquelas para as quais – uma vez perpetradas – não há possibilidade de correção ou repetição.

Por diversas razões que logo passarei a discutir, Grünbaum rejeitaria o análogo freudiano para tratamento terapêutico no tocante às parapraxias. O análogo se aplica também aos sonhos: carregada de afetos, a entrada do desejo ou dos desejos na consciência, entrada esta que conduziu ao sonho e que, ainda uma vez, pode ser realizada usando-se a técnica da associação livre. Grünbaum tem a sua própria "proposta genial" para uma contrapartida ao resultado terapêutico para os sonhos.[35] Por mais que seja uma tentativa, ela é impressionante:

> Assim como as repressões sexuais são consideradas causalmente necessárias para a neurosogênese, da mesma também diversos tipos de desejos infantis reprimidos são reconhecidamente o *sine qua non* da instigação do sonho. Desse modo, assim como a terapeuticidade de levantar repressões patogênicas é o corolário da primeira, também a

---

34 O interesse de Freud na recuperação de um nome esquecido de maneira anômala não teve por objetivo a correção da parapraxia. Sua meta não era a do professor de escola a capacitar um pupilo a "[...] ele próprio a corrigir a parapraxia e evitar sua repetição ou outras parapraxias no futuro". Freud estava interessado no nome correto, fosse recuperado por si próprio ou fornecido de alguma outra maneira, à medida que esse processo o ajudou a reconstruir os processos inconscientes que produziram o produto paraprático.

35 Grünbaum não a apresenta como proposta, mas como objeção a Freud. Ficará claro que se trata de manobra similar àquela empregada quando ele ofereceu sua contraparte "terapêutica" para parapraxias. Essa caracterização de "proposta genial", devo-a às laudatórias observações de Allan Hobson sobre a "obra epocal" de Grünbaum; cf. *Behavioral and Brain Sciences*, p. 241-242; ver nota 2 acima para edição e data.

segunda pode parecer ocasionar o seguinte: à medida que paciente *analisado* atinge a consciência consciente de seus desejos infantis previamente reprimidos, esse controle consciente rouba a esses próprios desejos seu poder de engendrar sonhos! Portanto, à medida que os desejos infantis soterrados do analisando são trazidos à luz, ele deve vivenciar, e exibir neurofisiologicamente (por exemplo, via sono REM), uma notável redução na formação do sonho. Mas e se esse decréscimo falha em se materializar? Então se seguiria daí que, a não ser que o analisando típico seja cronicamente malsucedido em reencontrar seus desejos infantis soterrados, a instigação à abordagem do sonho por Freud é falsa. (p. 234-235)[36]

É claro que não há amparo textual em Freud para o ponto de exclamação na passagem de Grünbaum; tampouco Grünbaum pretende que haja. Grünbaum, assim interpreto, sabe que Freud jamais sustentaria que, uma vez que algumas parapraxias ou sonhos tivessem sido interpretados, pode-se então ansiosamente buscar um declínio perceptível desses fenômenos na vida do paciente. Suponho que ele também conheça, muito embora não o cite, as advertências implícitas de Freud contra essa insensatez (ver 1916-1917, XVI, 456-457). Por que, então excetuar o senso comum de Freud acerca da normalidade das parapraxias e dos sonhos?

Pondo a resposta de termos mais concisos: Freud encontrou uma série de aspectos significativos pelos quais ele poderia comparar esses fenômenos normais a sintomas psiconeuróticos (ver nota 32, neste ensaio). Na verdade, ele disse que sonhos e parapraxias, com também desonestidades inócuas e assemelhados, são "os únicos sintomas" que uma pessoa "saudável" pode ter (ver 1916-1917, XVI, *ibid.*). As comparações – não confluências – laboriosamente obtidas por Freud garantiram-lhe extensas classes de exemplos de seus pontos de vista dizendo respeito a processos mentais inconscientes e a conteúdos em geral. Mas Grünbaum o tempo todo insiste em que os únicos dados que Freud tanto foi capaz de extrair como esteve disposto a

---

36 O caráter vacilante de Grünbaum é explicado pelas sentenças que seguem as linhas citadas; ver p. 235.

fazê-lo foram dados de resultados terapêuticos.[37] Grünbaum imagina ter embaraçado Freud por essa via; imagina tê-lo "pego" – não uma vez, mas duas – no ato de *extrapolação equivocada*.[38]

IX

Em *A Interpretação dos Sonhos*, Freud diz ter aprendido de Josef Breuer que ao se resolver fobias histéricas, ideias obsessivas e assim por diante, isso poderia levar a dissolvê-las (1900a, IV, 100). Para uma parapraxia ou para um sonho, sua dissolução não seria o caso; mas sua formação e solução, para Freud, eram igualmente análogas às dos sintomas neuróticos. A associação livre, juntamente com o simbolismo, foi o método que ele fez evoluir para chegar a suas soluções.

A associação livre a partir dos componentes de um sonho ou de uma parapraxia não é invariavelmente demandada para que se apreenda a sua motivação. Frequentes vezes crianças pequenas e por vezes adultos têm sonhos que transparentemente são satisfação de desejos (1900a, IV, cap. III *passim*; 1916-1917, XV, 126-135); e ocasionalmente uma parapraxia desgasta a face do desejo que a acionou (Freud sustentou que não existiriam sintomas neuróticos comparavelmente transparentes. Ver, por exemplo,

---

37 Pode-se perguntar porque não se deveria parapraxiar ou pelo menos sonhar? Freud pensava que isso se devia ao fato de sonhos e parapraxias, e também, de modo diferente, os chistes, possibilitarem várias tendências efinalidades saudáveis; entre elas, de modo importante se tinha a de permitirem alguma expressão a nossos desejos infantis invencivelmente duradouros. Se Freud estivesse interessado em antiterapia, ele poderia ter inventado técnicas para inibir chistes, sonhos, parapraxias *et al.* (para Freud sobre parapraxias, ver 1901b, VI, 276).

38 Ainda uma vez, Grünbaum desconsidera uma passagem inconveniente. Em 1913, Freud escreve, "A psicanálise não pode ser acusada de ter aplicado a casos normais descobertas a que chegou com base em material patológico. A evidência que se tem pelos últimos e pelos primeiros foi obtida de modo independente, e mostra que processos normais e os descritos como patológicos seguem as mesmas regras".
Prossegue Freud: "Agora devo discutir com mais detalhes dois dos fenômenos normais que aqui são de nosso interesse (e entenda-se por fenômenos o que pode ser observado em pessoas normais) – quais sejam, as parapraxias e os sonhos" (1913j, XIII, 166; ver 1940a [1938], XXIII, 165).

1916-1917, XVI, Conferência 23 *passim*). Se se olha para Grünbaum, descobre-se que ele permite a "credibilidade de senso comum" da "atribuição causal pré-analítica de *alguns* sonhos para com desejos" (p. 219). E, mais ainda, ele admite que as parapraxias cujos motivos lhe pareçam transparentes "compartilhem dois aspectos significativos entre os genuinamente "freudianos": (1) eles exibem instruções sobre o controle do próprio comportamento do agente, e (2) o elemento intrusivo é um desejo ou um afeto" (p. 200).

Essa concessão de Grünbaum – doravante, "sua concessão" – é por ele explicitamente aplicada a várias parapraxias supostamente transparentes. Entre elas estão as seguintes:

(a) "ao ministrar uma conferência sobre sexualidade humana, uma pessoa se equivoca ao dizer 'orgasmo' em vez de 'organismo'" (p. 199).

(b) "o homem que desvia da excitante visão de uma mulher a expor seus seios salientes [*sic*.], 'Desculpe-me, preciso tomar um *peito* de ar!" (p. 200; meus colchetes).[39]

Acredito que isso vá se mostrar instrutivo para se relacionar a concessão de Grünbaum às diversas acusações por ele feitas contra o uso da associação livre para a solução de parapraxias opacas.

(1) Post hoc ergo propter hoc

Quando discute o caso "aliquis", e também em outros momentos, Grünbaum nivela a acusação de *post hoc ergo propter hoc* contra a alegação de Freud de que a associação livre a partir de uma parapraxia ou de um sonho pode desvelar um desejo que a acionou (p. 192, 198; cf. 170, 207,

---

39 Grünbaum se equivoca quanto à transparência dos motivos para (a) e (b). Em ambos os casos, a associação livre pode ser demandada para se comprovar "o elemento intruso" que perturba "o controle pelo agente de seu próprio comportamento". Dando novas colorações: em (a) nada se diz sobre que organismo possa estar em questão ou sobre por que o falante o acha problemático. Em (b) o artigo indefinido singular é suspeito, tanto mais porque tira vantagem da expressão "uma gama de". Poderia ser útil saber algo sobre a primeira relação do homem com o "seio". Em minha discussão de (1) e (4) abaixo, em função do argumento posso supor que (a) e (b) são transparentes; que eles foram respectivamente acionados por, digamos, o desejo de experiência e o desejo de carinho (para uma parapraxia inquestionavelmente transparente, ver o exemplo que Grünbaum extrai de Freud, p. 205-206. Os demais exemplos que ele cita de Freud – p. 201, 205 – são pouco evidentes).

208, 214, 254, 256-257). De acordo com Grünbaum, ainda que se situasse um desejo que fosse anterior a uma parapraxia e suas associações concomitantes, e que na verdade adequadamente expresso por elas, nem por isso se estaria autorizado a concluir que o desejo ocasionou a parapraxia. Se se concluísse desse modo, argumentar-se-ia *post hoc ergo* etc. Ainda assim, Grünbaum toma por certo que sua concessão com relação a (a) e (b) não se encontra viciada pela falácia *post hoc*. Mas pode-se perguntar por que motivo não estaria. Afinal de contas, isso equivale à afirmação de que cada uma dessas parapraxias está a revelar que um desejo ou afeto que lhe fosse anterior a tivesse ocasionado.

Não estou apenas dizendo a Grünbaum: *tu quonque*. Pode bem ser o caso de que suas explicações de (a) e (b) sejam invulneráveis à acusação de *post hoc*. Mas por que ele – ainda que sensatamente – supõe que elas são isentas disso?[40] Além do mais, dado que assim supõe, não tem razão para afirmar que os casos de associação livre não possam estar isentos de tal acusação. Em todo caso, ele não dá razão alguma.

(2) A "falácia da atividade temática"

Considere um desejo localizado numa parapraxia por uma sequência de associações. Deixe que o desejo seja tão expressável por – ou tão "tematicamente afinado" a – ambas as parapraxias e associações quanto se possa imaginar. Não importa; ser-lhe-á falacioso concluir que o desejo deu origem à parapraxia; assim sustenta Grünbaum. Qualquer inferência como essa, diz ele, vai de encontro à sua invenção, "a falácia da afinidade temática" (p. 55, 198, 199). Grünbaum, porém, jamais afirma o erro de raciocínio ou o argumento que desse modo se constituiria. Na verdade, o único erro de argumentação está claramente relacionado ao fato de Grünbaum colocar

---

40 Em cada caso, obviamente que ele está a se fiar na proximidade dos estímulos com a expressiva aptidão das parapraxias para inferir o papel do desejo. Freud confiava demais nessa aptidão; mas ele não toma os seres humanos por criaturas históricas do momento, criaturas capazes de respostas aptas somentecom base emestímulos. Quanto a esse aspecto, como em muitos outros, ver a crítica sóbria e incisiva ao livro de Grünbaum por Arthur Fine e Mickey Forbes; em particular, suas observações sobre o "atomismo" de Grünbaum. *Behavioral and Brain Sciences*, p. 237-238. Cf. nota 2.

a questão contra a associação livre. Sua intimidatória expressão, "falácia da afinidade temática", não deve amedrontar ninguém. E ele não se deixou dissuadir nem quando fez sua concessão com relação a (a) e (b): em cada um desses casos, bem como em outros, ele se fia pesadamente na afinidade temática das parapraxias com um desejo a fim de inferir que o desejo acionou as parapraxias.[41] Ainda uma vez, sugiro que para ele não teria sido pouco razoável fazê-lo.

(3) A astúcia inconsciente de algumas parapraxias

Grünbaum afirma: "Prover o inconsciente de poderes de intrusão ardilosos e excepcionais sobre as ações conscientes nada mais é do que batizar a falácia causal dando-lhe um nome honorífico" (p. 192). A falácia causal, tal como a considero, é *post hoc*, e assim por diante. Observei que Grünbaum não aciona aquela acusação contra a sua concessão dizendo respeito a (a) e (b) *et al.*[42] Que dizer então dos poderes "ardilosos e excepcionais" do inconsciente em sua "intrusão nas ações conscientes?" Algo menos ardiloso pode ser mostrado por (a), mas (b) parece bastante estratégico e desestabilizador. Grünbaum, se tivesse percebido esse aspecto de (b), não se teria dissuadido por ele quando fez essa concessão. Também aqui, não ser dissuadido parece razoável.[43]

---

41 Suprimi o disjuntivo "ou um afeto" da formulação de Grünbaum; para mim, o afeto seria carregado de desejo e, por isso, pode ser construído como desejante.

42 A concessão de Grünbaum, deve-se observar, desrespeita a sua insistência em métodos epidemiológicos e experimentais – de modo geral, métodos de indução eliminativa. Ao fazer a concessão, de forma tácita, mas razoável, ele opta por fazer inferência à melhor explicação (quanto a esse aspecto, estou em dívida com um artigo não publicado de Richard W. Miller). Depois de o presente artigo estar concluído é que apareceu o valoroso ensaio de James Hopkins, "Epistemology and Depth Psychology: Critical Notes on The Foundations of Psychoanalysis". Ver *Mind, Psychoanalysis and Science*, Peter Clark e Crispin Wright (Orgs.) (Oxford: Basil Blackwell, 1988), p. 33-60. Existe uma série de pontos com base nos quais eu e Hopkins coincidentemente concordamos. Contudo, não entro aqui em diversas questões que ele debate de forma bastante proveitosa.

43 Freud realça o caráter estranho de muitas parapraxias. Como epígrafe para a sua *Psicopatologia*, ele escreve as linhas de Goethe: "Nun ist die Luft von solchem Spuk so voll / Dass niemand weiss, wie er ihn meiden soll" (Faust, parte II, ato V, cena 5). Fliess chama a atenção de Freud para a combinação.

(4) A "falácia da reversão causal"

As parapraxias a que me referi como "transparentes" são assim chamadas por Grünbaum; as parapraxias não óbvias ele chama de "explanatoriamente opacas".[44] Grünbaum diz que o uso da associação livre para interpretar parapraxias opacas – e muitos sonhos e sintomas neuróticos – é invalidado por ainda outra falácia. Ele a rotula de "falácia da reversão causal". Tanto em sua discussão do exemplo "aliquis" como alhures, Grünbaum invoca a acusação (p. 186-187, 192, 233-234). De acordo com Grünbaum, comete-se esse erro de raciocínio sempre ao se concluir que "[...] uma repressão que surge ao final de uma cadeia de associações livres – como seu *terminus ad quem* – foi na verdade a causa original do sintoma [ou parapraxias ou sonho] que iniciou a cadeia como seu *terminus a quo*" (p. 186-187; itálicos nossos).[45]

Algumas observações acerca da acusação de reversão causal falaciosa podem ser úteis. (i) Por que Grünbaum fala de reversão da causalidade? Em primeiro lugar, em função do argumento, ele abre mão de qualquer probabilidade de "contaminação" de sequências de associação livre por sugestão. De acordo com Grünbaum, se os passos na sequência são livres dessa influência, eles exibirão uma ordem causal. Isso significa que os passos anteriores vão exercer efeitos sobre os posteriores (estranhamente, Grünbaum não considera que essa alegação possa dar em *post hoc* etc.). Em seguida, Grünbaum procede à suposição, frequentemente falsa, de que o desejo ou motivo putativo emerge somente ao final da sequência. Ele conclui que, havendo a inferência de que o desejo motivou a parapraxia pela qual a sequência *começou*, a ordem causal terá sido revertida.[46] (ii) É *logicamente* possível que Freud tenha perpetrado tanto a alegada falácia da reversão causal quanto a falácia *post hoc*. Por exemplo, ao provocar o desejo a partir das associações

---

44 *Behavioral and Brain Sciences*, p. 277; ver nota 2.
45 Coisa interessante sobre o *terminus ad quem* de muitas viagens de associação livre: quando se chega se vê, em várias paradas que se tem no caminho, que já se havia estado lá. Cf. os exemplos "Signorelli" e "aliquis" (VI, cap. I e II).
46 Uma versão da "falácia" foi enunciada primeiramente por Clark Glymour. Ver seu artigo "The Theory of Your Dreams" em *Physics, Philosophy, and Psychoanalysis*, R. Cohen e L. Laudan (Orgs.) (Dordrecht, Holanda: D. Reidel, 1983), p. 61.

do sonho, Freud poderia tê-lo projetado retroativamente no tempo, e então alegasse que ele ocasionou o sonho. Mas é claro que mesmo que tivesse precedido o sonho, daí não se segue que teria ajudado a formá-lo. (iii) Ainda assim, a acusação por Grünbaum de inversão causal não resiste a exame. Ainda uma vez, é uma questão de raciocínio paralelo, mas não meramente uma questão *tu quoque*. Qualquer que seja a via que se tome, a da associação livre com as parapraxias opacas, ou a da rápida percepção de um desejo que se imiscui "no controle pelo agente de seu próprio comportamento", no caso das parapraxias transparentes, tem-se aí que o desejo antecede as parapraxias. Assim em relação a (a) e (b), Grünbaum pressupõe uma referência retrocedida, por mais que em curto espaço no tempo, para o desejo. Além disso, ele não tem nenhum argumento contra uma referência temporal retrocedida estendida. Mas, novamente, creio que ele foi sensato; que para ele seria razoável não ser instado pela ameaça de uma alegada reversão causal quando fez sua concessão com relação a (a) e (b) *et al*.

É fácil ver por que foi sensato da parte de Grünbaum ignorar essas acusações (1) a (4) quando ele fez sua concessão dizendo respeito a (a) e (b). Foi porque cada uma dessas parapraxias por si só já transmite uma indicação de ter sido motivada. Cada uma delas, na realidade, também sugere uma chave para a sua motivação. Além disso, as circunstâncias de suas ocorrências – seu pano de fundo imediato – tendem a vir em apoio a essa apreciação. Nesse sentido, para Grünbaum foi razoável acusar esses equívocos involuntários de linguagem de atos mentais motivados, asserir, nas palavras de Freud, que "eles têm um sentido" por si próprios, e supor que, em ambos os casos, o desejo que suscitou a parapraxia esteve afinado com o sentido da parapraxia, ou fez-se associar a ele (ver p. 199-200).

Uma vez que se viu que nenhum das acusações de Grünbaum, (1) a (4), vem em prejuízo às parapraxias aparentemente transparentes, fica evidente que essas acusações são desprovidas de força em relação ao procedimento de Freud, de interpretar as parapraxias opacas. Afinal, se essas acusações valeram contra o método de Freud para a interpretação das parapraxias opacas, elas também valeriam contra a concessão de Grünbaum no tocante às parapraxias aparentemente óbvias. Mas uma vez que tais acusações são impotentes contra as parapraxias óbvias, são desprovidas de força também contra as primeiras.

Grünbaum apresenta ainda outra crítica à técnica da associação livre. Por sorte ela pode ser enviada para uma nota de rodapé.[47] Digo "por sorte" porque é tempo de concluir esta análise do Freud de Grümbaum.

X

O principal fundamento de Grünbaum aos princípios de Freud no tocante à repressão é indireto. Ele repetidas vezes procura lançar no descrédito o método da associação livre. Se tivesse sido bem-sucedido, justificadamente poderia afirmar que o principal procedimento de Freud para comprovar processos e conteúdos inconscientes, incluindo, é claro, os reprimidos, não seria de nenhuma valia. Mas, como procurei mostrar, nenhum dos esforços de Grünbaum tendo em vista impugnar o método da associação livre se fez bem-sucedido. O ataque subsidiário de Grünbaum é uma demanda programática: alegações freudianas sobre motivos reprimidos têm de ser testadas de maneiras que estão de acordo com os cânones da indução eliminativa. Ainda assim, quando ele se pronuncia sobre os diversos tipos de sonhos e parapraxias cuja motivação não é consciente, o próprio Grünbaum desconsidera o que há de inadequado nessa demanda.

Além do fracasso desses ataques, tem-se o lamentável fato de que Grünbaum exagerou a acusação de sugestão (cf. seção II (2), seção III). Tomados em conjunto, significam a derrota da campanha antifreudiana de Grünbaum. Os dados clínicos de Freud, até onde vai a crítica de Grünbaum, continuam a constituir evidência passível de ser ordenada em

---

47 Em razão da possível riqueza ou escassez das associações livres de um paciente, o analista pode selecionar entre elas ou perguntar-lhe mais a respeito. Em um dos casos, de acordo com Grünbaum, o analista vai influenciar o material; em outros, sugestionadamente conduzir o paciente (p. 209 *et ca.*). Mas por que motivo todas essas sugestões deveriam redundar em *influência ou em sugestão*? (por certo que algum controle desses conceitos se faz altamente necessário). O que realmente está em jogo é a prática analítica. Alguns analistas indiferentes estão abertos a acusações; outros não estão.

favor da psicanálise. Isso, conforme enfatizei, com base em outras fontes que vêm em apoio a Freud, as quais Grünbaum negligencia.

No início deste, afirmei que o livro de Grünbaum é provocativo. Seu valor, que de modo algum deve ser desprezado, encontra-se mais em suas provocações eruditas e estimulantes. Acima de tudo, ele incita e recompensa o estudo dele próprio e de Freud.

Referências

A fonte indispensável para se estudar Freud são os vinte e quatro volumes da *Standard Edition* das *Obras Psicológicas Completas de Sigmund Freud*, traduzida do alemão sob a edição geral de James Strachey em colaboração com Anna Freud, auxiliado por Alix Strachey e Alan Tyson (Londres: The Hogarth Press, 1953-1974). A obra contém inestimáveis introduções, notas e referências cruzadas. As citações das obras de Freud neste volume estão de acordo com a listagem cronológica dos escritos de Freud na *Standard Edition*, e os mais importantes dentre esses escritos encontram-se arrolados nesta bibliografia.

Entre as biografias de Freud, as mais importantes são a de Ernest Jones, Sigmund Freud: *Life and Work, three volumes* (Londres: The Hogarth Press, 1953-1957) e a de Peter Gay, *Freud: A Life for Our Time* (Nova Iorque: W. W. Norton, 1988). A biografia de Gay inclui um extenso e argumentativo "Ensaio Bibliográfico", que orienta o leitor ao longo da volumosa literatura secundária. O rastreamento filosoficamente mais incisivo do desenvolvimento da teorização de Freud é de autoria Richard Wollheim, Sigmund Freud (Cambridge: Cambridge University Press, 1971). Menção especial deve ser feita ao cuidadoso guia conceitual dos escritos de Freud, apresentado sob a forma de dicionário em J. Laplanche e J.-B. Pontalis, *The Language of Psycho-Analysis*, tradução de D. Nicholson-Smith (Londres: The Hogarth Press, 1973).

Livros

ABEL, Donald C. *Freud on Instinct and Morality*. Albany, Nova Iorque: State University of New York Press, 1989.

ABRAMSON, Jeffrey A. *Liberation and Its Limits: The Moral and Political Thought of Freud*. Nova Iorque: Free Press, 1984.

ANZIEU, D. *Freud's Self-Analysis*. Nova Iorque: International Universities Press, 1986.

ARCHARD, David. *Consciousness and the Unconscious*. LaSalle, 111: Open Court, 1984.

BENJAMIN, Jessica. *The Bonds of Love: Psychoanalysis, Feminism, and the Problem of Domination*. Nova Iorque: Pantheon Books, 1988.

BERGER, Louis. *Freud's Unfinished Journey*. Londres: Routledge and Kegan Paul, 1981).

BERSANI, Leo. *The Freudian Body: Psychoanalysis and Art*. Nova Iorque: Columbia University Press, 1986.

BETTELHEIM, Bruno. *Freud and Man's Soul*. Nova Iorque: Knopf, 1983.

BORCH-JACOBSEN, Mikkel. *The Freudian Subject*. Stanford, Califónia: Stanford University Press, 1987.

BROWN, Norman O. *Life against Death: The Psychoanalytical Meaning of History*. Middletown, Connecticut: Wesleyan University Press, 1959.

CHASSEGUET-SMIRGEL, Janine. *The Ego Ideal*. Tradução de P. Barrows. Nova Iorque: W. W. Norton, 1985.

DILMAN, Ilham. *Freud: Insight and Change*. Oxford: Basil Blackwell, 1988.

DRAENOS, Stan. *Freud's Odyssey: Psychoanalysis and the End of Metaphysics*. New Haven, Connecticut: Yale University Press, 1982.

EDELSON, Marshall. *Hypothesis and Evidence in Psychoanalysis*. Chicago: University of Chicago Press, 1984.

ELLENBERGER, Henri F. *The Discovery of the Unconscious: The History and Evolution of Dynamic Psychiatry*. Nova Iorque: Basic Books, 1970.

ERDELYI, M. *Psychoanalysis: Freud's Cognitive Psychology*. Nova Iorque: W. H. Freeman, 1985.

FANCHER, Raymond E. *Psychoanalytic Psychology: The Development of Freud's Thought*. Nova Iorque: W. W. Norton, 1973.

FARRELL, B. A. *The Standing of Psychoanalysis*. Oxford: Oxford University Press, 1981.

FENICHEL, Otto. *The Psychoanalytic Theory of Neurosis*. Nova Iorque: W. W. Norton, 1945.

FINE, Reuben. *A History of Psychoanalysis*. Nova Iorque: Columbia University Press, 1979.

FISHER, Seymour; GREENBERG, Roger P. *The Scientific Credibility of Freud's Theories and Therapy*. Nova Iorque: Basic Books, 1977.

FORRESTER, John. *Language and the Origins of Psychoanalysis*. Nova Iorque: Columbia University Press, 1980.

GRÜNBAUM, Adolf. *The Foundations of Psychoanalysis: A Philosophical Critique*. Berkeley: University of California Press, 1984.

HOLT, Robert B. *Freud Reappraised: A Fresh Look at Psychoanalytic Theory*. Nova Iorque: Guilford Press, 1989.

IZENBERG, Gerald N. *The Existentialist Critique of Freud: The Crisis of Autonomy*. Princeton, Nova Jersey: Princeton University Press, 1976.

KLINE, Paul. *Fact and Fantasy in Freudian Theory*. Londres: Methuen, 1972.

KOFMAN, Sarah. *The Enigma of Woman: Women in Freud's Writings*. Ithaca, Nova Iorque: Cornell University Press, 1985.

KUNG, Hans. *Freud and the Problem of God*. Tradução de E. Quinn. New Haven, Connecticut: Yale University Press, 1979.

LACAN, Jacques. *Ecrits: A Selection*. Tradução de A. Sheridan. Nova Iorque: W. W. Norton, 1977.

LAPLANCHE, Jean. *Life and Death in Psychoanalysis*. Tradução de J. Mehlman. Baltimore: The Johns Hopkins University Press, 1976.

LEAR, Jonathan. *Love and Its Place in Nature: A Philosophical Interpretation of Freudian Psychoanalysis*. Nova Iorque: Farrar, Straus and Giroux, 1990.

LEVIN, Kenneth. *Freud's Early Psychology of the Neuroses: A Historical Perspective*. Pittsburgh: University of Pittsburgh Press, 1978.

MCGRATH, William J. *Freud's Discovery of Psychoanalysis: The Politics of Hysteria*. Ithaca, Nova Iorque: Cornell University Press, 1986.

MACINTYRE, A. C. *The Unconscious: A Conceptual Analysis*. Londres: Routledge and Kegan Paul, 1958.

MACKAY, Nigel. *Motivation and Explanation: An Essay on Freud's Philosophy of Science*. Nova Iorque: International Universities Press, 1989.

MADISON, Peter. *Freud's Concept of Repression and Defense*. Mineápolis: University of Minnesota Press, 1961.

MAHONY, Patrick J. *Freud as a Writer*. Ed. amp. New Haven, Connecticut: Yale University Press, 1987.

MALCOLM, Janet. *Psychoanalysis: The Impossible Profession*. Nova Iorque: Knopf, 1981.

MARCUS, Steven. *Freud and the Culture of Psychoanalysis*. Nova Iorque: W. W. Norton, 1984.

MARCUSE, Herbert. *Eros and Civilization*. Boston: Beacon Press, 1955.

MASSON, Jeffrey Moussaieff. *The Assault on Truth: Freud's Suppression of the Seduction Theory*. Nova Iorque: Farrar, Straus and Giroux, 1984.

MITCHELL, Juliet. *Psychoanalysis and Feminism*. Nova Iorque: Pantheon Books, 1974.

OLSEN, Ole A.; KOPPE, Simo. *The Psychoanalysis of Freud*. Nova Iorque: New York University Press, 1988.

PRIBRAM, Karl; GILL, Merton. *Freud's 'Project' Reassessed*. Londres: Hutchinson, 1976.

RICOEUR, Paul. *Freud and Philosophy: An Essay on Interpretation*. New Haven, Connecticut: Yale University Press, 1970.

RIEFF, Phillip. *Freud: The Mind of the Moralist*. 3. ed. Chicago: University of Chicago Press, 1979.

ROAZEN, Paul. *Freud: Political and Social Thought*. Londres: Hogarth Press, 1969.

RUDNYISKY, Peter L. *Freud and Oedipus*. Nova Iorque: Columbia University Press, 1987.

RYCROFT, Charles. *Psychoanalysis and Beyond*. Chicago: University of Chicago Press, 1985.

SAGAN, Eli. *Freud, Women and Morality: The Psychology of Good and Evil.* Nova Iorque: Basic Books, 1988.

SANTAS, Gerasimos. *Plato and Freud: Two Theories of Love.* Oxford: Blackwell, 1988.

SHERWOOD, Michael. *The Logic of Explanation in Psychoanalysis.* Nova Iorque: Academic Press, 1969.

SPECTOR, Jack J. *The Aesthetics of Freud: A Study of Psychoanalysis and Art.* Nova Iorque: Praeger, 1972.

STEWART, Walter A. *Psychoanalysis, The First Ten Years, 1888-1898.* Nova Iorque: Macmillan, 1967.

SULLOWAY, Frank J. *Freud: Biologist of the Mind.* Nova Iorque: Basic Books, 1979.

TIMPANARO, Sebastiano. *The Freudian Slip: Psychoanalysis and Textual Criticism.* Londres: NLB, 1976.

WALLACE, Edwin R. IV. *Freud and Anthropology: A History and Reappraisal.* Nova Iorque: International Universities Press, 1983.

WEBER, Samuel. *The Legend of Freud.* Mineápolis: University of Minnesota Press, 1982.

Antologias

BERNHEIMER, Charles ; KAHANE, Claire (Orgs.). *In: Dora's Case: Freud – Hysteria – Feminism.* Nova Iorque: Columbia University Press, 1985.

CLARK, Peter; WRIGHT, Crispin (Orgs.). *Mind, Psychoanalysis and Science.* Oxford: Blackwell, 1988.

HANLY, Charles; LAZEROWITZ, Morris (Orgs.). *Psychoanalysis and Philosophy.* Nova Iorque: International Universities Press, 1970.

HOOK, Sidney (Org.). *Psychoanalysis, Scientific Method, and Philosophy.* Nova Iorque: New York University Press, 1959.

HORDEN, Peregrine (Org.). *Freud and the Humanities*. Nova Iorque: St. Martin, 1985.

MELTZER, Françoise (Org.). *The Trial(s) of Psychoanalysis*. Chicago: University of Chicago Press, 1988.

POST, Seymour C. (Org.). *Moral Values and the Superego Concept in Psychoanalysis*. Nova Iorque: International Universities Press, 1972.

WOLLHEIM, Richard (Org.). *Freud: A Collection of Critical Essays*. Garden City, Nova Iorque: Doubleday, 1974.

WOLLHEIM, Richard; HOPKINS, James (Orgs.). *Philosophical Essays on Freud*. Cambridge: Cambridge University Press, 1982.

Obras citadas de Freud

(1888b) "Hysteria" e "Hysteria-Epilepsy", S. E. I, 41-59.

(1888-1889) "Preface to the Translation of Bernheim's Suggestion", S. E. I, 75-87.

(1891b) *On Aphasia*, Londres e Nova Iorque, 1953.

(1892-1893) "A Case of Successful Treatment by Hypnotism", S. E. I, 117-128.

(1892-1894) Preface and Footnotes to the Translation of Charcot's Tuesday Lectures, S. E. I, 133-143.

(1893a) juntamente com J. Breuer, "On the Psychical Mechanism of Hysterical Phenomena: Preliminary Communication", S. E. II, 3-17.

(1893f) "Charcot", S. E. III, 11-23.

(1894a) "The Neuro-Psychoses of Defence", S. E. III, 45-61.

(1895d) juntamente com J. Breuer, Studies on Hysteria, S. E. II.

(1896a) "Heredity and the Aetiology of the Neuroses", S. E. III, 143-156.

(1896b) "Further Remarks on the Neuro-Psychoses of Defence", S. E. III, 162-185.

(1896c) "The Aetiology of Hysteria", S. E. III, 191-221.

(1898a) "Sexuality in the Aetiology of the Neuroses", S. E. III, 263-285.

(1899a) "Screen Memories", S. E. III, 303-322.

(1900a) *The Interpretation of Dreams*, S. E. IV-V.

(1901a) *On Dreams*, S. E. V, 633-686.

(1901b) *The Psychopathology of Everyday Life*, S. E. VI.

(1905c) *Jokes and Their Relation to the Unconscious*, S. E. VIII.

(1905d) *Three Essays on the Theory of Sexuality*, S. E. VII, 130-243.

(1905e [1901]) "Fragment of an Analysis of a Case of Hysteria", S. E. VII, 7-122.

(1907a) *Delusions and Dreams in Jensen's "Gradiva"*, S. E. IX, 7-95.

(1907b) "Obsessive Actions and Religious Practices", S. E. IX, 117-127.

(1907c) "The Sexual Enlightenment of Children", S. E. IX, 131-139.

(1908a) "Hysterical Phantasies and Their Relation to Bisexuality", S. E. IX, 159-166.

(1908b) "Character and Anal Erotism", S. E. IX, 169-175.

(1908c) "On the Sexual Theories of Children", S. E. IX, 209-226.

(1908d) "'Civilized' Sexual Morality and Modern Nervous Illness", S. E. IX, 181-204.

(1908e [1907]) "Creative Writers and Day-Dreaming", S. E. IX, 143-153.

(1909b) "Analysis of a Phobia in a Five-Year-Old Boy", S. E. X, 5-149.

(1909c) "Family Romances", S. E. IX, 237-241.

(1909d) "Notes upon a Case of Obsessional Neurosis", S. E. X, 155-320.

(1910a [1909]) "Five Lectures on Psycho-Analysis", S. E. XI, 9-55.

(1910c) *Leonardo da Vinci and a Memory of His Childhood*, S. E. XI, 63-137.

(1910d) "The Future Prospects of Psycho-Analytic Therapy", S. E. XI, 141-151.

(1910e) "The Antithetical Meaning of Primal Words", S. E. XI, 155-161.

(1910h) "A Special Type of Choice of Object Made by Men", S. E. XI, 165-175.

(1910i) "The Psycho-Analytic View of Psychogenic Disturbance of Vision", S. E. XI, 211-218.

(1910k) "'Wild' Psycho-Analysis", S. E. XI, 221-227.

(1911b) "Formulations on the Two Principles of Mental Functioning", S. E. XII, 218-226.

(1911c [1910]) "Psycho-Analytic Notes on an Autobiographical Account of a Case of Paranoia (Dementia Paranoides)", S. E. XII, 9-82.

(1912b) "The Dynamics of Transference", S. E. XII, 99-108.

(1912c) "Types of Onset of Neurosis", S. E. XII, 231-238.

(1912d) "On the Universal Tendency to Debasement in the Sphere of Love", S. E. XI, 179-190.

(1912f) "Contributions to a Discussion on Masturbation", S. E. XII, 243-254.

(1912g) "A Note on the Unconscious in Psycho-Analysis", S. E. XII, 260-266.

(1912-1913) *Totem and Taboo*, S. E. XIII, 1-162.

(1913c) "On Beginning the Treatment (Further Recommendations on the Technique of Psycho-Analysis, I)", S. E. XII, 123-144.

(1913d) "The Occurrence in Dreams of Material from Fairy Tales", S. E. XII, 281-287.

(1913f) "The Theme of the Three Caskets", S. E. XII, 291-301.

(1913i) "The Disposition to Obsessional Neurosis", S. E. XII, 317-326.

(1913j) "The Claims of Psycho-Analysis to Scientific Interest", S. E. XIII, 165-190.

(1914a) "Fausse Reconnaissance ('déjà raconté') in Psycho-Analytic Treatment", S. E. XIII, 201-207.

(1914b) "The Moses of Michelangelo", S. E. XIII, 211-238.

(1914c) "On Narcissism: An Introduction", S. E. XIV, 73-102.

(1914d) "On the History of the Psycho-Analytic Movement", S. E. XIV, 7-66.

(1914g) "Remembering, Repeating and Working-Through (Further Recommendations on the Technique of Psycho-Analysis, II)", S. E. XII, 147-156.

(1915a) "Observations on Transference-Love (Further Recommendations on the Technique of Psycho-Analysis, III)", S. E. XII, 159-171.

(1915b) "Thoughts for the Times on War and Death", S. E. XIV, 275-302.

(1915c) "Instincts and Their Vicissitudes", S. E. XIV, 117-140.

(1915d) "Repression", S. E. XIV, 146-158.

(1915e) "The Unconscious", S. E. XIV, 166-215.

(1915f) "A Case of Paranoia Running Counter to the Psycho-Analytic Theory of the Disease", S. E. XIV, 263-272.

(1916d) "Some Character-Types Met with in Psycho-Analytic Work", S. E. XIV, 311-333.

(1916-1917) *Introductory Lectures on Psycho-Analysis*, S. E. XV-XVI.

(1917c) "On Transformations of Instinct as Exemplified in Anal Erotism", S. E. XVII, 127-133.

(1917e [1915]) "Mourning and Melancholia", S. E. XIV, 243-258.

(1918a) "The Taboo of Virginity", S. E. XI, 193-208.

(1918b [1914]) "From the History of an Infantile Neurosis", S. E. XVII, 7-122.

(1919e) "A Child Is Being Beaten", S. E. XVII, 179-204.

(1919j [1918]) "On the Teaching of Psycho-Analysis in Universities", S. E. XVII, 171-173.

(1920a) "The Psychogenesis of a Case of Female Homosexuality", S. E. XVIII, 147-172.

(1920g) *Beyond the Pleasure Principle*, S. E. XVIII, 7-64.

(1921c) *Group Psychology and the Analysis of the Ego*, S. E XVIII, 69-143.

(1922b) "Some Neurotic Mechanisms in Jealousy, Paranoia and Homosexuality", S. E. XVIII, 223-232.

(1923a [1922]) "Two Encyclopaedia Articles," S. E. XVIII, 235-259.

(1923b) *The Ego and the Id*, S. E. XIX, 12-66.

(1923d [1922]) "A Seventeenth-Century Demonological Neurosis", S. E. XIX, 72-105.

(1923e) "The Infantile Genital Organization", S. E. XIX, 141-145.

(1924c) "The Economic Problem of Masochism", S. E. XIX, 159-170.

(1924d) "The Dissolution of the Oedipus Complex", S. E. XIX, 173-179.

(1924f [1923]) "A Short Account of Psycho-Analysis", S. E. XIX, 191-209.

(1925a [1924]) "A Note upon the 'Mystic Writing-Pad'", S. E. XIX, 227-232.

(1925d [1924]) *An Autobiographical Study*, S. E. XX, 7-74.

(1925e [1924]) "The Resistances to Psycho-Analysis", S. E. XIX, 213-232.

(1925h) "Negation", S. E. XIX, 235-239.

(1925i) "Some Additional Notes on Dream-Interpretation as a Whole", S. E. XIX, 127-138.

(1925j) "Some Psychical Consequences of the Anatomical Distinction between the Sexes", S. E. XIX, 248-258.

(1926d [1925]) *Inhibitions, Symptoms and Anxiety*, S. E. XX, 87-175.

(1926e) *The Question of Lay Analysis*, S. E. XX, 183-258.

(1927c) *The Future of an Illusion*, S. E. XXI, 5-56.

(1927e) "Fetishism," S. E. XXI, 152-157.

(1928a) "A Religious Experience", S. E. XXI, 169-172.

(1928b) "Dostoevsky and Parricide", S. E. XXI, 177-194.

(1930a) *Civilization and Its Discontents*, S. E. XXI, 64-145.

(1931b) "Female Sexuality", S. E. XXI, 225-243.

(1932a) "The Acquisition and Control of Fire", S. E. XXII, 185.

(1933a) *New Introductory Lectures on Psycho-Analysis*, S. E. XXII, 5-182.

(1933b [1932]) *Why War?*, S. E. XXII, 199-215.

(1936a) "A Disturbance of Memory on the Acropolis", S. E. XXII, 239.

(1937c) "Analysis Terminable and Interminable", S. E. XXIII, 216-253.

(1937d) "Constructions in Analysis", S. E. XXIII, 257-269.

(1939a [1937-1939]) *Moses and Monotheism*, S. E. XXIII, 7-137.

(1940a [1938]) *An Outline of Psycho-Analysis*, S. E. XXIII, 144-207.

(1940b [1938]) "Some Elementary Lessons in Psycho-Analysis", S. E. XXIII, 281-286.

(1940c [1922]) "Medusa's Head", S. E. XVIII, 273-274.

(19040d [1892]) "On the Theory of Hysterical Attacks", S. E. I, 151-154.

(1940e [1938]) "Splitting of the Ego in the Process of Defence", S. E. XXIII, 275-278.

(1942a [1905-1906]) "Psychopathic Characters on the Stage", S. E. VII, 305-310.

(1950a [1887-1902]) *The Origins of Psycho-Analysis*, Londres e Nova Iorque, 1954. Parcial, incluindo "A Project for a Scientific Psychology", S. E. I, 177-397.

(1955a [1907-1908]) Original Record of the Case of Obsessional Neurosis (the "Rat Man"), S. E. X, 259-318.

(1957a [1911]) juntamente com D. E. Oppenheim, *Dreams in Folklore*, Parte I, S. E. XII, 180-203.

(1960a) *Letters 1873-1939* (Ernst L. Freud (Org.); tradução de Tania e James Stern), Nova Iorque, 1960; Londres, 1961.

(1965a) *A Psycho-Analytic Dialogue. The Letters of Sigmund Freud and Karl Abraham*, Londres e Nova Iorque, 1965.

(1966a [1912-1936]) *Sigmund Freud and Lou Andreas-Salomé: Letters*, Londres e Nova Iorque, 1972.

(1968a [1927-1939]) *The Letters of Sigmund Freud and Arnold Zweig*. E. L. Freud (Org.), Londres e Nova Iorque, 1970.

(1974a) *The Freud/Jung Letters*. W. McGuire (Org.). Tradução de R. Manheim e R. F. C. Hull. Princeton, Nova Jersey: Princeton University Press.

(1985 [1887-1904]) *The Complete Letters of Sigmund Freud to Wilhelm Fliess*. Tradução de J. M. Masson (Org.), Cambridge, Massachusetts: Harvard University Press, 1985.

Índice remissivo

abordagem fisicalista da histeria – 43-44
abuso sexual – 15, 39, 53, 58, 59
    frequência de – 41
    e teoria da histeria – 45-47
    (ver também *teoria da sedução*)
"ação deferida" – 50, 59
ação subintencional – 373
acusação de sugestionabilidade – 366
afasia – 87, 88
    primeiras teorias sobre – 68
    teoria de Freud sobre – 79
agressão – 326, 327, 329
    controle da, pela sociedade civilizada – 338-343, 354
    e a teoria da civilização de Freud – 345-354
    e derivação do instinto de morte – 343(n)
    e origem da consciência – 350-353
    influência da razão sobre – 353
alegação de indispensabilidade causal – 365, 367
Além do Princípio do Prazer (Freud) – 89, 212, 246, 324, 342, 343, 346
"Algumas Consequências Psíquicas da Distinção Anatômica Entre os Sexos" (Freud) – 197, 199
amar o próximo como a si mesmo – 340-342
ambivalência – 18, 34(n), 101, 102, 103, 157, 285, 323, 327
    e complexo de Édipo – 194
    e formação do superego – 348-350
    e fraqueza da vontade – 99
    e neurose obsessiva – 318-319, 327
    para com os pais – 348-350

"Análise Terminável e Interminável" (Freud) – 269
"animismo" – 320
"argumento da adequação" – 367
amor – 35, 294-296
anglofilismo – 24-26
angústia em sonhos – 147-150
Aníbal – 33, 34, 36, 37, 56, 57
Anna O. – 44, 272, 273, 275, 279
antissemitismo – 13, 34, 56
antropologia – 313, 326
Anzieu, D. – 112(n)
arqueologia – 21, 304
arte – 293-312
articulação linguística – 113, 118, 123
associação livre – 112(n), 152, 279
    descoberta por Freud da – 111
    e crítica de Grünbaum – 373-375, 377-378, 387-394
    e material suprimido *versus* reprimido – 374-376
associações e desejo desviado – 246
atitude de Freud para com *A civilização e seus descontentes* – 337-339
"atomismo" – 389(n)
"Atos Obsessivos e Práticas Religiosas" (Freud) – 315
autoanálise – 23, 33, 37, 128, 191, 192, 289, 313, 316
    e teoria edípica de Freud – 15-17, 200-202
    papel da, no abandono da teoria da sedução – 55-59
autoengano – 18, 99, 101, 103
autointeresse e moralidade – 258-260, 341-346
autointeresse ilustrado – 346
autopsicologia – 59
autoridade internalizada – 329, 349
autoridade da consciência – 347
autoridade parental – 349-350, 358

Balint, Michael – 229(n)
"bando de irmãos" – 333
Bayer, R. – 231(n)
Bernard, Claude – 65
Bernhardt, Sarah – 29
Bion, W. R. – 173
bissexualidade – 37, 38, 196, 197, 200
Boswell, John – 211(n)
Brentano, Franz, influência de – 64, 65, 68, 69, 94
Breuer, J. – 44, 62, 104
brincadeira – 159, 160, 277
Brown, Norman O. – 225
Brücke, Ernst – 62, 64-67, 69, 70, 86
Brunswick, Ruth Mack – 266(n)

"Cabeça de Medusa" (Freud) – 282
capacidades cognitivas – 62, 67, 70, 89, 91, 94
"Caráter e erotismo anal" (Freud) – 243
Carlsbad – 35
cartas de Fliess
    e aparência repugnante na infância – 216
    e ideia edípica – 192
    e teoria da sedução – 39-40, 46
    e teoria do sonho – 111(n)
casamento como armadilha para mulheres – 276-277
caso "aliquis" – 381(n), 384, 388, 391(n)
caso Cacilie – 272
caso Emmy von N. – 272, 275
Caso Dora – 216
    e a sexualidade feminina – 271-272, 272(n), 275
    dinâmica edípica em – 192
caso Katharina – 46, 272-273
caso Schreber – 194, 248(n)

"catexia" – 81, 83, 84, 256
catolicismo – 26, 28, 36, 315
causalidade – 44, 125, 391
    e interpretação – 112-124
    e trabalho de sonho – 144
    em desejos oníricos – 134-144
Charcot, Jean-Martin – 26, 30
chistes – 307-311, 374-375, 383
chistes e sua relação com o inconsciente, Os (Freud) – 308, 375
cibernética – 77
ciência – 24, 36, 38, 61, 62, 63, 66, 70, 72, 75, 161
    e religião – 336-338, 355-356
    papel da, na civilização – 355-356
    psicanálise como – 372-373
cisão – 45, 224(n), 282
Civilização e seus Descontentes, A (Freud) – 21-23, 336, 338, 342, 343(n), 346, 347-348, 352, 354, 355-356, 358-359
civilização – 313-359
civilização inglesa – 23-26
classificação tripartite – 61
cocaína – 140-145
coesão social – 342, 344-346
complexo de castração – 192, 228, 267, 281, 289
complexo de Édipo – 191-205
    aspectos do desenvolvimento do, em mulheres – 266-269
    como complexo nuclear –193-194
    e a autoanálise de Freud – 14-16, 200-201
    e alicerce da vida social primordial – 320-324
    e sonhos – 158-159
    em mulheres – 198-201, 266-271
    evolução das ideias de Freud sobre o – 191-205
    universalidade do – 196-198
"complexo de Édipo invertido" – 195-196, 199

complexo nuclear – 193
"complexo paterno" – 353(n)
comportamento reflexo – 43, 48, 343
computação analógica – 104, 106, 107
computação "conexionista" – 63, 77-80, 82-87
computadores digitais – 75, 105
conceito de disposição – 182
conceito de infiltração – 147
condensação em sonhos – 145-146
condições lockeanas – 172, 173, 174
consciência – 18, 22, 35-38, 48, 69, 70, 110, 165, 167
    componente de angústia da – 257(n)
    desenvolvimento da – 256-257
    e derivação de instintos de agressividade –350-352
    e linguagem – 247
    e modelos conexionistas – 86-87
    e modo de regulação da moralidade – 348-352
    e propriedades de onda – 87
    em contraste com o inconsciente – 246-248
    formação da – 346-349
consciência unificada – 86
conteúdo latente de sonhos – 145, 146, 157
conteúdo manifesto de sonhos – 145, 146, 147, 149(n), 157
conteúdo proposicional – 184-186
conteúdos inconscientes inatos – 173
"Contribuições à psicologia do amor" (Freud) – 281, 283, 286-287, 409
credo igualitário – 356-359
crença manifesta – 167-168
crenças e desejos – 117-120
crime primevo – 329-330, 333
cristianismo – 329-330
crítica de Sartre – 181, 182(n)
culpa – 30, 34, 45, 51, 129, 130, 131, 142, 151, 154

       como fonte de infelicidade – 354
       e civilização – 349-351, 354, 329-330
       e complexo de Édipo – 194
       e desenvolvimento do superego – 253-254
       e ritual – 315-316
       e sonhos – 145-146
       formação de capacidade para – 349-350
       origem da, em hostilidade – 351
cultura – 313-359
cultura francesa – 26-32
Cummins, R. – 91(n)
cunnilingus – 215

da Vinci, Leonardo – 194, 228, 294-300, 305
Darwin, Charles – 321-322, 321(n), 329, 382(n)
Davidson, Donald – 99(n), 102(n), 112(n), 152(n), 182(n)
defesa patológica – 15, 47, 49, 50, 57, 58
Dennett, Daniel – 91, 96, 98(n)
désagrégé – 183
descarga sexual – 50
desejo sexual – 51, 55, 196, 218, 223(n), 242, 245, 267, 271, 272, 273, 275, 287, 345
       em mulheres – 267-269
desejos – 118-124
       deflexão de, consciência – 246-250
       e crença – 118-121
deslocamento – 39, 45, 145, 146, 147, 209, 237, 253
       e teoria da histeria – 45
       em sonhos – 145-147
determinismo – 65-66, 373
Deutsch, Helen – 270, 270(n), 288-290, 289(n)
diálogo psicanalítico, Um (Freud e Abraham) – 154(n)
dispositivos literários – 105

dispositivos teatrais – 105-106
"Dissolução do complexo de Édipo, A" (Freud) – 197, 266-267
distorção em sonhos – 146
distribuição de Boltzmann – 77-79
dizer e mostrar – 103
"Dois princípios do funcionamento mental" (Freud) – 247(n), 249(n)
"Dostoievsky e o Parricídio" (Freud) – 198
doutrina da superveniência – 65
doutrina da unidade do *self* – 94
doutrinas do determinismo físico – 65
Du Bois Reymond, Emil – 65-66
Durkheim, Emile – 318, 318(n)

Eckstein, Emma – 47(n), 51-53
Edelson, Marshall – 155(n), 370(n)
Édipo *Rei* (*Sófocles*) – 315, 331
ego – 15, 28, 38, 49, 88, 104, 165
    e consciência – 249
    como homúnculo – 94-96, 100-101
    e relação com o ideal do ego – 255-257
Ego e o Id, O (Freud) – 71, 78, 89, 164(n), 197, 256(n), 325-326, 353(n)
Einstein, A. – 296
Elizabeth von R. – 272-273, 275, 279
emoções – 124, 146, 165, 185, 186, 333
    e moralidade – 337-341
    exigência para consciência de – 249
ensaio sobre Michelangelo – 294, 300, 307
entropia – 78, 81
equilíbrio por distribuição de probabilidade – 77
Erikson, Erik – 221(n), 272(n)
Eros – 246(n), 324
erotismo anal – 216, 227, 243
Esboço de Psicanálise (Freud) – 71, 89

esquecimento – 32, 47, 175, 259, 287, 376, 379, 380, 382-383, 385
estrutura funcional – 66, 88-89, 100
Estudos sobre Histeria (Freud e Breuer) – 45-47, 274
exclusividade e sexualidade – 218-220
Exner, Sigmund – 62, 69, 78, 86-87
"exogamia" – 320-321, 323
"experiência religiosa, Uma" (Freud) – 198
explicação da irracionalidade – 93, 96
explicação de Schmidl – 133(n)
explicações fisiológicas – 66
      e analogia com as ciências da computação – 71-75
explicações homunculares – 90, 91, 92, 93, 183, 252-254

facilitação no sistema nervoso – 79-82
fala – 67-71
"falácia da atividade temática" – 389-390
"falácia de reversão causal" – 390-393
fantasia – 15, 19, 30, 48, 121(n), 202, 209, 251
      e relação pulsional – 54-55
      e teoria da sedução – 53-54
fantasias "de apanhar" – 203
fantasias primevas – 173, 173(n)
fascismo – 326
fatores de classe social – 276-277, 283-284
Fehlleistungen – 375
fellatio – 215
Felman, Shoshana – 288(n)
"Feminilidade" (Freud) – 266, 269
feminilidade – 263, 265, 271, 278, 280, 283
      desenvolvimento da – 266
      teoria da – 287, 289-291
      ameaça da, aos homens – 286-288
fenomenalismo – 170, 174

fenômenos normais – 313, 371, 386, 387(n)
fetichismo – 210, 219, 235-241, 288, 282-283
fetichismo por pés – 235-241
fezes – 216, 217, 217(n), 221
Fine, Arthur – 389(n)
fisiologia materialista – 67, 70
fixação – 59, 145, 226, 229, 235, 237, 270
      e Leonardo da Vinci – 296-298
      na sexualidade – 219-221
Fodor, J. – 75(n)
folclore – 314, 372, 378
Forbes, Mickey – 389(n)
formação de reação – 230(n), 326, 327, 328
formações de compromisso – 52, 329, 381
fraqueza da vontade – 99-102
Frazer, James – 321
Freud, Anna – 33(n), 202-203, 268(n), 289, 290
função reprodutiva do sexo – 222-226, 233-234
Futuro de uma Ilusão, O (Freud) – 19, 198, 335, 336, 337, 339, 341, 342, 343, 344, 346, 354, 356, 359
      otimismo em – 336-339
      visão da religião em – 336-337

Gall, Francis – 68
Geertz, Clifford – 315
generalização de estímulo e fetiches – 238
Glymour, Clark – 109(n), 130(n), 391(n)
Gombrich, Ernst – 301
Goodman, Nelson – 103, 104(n)
gratificação alucinatória – 48
Greenacre, Phylis – 239(n)
Grünbaum, Adolf – 14, 109(n), 130, 136, 155, 361-394

Hampshire, Stuart – 241(n)
Hebb, Donald – 78
Helmholtz, Hermann – 62, 65, 66
Hera, imagem de – 286
herança da cultura – 330-332
herança filogenética – 173-331
histeria – 14, 26, 27, 31, 37, 40, 57, 59, 273, 276, 277, 291 ,316
 e sexualidade neurótica – 237-238
 fórmula "fisiopatológica" para – 43-44
 explicação de prazer-dor – 51
 papel do inconsciente – 44
 e teoria da sedução – 14-15, 40, 45-59
 três níveis de teorização – 44-49
 teoria em dois atos da – 52-54
Hobson, J. Allan – 109(n), 148(n), 385(n)
Homem dos Lobos, caso do – 173(n), 195, 248(n), 283
Homem dos Ratos, caso do – 102, 192, 243(n), 283, 284, 316
 dinâmica edípica do – 192-193
homem máquina – 149(n), 151(n)
homossexualidade – 209-213, 226-235
 "caráter não natural" da – 211(n), 212(n)
 adquirida ou inata – 211(n), 213
 como desenvolvimento retido – 227-230
 como perversão – 211(n), 212-213, 223(n), 226-235
 como variação sexual – 208, 218-220
 e Associação Americana de Psiquiatria – 231, 232(n)
 e escolha de objeto – 227(n), 229-231, 234(n)
 e narcisismo – 229-231
 e sentimento social – 218, 234(n)
 em mulheres – 227-228, 276-278
 sublimação na – 234(n)
 vantagens sociais da – 221-222
"homossexualidade ego-distônica" – 231, 232(n)

Hopkins, James – 181(n), 390(n)
"horda dos irmãos" – 326
Horney, Karen – 269, 281, 288, 290, 290(n)
hostilidade – 270, 318, 322, 339, 343(n), 350, 351, 353

id – 14, 28, 31, 38, 95, 104, 165, 173(n), 181, 334
    como homúnculo – 94-96, 100
    e conexionismo – 86-87
    e o inconsciente – 249
    relação com o superego – 255-256
ideal do ego – 245, 246, 276, 325
    e complexo de Édipo – 196-197
    em teoria cultural – 325
    formação do – 256(n), 257(n)
identidade de gênero – 266, 278
identidade sexual – 266
identificação – 26, 34, 74, 88, 169, 177, 200, 249, 312
    e complexo de Édipo – 196-197
    e desenvolvimento do superego – 252-255
    e pais – 350
ilusão e moralidade – 355
"Ilusões e Sonhos na *Gradiva* de Jensen" (Freud) – 303
ilusões – 305, 337, 338, 355, 365
imagem de Afrodite – 286
imagem da esfinge – 28, 31
imagem de Deméter – 286
imaginação e internalização – 251-252
impotência – 34, 224(n), 273, 282, 287
impulsos – 163, 188, 194, 195, 197, 316
    e origem da neurose – 55-56
    relação com a fantasia – 55-56
impulsos eróticos parcialmente inibidos – 324
impulsos incestuosos – 195

"Inconsciente, O" (Freud) – 164(n), 247(n), 248(n), 249(n)
inconsciente – 163-190
        caráter fenomenológico do – 185-186
        como homúnculo – 94-97
        conceito de Freud do – 164-166
        conceito mentalmente convincente de – 166
        e crítica de Grünbaum – 374-378, 390-391
        e estados mentais proposicionais – 184-186
        e linguagem – 247-248
        e modelos conexionistas – 85-87
        e objeção ao poder causal – 165-172
        e parapraxias – 391-392
        e repressão – 174-176
        em contraste com a consciência – 246-248
        entidade do – 178-184
        epistemologia do – 165-167
        influência do, em sonhos – 148-152
        lacunas no – 175-176
        objeção ao antiabstracionismo – 166-172
        objeção e redundância no – 166-167
        papel do, na histeria – 44-45
        "quase manifestabilidade" do – 188, 189
inconsciente descritivo – 168
inferioridade em mulheres – 267-269
Inibições, sintomas e angústia (Freud) – 257(n), 317
instinto – 17, 19, 21, 38
        agressivo – 342-343, 343(n), 346, 350, 351, 352, 354,
        como ameaça à sociedade – 341-343
        de autopreservação – 46, 320, 344, 345, 346
        e civilização – 21-22, 319-326, 341-343
        e complexo de Édipo – 195
        e critérios de perversão – 216-219, 221-225
        e o inconsciente – 173-174

      e sexualidade – 207-209
      fator mental do – 241-244
      natureza e número de – 221, 246-247
      renúncia a, pelo ritual – 315-317
      (ver também *instinto sexual*)
instinto de morte – 19, 342(n), 343(n)
instinto sexual – 207-208, 213, 219, 230, 236, 237, 242-244, 316, 326, 343, 345
      e civilização – 344
"Instintos e suas vicissitudes, Os" (Freud) – 71, 89, 193, 246(n)
instintos "incompletos" – 223(n)
intencionalidade – 113(n), 114
internalização – 18, 347
      e desenvolvimento do *self* – 249-252
      e uso da imaginação – 251-252
      em contraste com o narcisismo – 251-252
      na formação do ideal do ego – 255-258
      no desenvolvimento do superego – 252-254
Interpretação dos sonhos, A (Freud) – 14, 21, 23, 27, 32, 33, 56, 71, 79, 88,
   104, 105, 109, 111, 124, 148(n), 153, 201, 246(n), 249(n), 289, 314,
   372, 374, 375, 383, 387
      avaliações de – 109-110
      como livro cultural – 314
      e crítica de Grünbaum – 136-139(n), 374-378, 387-393
intervenção física – 365(n)
inveja do pênis – 203, 228, 267, 268, 278, 286, 287, 289
      no desenvolvimento feminino – 266-269, 268(n)
inversão – 131, 195, 208, 209, 210, 227, 270, 272, 392
ironia – 105, 293, 358

James, William – 167(n), 170
Jensen, Wilhelm – 158(n), 159, 173
judaísmo – 315, 329
Jung, Carl – 195, 203, 286, 302

Kaplan, D. – 104(n)
Kihlstrom, J. – 61(n)
Klein, Melanie – 158(n), 159, 173
Kline, Paul – 144(n)
Kris, Ernst – 33(n), 56, 47
Krull, M. – 40(n)

Lacan, J. – 19, 152(n)
Lampl-de Groot, Jeanne – 270, 270(n), 288
lapso de memória – 381, 381(n)
Lashley, Karl – 78, 79
Lermolieff, Ivan – 301
lesbianismo – 209, 212(n), 228, 229(n), 230(n)
Lewes, Kenneth – 229(n), 230(n), 231(n), 283(n)
libido – 87-88
    e cultura – 319-326
    e satisfação de um desejo – 55
libido inibida em sua meta – 333
linguagem – 34, 46, 75, 187, 225, 314, 392
    e articulação de motivos – 112-124
    e desenvolvimento do superego – 253-254
    e fisiologia materialista – 66-68
    necessidade da consciência na – 247-248
    teorias iniciais sobre – 68-69
localizacionismo – 67-71
Londres – 13, 22, 25, 28, 31, 32, 38, 298
Löwy, Emanuel – 33
Lucy, R. – 46, 272, 273, 279
Lueger, Karl – 56

Machamer, P. – 104(n)
Madona com o Menino e Sant'Ana – 298
mágica – 92, 182, 294, 320

máquina de Turing – 73, 74,
Marcuse, Herbert – 225
Marmor, J. – 231(n)
masculinidade-feminilidade – 288
masoquismo feminino – 203
Masson, J. M. – 40(n), 46(n)
masturbação – 233, 243, 269, 271, 319
matriarcado – 323
McGinn, Colin – 122(n)
McGrath, William – 56, 57, 57(n), 91(n)
mecanismo censor – 181, 182
mecanismos de defesa – 88
mecanismos de desejo e neurose – 84-86
"megalomania sexual" – 154(n)
Meltzer, Donald – 186(n)
memória e repressão – 53-55
"memória infantil" – 299
memória pessoal – 332
metáfora da Cidade Eterna – 21-22, 31-38
metáfora de Roma – 21-24, 31-38
metáforas – 104
métodos epidemiológicos – 390(n)
métodos experimentais – 390(n)
métodos inferenciais – 390(n)
Meynert, Theodor – 47, 48, 62, 64, 66, 68, 69, 79, 81(n), 86
Mill, John Stuart – 26, 31, 71, 136-139(n)
Miller, Richard W. – 390(n)
Millikan, Ruth Garrett – 120-121(n), 122(n)
Minerva – 22, 38
mito – 192-194, 212(n), 314, 323, 331, 372, 378
mito de Aristófanes – 212(n)
modelo anaclítico – 229
modelo da "transparência" – 148-151(n)

modelo de "censura disfarçada" – 148(n)
"modelo de herança dual" – 332
modelo-máquina – 73, 74, 75, 76, 79, 86, 90
modelo mecanicista – 46
    e histeria – 46-49
    e teoria das defesas patológicas – 49
modelo topográfico do inconsciente – 179-182
modelos computadorizados – 17-18, 61, 104-108
    e a analogia da fisiologia – 71-78
    e a teoria de Freud – 78-87
modelos de rede – 77-79, 82
modelos de explicação – 61-108
Moisés de Michelangelo – 293, 300, 305
Moisés e o Monoteísmo (Freud) – 89, 313, 327
    e teoria da neurose obsessiva – 327-331
Mona Lisa – 298
monoteísmo – 323
moralidade – 17-19, 245-261
    como fonte de infelicidade – 354
    e civilização – 336-338, 347-350, 354-358
    e credo igualitário – 353-359
    e Kant – 259-260
    forças emocionais em – 337-342
    importância da ilusão para a –354-355
    modo de regulação da – 346-350
    papel da religião na – 336-338, 354-359
    teoria de Freud sobre a – 258-261, 356-357
moralidade kantiana – 259-260, 356-359
Morelli, Giovanni – 301, 302, 308
mostrar e dizer – 103-108
motivos – 110, 111, 203
    e causalidade em interpretação – 112-124
    e causalidade em sonhos – 132-161

            e sonhos – 124-144
motivos altruístas – 344
motivos articulados – 113(n), 113-124
motivos egoístas – 344
mulheres – 163-291
            aspectos desinvolvimentais das – 265-271
            como objetos – 280-291
            complexo de Édipo em – 266-271
            contribuições das, à técnica psicanalítica – 278-279
            e relação mãe e filha – 274-276
            homossexualidade em – 198-201, 276-278
            no contexto social – 276-279
Müller, Johannes – 65
"múltiplos *selves*" – 178-179

Nagel, Thomas – 212(n), 223(n), 241(n)
narcisismo – 59, 200, 230, 235
            e ideal do ego – 256-257
            e internalização – 251-252
            em obsessivos-compulsivos – 319-321
            em escolha de objetos de homossexuais – 227-230
            em teorias culturais – 319-327
neurônio "chave" – 81
"Neuropsicoses de Defesa, As" (Freud) – 45
neurose de Roma – 23, 33, 36, 36(n)
neurose obsessiva – 19, 42, 274, 284, 356
            e diferenças entre os sexos – 316-318
            e semelhança com rituais religiosos – 315-317, 336-337
            em *Moisés e o Monoteísmo* – 327-328
            em *Totem e Tabu* – 317-320
            explicação de prazer e dor – 50-52
            na civilização – 316-318, 336-337
neuroses – 40, 237, 315, 318, 319, 366, 372

solução em três vias para as – 44-45
teoria fisicalista das – 42-44
(ver também *histeria*)
"no térreo e no primeiro andar" (Freud) – 277
Notre Dame – 28-31, 35, 38

observância de ritual – 315-316
ódio – 34-36, 102, 112(n), 191, 193-194, 226, 270, 276, 290, 295, 327
onipotência dos pensamentos – 319-320
orientação sexual – 211, 234
o sonho de Anna – 127-128, 135-136

pacientes psicóticos – 422
pai – 16, 33, 34, 52, 53, 156, 158, 192, 250, 253, 284, 297
    como abusador – 42
    identificação com o – 197, 228, 276
    raiva de Freud do – 56-57
paradoxos – 101, 374
"paralelismo psicofísico" – 43
parapraxias, 371, 373(n), 382
    e alegação de necessidade terapêutica – 383-385
    e crítica de Grünbaum – 370-376, 378-379, 383-394
parapraxias acumuladas – 376, 379
parapraxias combinadas – 375, 376, 379, 382, 384
Paris – 14, 26-32, 35, 37-38, 70, 298
parricídio – 198, 330
passividade nas mulheres – 267
patriarcado – 38
Pears, David – 102(n), 182(n)
Pequeno Hans – 194
    dinâmica edípica em – 192
    e origem da fobia – 239(n)
"Personagens psicopatas no palco" (Freud) – 307

personalidades múltiplas – 86, 260
perversão – 207-244
    critérios de – 213-220, 235
    distinção entre inversão e – 227(n)
    e abandono da função reprodutiva – 225
    e homossexualidade – 209-213, 226-235
    e sexualidade infantil – 220-226, 236-238
    e teoria da sedução – 52-53
    neurose como negativo da – 237
    papel do desejo na – 241-244, 241(n)
    teoria desenvolvimentista da – 220-226
perversão sexual (ver *perversão*)
perversão polimorfa – 225
petites perceptions – 171
política – 214, 231, 344
política liberal – 25-26
"pré-consciente" – 101, 165, 241(n), 375
princípio do isomorfismo – 150(n)
princípio do prazer – 26
    e modelo conexionista de Freud – 82
    e sexualidade – 221-225
processamento distribuído em paralelo – 77, 86
processamento serial e consciência – 86-87
processos primários – 18, 121(n), 148, 246,
processos secundários – 149, 247
programas de computador – 73
Projeto para uma Psicologia Científica (Freud) – 17, 47, 71, 72, 88, 242
propriedades de ondulação e consciência – 87
prostituta como símbolo – 281
psicologia cognitiva – 61, 62, 63, 64, 75, 87, 185, 189
    e computadores – 76-87
    e explicações homunculares – 90-91
    relação da, com a teoria de Freud – 61

Psicologia das Massas e Análise do Ego (Freud) – 196, 313, 324
psicologia do senso comum – 112-124, 154, 155(n)
Psicopatologia da vida cotidiana, A (Freud) – 14, 374
puberdade – 15, 46, 49, 50, 51, 52, 207, 221, 224, 269, 328
puritanos – 24, 26, 30, 31, 34

Quinn, Susan – 290(n)

Rachman, S. – 239(n)
raciocínio – 101, 106, 107, 108, 132, 136, 152, 153, 155, 158, 161, 183(n), 389, 391, 392
razão – 18, 67, 92, 97, 99, 101
    como esperança de futuro – 358-359
    como substituição da religião – 356-359
    e consciência – 347-349, 356-358
    e moralidade, pessimismo da – 338-342
    e poder sobre agressão – 352-353
realização de desejos – 48, 124, 134, 153
    como paradigma da irracionalidade – 126
    disfarce da, em sonhos – 145-147
    e a autoanálise de Freud – 55-58
    e causalidade em sonhos – 132-133
    e crítica de Grünbaum – 388-394
    e incompatibilidade da teoria da sedução – 54-55
    e o inconsciente – 182-184
    e relação com a libido – 54-55
    e relação com o sonho – 124-145, 153-161
    e teoria reflexa – 47-48
refeição totêmica – 322
regras de inferência – 106-108
"regras semânticas" – 106
regras sintáticas – 106
regressão – 221, 225, 226, 298, 300

relação parental – 274
relações de prova – 105
religião – 19, 36, 191, 194, 257
    e analogia com a neurose obsessiva – 315-317, 336-337, 356-357
    e ciência – 337-339, 356-357
    e credo igualitário – 357-359
    e importância para a moralidade – 355-357
reminiscências – 44, 47, 66, 110(n), 122
remissão espontânea – 364, 365
repressão – 21, 26, 44, 84, 88, 164
    e crítica de Grünbaum – 370-393
    e memória – 53-55
    e o inconsciente – 174-176
    e relação com a supressão – 374-376
    e teoria da histeria – 43-44, 47-49, 53-55
    e teoria pulsional – 59
    em sonhos – 147-150, 377-378
    forças de – 216-219
repugnância como critério de perversão – 215-216
ritual religioso – 315-316
rivalidade entre irmãos – 230(n)
Rosalia, H. – 272, 273
Rousseau, Jean Jacques – 357
Ruddick, Sara – 223(n)

sadismo – 225, 297, 343(n), 345(n)
Schliemann, Heinrich – 33
self numênico – 260
sentimento social de homossexuais – 233-234, 234(n)
sexualidade – 15, 16, 19, 24, 37, 40
"Sexualidade feminina" (Freud) – 199, 266, 269
sexualidade feminina (ver *mulheres*)
sexualidade infantil – 15-17, 19, 53, 55, 59, 207, 209, 216, 297

  e a teoria da sedução – 54-55
  e as perversões – 208-210, 216-217, 220-226, 236-237
  e a autoanálise de Freud – 15-16
  e Leonardo da Vinci – 296-298
  na neurose – 237-240
  polimorfamente perversa – 218, 224, 237
  teoria da – 40
sexualidade neurótica – 237
"Signorelli" – 379, 380-381, 391
simbolismo – 149, 151, 160, 314, 326, 382, 387
  e crítica de Grünbaum – 376-379
  em sonhos – 148-152, 376-379
  herança cultural do – 330-332
simbolismo cultural – 330
simbolismo sexual – 149
símbolo materno – 281, 282
simbologia da analogia com computadores – 75
símile – 104
sinal de angústia – 182
sistema hedonista de Bentham – 26
sistema nervoso, modelo de Freud do – 79-88
sistemas de programação – 73, 74, 83
Smith, Robertson – 321, 321(n), 322, 329
"Sobre a história do movimento psicanalítico" (Freud) – 195, 308
Sobre os sonhos (Freud) – 144(n), 192
sociedade austríaca – 32
sonho de Herman – 127, 135-136
sonho de Irma – 135(n), 143, 146, 148(n), 154, 154(n)
sonhos em que se está voando – 151
sonhos – 109-161
  angústia e alarme em – 131(n)
  aspectos racionais dos – 104-106
  causalidade e interpretação dos – 112-124

　　　　como chave para a histeria – 110, 111(n)
　　　　conteúdo latente dos – 145-146, 157
　　　　conteúdo manifesto dos – 145
　　　　e a crítica de Grünbaum – 109(n), 136(n), 371-372, 376-378, 383-393
　　　　e motivações – 124-144
　　　　e simbolismo sexual – 150-152, 149(n)
　　　　e simbolismo – 150-152, 377-378, 380(n)
　　　　sentido dos – 48-49, 106
sono REM – 150(n), 151(n), 386
Stern, Daniel N. – 266, 266(n)
sublimação – 234(n)
　　　　e civilização – 332-333
　　　　na homossexualidade – 234(n)
Sulloway, F. J. – 43(n), 46(n), 47(n), 109(n)
superego – 245-261
　　　　aspectos desenvolvimentais do – 245-261, 348-352
　　　　como homúnculo – 94-97, 251-252
　　　　e civilização – 257-259, 326-327, 350-352
　　　　e internalização da autoridade parental – 350-352
　　　　e internalização – 251-254
　　　　e linguagem – 253-254
　　　　e papel do complexo de Édipo – 196-198
　　　　severidade do – 255-260
supressão e repressão – 375-377

"Tabu da virgindade, O" (Freud) – 286
tabus culturais – 319
Tanatos – 22, 28, 246, 324
Tausk, Victor – 299
técnicas de sugestão hipnótica – 364
Templo de Minerva – 38
teoria associacionista e fetiches – 238-241
teoria da abreação – 44

teoria da descarga – 221-225
teoria da horda primeva – 324, 328
teoria da introspecção de Brentano – 65
teoria da sedução – 39-59
    abandono da – 39-59
    desenvolvimento da – 14-16
    e incompatibilidade com satisfação de um desejo – 54-55
    e papel da autoanálise – 56-59
    razões para rejeição da – 40-41
teoria da vida social – 325-326
teoria "de relações de objeto" – 59
teoria de Broca – 68
teoria do condicionamento e fetiches – 238-240
teoria do prazer pela descarga – 222-224
Thalberg, Irving – 99(n)
Timpanaro, Sebastiano – 380, 380(n)
Totem e Tabu (Freud) – 193, 194, 203, 313, 317, 330
totemismo – 320, 321
trabalho de sonho – 144-146
transferência – 19, 164, 165(n)
    e mulheres – 279
    e sugestionabilidade – 367-370, 369(n)
transformação no funcionamento do sonho – 144-146
Três Ensaios Sobre a Teoria da Sexualidade (Freud) – 17, 89, 207, 277, 298, 375

"Uma Lembrança Infantil de Leonardo da Vinci" (Freud) – 295
utilitaristas – 26, 344

virgindade – 286-287

Wernicke, Carl – 62, 68, 69, 70, 79, 86, 88, 100
Winckelmann, Johann J., influência de – 36-37
Wittgenstein, L. – 103, 113(n), 115(n), 119(n), 122(n)

Wollheim, Richard – 99(n), 102(n), 109(n), 119(n), 144(n), 159(n), 164(n), 168(n), 176(n)
Wolpe, J. – 239(n)

Young-Bruehl, Elizabeth – 202, 202(n), 268(n)

zonas erotogênicas – 208

Esta obra foi composta em CTcP
Capa: Supremo 250g – Miolo: Pólen Soft 80g
Impressão e acabamento
Gráfica e Editora Santuário